다중매체 시대의 서사교육

다중매체 시대의 서사교육

박 기 범

도서출판 역락

머리말

　서사(敍事)는 인류의 역사만큼 오래된 것이다. 인간이 언어를 사용하여 의사소통을 하면서 이야기는 수없이 만들어지고 퍼져 나갔으며, 그 일부는 대대로 이어져 오늘날까지 전해지고 있다. 때나 곳에 따라 그 꼴과 쓰임은 조금씩 변했어도 서사는 세계를 인식하고 향유하는 하나의 양식으로서 우리 삶의 일부가 되었던 것이다. 우리는 우리네 삶이 과학의 냉정한 논리에만 지배되고 있다고 생각하지 않는다. 오히려 과학의 한계를 때때로 넘어서서 소설이나 영화 같은 서사양식으로 유토피아처럼 화합된 삶을 추구하며 이루어 나간다는 것을 인정하고 있다. 이처럼 지금은 서사가 우리의 문화적 삶 자체의 형식이라는 점에서 이 시대를 '서사문화의 시대'라 할 수 있을 것이다.

　또한 현대 사회는 고도로 발달하고 있는 과학기술의 영향으로 인해 문화 양식 전반이 하루가 다르게 변하고 있다. 그런 변화의 중심에는 인간의 사고와 감정을 전달하는 수단인 매체의 발달이 자리 잡고 있다. 컴퓨터와 인터넷의 보급으로 음성이나 활자 위주였던 과거의 매체 환경에서 벗어나 소리와 문자와 이미지가 함께 작용하는 '다중매체(multimedia)'를 통해 보다 효과적으로 의사소통할 수 있는 사회가 실현된 것이다.

　이 책은 이와 같은 서사문화의 시대이자 다중매체 시대인 오늘날, 서사교육의 이념과 목표를 추구하기 위해서는, 지금 가장 널리 향유되는 서사 텍스트인 소설과 영화를 교육 자료로 함께 활용하는 것이 효과적이라고 판단하여, 이를 위한 구체적인 교육 내용과 방법을 제시한 것이다.

　그동안 문학교육에서 서사 장르에 관한 내용은 소설을 중심으로 이루어져 왔다. 하지만 최근 들어 소설교육만으로는 오늘날의 서사 문화의 총체적인 국면을 조망할 수 없다는 문제의식이 확산되었다. 필자 역시 이에 공감하고, 문학교육의 장에서 다양한 서사물의 본질을 이해하고 이를 바탕으로 수용과 창작 활동을 원활히 할 수 있도록 하기 위해서는 소설교육보다는 '서사교육'이라는 보다 큰 틀의 교육적 설계가 필요하다고 생각하였다.

이 책의 1부에서는 서사문학 교육의 현실태에 대한 반성을 통해 다중매체 시대에 맞는 서사교육의 필요성에 대해 고찰해 보았다. 2부에서는 앞서 살펴본 문제점과 개선 방향을 구체화하여 '소설과 영화를 통한 서사교육'을 한 가지 대안으로 제안하면서 그 이론적 체계를 세워보았다. 3부에서는 이상의 논의로 마련된 '소설과 영화를 통한 서사교육'의 지식과 활동 내용을 가지고 실제 세 가지 소설과 영화 작품들을 대상으로 적용한 예를 선보였다. 이들 작품은 서사의 장르적 특질과 구성 요소를 뚜렷이 드러내 주며, 구안한 지식과 활동이 폭넓게 적용될 수 있도록 창작 시기, 주제, 기법 면에서 상이한 양상을 가지고 있으며, 교육적 효용성, 예술적 완성도, 대중적 성취 면에서 모두 성공을 거두었기 때문에 선정되었다. 마지막 4부에서는 서사 창작 교육의 실제를 보이기 위해 필자가 수행한 영화 제작 수업의 사례를 제시하였다.

아무쪼록 이 책을 통해 과거 인쇄 매체 시대부터 널리 향유된 소설과, 현재 영상 매체 시대의 총아인 영화를 함께 교육적으로 활용함으로써 자아 정체성 형성과 세계 인식과 문화적 소통을 지향하는 서사교육의 이념과 목적을 건실하게 추구할 수 있기를 바란다. 또한 영화를 비롯한 대중 영상 매체를 교육의 내용과 방법으로 적극적으로 수용한 2007년 개정 교육과정을 교육 현장에 적용하는 과정에서 많은 시사점을 줄 것으로 기대된다.

앞으로 서사교육의 폭과 깊이를 더욱 확대하기 위해서는 이 책에서 다루지 못한 순수 창작 영화를 텍스트로 삼는 서사교육 방안도 덧붙여져야 할 것이다. 또한 오늘날 새롭게 주목받고 있는 게임서사나 애니메이션에 대해서도 지속적인 연구가 필요하다. 이들을 차후의 과제로 삼고 동학들의 관심과 협력을 고대해 본다.

감사의 말씀

부모님의 뜻에 따라 사범대학을 졸업하고 교단에 섰을 때 마치 몸에 맞지 않는 옷을 걸친 것처럼 어색했지만, 학생들로부터 분에 넘친 사랑을 받게 되면서 막연하게나마 '좋은 선생님'이 되어야겠다고 다짐했다. 그러던 중 부실하게 보낸 대학시절 때문에 아는 게 별로 없는 것이 부끄러워 대학원 진학을 계획했다. 운 좋게 한국교원대학교 대학원에 파견되어 공부에만 전념할 수 있는 기회를 얻었다. 세부 전공 분야를 정할 때가 되자 나는 소설과 영화에 관해서 교육적으로 접근하기로 마음먹었다. 매체 환경이 급변하면서 우리들이 향유하는 이야기 양식도 크게 변화하고 있는데, 교육의 내용과 방법은 여전히 구태에서 벗어나지 못하고 있다는 문제의식을 가지고 있었기 때문이었다. 또한 이 분야의 대가(大家)이신 교수님을 가까이 모시고 직접 배울 수 있다는 점도 주된 결정 요인이었다.

소설과 영화에 관한 해박한 지식과 날카로운 분석력을 가지고, 항상 진지한 강의와 성실한 연구로 우리에게 학자의 본을 보여주신 나병철 지도교수님께 존경과 감사의 뜻을 표하고 싶다. 또 이 자리를 빌려 부산대학교와 교원대학교에서 나를 가르쳐주신 모든 은사님들께 감사의 말씀을 올린다. 불민한 제자에게 언제나 희망과 용기를 불어넣어 주시며 격려해 주신 고마운 스승님들이 있어 쉽지 않은 학문의 길을 포기하지 않고 갈 수 있었다. 그리고 학교에서 만난 여러 선후배 선생님들의 호의와 배려를 잊을 수 없다. 소명감과 열정으로 아이들을 열심히 지도하시던 그분들과 함께 일하며 교육자로서의 긍지와 보람을 느낄 수 있었다. 또한 중차대한 연구 사업들을 위해 불철주야 애쓰고 있는 한국교육과정평가원의 여러 연구원 선생님들께도 존경의 마음을 표하고 싶다. 이분들과 동료로서 함께 일하는 것이 얼마나 자랑스러운지 모른다.

큰아들을 위해 늘 기도하며 성원해 주시는 부모님과 든든한 힘이 되고 있는 동생들에게도 감사드린다. 더불어 오래도록 우정을 나눈 벗들에게도 고마움을 표한다. 사랑하는 아내는 이 책의 표지를 꾸며 주었다. 어린 시절에 만나 전적으로 서로에게 의지하면서 여기까지 왔다. 두 아이를 건강하게 키우며 나를 뒷바라지 해주는 아내에게 이 책이 조금이나마 위로가 되길 바랄 뿐이다. 끝으로 힘겨운 여건 속에서도 흔쾌히 출판을 맡아주신 도서출판 역락 이대현 사장님께 감사드리며 아울러 이 책을 정성스럽게 만들어 주신 편집부 여러분에게도 사의를 표한다.

2009년 산수유가 노란 꽃망울을 터뜨린 봄날에
북악산자락 연구실에서
박 기 범

차 례

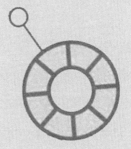

1. 다중매체 시대에 맞는 서사교육의 필요성

인간은 태어나서 성장하고 삶을 영위하다가 죽음에 이르는 시간의 흐름 속에서 수많은 사건을 만들고 겪으며 이야기를 창출한다. 그리고 이렇게 만들어진 이야기는 인간의 다양한 삶처럼 매우 다채로운 내용과 형식을 띠게 된다.

이야기를 연구하는 학문을 서사론(敍事論, narratology) 혹은 서사학(敍事學)이라고 한다. 서사의 역사는 인류의 역사와 맞먹을 만큼 오래되었지만, 정작 학문적 성격을 갖춘 것은 비교적 근래의 일이다. 구전되던 신화, 전설, 민담 형태의 설화로부터 문자 탄생 이후의 소설과 오늘날의 만화, 영화, 게임에 이르기까지 각각의 서사들은 오랜 기간 동안 개별적으로 연구되어 오다가, 근래에 들어서야 이들을 하나로 묶어 총체적으로 조망하려는 학문적 동향이 일어나게 되었다. 이러한 서사학의 도움으로 우리는 우리의 삶이 단지 과학에 의해 냉정하게 지배되는 것이 아니라, 과학을 존중하면서도 또한 그것을 넘어서서 소설이나 영화 같은 서사형식으로 이루어져 나간다는 것을 깨닫게 되었다(나병철, 2006 : 5).

아이는 수많은 서사를 통해서 세상을 배워 나간다. 따라서 서사는 그 자체로 교육적 가치를 지닌다고 할 수 있다. 사실, 인류는 오래 전부터 서사의 교육성을 인식하고 있었고 이를 교육적으로 활용해 왔다. 이런 현상은 현대 교육에서도 마찬가지다. 구성주의 교육이론가들은 서사를 근대의 논증적 지식의 대안으로 여기면서 교사 중심의 권위적인 교수·학습 방법을 개선할 방안으로 주목하였다. 서사는 서술 주체의 가치관을 담고 있다는 점에서 윤리적이며, 세계에 대한 정보와 상황을 알려준다는 점에서 사실적이다. 또한 서사에 의해 도출된 지식은 실제 경험에 가장 부합될 수 있다는 점에서 대중적이며, 창작자의 정체성을 드러내고 수용자의 정체성 형성에 영향을 미친다는 점에서 인격적이다(최인자, 2001 : 3). 따라서 서사는 바람직한 인간의 변화를 도모하기 위한 필요충분조건인 셈이다.

또한 서사는 경험에 질서를 부여하여 정리하고, 경험을 뛰어 넘을 수 있게 하며, 세계를 만들어 가는 원리가 된다는 점에서도 교육적 타당성을 확보하고 있다(우한용 외, 2001 : 8).

자아와 세계에 대한 이해 역시 시간성에 근거한 서사적 사고를 통해 가능하다. 그런데 이러한 서사적 사고 능력은 사람마다 수준과 방법에 차이가 있다. 그렇기 때문에 자아와 세계를 인식하고 이에 대응하는 양상이 사람마다 달라지는 것이다. 이와 관련하여 한 가지 분명한 점은, 자아와 세계에 대한 이해에 작용하는 서사적 사고 능력을 배양시키기 위해서는 의도적인 교육과정이 필요하다는 것이다.

이에 따라 보편적인 교육 체제가 갖추어진 근대 이후 교육과정에는 오랜 기간 동안 인류의 사랑을 받으며 향유되어 온 대표적인 근대 서사 양식인 소설이 주요한 교육 내용이 되었다. 소설의 위기를 운운하는 지금도 여전히 소설은 매력적인 서사물로서 제 기능을 다하고 있다. 인류 문화의 꽃이라 할 수 있는 위대한 소설 작품들이 셀 수도 없이 창작되어 향유되었고, 수많은 연구자에 의해 그에 관한 비평이 양산되었다. 특히 그동안 정립

된 소설의 내용과 형식에 관한 정치(精緻)한 원리와 해석들은 아직까지 서
사교육의 장(場)에서 가장 중요한 교육 내용으로 남아 있다.

하지만 서사문학이 현실 세계의 역사적 변화와 전달 매체의 발전에 따
라 장르적 변이를 보이는 만큼, 소설의 양식 또한 필연적으로 변화를 겪을
수밖에 없다(나병철, 1998 : 38~60). 현대 사회는 급속히 발달하고 있는 과학
기술의 영향으로 인해 문화 양식 전반이 크게 달라지고 있다. 이에 따라
인간의 사고와 감정을 전달하는 수단이 되는 매체도 매우 다양하고 복합적
인 형태로 발전하였다. 즉, 음성과 활자가 중심이 되었던 과거의 매체 환경
이, 오늘날에는 컴퓨터의 등장으로 인해 소리와 글자와 이미지가 함께 작
용하는 다중매체(multimedia) 환경으로 변화된 것이다. 이와 같은 변화는 우
리의 서사 경험에도 영향을 미쳐, 과거와 같이 음성이나 문자 매체에 한정
해 소통되던 문학 현상이, 오늘날에는 영상 매체 중심으로 재편된 것이다.
다시 말해, 과거에는 설화 구전이나 소설 독서에 머물렀던 서사문학 경험
양식이 오늘날에는 영화를 비롯하여 만화, 게임 등을 수용하고 생산하는
방식으로 다양하게 변화했다. 그 결과 과거에는 주로 훌륭한 소설 작품이
가져다주었던 서사적 사고와 감응을 지금은 영화가 대신하게 되었다.

각종 통계 자료에 의하면 현대인에게 가장 친숙하고 중요한 서사물이
바로 영화나 TV 드라마라는 것을 확인할 수 있다.1) 바야흐로 지금은 어린
아이부터 노인에 이르기까지 예술적 감동을 공유하고 서사적 정보를 소통

---

1) 2004년 통계청의 발표에 따르면, 10세 이상 우리나라 사람들의 하루 동안 행동을 분석한 결
과, 여가활동에 보내는 시간 중 TV 시청이 평균 1시간 58분, 컴퓨터게임이 19분, 신문/잡지/
독서는 15분, 인터넷검색이 11분, 비디오 및 영화 관람이 4분, 라디오 및 CD / 테이프 음악
청취가 2분으로 나타났다. 같은 해 문화관광부에서 조사한 통계 자료에서도 전체 여가활동
중에서 TV 시청(19.8%), 신문잡지읽기(7.0%), 독서(5.9%), 영화관람(3.7%), 컴퓨터게임(3.1%),
케이블/위성방송 시청(2.7%), 비디오 시청(0.8%), 등으로 나타났다. 여기서 TV 및 케이블
방송 시청의 경우, 여러 종류의 프로그램 중에 드라마나 영화의 비중이 가장 높았다. 통계
청 홈페이지(www.nso.go.kr) <2004 생활시간 조사>, 문화관광부 홈페이지(www.mct. go.kr)
<2004 국민독서실태 조사> 참조.

시키는 영화야말로 서사교육의 장에서 무엇보다도 중요하게 다뤄야 할 장르가 되었다.

얼마 전부터 문학교육계에서는 학습자를 교육의 주체로 상정하는 새로운 교육적 패러다임의 영향을 받아, 정전(canon)을 중심으로 문학적 지식을 전달하던 전통적인 교육 형태가 학습자와 문학을 격리시킴으로써 결과적으로 문학교육의 이념과 목표에 다가가지 못하게 되었다는 비판이 제기되었다. 그리하여 문학교육에서도 학습자의 흥미와 관심을 고려하고, 그들의 실제 생활에 도움을 줄 수 있는 문학교육을 도모해야 한다는 인식이 팽배해졌다. 문학 주체들의 이러한 인식 변화는 결국 소설을 중심으로 이루어졌던 과거의 문학교육에도 영향을 미쳐, 서사교육 전반에 대해 반성과 개혁을 요구하게 되었다. 더 이상 서사문학 교육의 장에서 소설만을 고집할 수 없는 상황에 처하게 된 것이다. 이런 분위기 속에서 그동안 무시되었던 영화에 관심이 모아지게 되었고, 이를 교육의 대상으로 삼으려는 움직임이 자연스럽게 일기 시작했다.

이처럼 영화에 관한 교육적 논의가 꾸준히 진행되는 가운데, 영화를 아예 확장된 문학 텍스트로 여기는 이들도 나타났다.[2] 그들은 확장된 문학 텍스트인 영화를 문학 현상의 주요 텍스트로 받아들이게 되면, 오늘날 위축된 문학 담론의 장에 새로운 동력이 제공되고, 문학 내부의 논의가 더욱 풍요롭게 되며, 영화와의 비교문학적 고찰을 통해 문학의 제 양상들이 더욱 선명하게 밝혀질 수 있다고 생각하였다(김경욱, 2003 : 318).

지금까지 서사 장르는 인류의 인식과 삶의 패턴이 변화하고, 소통 매체가 발전함에 따라 다양한 하위 장르로 진화를 거듭하면서 당대의 사회·문화적 환경에 유연하게 대응해 왔다. 그와 같은 맥락에서 오늘날의 서사 환경을 고려하고, 그동안의 다양한 서사 하위 장르들을 포괄하여 총체적으로

---

2) 이들은 영국, 미국, 프랑스 등의 진보적인 문학연구자들이 중심이 되고 있다.

조망할 수 있는 안목과, 이들을 주체적으로 향유할 수 있는 능력을 학습자
에게 신장시킬 필요성이 제기되었다. 특히 허구적 서사를 주요 영역으로
삼는 문학교육의 장에서 다양한 서사물의 본질을 이해하고, 이를 바탕으로
수용과 창작 활동을 원활히 할 수 있도록 하기 위해서는 '서사교육'이라는
보다 큰 패러다임이 요구되고 있다. 특히 과거의 문자 매체 시대에 서사문
학의 총아였던 소설과, 오늘날 영상 매체 시대의 주인공으로 주목받고 있
는 영화를 교육 제재로 함께 활용한다면, 이들의 강한 전이력을 염두에 둘
때, 비록 서사의 모든 하위 장르를 다루지 않더라도 가장 일반적이고 보편
적인 교육적 설계가 될 수 있다고 생각한다. 그러므로 대표적인 서사물인
소설과 영화의 통합적 활용은 학습자로 하여금 우리 사회에 존재하는 다양
한 서사 문화를 이해하고, 이에 능동적으로 참여하여 소통할 수 있도록 하
는 현실적이고 효율적인 서사교육 방안이 될 수 있을 것이다.

　2000년대에 들어서면서부터 영화를 국어(문학)교육에서 수용해야 할 이
유와 배경을 설명하고, 그 가치와 효과에 대한 타당성을 입증하거나 구체
적인 학습 내용과 활동을 구성하는 등의 논의가 어느 정도 전개되었다. 그
결과로 제7차 교육과정과 교과서에는 영화와 관련된 내용이 일부 수록되
었다.

　하지만 정작 그 수용 양상을 자세히 살펴보면, 아직까지 영화를 본격적
인 교육 내용으로 상정하지 못한 까닭에 학습자들이 영화를 텍스트로 삼아
영화의 본질과 소통 원리에 대해 배우지 못하고, 단지 시나리오나 소설 학
습의 보조자료 정도로 활용하고 있다는 것을 알 수 있다.

　그동안 소설과 영화에 관한 선행 연구들은 각각 그 나름대로의 의의와
한계를 가지고 있다. 먼저, 서사교육에 관한 연구들은 소설교육의 외연을
확장시키려는 의도 아래, 보다 큰 틀에서 서사교육의 방향을 제시하면서
서사교육의 내용과 방법에 관한 구체적이며 실질적인 후속 논의의 필요성
을 제기해 주었다. 소설과 영화의 이론과 작품을 비교한 연구들은 최근의

매체 환경으로 인한 문학 현상의 변화에 따라 의미 있는 논의가 축적되고 있지만 정작 이러한 작업이 교육의 차원에서 심도 깊게 연구된 적이 없다는 점에서 아쉬움을 주었다. 그리고 영화의 교육적 활용에 관한 연구들도 문학(소설) 교육 방법의 일환으로 제시되거나, 영화의 교과적 독립성을 확보하려는 폐쇄적 의도에서 나온 것이라, 서사교육이라는 근본적이며 포괄적인 틀에서 체계적인 내용 구안을 위한 정치한 연구가 더욱 절실하게 요청되고 있다. 끝으로 국어(문학)교육의 내용에 관한 연구들은 최근에 활발한 논의가 펼쳐지고 있지만, 그 범주 설정이 지나치게 단순화되거나 혹은 실제화하기 힘들게 추상적으로 제시되고 있어서 서사 영역에 적절한 범주 설정이 긴요함을 알 수 있다.

또한 선행 연구들을 모두 아울러서 한 가지 아쉬움으로 지적하고 싶은 것은 대부분의 연구가 '지금 여기'의 교육적 상황을 충분히 고려하지 못하고 있다는 점이다. 한쪽의 논의들은 학습자의 요구와 교육 현장의 환경을 외면한 채 학문의 장에 갇혀 추상적이고 공허한 논문을 양산하고 있고, 또 다른 한쪽에서는 진지하고 깊이 있는 사유와 성찰을 간과하고 일시적인 방법적 탐색에만 몰두하고 있었다. 이들의 간극을 메워 교육 이념과 목적에 도달할 수 있는 실질적 논의를 펼치기 위해서는 기존의 연구들에 내실을 다지는 작업과 함께 현실적이고 실용적인 교육 내용과 방법을 모색하려는 노력이 필요하리라 본다.

필자는 선행 연구(박기범, 2001)를 통해 영화를 문학교육에서 수용해야 할 필요성을 제기하면서 그 이유를 밝히고, 영화를 수용한 문학교육의 방안을 크게 두 가지 차원, 즉 '영화를 활용한 문학교육'과 '영화에 관한 문학교육'으로 나눠서 그 내용과 학습 활동의 예를 제시한 바 있다. 그리고 그 연구에서 제안했던 사항들이 얼마 뒤에 간행된 문학 교과서에 영화 제재들이 일부 포함됨으로써 어느 정도 성과를 거두기도 하였다. 그런데 이들 교과서에서 보인 영화의 수용 형태는 그 논문에서도 예상한 바와 같이 영화를 활용하는 차원으로 나타났다. 물론 '영화에 관한 문학교육'의 내용과 방법이 본격적인 영화교육과 변별점이 적고, 무엇보다도 아직까지 영화를 문학 텍스트의 일종으로 받아들이는 패러다임이 형성되지 못한 상황에서 구체적인 교수・학습 방안을 모색하기 어려웠기 때문에 우선적으로 '영화를 활용한 문학교육'의 차원으로 접근하는 것이 당연한 수순이었다고 볼 수 있다. 하지만 문제는 이들 문학 교과서의 영화 관련 부분이 불명확한 목적 아래, 체계적이지 못한 내용과 교육적인 효과가 의심되는 활동들로 구성되어 있다는 점이다. 이러한 실망과 우려를 불식시키고, 보다 바람직한 방향으로 영화를 수용하기 위해서 새로운 연구에 착수할 필요가 있었다. 즉 기왕의 상황을 인정하면서도 지금보다 적극적이며 내실 있는 차원으로 나아가기 위해서는 좀 더 새롭고 효율적인 아이디어와 전략이 요구된다고 하겠다. 따라서 서사교육이라는 틀로 소설과 영화를 함께 다루고자 하는 이 책의 전략은 유효하고 시의 적절한 방안이 될 수 있다. 이는 기존의 문자 중심의 편협한 문학교육관에서 벗어나 서사 본질에 다가가게 하는 방안인 동시에 현실에 맞는 실질적인 서사 능력을 신장시킬 수 있는 전략이다. 또한 교과와 학문 공동체의 작위적인 경계를 넘어 삶과 예술의 본질을 지향하는, 통합적이며 효율적인 교육 방법이라고 할 수 있을 것이다.

이 책은, 현대의 변화된 서사 환경 속에서 서사교육의 이념과 목표를 추구하기 위해서는 주요 서사물인 소설과 영화3)를 교육 자료로 함께 활용하는 것이 효과적이라고 판단하여 '소설과 영화를 통한 서사교육'을 제안하면서, 그 특성과 의의를 밝히고 목표를 설정한 뒤 지식과 활동 내용을 구성하고, 이를 바탕으로 세 가지 원작 소설과 각색 영화를 대상으로 내용의 실제를 예시하는 것을 목적으로 한다.

---

3) 이 책에서 말하는 '영화'는 극장에서 상영되는 영화뿐만 아니라 텔레비전, 컴퓨터, VCR, DVD 등을 통해 볼 수 있는 영화나 텔레비전(TV) 드라마를 의미한다. 그러므로 이는 각종 영상매체를 통해 감상할 수 있는 허구적인 예술 영상 서사체를 모두 아우르는 용어이다. 그러나 이들을 구별하여 논의할 필요가 있을 때에는 각각 따로 지칭하기도 할 것이다.

소설과 영화는 구체적인 현실 속에서 살아가는 인간의 다양한 모습을 담고 있어서 수용자로 하여금 작품 속 인간의 삶을 통해 자신을 되돌아 볼 수 있게 한다. 또한 소설과 영화는 창작자의 상상력에 의해 만들어진 새로운 세계이기에 수용자는 이를 통해 세계를 인식하고 올바른 삶의 방향을 찾는 계기를 마련할 수 있다. 뿐만 아니라 소설과 영화는 고도의 정신적, 미적 즐거움을 제공하기도 한다. 수용자는 이들을 통해 정서를 순화시키고 바람직한 가치관을 형성할 수 있다.

이처럼 소설과 영화는 서사교육에서 가장 중요한 텍스트들이다. 그러므로 서사 장르에 대한 깊이 있는 이해와 감상을 위해서는 소설과 영화 텍스트를 모두 활용할 필요가 있다. 특히 두 텍스트의 공통점과 차이점에 근거한 비교와 대조의 학습 활동은 서사교육의 목적에 부합하는 매우 효과적인 방법론이다. 따라서 그 구체적인 내용과 방법을 마련하는 연구가 긴요하다.

그동안 문학교육에서 서사교육은 주로 소설을 중심으로 이루어졌다. 하지만 이제 이를 지양하여 영화를 수용함으로써 보다 완전한 서사교육을 도모하고자 할 때, 구체적으로 무엇을 어떻게 할 것인지 생각해 봐야 한다. 제반 현실적 상황과 여건을 고려할 때, 영화 수용 방법은 다음과 같이 대략 두 단계를 밟아 가는 것이 바람직하리라 생각된다.

먼저, 첫 단계는 소설을 각색한 영화 텍스트를 도입해 소설과 영화를 비교·대조함으로써 서사의 본질과 의미 작용방식 및 소통과정을 학습하는 것이다. 이는 기존의 문자 텍스트 중심의 문학교육관을 무시하지 않으면서 가장 무난하게 영화를 수용할 수 있는 현실적인 방안이다. 그 다음으로는 적극적으로 영화를 수용하는 단계로서 훌륭한 창작 영화를 소설 텍스트와 마찬가지로 독립된 교재로 삼아 텍스트의 수용과 창작 활동을 하는 것이다.

현대 사회의 매체환경 변화와 그에 따른 문학체험 양식의 변화를 고려할 때, 앞으로는 소설을 각색한 영화뿐 아니라 창작 시나리오를 각본으로 한 영화 텍스트도 학습 제재로 사용할 수 있을 것으로 예상된다. 하지만 이 책에서는 첫 단계인 소설과 영화를 통한 서사교육의 내용을 구안하는 것까지만 다루기로 한다. 소설과 영화를 함께 다루는 첫 단계의 내용이 영화나 소설 텍스트를 따로 상정하는 둘째 단계의 내용보다 훨씬 폭넓다는 점을 감안할 때, 첫 단계의 내용이 먼저 정치하게 구성된다면 이후 단계의 설계는 훨씬 용이하리라 예상되기 때문이다. 또한 국어(문학)교육에서 영화만을 교육 제재로 삼는 것에 대한 합의가 쉽지 않은 현실에서 원작 소설과 각색 영화를 함께 다루는 첫 단계의 내용만이라도 먼저 제대로 구성하는 것이 시의 적절하다고 판단되기 때문이다.

2. 소설 중심 서사교육의 한계

그동안 문학교육에서 서사와 관련된 논의는 소설을 중심으로 이루어져 왔다. 하지만 최근 들어 소설교육만으로는 오늘날 서사문학 현상4)의 총체적인 국면을 조망할 수 없다는 문제의식이 확산되어 가고 있다. 그렇다면 오늘날의 서사문학 현상은 어떠한가. 여기서는 현대의 서사문학 현상을 상황, 창작, 매체, 수용 측면에서 살펴봄으로써 소설 중심 서사교육의 한계를 밝혀 보도록 한다.

첫째로, 상황적 측면에서 오늘날의 서사문학 현상을 살펴보자. 오늘날 컴퓨터와 인터넷으로 대표되는 정보통신 기술의 발달은 과거와는 질적으로 다른 매체 환경을 조성하였다. 과거에는 대부분의 정보와 문화가 문자를 중심으로 전달, 축적되었지만, 이제는 실제와 같은 이미지와 음성이 문

---

4) 문학 현상이란 문학 작품을 중심으로 작품의 생산, 작품 자체의 구조, 작품의 수용, 작품이 외적 세계를 반영하는 방법 등 작품과 관련된 일련의 작용 과정을 말한다(구인환 외, 2001 : 43). 그러므로 문학교육은 문학 현상이 바람직하게 이루어지기 위한 일체의 의도적 모색의 과정과 결과라고 정의할 수 있다. 이 책에서 사용한 '서사문학 현상'이란 용어는 문학 현상 가운데 서사문학 작품과 관련된 일련의 작용 과정을 일컫는다.

자와 함께 다중적으로 결합하여 소통, 저장됨으로써 더 이상 문자의 주도적 위치는 유지하지 못하게 되었다. 이처럼 다중매체의 급격한 확산 속에서 문자 매체와 인쇄 문화가 위기에 처했으니 문자 매체를 이용한 인쇄 문화의 대표적 서사양식이 소설이라고 본다면, 인쇄 문화의 위기는 곧 소설의 위기와도 연결된다고 볼 수 있다.

엄청나게 많은 정보가 순식간에 처리, 저장되고 시공간의 제약에서 획기적으로 벗어나게 되자, 이런 매체 환경에 맞춰 우리 삶의 양식과 내용도 과거와 많이 달라졌다. 따라서 우리 삶의 양식과 내용을 담아내던 소설이라는 서사물의 위상에도 변화가 불가피하게 되었다.

이와 함께 대중 소비문화의 급격한 발달도 소설의 위상 변화를 초래한 원인으로 꼽을 수 있다. 자극적이고 선정적인 대중문화가 한없이 널려있는 삶의 공간에서 고도의 수련과 인내를 필요로 하는 고급 소설 읽기에 대중들은 더 이상 관심을 기울이지 않게 되었다. 또한 오늘날 문화의 소통을 실질적으로 지배하는 힘이라고 할 수 있는 상업주의의 영향 아래에서 소설과 같은 전통적인 문학 양식은 영화와 같은 매력적인 대중문화들과의 시장 경쟁에서 이기기가 거의 불가능하게 되었다. 그러므로 소설의 위기는 대중문화가 만연한 후기자본주의 사회의 한 측면이라 할 수 있다.5)

오늘날 대부분의 대학은 소설 강의만으로 수강생을 채우기 어렵게 되자, 정규 소설 교과목 시간에 영화를 활용하는 새로운 강의법을 도입하거나, 아예 '문학과 영화', '영상 문학론'과 같은 강좌들을 서둘러 개설하고 있다. 이러한 현상은 오랜 역사를 자랑하는 세계 유수의 대학에서도 찾아볼 수

---

5) 후기자본주의 사회의 포스트모던 문화와 관련하여 전통적인 소설 형식의 무력함을 지적하는 논의는 많이 있다. 그중에서 이남호(1995 : 7~13)는 포스트모더니즘 이론가들이 제시하는 포스트모더니즘 시대의 성격 중에서 소설의 위기와 관련되는 사항으로 역사의 소멸, 재현의 불가능성, 의미사슬의 와해, 비판적 거리의 소멸, 작가의 상상력에 대한 현실의 압도적 우위 등을 들면서 전통적인 소설 형식의 바탕이 되었던 현실의 여러 가지 요소들이 변화된 시대에서는 기존의 소설 형식이 무의미해졌다고 진단한 바 있다.

있으며, 우리나라의 경우도 외국문학 전공 학과에서부터 영화와 문학을 함께 다루는 과목이 설치되는 사례가 점점 늘고 있다.6)

둘째로, 창작적 측면에서 오늘날의 서사문학 현상을 살펴보자. 오늘날 재능 있는 인재들이 소설보다는 영화와 같은 영상 매체에서 서사적 상상력을 발휘하고 있다. 특히, 1990년대 이후 왕성한 창작활동을 하고 있는 이른바 신세대 소설가들은 영화, 게임, 만화 등으로부터 창작을 위한 영감을 얻고 이야기의 모티프를 빌려오거나 서술 기법에 응용할 만큼 대중 영상 매체와 친숙한 관계를 유지하고 있다.7) 이처럼 작가들이 영화적 상상력을 발휘하거나 영화적 기법을 응용하여 소설을 집필하는 경우가 일반화되는 상황에서 젊은 작가들은 공공연하게 자신의 글쓰기를 영화적 글쓰기라고 고백하는 경우도 있다.8) 그만큼 소설의 작품 생산 과정에서 영화는 내용과 형식 양면에서 큰 영향을 미치고 있는 실정이다.

또 하나 주목되는 것은, 영화 관련 학과의 대학 입학 합격선이 과거와 달리, 같은 대학의 문학 관련 학과의 그것보다 높아졌다는 사실이다. 이처럼 이제는 이른바 '문학청년'들이 줄어드는 것에 반비례하여 '영화청년'들은 계속해서 늘어나고 있으며, 우수한 능력을 가진 청년들이 영화 분야에 몰리고 있다. 또한 이전처럼 신춘문예나 문예지를 통해 등단해야만 작가로

---

6) 문학과영상학회의 학술지인 『문학과 영상』의 창간호(2000 봄)에는 그동안 각 대학의 영문학과에서 영화를 활용하여 강의한 교수들이 자신의 사례를 제시하는 글을 싣고 있어 흥미를 끈다.

7) 우리나라의 경우만 보더라도 영화가 주요 소재가 된 소설이나 영화 대본을 연상시키는 소설이 간간히 등장하고 있다. 윤대녕의 『옛날 영화를 보러갔다』, 김영현의 『내 마음의 서부』, 박상우의 『한 편의 흑백영화에 관하여 그는 말했다』, 김소진의 『자전거 도둑』, 안정효의 『헐리우드 키드의 생애』, 구효서의 『카사블랑카여 다시 한번』, 김경욱의 『변기 위의 돌고래』 등이 바로 그런 작품이다.

8) 일례로 소설가 김경욱(1997 : 328)은 다음과 같이 말한 바 있다.
"내 소설 쓰기에서 영화적인 것의 작동 층위는 소재적인 차원보다 더 심층적인 부분에 놓여 있었던 것이다. 이것은 앞에서 말한 영화적 언어 혹은 영화적 문법과도 밀접한 관계가 있는데, 사실 나는 영화적 문법으로 사고를 하고, 그것을 언어적 차원으로 환원시키는 글쓰기를 했던 것이다."

행세할 수 있었던 관행도 사라지게 된 오늘날에는 작가라는 명예보다 자신의 작품이 널리 향유되어 경제적 부가가치를 창출할 수 있는 실리를 추구하는 시대가 되었다. 그래서 청년들은 복잡하고 어려운 과정을 통과해야 하는 소설가보다는 단번에 명성(名聲)과 부(富)를 얻을 수 있는 시나리오 작가나 영화 창작자가 되고 싶은 것이다.[9]

한편, 종이 위에 필기하던 방식에서 컴퓨터 자판을 두드리는 글쓰기 양식의 변화도 창작적 측면과 관련하여 서사 현상의 변화를 가져온 원인의 하나로 거론할 수 있다. 손으로 쓴 글의 원본성이나 개별성이 사라져 버린 오늘날의 컴퓨터 글쓰기는 입력과 편집의 용이함 덕분에 사고의 흐름에 가까운 글쓰기의 속도를 이룰 수 있게 되었고, 생각의 내용이나 입말과 매우 유사한 재현물을 탄생시킬 수 있게 되었다. 또한 이러한 글쓰기의 탄력성은 대중의 취향에 맞는 집단적 글쓰기의 가능성을 낳기도 하였다. 결과적으로 이러한 컴퓨터 글쓰기는 개인의 사유와 개성에 의한 소설 창작보다 집단의 아이디어와 공감에 의한 영화와 같은 대중 영상 서사물의 생산에 밑거름이 되었다.

셋째로, 매체적 측면에서 오늘날의 서사문학 현상을 살펴보자. 소설은 종이 위에 인쇄된 문자를 독자가 읽으며 의미를 생성해 가는 과정을 거쳐 이해된다. 이때는 각 문자의 약호(code)와 규약(protocol)을 알고 있어야 하며, 고도의 집중력과 해석 의지를 갖고 문자 기호의 기표가 함의하고 있는 기의를 적극적으로 이미지화하면서 수용하게 된다. 이에 반해 영화는 스크린에 반사되거나 브라운관에서 주사(走査)되는 동영상이 음향과 함께 시청자의 감각기관을 직접적으로 자극하여 인식된다. 문자 기호의 간접적이며 추상적인 의미 작용 과정과, 영상 기호의 직접적이며 구상적인 그것을 비교

---

9) 대학에서 전문 작가를 양성하기 위해 설치한 문예창작과의 경우 최근에 대다수의 학생이 방송 극작가나 시나리오 작가를 지망하고 있다는 사실이나, 영화 한 편이 흥행에 성공했을 때와 신춘문예 당선이나 문학상 수상자가 되었을 때 얻게 되는 부와 명예를 비교해 보면 이러한 현상을 이해할 수 있을 것이다.

해 볼 때, 인식과 전달 면에서 문자 기호보다 영상 기호가 훨씬 효율적이다. 영상은 문자에 비해 현실 구현력이나 핍진성(逼眞性)이 뛰어나며 배경지식이나 체험을 많이 요구하지 않는다. 다만, 문자 기호가 영상 기호보다 기표가 가진 물리량이 적어 기호의 생산과 저장이 용이하기 때문에 예전부터 문자 기호를 의사소통의 가장 세련된 도구로 이용해 왔던 것이다. 그러나 과학기술이 눈부시게 발전한 오늘날에는 문자 기호의 기표만큼이나 간단하게 영상 기호를 생산할 수 있게 됨에 따라 점점 문자 기호보다는 강렬한 핍진성을 가진 영상 기호의 매력이 빛을 발하게 되었다.

대중매체가 발달한 오늘날에 와서는 많은 의사소통 활동이 음성과 문자와 더불어 영상에 의해 이루어지고 있다. 따라서 언어 교과인 ≪국어≫나 ≪문학≫의 교육 내용도 이에 맞게 변화될 필요가 있다. 그러므로 이제는 말과 글에 한정되어 있었던 데에서 벗어나 기호학의 관점을 빌려 언어를 다시 개념화해야 한다. 그렇게 되면 국어활동으로서 대중매체의 소통 수단과 작용까지도 국어교육의 내용으로 삼을 수 있게 될 것이다.[10]

사실 '영상언어'는 우리에게 그리 낯설지 않은 용어이다. 그 이유는 최근 영상의 언어적 성격을 밝히고 그 기능과 구성요소에 대한 연구들이 진행되고 있으며, 그 특징과 효율성 등을 규명하는 논의가 계속되고 있기 때문이다(정근원, 1993). 이처럼 영상언어를 기존의 음성언어나 문자언어와 동등하게 의사소통의 주요한 수단으로 인식함으로써, 이 새로운 언어에 의해 달라진 언어사용 기능과 변화된 의사소통 방식에 대해서도 교육해야 할 필요성이 자연스럽게 제기되었다.

---

10) 기호학에서 말하는 언어는 인간의 의사소통을 가능하게 하는 기호와 약호의 의미 작용 체계라고 할 수 있다. 여기서 '기호(signs)'는 다른 어떤 것을 대신하여 지칭하는 고안물 또는 행위이며, '약호(codes)'는 기호들을 조직하는 체계로서 어떻게 기호들이 서로 연관을 맺어야 될지를 결정한다(박정순, 1995 : 32~33). 기호학에서 말하는 의미 작용의 체계는 보통 우리가 언어라 부르는 '말과 글들의 의미 작용 체계'만이 아니라, 춤, 음악, 영상, 음식, 의복 등을 포함하는 개념이다. 따라서 기호학에서는 이러한 모든 영역의 기호들의 의미 작용 체계를 묶어서 '언어'로 지칭한다.

이와 같이 다양한 매체를 언어와 문학교육의 차원에서 다루기 위한 노력의 일환으로 근래에 들어 문학교육 학계에서는 소설교육이 아닌 서사교육을 지향하는 주장이 제기되고 있다. 문자언어로만 교육 내용 영역을 한정하는 것은 언어 자체의 속성으로 보아도 적절치 못하다. 그러므로 교육 내용에는 언어능력의 신장과 관련된 모든 매체들이 포함되어야 한다. 다만 말과 글을 중심으로 하되 여타의 기호들을 포괄적으로 포용하는 방향으로 나가야 할 것이다. 그러므로 서사교육이 대상으로 하는 것은 언어와 관련된 기호란 점에서 다양한 매체를 포괄할 수 있다(우한용 외, 2001 : 49~50).

넷째로, 수용적 측면에서 오늘날의 서사문학 현상을 살펴보자. 선조적, 논리적, 사색적 인식보다는 다기적, 감정적, 감각적 인식에 민감한 지금의 독자들에게 소설 텍스트는 더 이상 매력적이지 않은 것 같다. 거기다가 그동안의 소설교육에 관한 연구는 학교 현장의 요구를 충분히 반영하지 못한 채 학문의 장에서만 추상적으로 논의되었으며, 기존 연구들에 대한 충분한 검토 없이 연구 영역의 확장에만 몰두한 경향이 있다. 그 결과로 오늘날 소설이 위기를 맞게 되면서 이와 맞물려 소설교육도 특별한 발전 없이 제자리걸음만 하다가 마침내 변화된 서사 환경에 어울리지 못하고 낙후된 교육 내용으로 학습자들로부터 외면당하는 위기를 맞게 되었다.

학교 밖의 문학 교실이 노장층으로 채워지는 동안 영화 교실에는 젊은 이들로 문전성시를 이루게 되었고, 세계 문학 전집이 책장에서 사라지는 동안 인터넷 게임에 매료된 신세대를 불러 모으는 게임방과 피시(PC)방이 길거리마다 간판을 내걸고 있다.

이제 문화 향유 계층의 화제는 소설에서 영화로 옮겨갔고, 극장은 유사 이래로 최대의 호황을 누리고 있다. 그래서 당대의 문제작이 되는 소설 작품을 읽지 않은 것은 부끄러울 게 없지만, 사람들의 입에 오르내리는 영화 작품을 보지 않으면 대화에 동참할 수 없고 문화적 소양이 뒤떨어진 사람 취급을 받기 십상이다.

그러나 이처럼 겉으로 드러나는 상황보다 더욱 심각한 것은 과거에 문학 작품을 통해서 충족시킬 수 있었던 서사 예술의 감흥을 이제는 영화를 통해서 해결할 수 있다고 믿는 사람들이 늘어가고 있다는 점이다. 또, 소설 중심의 소통만으로는 모든 서사문학을 이해하는 데 필요한 안목을 기를 수 없다는 점도 지적되고 있다. 특히, 시점과 서술자 등과 관련된 개념의 완전한 이해를 위해서는 소설뿐만 아니라 다양한 서사 텍스트가 교육 대상으로 활용되어야 한다는 의견이 설득력을 얻고 있다.

사실, 1960년대 전후부터 소설에서 서사로 관심이 옮아가는 징후가 나타났다. 먼저 프라이(N. Frye, 1957)는 소설(novel)을 유(類)의 개념이 아닌 종(種)의 개념으로 보면서 서사의 하위 장르들 중의 하나로 간주했다. 그리고 숄즈와 켈로그(R. Scholes & R. Kellogg, 1966)는 소설이 유일한 이야기의 유형이 아니고 단지 수많은 이야기의 유형 중의 한 가지에 지나지 않는다는 사실을 명백하게 밝힘으로써 소설이 대표적인 서사 유형이라는 통념을 깨는 데 결정적인 역할을 했다. 또한 소설이 언어로 의미를 전달하는 일반적인 의사소통의 방법과 다를 바 없는 수사적 장치에 의존한다는 사실을 밝힌 웨인 부스(W. Booth, 1961)도 소설 연구 영역을 확장시킨 연구자라 할 수 있다(한용환, 2002 : 100~101). 이 같은 연구자들의 견해를 상기해 볼 때, 소설에만 연연했던 과거의 문학교육에 대해 이제는 진지하게 반성해 볼 필요가 있다.[11]

그러므로 문학의 기본 장르의 하나인 서사의 본질을 제대로 가르치기 위해서는 그동안 소설이라는 서사의 하위 종류에 국한되어 있었던 교육의

---

11) 알다시피, 시 장르가 중심이었던 문학교육의 장에서 소설 장르가 문학의 한 장르로 들어와 확고한 자리를 차지한 것은 20세기 초부터이다. 소설 장르가 대학 강단에서 문학교육의 대상이 된 것은 1911년 캠브리지 대학교에 영문학과가 개설되어 리비스(F. R. Leavis)가 소설 텍스트를 가지고 강의를 시작하면서부터라고 한다(장시기, 2003 : 162). 그러던 소설 장르가 점차 중요한 문학교육 텍스트로 자리매김하게 된 과정은 영화가 새로운 서사 장르로 수용되는 지금의 상황에도 시사하는 바가 크다.

범주를 확장시켜 서사 장르에 속하는 다양한 텍스트를 교육의 대상으로 삼아야 한다. 만약 과거처럼 인쇄 매체에 바탕을 둔 소설 텍스트 중심의 교육만 고집한다면 오늘날의 복잡하고 다중적인 서사 현상의 총체적인 국면을 제대로 이해하고 능동적으로 향유할 수 있는 유능한 수용자를 길러내지 못하고, 실제 생활과 유리된 채 시험에 대비한 화석화된 지식만을 교육 내용으로 제공할 수밖에 없다.

문학은 끊임없이 변형된다. 중심 장르가 주변 장르로 물러나고 주변 장르가 그 자리를 대체하기도 한다. 세계의 변화와 관련하여 문학은 세계의 변화를 추동하고 그 변화를 반영하기도 한다. 세계의 변화 가운데는 매체 변화가 문학의 변화를 초래하는 데 큰 역할을 한다. 영상 매체의 발달로 인해 문학의 이미지 생산과 그 전파 효과는 많이 위축되었다. 영화를 비롯한 각종 영상 매체를 통해 실현되는 이미지가 문자언어로 수행되는 문학이 감당할 수 없을 정도로 현란하게 진행되고 있는 실정이다. 문학의 영상화와 더불어 컴퓨터의 발달도 문학을 변화하게 한 요인이다. 컴퓨터는 문학의 내용물을 대량 확보하고 보급하는 데 기여한다. 아울러 정보통신 기술의 발달은 문학의 변화를 추동하게 하였다. 문학의 소통 속도가 빨라지면서 문학의 보급과 유통의 변화를 가져왔다. 그렇게 되면서 문학에 대한 독자의 참여가 적극성을 띠게 되었다. 문학을 향유하는 이들의 공동체 형성이 빨라지고 그 공동체가 지속되는 시간 또한 단축되었다. 아울러 사이버 공동체에서 소통되는 문학은 이전의 이해의 공동체와는 다른 방식으로 공동체를 형성하게 되었다. 이른바 소설의 위기는 서사의 변형과 새로운 형태의 서사가 발흥되어 나오도록 유도하고 있다. 서사교육에서 이러한 변화를 긍정적으로 수용해야 할 것이다(우한용 외, 2001 : 19~20).

앞서 살핀 바와 같이 다중매체가 등장하고 소통 방식이 다양화되면서 서사 향유자들은 자연히 문자가 유일한 수단이 되었던 소설 장르의 단순하고 간접적인 매체 형식에 불만과 회의를 가지게 되었다. 이에 따라 새롭게 각광받기 시작한 서사 양식이 바로 영화를 비롯한 영상 서사물들이다.

　이처럼 소설의 위상과 현실적 유효성이 예전만 같지 못한 현실 속에서, 서사교육이 과거처럼 소설 텍스트 중심의 교육을 계속 고수하는 것은 바람직하지 않다. 문학교육이 전통의 계승과 창조라는 두 가지 이질적인 임무를 동시에 충실히 수행하려고 하다보면 현실의 변화를 즉시적으로 수용할 수 없는 측면이 있을 것이다. 하지만 이러한 변화를 외면하거나 소홀히 해서는 서사교육이 현실과 유리된 채 교육적 동기를 갖지 못하는 무용한 지식 체계로 남을 수밖에 없다. 소설 텍스트 중심의 교육에서 다양한 서사 텍스트를 포함하는 교육으로 바꾸는 것은 특정한 역사적 변종 장르인 소설을 보편적인 기본 장르인 서사로 확대하는 것을 뜻한다. 그러므로 근대 서사양식인 소설을 서사의 하위 양식의 하나로 여김으로써 대상 자체를 확장해 가는 이 책의 시각은 '지금 여기'에서 가장 시급한 교육적 기획의 하나라고 할 수 있다.

3. 국어 교육과정에서의 영화 수용 양상과 문제점

　근래에 교육 현장을 중심으로 영화의 교육적 의의를 조명하고 이를 국어(문학)교육에 활용하는 구체적인 논의가 전개되고 있다. 하지만 정작 영화 텍스트가 국어교육 현장에서 수용되는 양상을 살펴보면 여러 가지 면에서 문제점이 발견되었다.

　여기서는 서사교육의 내용을 중심으로 논의를 좁히기 위해 교육 내용의 구현물이라 할 수 있는 교육과정을 중심으로 국어교육에서의 영화 수용 양상과 문제점을 살피도록 하겠다.

　2007년에 개정 고시되어 2009년부터 초등학교를 필두로 점차 시행될 새 교육과정은 오늘날 대중매체가 우리의 언어생활과 밀접한 관계를 맺고

있는 상황을 반영해 ≪국어≫의 성격, 목표, 내용 및 방법 등에서 대중매체
와 관련된 내용들을 일부 포함하고 있다.

구체적으로 ≪국어≫의 '내용'을 살펴보면 여러 가지 대중매체가 듣기,
말하기, 읽기, 쓰기 등의 언어 사용 기능 영역뿐만 아니라 문법과 문학까지
모든 영역에서 중요한 학습 도구나 수단으로 활용되고 있음을 확인할 수
있다. 이렇게 학생들이 실제 생활에서 가까이 접하게 되는 대중매체를 가
지고 국어 활동의 '실제'를 구성해 놓은 것은 이전의 교육과정이 대부분
음성 및 문자 매체에 국한해 활동을 제시함으로써 학생들의 생활과 유리되
었던 것과 비교하면 분명히 바람직한 방향으로 한 걸음 더 나아간 것임에
틀림없다.12)

그런데 여기서 한 가지 아쉬운 점은 문학의 '내용 체계'를 제시하면서
영화나 TV 드라마를 극 양식의 일부로 제시한 점이다. 연극과 영화는 '보
여주기'라는 양식적 공통점에 근거하고 있지만, 장르 구별의 기준을 근거
로 엄밀히 구분해 보자면 잘 알려진 바와 같이 영화는 직접성의 전달 형식
을 지닌 극 장르보다 중개성을 특징으로 하는 서사 장르에 가깝다. 그래서
그동안 여러 서사 학자들은 소설과 영화를 함께 서사 연구의 대상으로 삼
아서 공부해 왔던 것이다. 그런데도 불구하고 연극과 영화를 학문적으로나
제도적으로 같이 묶어서 극문학에서 다룬 것은 연극의 대본이 되는 희곡과
영화의 대본이 되는 시나리오가 비슷한 형식으로 되어 있는 것이 가장 큰
이유일 것이다. 하지만 연극과 영화는 엄연히 다른 장르다(민병욱, 2006 :
25~30). 그동안 이처럼 불분명하고 모호하게 된 데에는 무엇보다 연극이
아닌 희곡이, 영화가 아닌 시나리오가 문학교육의 텍스트로 상정되었기 때
문이다. 이제는 이런 오류를 바로 잡을 필요가 있다. 따라서 앞으로는 시나
리오보다는 영화의 형태로 서사 장르에서 다루는 것이 가장 바람직하다고

---

12) 2007년 개정된 국어과 교육과정에서 각 학년별로 영화가 어떻게 다뤄지고 있는지는 이
   책의 4부에서 제시되고 있다.

생각한다.13)

한편, 선택 과목인 ≪문학≫의 교육과정에서는 영화를 어떻게 수용하고 있는지 '교육과정 해설'을 통해 알아보도록 하자. 먼저, '세부 내용'에서 '(2) 문학 활동' 가운데 다음과 같은 내용이 제시되어 있다.

> (나) 문학의 생산
> ① 내용과 형식, 맥락, 매체를 바꾸어 작품을 비판적·창조적으로 재구성한다.
>
> **해 설**
>
> 이 내용은 문학의 수용을 창조적 재생산으로 전환시켜 문학적 표현 욕구와 능력을 발전시키기 위해 선정하였다. 수용한 문학 작품을 대상으로 하여 비판적·창조적 재구성을 목표로 내용, 또는 형식, 또는 맥락, 또는 매체를 바꾸어 봄으로써 기초적인 문학 생산 능력을 기를 수 있으며, 이러한 경험이 문학적 표현 욕구를 증대시킬 수 있는 것이다. (…중략…) 이 내용은 비판적·창조적 재구성을 목표로 한 내용 바꾸기, 형식 바꾸기, 맥락 바꾸기, 매체 바꾸기 등을 세부 내용으로 할 수 있다(한국교육과정평가원, 2008 : 419~420).

이에 의하면 원작 소설과 이를 영화로 매체 변용한 작품을 모델로 삼아 학습자들에게 문자 매체와 영상 매체를 바꿔가면서 비판적·창조적으로 재구성하는 학습을 세부 내용으로 삼고 있음을 알 수 있다.

> (다) 문학의 소통
> ② 다양한 매체를 통한 문학 작품의 수용과 생산에 참여한다.

---

13) 사실 이렇게 영화 대신 시나리오를 제재로 삼을 수밖에 없었던 것은 종이책 교과서의 매체적 한계 때문일 것이다. 멀티미디어 환경이 갖춰진 오늘날에는 CD나 인터넷 등 다양한 전자 매체 형태의 교재가 일반화되었다. 그러므로 앞으로는 교과서도 그러한 전자 교재를 제작해 종이책 교과서와 함께 제공할 필요가 있다. 그렇게 되면 장편 소설이나 영화와 같이 지면의 한계상 수록하지 못했던 어려움을 해결할 수 있을 것으로 예상된다.

이 내용은 문학 소통의 차원에서 다양한 매체를 통해 문학 작품을 수용하고 생산하는 활동에 참여하는 능력과 태도를 기르기 위해 선정하였다. (…중략…) 다매체 시대로 접어들면서 문학 활동의 외연 역시 매우 넓어져서 '문자'로 이루어진 문학 활동만을 문학 활동의 유일한 본령으로 생각하지 않게 되었다. 기존의 문자 언어를 매체로 한 소통 외에 라디오, 사진, 영화, 만화, 텔레비전, 애니메이션, 인터넷, 휴대 전화 등을 통한 문학 활동이 전개되면서 음성 언어를 매체로 한 문학의 소통이 부활되는가 하면 음성 언어와 문자 언어가 서로 교섭하는 양상을 띠는 문학 소통이 전개되고 있다. 이 내용은 음성 언어, 문자 언어, 영상 매체, 전자 매체 등등 다양한 매체를 기반으로 한 문학의 생산과 수용에 참여하기를 세부 내용으로 구성할 수 있다(한국교육과정평가원, 2008 : 421~422).

위의 내용은 다매체 시대인 오늘날의 문학 활동을 특성을 감안하여 영화를 비롯한 다양한 대중매체를 통한 문학의 생산과 수용에 참여하는 학습 활동을 세부 내용으로 삼고 있음을 밝히고 있다. 이러한 내용은 문자 매체를 중심으로 한 과거의 교육과정에서 탈피하여 매우 진일보한 것으로 평가할 만하다. 그럼에도 불구하고 바로 이어지는 '(3) 문학의 위상'에서는 다음과 같은 해설이 있어 혼란을 주고 있다.

　(가) 문학과 문화
　　② 문학과 예술, 인문, 사회, 문화의 관계를 이해한다.

해 설

이 내용은 문학이 음악, 미술, 연극, 영화, 무용, 건축 등 다양한 인접 예술과 밀접한 관계에 있음을 알고 나아가 인문, 사회, 문화 등과도 관련을 맺고 있음을 이해하여 문학의 수용과 생산 활동을 원활히 하는 능력을 기르도록 하기 위하여 선정하였다(한국교육과정평가원, 2008 : 422).

이는 영화나 연극을 문학의 인접 예술로 규정하여 결국은 문학과 별개의 영역으로 구별하고 있다는 것이다. 이러한 인식의 저변에는 희곡과 시나리오와 같이 문자로 이뤄진 대본은 문학으로 볼 수 있지만 연극과 영화는 문학과 인접한 예술이라는 생각이 깔려 있기 때문인 것으로 생각된다. 이처럼 같은 교육과정 해설 안에서도 영화나 연극에 관한 인식이 다소 불명확하게 규정되어 있어 혼동을 준다.

이 밖에도 ≪문학≫ 교육과정의 '교수 · 학습 방법' 항목을 보면 다음과 같은 내용이 제시되어 있다.

- 학습자의 관심 및 생활 경험과 밀접하게 연관되는 작품을 선정한다.

> **해 설**
>
> 이 항목은 교수 · 학습 자료의 선정에서 학습자 요인을 적극 고려해야 한다는 취지를 담고 있다. 오늘날의 고등학교 학생을 10년 전의 고등학생과 비교하면 사고와 생활 경험 면에서 매우 다름을 알 수 있다. 이들은 대체로 90년대 중 · 후반에 태어나서 어릴 때부터 컴퓨터 게임과 힙합 음악, SMS와 메신저 등과 함께 자란 세대이고, 책은 물론이고 영화, 만화, 게임 등을 통해 판타지, 팬픽 등의 장르 문학을 접하며 자란 세대이다. 또한 이들은 전통적인 문자 읽기로서의 문학을 어려워하는 대신 온라인 문학이나 멀티미디어 문학을 좋아한다(한국교육과정평가원, 2008 : 439).

- 한국 문학과 세계 문학의 다양한 하위 범주들을 보여줄 수 있는 작품들을 균형 있게 선정한다.

> **해 설**
>
> 한국 문학의 범주는 한국어로 표현될 수 있는 모든 문학적 성과물들을 포괄한다. 여기에는 구술 문학의 전통과 한문 문학의 전통, 한국어로 문학 활동을 하는 해외 동포들의 문학이 모두 포함된다. 뿐만 아니라, 가요, 만화, 영화, 드라마 등의 매체 문학도 이 범주에서 다룰 수 있다(한국교육과정평가원, 2008 : 440).

- 작품은 이상적인 전범이 아니라 교수 · 학습 목표 달성을 위해 다양하게 활용, 변용할 수 있다는 관점에서 접근한다.

> **해 설**
>
> 판소리 창본 〈춘향가〉와 소설로 개작된 〈춘향전〉, 만화나 연극, 드라마, 영화 등으로 변용된 〈춘향전〉 등을 다양하게 비교하면서 접근한다면 교과서의 자구에 집착하는 것보다 훨씬 효과적인 수업을 할 수 있다(한국교육과정평가원, 2008 : 443).

- 문학 활동이 듣기, 말하기, 읽기, 쓰기를 포함한 언어활동, 매체 활동 및 다양한 반언어적·비언어적 표현과 통합될 수 있도록 지도한다.

> **해 설**
>
> 근래 들어서 문학의 개념을 넓게 해석하는 경향이 강해지고 있다. 과거에도 문학은 노래, 연극 등과 서로 겹치는 관계로 이해해 왔는데, 최근에는 여기에 덧붙여서 그림, 만화, 영화, 드라마, 뮤지컬, 뮤직비디오, 광고 등도 문학적인 자질을 가진 것으로 이해하게 되었다. 이때의 '문학적 자질'이란 서사와 리듬, 이미지 등에 초점이 있는 것으로, 서사적 구조를 가지면서 리듬을 갖추고 이미지를 형상화하는 미적 활동은 모두 문학적 자질을 가진 것으로 보는 것이 일반적이다. 실제로 소설과 영화, 시와 회화 또는 음악 등의 변환이 심심치 않게 일어나고 있다. 한편, 컴퓨터의 멀티미디어 기능과 네트워크가 결합하면서 새로운 방식의 문학 소통 구조가 생긴 점도 고려할 필요가 있다. 과거와 같은 문자 중심 문학 활동을 넘어서서, 다매체적 문학 교육이 필요해진 것이다. 따라서 음악, 미술, 연극과 영화, 인터넷 등과 결합한 교수·학습 방법을 과감하게 도입하는 것이 좋다(한국교육과정평가원, 2008 : 445~446).

이들 해설을 보면, 영화의 '문학적인 자질'을 언급하면서 영화를 활용한 문학 교수·학습 방법을 도입해야 한다고 함으로써 결국 《문학》 과목에서는 영화 텍스트를 활용하되, 어디까지나 기존의 문자 텍스트 중심의 문학교육을 보완하기 위해 원본 작품의 영상 변용 텍스트에 한해서 활용하는 수준에 머물러 있는 것으로 파악된다.

이와 같이 《국어》와 《문학》 과목에서는 여전히 대중매체가 교육의 대상이나 목적이 아니라 수단이나 도구로 한정될 수밖에 없다고 판단하여 이를 개선하기 위해 2007년 개정 교육과정에는 영화를 비롯한 대중매체에 '관하여' 다루기 위해서 《매체 언어》라는 과목을 새로 도입하고 있다.

이로써 영화의 영상 언어, 구조, 생산, 소통, 수용 과정의 특징과 요소, 맥락적 특성 등에 대해 본격적으로 다룰 수 있는 길이 열렸다.

다만 한 가지 염려되는 것은 ≪매체 언어≫라는 과목이 영화뿐만 아니라 다양한 대중매체를 다뤄야 하기 때문에 영화의 예술적 특성, 특히 서사 장르로서의 문학적 특성을 소홀히 다룰 수 있다는 점이다. 이것은 ≪매체 언어≫의 교육과정을 살펴보면 짐작할 수 있다. 즉, 교육과정에 제시된 30 개의 '세부 내용' 가운데 영화나 TV 드라마에 관한 서사교육적인 내용은 심리적 정서 표현과 관련된 2~3개에 불과하기 때문이다. 물론 아래에 인용한 '세부 내용'에서도 영화가 다뤄질 수는 있겠지만 아무래도 서사 장르로서의 성격과 예술 양식으로서의 특성보다는 다른 대중매체와 공통된 매체 언어적 특성과 기능에 초점이 맞춰져 있어 본격적인 서사교육과는 차이가 있을 수밖에 없을 것이다.

- 매체 언어의 개념을 이해한다.
- 문자, 음성, 소리, 이미지, 동영상 등이 통합될 수 있는 매체 언어의 특성을 이해한다.
- 매체 언어를 통한 의사소통의 특성을 이해한다.
- 매체 언어가 어떻게 의미를 생성하는지 안다.
- 매체 언어가 형성하는 대중문화의 특성을 이해한다.
- 대중문화가 형성하는 세계와 현실을 주체적으로 이해한다.
- 다양한 관점과 가치를 고려하여 매체 자료를 수용한다.
- 기존 매체 자료를 창의적으로 변용하여 생산한다.
- 매체 언어의 특성을 고려하여 동일 내용을 다른 매체로 표현한다.
- 목적, 수용자, 매체의 특성을 고려하여 다양한 매체 자료를 생산한다.
- 창의적인 언어문화 창조에 적극적으로 참여한다(교육부, 2007 : 121~123).

이처럼 ≪매체 언어≫라는 과목이 다양한 대중매체를 다뤄야 하기 때문에 서사교육의 입장에서 영화를 다루지 않는다. 다만, 다음과 같은 교육과

정 해설을 참고로 할 때, 서사장르로서 영화의 예술성에 관해 문학교육적
으로 접근할 수 있는 여지를 남겨 두고 있는 점은 고무적인 부분이라 할
만하다.

- 매체 자료의 창의적인 표현 방식과 심미적 가치를 이해하고 향유한다.

> **해 설**
>
> 한편으로 매체 언어는 오랫동안 인간이 향유해 온 이야기를 담기도 하는 언
> 어라는 점에서 보다 문학적인 접근도 필요로 한다. 매체 자료의 창의적인 표
> 현 방식과 심미적 가치를 이해하고 향유하는 일은 매체 언어에 대한 문학 교
> 육적 접근이라 할 수 있다. 광고에 나타난 창의적인 표현을 살펴본다든가, 영
> 화에 나타난 생산자의 주제 의식을 살펴보는 것 등이 이에 해당한다(한국교
> 육과정평가원, 2008 : 478).

- 심미적 정서 표현을 위한 매체 자료의 특성을 안다.

> **해 설**
>
> 텔레비전 드라마, 영화, 인터넷 사용자가 다양한 목적으로 스스로 제작한 영
> 상물, 대중가요, 사이버 문학, 만화, 오락물 등 다양한 매체 자료가 수용자에
> 게 즐거움과 재미를 느끼게 하는 구조적, 형식적, 언어적 특성에 대해 이해하
> 고, 이에 대한 심미적 안목과 비평 능력을 갖도록 지도하는 것이 중요하다(한
> 국교육과정평가원, 2008 : 482).

- 심미적 정서 표현을 위한 매체 자료를 수용하고 생산한다.

> **해 설**
>
> 애니메이션, 영화, 텔레비전 드라마 등과 같은 영상물, 대중가요, 게시판 소설
> 과 같은 사이버 문학, 만화, 텔레비전 코미디 프로그램, 컴퓨터 게임과 같은
> 오락물 등 다양한 대중문화를 심미적 정서 표현의 측면에서 비판적으로 수용
> 하고 직접 생산해 보는 경험을 하도록 지도한다. 이를 통해 다양한 매체가 만
> 들어내는 이미지와 이야기 문화에 대해 심미적 안목을 바탕으로 한 비평 능
> 력을 기르는 한편, 매체를 통해 보다 창의적인 문화 생산 능력을 기를 수 있
> 도록 지도하는 것이 중요하다(한국교육과정평가원, 2008 : 482).

제 2 부 ▌ 소설과 영화를 통한 서사교육의 이론

1. 서사교육에서 소설과 영화의 수용 방향

서사(敍事, narrative)의 필수 요소 두 가지는 '이야기'와 이야기하는 '서술
자'이다. 서사학자 시모어 채트먼(S. Chatman)은 츠베탕 토도로프(T. Todorov)
의 구조주의 이론을 받아들여 서사물을 '이야기(story)' 측면과 이야기가 전
달되는 '담론(discourse)' 측면으로 구분하여 이해하였다. 여기서 '이야기'는
서사물에서 묘사되는 '무엇'이고, 담론은 '어떻게'에 해당된다.[1)

서사의 중요한 특징의 하나로 이야기와 담론이 어느 정도 독립되어 있

---

1) 구조주의에서 서사 구조를 이야기(histoire)와 담론(discours)으로 나눈 것을 채트먼은 다시
기호론적 바탕 위에서 형식(form)과 질료(substance)로 구분하여 다음과 같이 서사 구조를
밝힌 바 있다(채트먼, 한용환 옮김, 2003 : 23~27).

	내 용 (이야기)	표 현 (담론)
형 식 (표면구조)	사적 이야기의 구성요소 : 사건적 요소들(행위, 사건), 사물적 요소들(인물, 배경), 그리고 그것들 사이의 관계	서사적 전달 구조 : 어떤 형태의 매체에 의한 것이든 서사를 공유하고 있는 요소들로 이루어진 서사적 담론(화자와 시점, 서술과 관련된 요소)
질 료 (이면구조)	작가가 속한 사회적 약호들을 통해 걸러진 것으로서 서사적 매체를 통해 모방될 수 있는 대상과 행위들의 실제적인 혹은 상상적인 세계 속에서의 재현	이야기를 전달할 수 있는 매체들(언어, 영상, 기타)

다는 점을 들 수 있다. 즉, 서사 장르에서 이야기 내용은 독립적인 객관 세계를 이루며, 표현 주체는 그로부터 거리를 두고 물러서서 주로 중개하는 역할을 하는 것이다. 여기서 서사적 거리가 발생한다. 따라서 서사의 본질은 이처럼 '이야기'의 상대적 독립성, '서사적 거리', 전달 매체의 '중개성' 등으로 설명될 수 있는데, 소설과 영화는 둘 다 이러한 서사의 본질을 지니고 있다는 점에서 대표적인 서사 장르로 꼽힌다(나병철, 1998 : 17~19).

역사적으로 문학과 영화는 매우 가까운 관계였다. 초기 영화들은 소설과 시, 그리고 극으로부터 플롯 전개의 방식, 시적인 이미지의 배합, 그리고 장면 내의 대상들의 배치 등에 관한 기본적인 인식을 빌려갔다. 특히 소설은 영화의 시나리오를 제공하였는데, 오늘날과 같이 전문적인 시나리오 작가가 없었기 때문에 당시에는 영화 소재의 대부분을 소설에 의지해야 했다. 또한 영화가 만들어진 초창기에는 서사 기법에서도 소설의 그것을 주로 받아들였다. 플롯 전개의 대부분을 이야기 요약 서술(story telling)과 연대기적 시간 구성에 따르는 서구 고전적 리얼리즘 소설의 서사 기법을 수용했던 것이다. 반면에 이렇게 만들어진 영화는 소설을 대중화시켰다. 뿐만 아니라 영화의 표현기법이 다채롭게 개발됨에 따라, 소설 역시 영화적 서사 기법을 본격적으로 받아들이게 된다. 이와 같은 소설과 영화의 상호 교류는 앞으로도 계속되어 단순한 소재 차원의 교류에서부터 작품의 수용과 창작, 나아가 문화 현상 전반에 이르기까지 영향을 끼칠 것으로 예상된다.

한편, 소설과 영화는 이야기 부분의 요소들은 공유하고 있으나, 담론 부분에서는 현저한 차이를 보이게 된다. 이것은 소설과 영화가 그 이야기를 전달하는 수단이 각각 문자와 영상으로 서로 다르기 때문이다. 이처럼 전달 수단이 서로 다르게 되면, 그에 따라 전달 방식도 달라져 각자에게 적합한 전달 방식을 따로 마련하게 된다. 예컨대 어떤 인물의 내면의식을 표현한다고 할 때, 소설은 언어를 통해 표현해 내는 반면, 영화는 인물의 대사나 화면 밖 목소리(voice over)를 통해 전달하거나 혹은 연기자의 표정이나 행위 등을 통해 내면을 암시적으로 표현할 것이다. 또, 소설과 영화는 중개자가 각각 서술자(화자)와 카메라이기 때문에 그로 인한 서술 방식의 차이도 무시할 수 없다.

소설을 영화로 바꾸는 것을 의미하는 각색은 흔히 원작을 해체한 뒤, 이를 재편성하여 새로운 작품으로 만드는 과정을 거친다. 이러한 영상화의 과정에서 원작 소설은 여러 면에서 다른 모습으로 변용되는데, 그 변인은 여러 가지로 생각할 수 있다.

먼저, 이야기 차원의 변화의 경우, 전이에 참여하는 각색자나 연출자의 의도 때문일 수도 있고, 혹은 영화가 구현되는 주변 여건 등의 외부적 조건들의 영향도 생각해 볼 수 있다. 소설은 분량의 제한을 받지 않는 반면, 영화는 통상 두 시간을 넘지 않게 만들어야 한다. 그러므로 장편소설을 각색한 영화에서는 인물과 사건의 축소가 불가피하다. 반대로 단편소설을 영화화할 경우, 인물이나 사건이 확대되기도 한다. 따라서 소설과 영화를 활용하여 이러한 이야기 차원의 변화를 살피고, 그 원인과 의미를 찾아보는 활동은 소설과 영화의 상호텍스트성을 바탕으로 한 심화된 작품 수용 방법이라고 할 수 있다.

다음으로 담론 차원의 경우, 매체적 차이에 의해 원작 소설과 각색 영화 사이에는 큰 차이가 발생한다. 즉, 소설은 시공간의 구애를 받지 않는 풍부한 재현 및 표현의 수단을 갖고 있는 반면, 영화는 모든 것을 직접적 감각성에 의존한 영상과 음향으로 표현해야 하기 때문에 재현이 어려운 심리적 갈등이나 내면 묘사, 내적 독백, 풍자와 해학의 서술 등을 소설과 다른 방식으로 나타내야 한다. 그러므로 소설과 영화의 담론 차원의 차이점을 대조하는 활동을 통해 두 갈래의 매체적 차이와 그로 인한 시점과 서술상의 상이점을 확인하고, 이들이 어떻게 다르게 표현되는지를 살핌으로써 두 장르 고유의 표현 기법을 익힐 수 있다.

한편, 각색 영화는 원작 소설에 나오는 배경이나 인물에 대해 실제적으

로 보고 들을 수 있는 장면으로 보여주기 때문에 소설 텍스트를 읽으면서
독자가 상상했던 이들 요소들에 대한 이미지들과 영화 텍스트를 통해 형상
화된 이미지들을 서로 비교할 수 있다. 이때 영화 텍스트의 이미지들은 각
색자나 연출자가 원본 텍스트를 읽으면서 상상했던 것을 바탕으로 만들어
진 것이다. 일반적으로 그들은 풍부한 배경지식과 체험을 가지고 있는 '유
능한 독자'로서 세련된 상상력을 발휘하여 원본 텍스트를 해석하고, 성실
한 고증을 바탕으로 텍스트를 재구성한다. 그러므로 '유능한 독자'들이 상
상하여 가시화한 인물의 형상과 그들의 대화를 포함한 행동, 그리고 그 행
동이 이루어지는 시공간을 '미숙한 독자'들에게 제시한다면, 미숙한 독자
들은 자신들이 원본 텍스트를 읽으며 상상한 것과 비교함으로써 스스로 부
족한 점을 보완하고 상상력을 자극하여 이를 세련시킬 수 있을 것이다. 한
편, 각색자나 연출자의 변용의 결과가 독자들의 기대와 수준에 미치지 못
하거나 납득할 수 없는 차이가 발견될 때는 미숙한 작품으로 평가될 수도
있는데, 이때에는 구체적인 오류와 한계를 지적하고 독자 나름의 해석을
개진할 수 있도록 유도함으로써 생산적인 학습 활동을 수행할 수도 있다.

소설과 영화는 서사를 교육하는 데 가장 중요한 두 가지 텍스트이다. 앞
에서 살핀 바와 같이 이들은 역사적으로나 본질적으로 서로 밀접한 관련을
맺고 있다. 그러므로 앞으로는 서사 장르에 대한 더욱 깊이 있는 이해와
감상을 위해서 소설과 영화의 공통점과 차이점에 근거한 상호적 읽기(inter-
reading) 활동을 활성화할 필요가 있다. 이는 서사교육의 목적에 부합하는
매우 효과적인 방법론으로서 구체적인 내용과 방법을 마련할 가치가 충분
히 있다고 생각한다.

이제까지 문학교육에서 서사 장르에 대한 교육은 주로 소설을 중심으로
이루어졌다. 이제 그 영역을 확대하여 서사교육에서 영화를 수용하고자 할
때, 어떻게 할 것인지 고려해 봐야 할 것이다. 수용 방법은 대략 두 단계로
나누어 생각해 볼 수 있다.

먼저, 첫 단계는 원작 소설과 각색 영화를 통한 서사교육이다. 이것은 기존의 문자 텍스트 중심의 문학교육관을 무시하지 않으면서 가장 무난하게 영화를 수용할 수 있는 현실적인 방법이다. 다음 단계는 적극적으로 영화를 수용하는 방법으로서 문학 작품의 변용 여부와 상관없이 훌륭한 창작 영화를 교재로 삼아 영화 텍스트의 수용과 창작 활동을 하는 것이다.

현대 사회의 매체 환경 변화와 그에 따른 문학 체험 양식의 변화를 고려할 때, 앞으로는 각색 영화뿐 아니라 창작 시나리오를 각본으로 한 영화 텍스트도 학습 제재로 사용할 수 있을 것으로 예상되지만, 이것은 ≪문학≫의 범위를 벗어나 ≪영화≫와 같은 독립 교과의 형태로 나아갈 가능성이 많기 때문에 여기에서 본격적으로 다루기에는 한계가 있다.

이 책에서 기존의 소설교육과 본격적인 영화교육의 사이에 현실적인 대안으로 제안하는 '소설과 영화를 통한 서사교육'의 위상을 그림으로 나타내 본다면 다음과 같다.

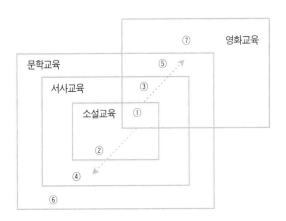

> ① 소설과 영화를 통한 서사교육
> ② 전통적인 소설교육
> ③ 창작 시나리오 영화를 통한 서사교육
> ④ 신화, 전설, 민담, 판소리 등에 관한 서사교육
> ⑤ 시와 영화, 연극과 영화에 관한 교육
> ⑥ 서정, 극, 교술 장르 등에 관한 문학교육
> ⑦ 연기, 연출, 영화사, 영상 및 음향기기 조작법 등에 관한 영화교육

[그림 1] 소설과 영화를 통한 서사교육의 위상

이 책에서 상정하는 '소설과 영화를 통한 서사교육'은 문학교육과 영화교육이 겹쳐지는 영역이며, 문학교육 안에서는 서사교육의 일부로서 전통적인 소설교육과는 구별되는 새로운 서사교육 방안이라는 위상을 갖는다. 앞의 그림에서 표상된 것처럼 소설과 영화를 통한 서사교육(①)이 잘 구성되어 교육 현장에서 충실하게 실천된다면 화살표처럼 향후 전통적인 소설교육(②)과 창작 시나리오 영화를 통한 서사교육(③)으로 그 교육적 전이가 이루어질 것이며, 나아가 신화, 전설, 민담, 판소리 등에 관한 서사교육(④)이나, 시와 영화, 연극과 영화에 관한 교육(⑤)에까지도 긍정적인 영향을 미칠 것으로 예상된다.

한편, 위의 그림에서 ⑥의 영역은 서정, 극, 교술 장르를 통해 이루어지는 문학교육이며, ⑦은 본격적인 영화교육으로서 서사로서의 영화뿐만 아니라 영화의 역사, 세부적이고 구체적인 작가론 및 작품론, 연기 방법론, 연출법, 카메라와 조명 및 음향과 편집기기 조작법 등을 모두 다루는 교육을 말한다. 이와 같은 영화교육은 국어교육에서 담당하기에는 여러 가지 면에서 무리가 있다고 판단된다.

이에 다음 장부터는 이 책에서 제안하는 소설과 영화를 통한 서사교육의 이론 체계를 구성하기 위해 그 특성을 밝히고, 의의를 살펴볼 것이며, 목표를 설정한 다음, 그 세부적인 내용을 구안해 보도록 할 것이다.

2. 소설과 영화를 통한 서사교육의 특성

소설은 지금까지 서사교육에서 가장 주요한 제재로 활용된 전통적 텍스트로서 앞으로도 계속해서 수용하고 창작해야 할 가치가 있다. 또한 영화는 오늘날 새롭게 주목받는 서사 텍스트로서 앞으로 서사교육에서 적극적으로 수용할 필요성이 있다. 따라서 이들을 함께 활용할 때 장르 통합, 언어활동 통합에 따른 상승효과를 도모할 수 있을 것으로 예상된다. 이제 이 책에서 제안하는 소설과 영화를 함께 활용하는 교육이 기존의 서사교육과 어떤 변별적 특성이 있는지를 자세히 밝혀보도록 하자.

(1) 전통적 서사교육 텍스트의 활용

근대 이후 문자가 널리 보급되고 보편적인 교육 체제가 갖추어지면서 오랜 기간 동안 인류의 사랑을 받으며 향유되어 온 대표적인 근대 서사 양식인 소설이 문학교육의 주요 내용으로 자리 잡게 되었다.

소설의 위기를 말하는 오늘날에도 소설은 여전히 매력적인 서사물로서 제 기능을 다 하고 있다. 인류 문화의 정화(精華)라 할 수 있는 위대한 소설 작품들이 지금까지 무수히 창작, 향유되었고, 수많은 연구자에 의해 소설에 관한 비평이 양산되었다. 특히 소설의 내용과 형식에 관한 정치한 원리와 해석들은 아직까지도 서사교육의 장(場)에서 가장 중요한 교육 내용으로 남아 있다. 그리고 문자언어를 넘어서는 영상언어의 생생함에 매료되면서도 한편으로는 영상언어로 변용될 수 없는 문자언어만의 매력을 재발견하게 되었다. 그러므로 변화된 서사 환경을 반영해 앞으로 소설의 장르적 변이를 수용한다 하더라도 소설의 이론과 작품에 대한 교육적 필요성은 사라지지 않을 것이다.

소설은 지식 체계 위주의 일반교과 제재와는 성격이 다르다. 그래서 소설교육은 소설 텍스트를 형상화된 예술적 제재로서 인식하고, 미의식, 가치, 정서 등을 중심으로 미적 향수와 가치 수용에 비중을 둔다. 또한 소설은 음악이나 미술 같은 여타의 예술과도 다르다. 미적 수용과 정서적 고양을 이룩한다는 점에서는 비슷하지만, 그 재료가 언어로 직접 구성되어 있다는 점에서, 그리고 보다 더 지적인 수용 특성을 지니며 인간 삶의 보편적 갈등과 삶의 의미를 파악한다는 점에서 이들보다 가치 작용적이다(박인기, 1993 : 49).

소설은 지금도 다음과 같은 기능을 수행하고 있다는 점에서 여전히 주요한 서사교육 텍스트로 삼을 수 있다. 소설은 인간의 경험을 질서 정연하게 정리하여 인식할 수 있는 대상으로 만든 것이다. 작가는 시간축 위에서 의미 있는 연속적 행위를 문자를 통해 형상화함으로써 흩어져 있는 경험을 질서 정연한 의미체로 바꾸어 놓는다. 따라서 독자는 소설을 읽으며 인간의 수많은 경험을 인식함으로써 인간과 삶에 대해서 알게 되며 바람직한 삶의 조건을 생각하게 된다.

소설은 다양한 정서적 경험을 제공한다. 정서는 어떤 조건이 주어질 때 일어나는 강렬한 심리적 반응으로 한 개인이 현실에서 경험할 수 있는 종류와 정도는 매우 제한되어 있다. 하지만 독자는 소설을 수용하는 과정에서 다양한 정서를 풍부하게 경험하게 됨으로써 자신과 타인의 정서를 이해하고 조정할 수 있는 능력을 기를 수 있다.

소설은 상상력을 키워준다. 독자는 종이 위에 인쇄된 문자기호를 선조적으로 읽어가면서 등장인물이나 시공간적 배경과 같은 존재물들의 이미지를 떠올리게 되고, 이들이 펼치는 사건들의 의미를 생각하며 여러 가지 과거의 경험을 재결합하게 되는데 이 과정에 작용하는 것이 상상력이다. 따라서 소설 텍스트를 수용하면서 독자는 상상력을 발휘하게 되고, 그 허구적 상상력을 통하여 자연스럽게 해석공동체로 입문할 수 있게 된다.

소설은 현실 세계의 가치를 새로운 관점에서 다시 생각하게 해 준다. 인간은 대개 그가 속한 집단의 가치관을 습득함으로써 개인의 가치관을 형성하게 된다. 그런데 자칫 자신이 속한 집단의 일반화된 가치관에 갇혀 다른 시각을 확보하지 못하게 되면 가치관과 판단 기준이 편협해지기 쉽다. 그러나 소설을 읽고 배우면 자신이 가진 기존의 가치 판단에 의심을 품고, 자신의 가치관을 변화시킬 수 있다. 이를 통해 보다 폭넓은 시각과 관점을 가지고 세계를 바라볼 수 있게 된다.

소설은 심미적 경험을 쌓게 한다. 소설을 읽고 소설 텍스트의 내적 구조와 의미가 밀접한 관련성을 가지고 있음을 알아낼 때 느끼는 즐거움이 심미적 경험이다. 소설 작품의 예술적 가치를 깨닫고 감탄하는 즐거움은 매우 고상하며 지적인 즐거움으로 교육적 효용이 높다.

(2) 새로운 서사교육 텍스트의 수용

영화는 '영상의 시대'인 오늘날 가장 친근하고 일상적인 예술 서사물이라는 점에서 훌륭한 서사교육 텍스트라 할 수 있다. 이른바 '영상세대'라고 불리는 오늘날의 청소년들은 갓난아기 때부터 영상 매체를 보면서 자랐기 때문에 소설책보다 TV 드라마나 영화를 좋아하며, 책방에 가는 대신 비디오 / DVD 대여점이나 영화관을 찾는다. 가족이나 친구들 사이에서도 그들이 감명 깊게 본 TV 드라마나 영화 얘기가 주요한 화제가 된다. 영화를 서사교육에서 문제 삼게 된 것도 이런 상황에 대한 인식에서 비롯되었다.

영상시대의 대중들은 과거 문자 매체 전성기의 대중들과는 달리 태어나서부터 영상 매체를 자연스럽게 접했고, 많은 시간 동안 함께 했다. 따라서 영상 매체에 익숙해진 그들 특유의 인식 구조와 태도를 가지고 있다. 이제 그들의 심미적 서사 체험은 책으로 된 문학 작품을 읽는 방법만으로 국한되지 않으며 영상 서사물인 영화를 시청하는 것으로도 충분히 향유할 수 있게 되었다. 그러므로 이제 영화를 서사교육의 텍스트로 수용하는 것은 불가피하게 되었다.

하지만 일각에서는 영화의 오락성, 대중성, 감각성을 이유로 교육의 대
상으로 삼는 것을 회의적으로 보기도 한다. 그러나 영화가 소설이 제공하
지 못하는 새로운 차원의 서사 체험을 가능케 함으로써 세계에 대한 이해
와 경험의 폭을 확장시킬 수 있다는 점과, 오늘날과 같이 복수 문식성(many
literacies)의 문화 속에서는 다양한 매체를 통해 구현된 서사물을 능동적으로
향유하기 위해서는 다양한 매체를 통한 서사물들이 요구하는 각각의 고유
한 감각과 지각 방식을 숙련할 필요가 있다고 본다면 영화의 교육적 가치
를 결코 소홀히 할 수 없을 것이다.

영화는 음성과 문자와 영상이 결합된 구조물로서 인간의 삶을 매우 구
체적으로 담아내고 그것을 현실감 있게 보여준다. 그러므로 그 속에는 우
리들의 일상적인 모습, 즉 언어사용, 생각, 감정 등이 그대로 투사되고 반
영되어 있다. 서사교육의 일반적인 목적 가운데 하나가 삶의 총체적 체험
이라고 할 때, 영화는 삶을 총체적으로 체험할 수 있게 하는 좋은 텍스트
가 된다.

또한, 영화는 가공할 만한 전파력을 가지고 있어서 수많은 수용자들이
동시에 같은 경험을 공유할 수 있도록 해주기 때문에 어떤 커리큘럼보다도
강한 영향력을 가지고 있다. 또한 우리는 가족들이나 친구들과 여럿이 함
께 영화를 감상하는 경우가 많다. 이때 서로 대화할 수 있는 여건이 자연
스럽게 조성되는데, 함께 감상한 영화에 대해 각자가 느끼고 생각한 점들
을 서로 얘기하면서 작품에 대한 이해와 감동의 깊이를 더할 수 있게 된
다. 그러므로 영화는 이러한 유익한 '대화'를 조성하는 교육적 가치를 지
니고 있다.

뿐만 아니라, 영화에는 장면과 장면 사이에 생략한 '빈자리'가 많이 있
다. 우리는 이 빈자리를 채우기 위해 상상력을 동원하고 그 의미를 추리한
다. 따라서 영화를 통해서도 얼마든지 상상력을 세련되게 할 수 있다. 소설

독서는 영화와 같이 현실과 유사한 경험이 아니라 마음속에서 그림을 떠올리는 심상의 체험에 불과하며 독서 상황에 따라 단절될 수밖에 없는 한계를 가진다. 하지만 영화를 구체적이고 연속적인 시공간 체험으로 능동적이고 적극적인 방식으로 수용한다면, 문자 해독과 심상의 재현에 머물 수 있는 상상력의 수준을 넘어서, 보다 빠르고 세련된 상상력의 계발이 가능한 서사 체험의 심화와 확대를 이룰 수 있을 것이다.

(3) 장르 및 언어활동 통합교육

학습자들은 장르 및 언어활동 통합교육을 통해 소설과 영화 각 장르의 한계를 보완하고, 보고 듣고 말하고 읽고 쓰는 활동을 함께 한다. 이를 통해 보다 풍부하고 다양한 언어 학습의 기회를 제공받을 수 있을 것이다. 원작 소설을 영상언어로 재현한 영화의 경우, 소설이 보여줄 수 없는 새로운 영역을 드러냄으로써 소설을 더욱 풍요롭게 이해할 수 있는 매개가 될 뿐만 아니라, 영화 자체의 특수한 문법을 통해서 학습자로 하여금 소설이 줄 수 없는 새로운 차원의 미적 체험을 가능하게 만든다. 따라서 영화와 소설을 통합적으로 교육할 때, 문자로 쓰인 텍스트에 직접 접근하는 부담을 줄일 수 있으며 문학 텍스트에 대한 흥미를 배가하고 학습동기를 촉발하는 효과를 가져 올 수 있다. 또한 서로 다른 장르로 표현된 작품 속에서 각각의 주제와 미학적 차이를 읽어낸다면, 다양한 관점을 비교 분석할 수 있는 비판적인 독해가 실현될 수 있다. 이러한 '차이 읽기'의 전략을 통해서 영화감상 학습은 단순히 소설의 서사적 내용을 재확인하는 반복적인 과정에 그치는 것이 아니라, 학습자 자신의 비평적 관점을 정립할 수 있도록 하는 능동적인 학습으로 심화될 수 있다. 그러므로 소설과 영화의 통합적 교육 방법은 텍스트의 이해는 물론 스스로 텍스트의 미학을 향유하는 차원에까지 학습자를 이끌어갈 수 있는 실천적 방안이라 할 수 있다.

3. 소설과 영화를 통한 서사교육의 의의

소설과 영화를 함께 서사교육의 장에서 텍스트로 활용하는 것은 어느 장르의 우위와 지배력을 강조하는 것이 아니라, 이들의 차별성을 확인하고 상호관련성을 검토함으로써 두 양식의 효용과 가치를 인식하여 이를 능동적으로 향유할 수 있도록 한다는 점에서 의미 있는 교육적 방안이라 할 수 있다. 이러한 상생적 접근 태도야말로 풍요로운 서사문학 현상을 창출하고 주체적인 서사 향유자를 기를 수 있는 바람직한 방안인 것이다. 그럼 소설과 영화를 통한 서사교육이 구체적으로 어떤 의의가 있는지 생각해 보도록 하자.

(1) 국어교육적 의의

소설과 영화를 통한 서사교육은 비판적 사고력을 신장시킬 수 있다. 비판적 사고력 신장은 학습자의 능동적인 사고를 촉진시킨다는 점에서 많은 교과가 목표로 표방하고 있다. 국어교육에서도 비판적 사고력 신장은 창의적 표현 능력 함양과 함께 중요한 교육 목표로 설정된다.[2] 하지만 정작 문학 교육과정과 교과서에서 이를 위한 구체적인 내용을 찾아보면 피상적이고 빈약한 내용 때문에 실망할 수밖에 없는 실정이다.

문학 텍스트를 생산하는 과정에 비판적 사고가 적극적으로 작용하는 현상은 소설 텍스트를 토대로 영화 텍스트가 생성되는 경우에서도 찾아볼 수 있다. 즉, 소설의 영상 변용은 '소설 작가→소설 텍스트→독자 / 각색자·연출자 등→영화 텍스트'와 같은 관계를 형성한다. 이러한 문학 현상은

---

[2] 2007년 개정 교육과정에 보면, ≪국어≫ 과목의 목표로 "나. 담화와 글을 수용하고 생산하는 데 필요한 지식과 기능을 익혀, 다양한 유형의 담화와 글을 비판적이고 창의적으로 수용하고 생산한다."고 명시하고 있다(교육부, 2007 : 2).

각색자와 연출자 같은 영화 생산자들이 소설을 읽으며 해석하고 감상하는 과정, 그리고 이를 토대로 새로운 텍스트를 생성하게 되는 과정을 보여준다. 특히 영화가 소설의 이야기를 변형하여 새로운 의미를 생성하는 경우에는 비판적 사고의 다양한 작용 양상을 보여준다.3)

그러므로 과거처럼 소설 중심의 서사교육에서 텍스트가 제기하는 문제가 학습자의 문제로 환유되지 못한 채 텍스트의 상황 속에 고정됨으로써 서사 텍스트가 구현하는 비판적 사고의 의미를 총체적으로 살필 수 없었던 한계에서 벗어나기 위해서는 오늘날의 실제 문학 현상을 고려하여 서사 텍스트의 범주를 넓혀 소설과 영화를 함께 다루는 것이 바람직하다.

또한 소설과 영화를 통한 서사교육은 언어활동 기능으로서의 '보기'를 신장시키는 데 필요한 교육 내용이 된다. 소설과 영화를 통해 서사를 가르치려면 언어활동 기능으로서의 '보기' 영역을 설정할 필요가 있다. 이것은 듣기, 말하기, 읽기, 쓰기와 더불어 의사소통을 위한 활동의 영역을 확장하는 동시에 실제에 가까운 언어활동을 상정한다는 점에서 의의가 크다. 사실 '보기' 기능의 설정은 선진 외국에서는 일찍부터 자국어 교육과정에 포함시켜 교육활동을 활성화해 왔으며, 우리나라의 경우에도 최근 들어 일부의 국어교육 관련 인사들이 각종 학술발표나 회의에서 심심찮게 제기하고 있는 현안으로 알려져 있다.4)

---

3) 영상 텍스트를 통한 비판적 사고 교육을 연구한 신종곤(2004)은 R. Allen & R. Rott, J. E. McPeck, R. H. Ennis 등의 논의를 살펴본 뒤, '비판적 사고'의 개념을 "반성적 태도를 바탕으로 사물과 주체, 주체와 주체가 끊임없이 대화하고자 하는 태도와 성향"이라고 규정하였다. 또 서사양식은 인간의 삶 자체와 교섭하면서 새로운 인식의 가능성을 묻는 실천적 담론 형태이므로 서사 텍스트는 비판적 사고의 대상이 되는데, 이때 비판적 사고는 텍스트의 이해와 해석 그리고 학습자의 삶과의 관련성을 총체적으로 제기하므로 텍스트의 이해와 감상은 바로 이러한 비판적 사고의 과정이라고 보았다.
4) 오스트레일리아와 캐나다 및 미국의 일부 주(州)에서 '보기'를 언어활동 기능으로 설정하여 교육과정을 구성하고 있다(박기범, 2001 : 26~40). 한편, 우리나라도 새로운 교육과정 개발을 위한 각종 심의회나 토론회에서 패널로 참석한 여러 명의 학자들이 '보기' 기능을 제안한 것으로 알려져 있다(한국교육과정평가원, 2005 : 25~34).

뿐만 아니라 소설과 영화를 함께 활용하면 흥미와 관심을 유지하고 학습에 동기를 유발할 수 있다. 소설과 함께 영화를 대상으로 서사교육을 할 경우, 학습자들의 문학 수용 태도에 긍정적인 변화가 나타난다는 사실이 밝혀진 바 있다(양수종, 2002 ; 유성부, 2002). 이것은 소설이나 영화만을 단독으로 제공했을 때보다 학습자들이 비교와 대조를 하기 위해 이들 텍스트에 집중하기 때문이다. 따라서 소설과 영화를 함께 활용하면 학습자들이 작품을 명확하게 이해할 뿐만 아니라 발견, 해석, 비판적 읽기를 순조롭게 진행함으로써 궁극적으로 내면화를 실현할 수 있을 것으로 기대된다.

학습자의 모든 행동은 동기에 의해서 결정되며, 신체적인 성장과 인격적·사회적 성숙, 행동의 과정 등이 모두 동기(motivation)와 관련된다. 학습 활동에 있어 동기유발은 내적 동기유발과 외적 동기유발로 나눌 수 있다. 내적 동기유발은 학습 활동에 흥미나 관심을 환기시키며 재미가 있어서 공부하도록 하는 것이다. 외적 동기유발은 칭찬하거나 꾸짖거나 경쟁심을 북돋움으로 해서 학습 활동을 강화시키는 것이다. 이 가운데 특히 중요한 내적 동기를 유발시키기 위해서는 가르칠 학습 내용 그 자체에 대한 흥미를 증진시키고 학습자에게 발견의 기쁨을 알려주어야 하며, 말하고자 하는 것을 학습자의 적절한 사고형태로 바꾸어 놓아야 한다(김정섭 외, 2004 : 168~171).

영화는 즉각적인 감각을 통해 전달하는 매체 소통의 장점을 가지고 있으며, 무엇보다 오늘날의 학생들에게 친숙하고 밀접한 장르이기 때문에 학생들의 내적 동기를 유발하기에 가장 효과적인 텍스트이다.

(2) 문학교육적 의의

소설과 영화를 함께 활용하면 이들의 상호텍스트성을 문학교육적으로 활용할 수 있다. 텍스트 이해에서 상호텍스트성이 중요한 역할을 한다는 점을 감안하여 문학을 교육할 때에도 이 점을 적극적으로 활용하는 새로운 방법적 접근이 요구된다. 먼저, 학습자의 상호텍스트적 연결을 도와주기 위해서 여러 가지 텍스트를 제공하여야 한다. 기존의 문학교육에서는 텍스트 하나만을 대상으로 진행되는 수업만을 상정하여 논의해 왔지만, 상호텍스트성을 바탕으로 한다면 이제는 하나의 텍스트뿐만 아니라 관련된 여러 가지 텍스트를 교재화하는 전략이 필요하다.

 텍스트를 풍부하게 제공하는 것은 잠재적으로 학습자들이 충분히 상호텍스트적 연결을 할 수 있도록 하는 것이고, 표면적으로는 학생들이 텍스트에 관심을 갖도록 유도하며, 반응을 하도록 자극을 줌으로써 텍스트의 완벽한 이해에 도달할 수 있도록 하는 것이다. 또한 여기서 한 걸음 더 나아가, 이해와 해석 과정의 전이(轉移)를 통해 다양한 텍스트를 해석할 수 있는 능력을 신장시키도록 해 준다.

 그런데 이때 제공되는 텍스트는 문자적 텍스트를 비롯해 영화, 비디오, 드라마, 사진, 음악, 그림과 같은 비문자적 텍스트까지 포함하는 것을 전제로 한다. 특히, 이 가운데 영화와 TV 드라마와 같은 영상 매체 텍스트는 원전 문학 작품을 변용한 경우가 많아 상호텍스트성을 적극적으로 활용할 수 있다는 점에서 매력적인 문학교육 제재가 된다. 영화나 TV 드라마 텍스트를 통해 미리 경험한 것은 이후 학습자가 원전 텍스트를 경험할 때 상호텍스트성의 코드로 자신의 배경지식에서 도출함으로써 원작을 쉽게 이해할 수 있다. 특히, 추상적인 원전 텍스트의 의미를 해석하기에는 아직 상상력이 부족하고 미숙한 독자들에게는 영화 텍스트와 같이 실제적인 장면을 통해 배경지식을 확장시키고 보완해 주는 것이 효과적인 교육적 조치가 될 수 있다.

 또한 원작 텍스트가 영화나 TV 드라마로 각색되고 제작되는 일련의 과정에서는 필수적으로 여러 가지 면에서 원작과 다른 변용 양상을 보이게 되는데, 이러한 변용의 원인과 결과를 발견하고 그 의의를 밝혀보게 하는 것도 교육적으로 의미 있는 일이라 생각된다.

뿐만 아니라 소설과 영화를 통한 서사교육은 문학교육의 문화 교육 지향에 부합한다. 문학은 문화로 존재한다. 따라서 문학교육은 문화 교육의 일환이며 문학을 가르치고 배우는 일은 문화적 활동에 참여하는 것이다(김대행 외, 2000 : 277). 이처럼 문학이 문화의 한 양상이기 때문에 문학교육은 그 사회의 문화적 문식성(cultural literacy)을 익혀 문화를 향유할 수 있도록 하는 역할을 수행한다고 볼 수 있다.5) 문화적 문식성은 간단하게 말하면 개인이 사회·문화적 소통에 기본적으로 필요로 하는 문화 지식이라고 할 수 있다. 그렇다면 정보화 시대로 일컬어지는 이 시대에 개인에게 요구되는 문화적 문식성은 무엇인가. 앞서 살펴본 바와 같이 다중매체를 통한 소통이 일반화되어 있는 오늘날, 담화 공동체가 즐겨 향유하는 소설과 영화와 같은 서사물을 이해하고 표현하는 능력은 무엇보다 중요한 문식성의 일부가 되었다. 따라서 소설과 영화를 통한 서사교육은 현대의 문화적 문맥에서 유효한 문화 교육 방안이 아닐 수 없다.

모든 학습자는 매체를 통해 문화의 일부로 소설과 영화를 접한다. 그리고 이 수용 경험이 여러 매체에 의해 변용되는 과정을 다시 경험하기도 한다. 그러한 경험의 과정 속에서는 단순한 수용자가 아니라 재생산자의 역할을 수행하는 자리도 있다. 그렇기 때문에 문학과 매체와 문화의 상호작용을 교육과 관련하여 생각해 보지 않을 수 없다. 범박하게 말해 문화가 삶의 양식이라고 한다면, 오늘날 대중매체와 결부된 학습자들의 삶의 양식을 바람직한 방향으로 이끄는 교육적 대안을 모색하려고 할 때, 소설과 영화를 통합하는 서사교육은 교과로서만 아니라 문화 교육이나 평생 교육으로서도 의의를 가진다고 할 수 있다.

5) 문화적 문식성은 기존의 읽기 위주의 기본적 문식성 기능을 포함하는 복합적 문식성이며, 학생들을 발달시키는 보다 높은 수준의 문식성 기능이다. 문화적 문식성은, 교육받은 사람들의 공동체, 혹은 새로운 대중매체에 의해서 의사소통으로써 공동체를 형성하는 현대인들에 의해 공유되는 '텍스트 해석의 구조'를 아는 것까지를 포함한다고 볼 수 있다(박인기, 2002 : 31).

끝으로, 원작 소설과 각색 영화의 시차를 통한 시대적 반영성을 재고할 수 있다. 소설과 영화는 한 사회의 미학적 반영물로서 당대 사회의 구조와 구성원들의 의식이 가장 직접적으로 드러나는 장르이다. 따라서 수용자는 소설이나 영화를 접하며 그 사회의 맥락을 간접적으로 경험할 수 있는 기회를 얻게 된다.

거기다 원작 소설과 일정한 시간적 간격을 두고 창작된 각색 영화를 함께 수용한다면, 각각의 작품이 생산된 당대의 시대 반영성을 견주어 봄으로써 작품의 사회·역사적 배경을 더욱 면밀히 살필 수 있을 것으로 생각된다. 이는 소설을 각색하고 영상화하는 작업에 당연히 당대의 사회·문화적 맥락과 관점이 반영되기 때문이다. 이것은 작품이 창작자의 개인적 주관만으로 완성되는 것이 아니며, 각색자나 연출자 역시 동시대를 살아가는 사회적 존재로서 당대의 사회·문화적 배경에서 벗어날 수 없다는 점에서 어쩌면 당연한지도 모른다.

이런 점에서 소설의 영상화 과정은 각색자와 연출자의 개인적인 해석뿐만 아니라 특정한 시대의 대중적 취향과 요구를 반영하는 원작의 재생산이며 다시 읽기 작업인 셈이다(김중철, 2004 : 245). 이와 관련하여 그동안 문학교육에서 어려운 영역으로 치부되었던 고전소설에 대해 현대적으로 변용된 각색 영화들은 고전소설을 해석한 현대적 관점으로서 혹은 다양한 해석 가능성의 한 실현으로서 학습자와 고전소설 작품의 대화를 촉진할 자극제 역할을 할 수 있다는 의의를 지닌다.[6]

---

6) 황혜진(2005)은 각색 영화가 원작 소설의 새로운 의미 영역을 발견하게 해주고, 해석적 지평을 확장시켜 주는 대화의 산물이 될 수 있다고 긍정적으로 평가하면서, 고전소설의 현대적 변용물 역시 고전 텍스트와의 대화의 산물이자 과거 텍스트가 전승되어 온 전통과 개작자가 속한 사회의 문화적 지평이 융합된 결과물이라는 점에서 의미가 있다고 보았다.

(3) 서사교육적 의의

소설과 영화는 서사교육의 이념과 목적을 추구하는 데 가장 효율적인 두 가지 하위 장르이다. 인간의 올바른 성장을 위해서는 자아와 세계에 대한 이해가 필수적이다. 그런데 자아와 세계에 대한 이해는 시간성을 근본으로 하는 서사적 사고 없이는 불가능하다. 인간의 삶 자체가 서사이며, 수많은 개인의 서사가 모여 세계를 이루기 때문이다. 서사교육은 인간의 서사 활동이 갖는 의의와 기능을 알고, 서사를 수용하고 창작하는 활동을 원활히 수행함으로써 능동적인 서사적 주체를 길러내는 일체의 의도적인 과정과 결과를 말한다.

서사를 통해 우리는 자신의 생애를 해석하고 의미화하기 위한 준거를 마련할 수 있다. 즉, 남의 서사를 이해하고 해석함으로써 자기 이해를 도모하며, 그러한 과정을 통해 자아 성장을 꾀하는 것이 서사적 존재인 우리들의 모습이다. 그러므로 서사교육을 통해 길러낸 서사적 주체는 서사를 통해 자신의 삶을 이해하며 세계를 해석할 수 있게 된다.

이와 같은 자아정체성 형성과 세계 인식을 지향하는 서사교육의 이념을 건실하게 담보하기 위해서는 어떤 제재를 가지고 무슨 내용을 어떻게 다룰 것인지에 대한 교육 내용과 방법을 구안하는 문제가 대두된다. 이런 점에서 과거 인쇄 매체 시대부터 널리 향유된 소설과, 현재 영상 매체 시대의 총아로 급부상한 영화는 둘 다 대표적인 서사물이며 대단한 전이력도 가지고 있다. 따라서 대표적 서사물인 이들의 교육적 효용성을 고려해 볼 때, 소설과 영화를 함께 활용하는 교육 내용을 마련하는 것이 서사교육의 이념과 목적을 추구하는 데 가장 바람직한 방안이라 생각된다. 특히 앞서 살펴본 바와 같이 변화된 오늘날의 서사적 환경을 생각해 본다면, 과거와 같이 소설 텍스트 중심의 교육만으로는 서사교육의 이념을 온전히 담당하기에는 역부족이라는 점에서 더욱 그러하다.

또한 서사교육에서 소설과 영화를 함께 활용하게 되면 서사 장르에 대한 총체적 이해와 더불어 소설과 영화 각각에 대한 이해를 심화시킬 수 있다. 문학 작품을 수용할 때 장르의 특성을 이해하고, 장르 간의 차이를 분명하게 인식하는 것은 작품의 이해와 감상을 위한 기초가 된다. 소설과 영화를 함께 다룬다면 서사문학의 개념, 범주, 기능, 가치, 하위 장르, 문자 서사와 영상 서사의 소통구조 등 폭넓고 체계적인 교육 내용을 통해 서사 장르에 대한 심화된 이해를 도모할 수 있을 것이다.

뿐만 아니라 소설과 영화가 공유하고 있는 서사적 성격을 상호 비교하고, 서로 다른 부분을 대조함으로써 소설과 영화 각각의 고유한 속성에 대해서도 깊이 있게 이해할 수 있을 것으로 예상된다. 자세히 말해, 소설과 영화가 공유하는 이야기적 요소를 확인하고 그 차이점과 원인을 분석하거나, 매체적 차이에 의한 담론적 요소상의 다른 점을 확인하고 그 원인과 효과를 살펴보는 가운데 소설과 영화의 장르적 속성과 특질을 깊이 있게 해명할 수 있을 것이다. 또한 이러한 장르적 이해를 기반으로 소설이나 영화의 개별 텍스트의 의미구조에 대한 이해로 나아갈 수 있다는 측면에서도 의의가 있다. 이처럼 소설과 영화를 통한 서사교육을 모색하는 것은 소설 중심 교육에서 벗어나 다매체 시대에 맞는 최적의 서사교육 방법론을 찾고자 하는 노력이다.

끝으로, 소설과 영화를 함께 활용하면 서사적 상상력을 고양시킬 수 있다. 상상이란 과거에 체험했던 상황이나 사물의 이미지 등을 재생하여 또 다른 방향이나 변형된 이미지로 창출하는 것이며, 상상력이란 이러한 상상을 가능하게 하는 힘이다. 상상력은 호기심을 발동시키며, 사고를 발전시켜 구체적인 상황 전개를 가능하게 하는 힘으로 창작의 원동력이 된다. 그리고 실제로 그동안 문학교육에서 '상상력 신장'은 중핵적인 목표가 되어 왔다.

소설적 상상력과 영화적 상상력은 의미 생산과 소통 방식이 서로 다르다. 이전에는 소설적 상상력만이 요구되었지만 오늘날은 매체 환경의 변화에 따라 영화적 상상력이 무엇보다 요구되는 시대가 되었다. 그러므로 소설과 영화를 통한 서사교육은 소설적 상상력과 영화적 상상력을 함께 고양시킬 수 있는 방안이 된다.

4. 소설과 영화를 통한 서사교육의 목표

우리는 서사 텍스트를 통해 자신의 정체성에 맞는 삶의 방식을 모색한다. 이처럼 서사 텍스트의 수용자가 텍스트를 통해 자신의 정체성을 형성해 가며, 끊임없이 변화를 겪는 과정 속의 주체로 스스로를 정립해 간다는 점에서 서사교육의 이념을 '주체의 형성'으로 설정하기도 한다(김상욱, 2001 : 223). 이와 함께 서사교육의 이념적 지향으로 서사적 존재로서의 자아 확립뿐만 아니라, 세계 발견·해석·창조의 능력과 체험의 확충을 제안하기도 하였다(우한용 외, 2001 : 29~33).

그런데 이렇게 도출된 서사교육의 이념이 정작 목표 층위에서는 '서사 능력의 증진'으로 간단하게 규정되면서, '서사 능력'을 "서사를 이해하고 해석하며 평가하는 능력이자, 서사를 생산하는 능력"이라고 덧붙이는 정도에서 그치고 만다(김상욱, 2001 : 230). 이것은 과거 교육과정에서 ≪문학≫ 과목의 목표를 '문학 능력의 신장'으로 규정하고 있는 것에 단순히 대응시킨 것에 불과하다. 이처럼 교육과정의 목표가 문학 장르별 특성에 대한 고려 없이 통합적으로 제시되었기 때문에 각 하위 장르별 목표에 관한 상세한 해명을 기대할 수 없게 되었다.

교육 목표는 교육의 이유를 뜻한다. 그러므로 서사교육의 목표는 서사교육을 하는 이유로 설정해야 한다. 앞에서 인용한 연구자나 현행 교육과정은 교육의 목표를 '능력의 신장'으로 보고 있다. 하지만 이 책에서는 이와 같은 기능주의적 관점의 목표 진술보다는 문학교육의 특성과 서사교육의 이념을 고려하고, 교육 목표가 견인할 교육 내용과 관련지어 '소설과 영화를 통한 서사교육의 목표'를 좀 더 구체적으로 설정해 보고자 한다. 이렇게 설정된 목표는 소설과 영화를 통해 서사교육을 해야 하는 이유로서, 교육 제재를 선정하는 기준이 되고, 가르칠 교육 내용을 구성하는 지침이 될 것이다.

문학교육의 중핵은 다양하면서도 심도 있는 문학 경험을 체계적으로 제공하는 데 있다. 학습자들은 그 경험을 바탕으로 문학적 사고와 상상력을 발전시킬 수 있고, 궁극적으로는 바람직한 태도를 형성할 수 있게 된다. 그러므로 학습자의 경험적 확충을 통한 태도의 변화, 즉 내면화가 문학교육의 궁극적 과제이자 목표가 될 것이다. 바로 이 점이 지식과 기능의 습득을 목표로 하는 일반 교과교육과 다른 문학교육의 특성이다. 이것은 문학교육이 정의적 특성을 중시하는 예술 교육적 성격을 갖고 있기 때문이다.

따라서 소설과 영화를 통한 서사교육의 목표도 이러한 문학교육의 특성을 고려하여 학습자에게 바람직한 경험의 확충과 태도의 형성으로 설정하는 것이 좋겠다.[7]

그러면 소설과 영화 텍스트를 통해 길러주려는 바람직한 경험과 태도가 무엇인지가 문제가 된다. 이 책에서는 서사의 본질과 기능, 그리고 앞서 살펴본 서사교육의 이념 등을 고려하여 소설과 영화를 통한 서사교육의 목표

---

7) '경험'과 '태도'가 교육의 목표가 될 수 있는지 생각해 볼 필요가 있다. 김대행(2002)과 임경순(2003b)은 경험과 태도를 내용 범주에 포함시켜 논의하였다. 하지만 김대행(2002)의 경우는 근거가 지나치게 추상적으로 제시되어 있어 개념이 불분명하고, 임경순(2003b)의 경우는 경험을 "지식을 습득하거나 활동의 과정을 통해 형성되는 것으로 학습자가 주로 언어(매체)의 표현과 수용 활동을 통해 획득하게 되는 형식적·내용적·문화적 결정체"로, 태도를 "국어활동의 과정과 그 결과로 형성"되는 것으로 설명하고 있어서 오히려 목표에 가까운 개념으로 서술하고 있다. 이 책에서 교육의 목표로 포함시키는 경험은 사전 문학체험으로서의 경험이 아니라 교육 활동을 통해 얻게 되는 사후 문학체험이며, 태도 역시 서사물의 소통에 관여하는 사전 조건인 흥미와 동기로서의 태도가 아니라, 경험과 학습의 결과로 나타나는 경향으로서의 태도를 의미한다.

를 '자아정체성 탐색 경험과 성찰적 태도 형성', '세계 인식 경험과 비판적
태도 형성', '문화 소통 경험과 유희적 태도 형성'으로 설정하였다.[8]

(1) 자아정체성 탐색 경험과 성찰적 태도 형성

사람은 태어나서 어느 정도 성장하게 되면 생물학적 존재이자 사회적
존재로서의 자기 자신을 객관적 대상으로 인식할 수 있게 된다. 이때 자기
자신을 대상화하는 의식적, 무의식적 주체를 '자아'라고 한다. 자아는 또한
타자와의 관계를 인식하고, 그 인식의 결과를 다시 자기 자신에게 투사할
수도 있다. 자아는 삶의 다양한 장면에서 다원적인 모습으로 형성된다. 또
시간적으로도 끊임없이 변화를 거듭하는 역동성을 지니고 있다. 이러한 자
아의 다원적 형성 과정은 타인 또는 세계와의 상호작용에 의해 이루어진
다.[9]

---

8) 물론 이 외에도 더 많은 목표를 설정할 수 있을 것이다. 하지만 이 책에서는 서사교육에서
   가장 중요한 당위성을 지니는 '교육할 이유'를 이 세 가지로 판단하였다.
9) 이는 라캉(J. Lacan)의 욕망 주체의 형성에 관한 입론에서 철학적 근거를 찾을 수 있다. 라
   캉은 자아가 직접적으로 자아 자신에 의해 자각되는 것이 아니라, 자신이 아닌 것, 즉 타자
   인 거울의 상을 통해 비로소 자각되기 때문에 자아의 의식은 타자를 매개로 한 간접적 의
   식이라고 보았다. 그리고 거울을 보는 아이가 자신을 거울에 비친 자기의 상과 동일시하는
   자아 형성의 과정이 근본적으로 오인의 과정이라고 주장한다. 왜냐하면 거울 앞의 사물과
   거울 안의 상은 동일하지 않기 때문이다. 사실 이 동일시는 먼저 자신과 상, 실재와 영상,
   객관과 주관을 구분한 후 그 구분 위에 성립하는 동일화가 아니라, 구분이 배제된 미분적
   동일화이다. 이런 의미에서 거울 단계에서 형성된 자아를 상상계의 자아라고 부른다. 상상
   계 안에서 아이는 엄마와의 미분적 동일성 안에 머문다. 이에 반해, 아이가 언어를 배우기
   시작하면 언어를 통해 주관과 객관, 자아와 타자의 구분을 상징적 차원에서 획득하게 된다.
   '엄마'라는 말의 짝이 항상 '아빠'라는 것, 나는 엄마와 아빠에 의해 '너'라고 지칭된다는
   것을 통해 나는 나와 엄마의 구분과, 그 구분을 강요하는 제3자인 아버지의 출현을 자각하
   게 된다. 언어가 담고 있는 상징적 질서는 나와 독립적으로 내가 태어나기 전부터 있었던
   사회와 문화의 구조를 반영하면서 그러한 관계의 그물 속에 놓인 나의 위치를 지정해 준다.
   나는 언어를 받아들이면서 동시에 그 언어 체계가 담고 있는 질서와 명령 체계, 허용과 금
   지 등의 가치 체계를 나 자신의 것으로서 받아들이는 것이다. 그리하여 나는 나 자신을 상
   징적 질서의 틀에 따라 객관화시켜 이해하게 되며, 그 관계가 규정하는 나를 나 자신과 동
   일시함으로써 자기 동일성을 확립한다. 이렇게 해서 나의 욕망은 곧 '타자의 욕망'이 되며

메타 성찰의 주체, 즉 자아를 형성하는 데에 문학은 성찰의 재료를 다양하게 제공해 준다. 특히 서사 텍스트의 경우에는 수많은 인물이 형상화되므로 이들을 통해 자아를 성찰하게 된다. 소설과 영화는 관계의 미학을 창출하는 서사물이다. 서사물은 생산되고 소통되어 수용되는 가운데 수많은 타자들의 다양한 면모를 드러내 보여준다. 그리고 이러한 서사물들의 의미는 수용자 공동체 속에서 공유되어 어느 정도 보편적인 인식과 가치관을 형성하게 된다.

'정체성'은 자기 자신이 누구이며, 무엇을 해야 하고, 어떻게 살아야 하는지에 대한 판단의 집합이다. 그것은 헤겔(G. Hegel)이 말한 주체의 '자기의식'이며, 나아가 그것은 반복적 실행을 통해 어느덧 습관화되고 무의식화되어 버린, 특정한 상황에서의 전형적 반응과 태도의 집합을 형성하기도 한다. 이를 통해 그때그때의 개별적인 행위는 하나의 일관된 전체로서 통일성을 갖게 되고, 행동하는 주체 역시 그러한 통일성을 통해 정의되는 자기 동일성을 갖게 된다. 이런 점에서 정체성은 사회적 주체가 자신을 하나의 동일한 주체로 인지하게 되는 일종의 공통 감각인 셈이다(이진경 편, 1997 : 228~229).

오늘날 급격한 사회 변동과 물질만능주의의 팽배로 인해 자아정체성에 문제를 가진 사람들이 늘고 있다. 인간의 가치와 존엄이 무시되고 불안과 고독에 떨며 가치관에 혼란을 느낀 현대인들은 자신의 존재적 안정감을 상실함으로써 자아정체성에 심각한 위기를 겪게 되었다.

특히, 오늘날 청소년이 '나는 누구인가'에 대해 진지하게 고민하고 탐색하여 건전한 자아정체성을 형성하지 못한다면 개인의 성장이나 주체적인 삶을 기대할 수 없게 된다는 점에서 자아정체성 탐색의 경험은 매우 중요한 교육적 과제가 아닐 수 없다.

언어 질서 안에서 욕망의 주체가 형성되는 것이다(한자경, 1997 : 330~336).

이런 점에서 서사교육, 특히 소설과 영화와 같이 청소년들이 가까이 하는 서사물에 주목할 필요가 있다. 서사 텍스트들은 '나는 어디에서 와서, 누구와 더불어 어떻게 살고 있으며, 어디로 가고 있는가'에 대한 질문을 수용자에게 던진다. 이런 질문에 대하여 수용자들은 많은 사유와 성찰을 경험하게 될 것이다. 또한 훌륭한 작품으로 공인된 텍스트를 통해, 그 속에 형상화된 인물과 세계와 대면하면서 공감과 내면화를 경험함으로써 바람직한 자아정체성을 형성하게 될 것이다.

자아가 정체성을 형성해 가는 구체적인 과정은 자아와 타자와의 관계 속에서 이루어진다. 그런데 서사는 본질적으로 자아와 타자의 관계를 엮어가는 세계라 할 수 있기 때문에 자아정체성 형성의 매개물이 될 수 있다. 서사 텍스트는 주체와 타자의 대화적 관계를 잘 보여준다. 다시 말해, 서사 텍스트는 타자의 삶에 대한 태도와 관점을 보여주고, 이를 통해 주체가 자신의 정체성을 타자와의 관련성 속에서 세워나갈 수 있게 한다. 서사 텍스트의 수용자는 텍스트와 긴장된 대화적 관계를 수행하며, 텍스트를 해석하고 이해하는 주체이다. 텍스트와의 상호작용(transaction)을 통해 수용자는 텍스트의 의미화를 실현하며, 타자와 자신의 관계에 대한 반성을 하고, 이를 바탕으로 자신의 삶을 새로이 형성해 간다. 따라서 문학적 경험 과정에서 수행되는 타자에 대한 인식을 통해 수용자는 자신의 정체성을 세울 수 있는 것이다(선주원, 2002 : 28~29).

한편, 리쾨르(P. Ricoeur)는 인간의 삶이란 사람들이 그들에 관해 엮어가는 이야기에 비추어 해석될 때 좀 더 잘 이해할 수 있다고 하였다. 즉, 자신에 대해 안다는 것은 해석하는 일이고, 자신에 대해 해석한다는 것은 이야기 속에서, 그리고 여러 다른 기호와 상징들 속에서 특별한 매개를 발견하는 것과 관련된다는 견해이다.10) 따라서 서사를 표현하고 이해하는 과정 속에

---

10) 리쾨르는 자아란 스스로 인지될 수 없고 항상 문화적, 상징적 매개를 통해 이해된다고 생각함으로써 타자성이 배제된 데카르트 이래의 자아관을 넘어서고자 한다. '자기 동일적

서 자아는 정체성을 찾아 나갈 수 있다.

바람직한 자아형성을 교육의 목표로 지향해야 하는 것은 당연하다. 이런 점에서 서사교육의 목표로 자아정체성 탐색 경험을 설정하는 것은 의미 있는 일이다. 아동기부터 청소년기에 이르는 시기는 자아에 대한 정체성 확립이 매우 중요한 시기이다. 자아형성은 시간이 흐르면 자연적으로 이루어지는 현상으로 볼 수도 있다. 하지만 교육적 차원에서의 자아형성은 의도적이고 계획적으로 어떤 적절한 환경이나 경험을 제공함으로써 바람직한 방향으로 유도하는 것을 목표로 한다. 이 점에서 문학교육의 역할이 주목된다. 특히 서사 텍스트는 자아정체성 형성과 관련하여 효용성이 매우 클 것으로 기대된다. 우리는 서사 텍스트를 통해 등장인물들의 다양한 삶의 유형을 체험하게 되고, 무수한 인물들을 만나면서 그들에 동화되기도 하고 비판적 거리를 두기도 하면서 반성적 탐색을 통해 자아를 형성해 나간다.

서사 텍스트를 통한 자아형성은 수용자가 아동이나 청소년일 경우 상위 발달의 단계로 이끌어 주는 역할을 하게 된다. 이 시기의 수용자는 여러 가지 외부의 자극이나 경험에 의해 이상적 존재로서의 자아를 자각하게 되며, 그렇게 나아감으로써 자아를 형성한다고 여긴다.[11] 이러한 발달적 관

정체성'과 '공유적 자아로서의 정체성'을 구별하고, 후자의 정체성을 하이데거 철학의 현존재(Dasein) 개념과 그 실존 방식에 관련지어 설명하고자 한다. 따라서 자기 정체성 개념의 핵심인 '공유적 자아성(le soi)'은 시간의 차원에서 존재하며, 이 차원에서 항존성과 동일성이 교차하는 곳으로서, 앞에서 언급한 자기 동일성으로서의 정체성과 뚜렷이 구별된다. 이렇게 시간의 성격을 지닌 '공유적 자아성'은 서술의 영역에 편입됨으로써만 인지·이해될 수 있다. 예컨대, 프루스트의『잃어버린 시간을 찾아서』의 주인공 마르셀은 서술로 표현된 시간의 흐름 속에서만 이해될 수 있는 '공유적 자아성'을 구축하며, 독자는 프루스트의 이러한 자아 속에서 자신의 모습을 확인할 수 있다. 리쾨르의 자아관은 자아의 문제를 단순히 생물학적 주체의 문제나 데카르트적 '에고'로 축소되는 것이 아니라 반드시 행위 주체의 문제와 직결되며, 허구적 서사는 그것이 잘 드러나는 장이라는 점을 강조하였다(리쾨르, 석경징 외 옮김, 1997 : 52~55).

11) 이상적 자아란 내가 이렇게 되었으면 하는 열망 또는 이렇게 되어야만 한다는 신념으로 만들어진 자아다. 대부분의 사람들은 실재하는 자아와 이상적 자아 사이에 불일치가 일어난다. 이상적 자아는 동일시 대상의 가치를 내면화함으로서 형성된다. 일반적으로 사람은 유아기에서 부모의 모습과 동일시함으로써 이상적 자아의 발달을 시작한다.

점에서의 자아형성은 끊임없는 수련을 통해 가능하다. 즉, 경험적 자아와 이상적 자아 간의 고투에 의해 이루어진다. 이러한 과정에서 형성되는 것이 바로 성찰적 태도다. 서사 텍스트를 수용하면서 자아정체성을 탐색하는 경험을 하게 되고, 현실적 자아가 이상적 자아로 나아가기 위한 반성과 모색의 과정을 거침으로써 이러한 성찰적 태도가 형성되는 것이다.

　서사 텍스트를 수용하면서 자아정체성을 성찰하는 태도를 함양하기 위한 주요한 전략으로 감정이입(empathetic)을 들 수 있다. 일반적으로 우리들은 서사 텍스트를 수용하면서 인물에 대한 감정이입을 체험하게 되고 텍스트 내적 세계에 대한 감정이입적 해석의 단계를 거치면서 자아를 형성하게 된다.12) 서사 텍스트의 인물에 대한 감정이입은 독자로 하여금 서사 텍스트의 내재적 가치를 발견하게 하고 이를 내면화함으로써 자아정체성을 성찰하는 데 도움을 준다. 서사 텍스트는 작가가 생각하는 삶의 의미와 가치가 여러 등장인물들과 그들의 다양한 삶을 통하여 형상화된 것이다. 텍스트가 형상화한 삶의 가치는 감정이입을 통해 수용자에게 전달되어 감동과

---

12) 감정이입 과정에 대해서 박미정(2001)의 논의를 참고할 만하다.
　　① 1단계 : 인식 및 분류하기
　　　서사 텍스트 인물에 관심을 가지고 자신의 가치척도에 의해 인물의 유형을 우월적, 모범적, 열등적, 혐오적인 인물로 분류하고 거기에 따라 구체적인 확신을 찾아가면서 몰입해 나가는 과정
　　② 2단계 : 투사와 내사하기
　　　서사 텍스트 인물이 겪어 나가는 서사 경험에 수용자 자신의 체험이나 사고 과정을 투사하기도 하고, 체험의 확장으로서 서사 체험을 자신의 내면적 자아로 내사하는 과정
　　③ 3단계 : 공명 및 반향하기
　　　서사 텍스트 인물에 대해 수용자의 내면적 자아가 몰입되어 인물의 서사적 체험을 공유하게 된다. 그러면서 자연스런 울림을 통해 감정적인 일치를 이룰 수 있게 된다. 단순 모방이나 동일시
　　④ 4단계 : 분화 혹은 내면화하기
　　　체험적 자아의 선택에 따라 다르게 나타남. 분화는 텍스트를 읽고 나서 자신과 상대방 간의 분명한 분화를 이루기 위해 신중히 후퇴하여 심리적인 거리를 둔다. 반면 내면화하기는 텍스트 수용 후에도 유사한 인물이나 상황에 부딪힐 때 다시 재생되어 현실세계에 강하게 관여하게 된다.

반감, 동일시와 거리두기, 동화와 조절, 절충과 타협의 과정을 거치며 수용자에게 내면화되면서 자신의 정체성과 태도를 형성할 수 있도록 해준다.

한편, 서사 텍스트의 해석 자체를 통해서도 성찰적 태도를 형성할 수 있다. 텍스트의 완전한 해석을 위해서 우리는 다른 해석들과 대화적 관계 속에서 자신의 해석에 대한 성찰을 수행한다. 특히 소설과 영화 텍스트에 대한 한 개인의 해석은 개인적인 차원에서 그치는 것이 아니라, 다른 사람들과 소통되는 상황이 많기 때문에 우리는 자신의 해석이 갖추어야 할 타당성의 요건에 대해 스스로 검증하고 확인하는 과정을 거치게 된다. 그러한 과정을 통해서 우리는 그 해석에 묻어나는 자신의 정체성을 발견하게 되고, 스스로의 한계와 가능성을 인식하게 된다. 이처럼 서사 텍스트 수용자로서 우리들은 자신과 타자의 관계, 그리고 그 관계 속에서 새롭게 살필 수 있는 자아에 대한 성찰적 태도를 자연스럽게 형성할 수 있게 되는 것이다. 따라서 자아정체성 탐색 경험과 성찰적 태도 형성은 소설과 영화를 통한 서사교육이 지향할 중요한 목표이다.

(2) 세계 인식 경험과 비판적 태도 형성

나를 둘러싸고 있는 삼라만상(森羅萬象)이 세계를 이룬다. 이 세계 속에서 나는 하나의 주체로 존재하고, 세계 속의 타자와 관계를 맺으며 삶을 영위해 나가는 것이다. 살아가는 조건, 환경, 제도가 모두 세계가 되며, 관계 형성의 장이 세계가 된다. 그러므로 우리가 바라는 대로 살기 위해서는 이 세계에 대한 제 나름의 대응방식과 태도를 가지고 있어야 한다. 이 같은 세계 인식과 태도를 형성하는 데 작용하는 요인 중 하나가 경험이라고 볼 때, 건전하고 유익한 경험을 제공하는 것은 교육적으로 필요한 목표가 아닐 수 없다.

문학은 세계를 명제화하지 않고 형상화한다. 그런데 형상화는 사유를 통해 가능하다. 이런 점에서 문학은 언어로 된 형상적 사유에 해당한다. 가령 인생에 대해서 '인간의 삶이란 이런 것이다'고 말하는 것은 명제화에 해당한다. 그러나 서사문학은 인생을 일정한 배경 속에서 어떤 사건을 통해 인물들이 살아가면서 행하는 삶을 통해 형상적으로 보여줄 따름이다.

서사가 인간이 살아가는 세계를 반영한다고 할 때, 단순히 거울로 비추듯 세계의 한 단면을 있는 그대로 보여준다는 뜻은 아니다. 그것은 인간이 체험을 통해 확인한 세계의 부분들을 바탕으로, 체험하지 못한 나머지를 상상력으로 채워 넣음으로써 하나의 완성된 세계상을 만들어내는 것을 뜻한다. 따라서 서사가 만들어지기 위해서는 경험적 요소와 상상적, 허구적 요소가 섞이는 과정을 거친다. 이런 의미에서 서사는 인간이 살아가는 세계의 반영인 동시에 인간이 만든 창조물인 셈이다. 인간은 이야기를 꾸밈으로써, 다시 말해 서사를 창작함으로써 체험만으로는 얻을 수 없는 총체적인 세계상을 소유하게 된다. 서사가 우리에게 세계관과 가치관을 형성시켜주는 것은 이 때문이다.

서사교육의 차원에서 주체가 세계와 대면하는 길은 먼저 세계에 대한 인식에서 출발한다. 주체의 눈이 세계로 향할 때 세계에 대한 어떤 인식을 형상화할 수 있다. 이를 가리켜 '서사를 통한 세계 알기'라 한다. 따라서 앞서 살펴본 것처럼 자기 자신뿐만 아니라 세계도 우리의 인식 대상이 된다. 세계에 대한 바른 인식을 통해 우리는 사회 구조를 통찰할 수 있으며, 그 속에 내재한 개인과 개인, 개인과 사회 사이의 본질적 연관 관계를 파악할 수 있게 된다.

인간과 삶과 역사를 다루는 서사문학은 결과적으로 수용자의 세계관에 영향을 미치게 된다. 이런 의미에서 서사교육이 상정하는 역할의 하나가 세계 인식적 기능이다(우한용 외, 2001 : 73~75). 그러므로 소설과 영화를 통한 서사교육은 이들 텍스트를 분석한 결과를 세계 인식으로 연결함으로써 텍스트가 형상화하고 있는 다양한 세계관을 이해하고 이를 내면화하는 경험을 학습자에게 제공할 수 있다. 이것은 단순한 텍스트 해석에 머무르지 않고 사회 역사적 구조를 총체적으로 조망하며, 이에 대한 전망을 형성한 다는 점에서 역사나 윤리 교과와는 다른 방식의 교육 방안이 될 것이다.13)

그동안 소설 중심의 교육은 지나치게 기능 위주의 교육에 치중한 나머 지 주체적으로 세계를 이해하고, 조화와 협력을 통해 공동체에 참여하는 측면을 경시해 왔다(우한용 외, 1993 : 237). 하지만 총체성에 입각하여 진정 한 가치를 추구하는 서사교육을 위해서는 학습자에게 인간과 삶과 역사를 통찰하는 안목과 가치 판별력을 길러주는 방안들을 강구하여야 한다. 이를 위해서는 텍스트의 확대가 무엇보다 급선무다. 다양한 소설 텍스트의 제공 뿐만 아니라 오늘날의 세계를 폭넓게 담아내는 영화 텍스트도 필요하다. 영화는 일상을 보여줌으로써 비판적 거리를 두고 그것의 의미를 포착할 수 있도록 해준다. 현실적 제약 때문에 일상의 단순한 반복에서 벗어나지 못 하는 우리에게 반성적 사고의 기회를 제공하여 삶의 진정한 의미에 대해 생각하고 새로운 실천에 대한 의욕을 불러일으킨다. 특히 영상 세대인 지 금의 청소년들에게 다양한 세계관, 대립적인 세계관을 경험할 수 있도록 하기 위해서는 소설과 영화 텍스트가 모두 긴요한 교육 제재가 된다. 이는 단일한 텍스트로써 자칫 주입식으로 하나의 세계관을 선택하도록 강요하 는 우를 범해서는 안 된다는 점에도 당위성을 가진다.

구체적으로 학습자가 서사를 통하여 일정한 세계관을 내면화하여 자신 의 세계관을 형성 확립하는 과정은 크게 세 가지 방향으로 전개된다(우한용 외, 1993 : 236~263). 만약 학습자가 기존에 가지고 있던 세계관과 상통하는 서사 텍스트를 접한다면 그의 새로운 세계관은 기존의 세계관을 강화한 형

---

13) 세계관이란 작가가 창작에 임하는 핵심으로서 작품의 형식 미학을 총체적으로 통어하는 일관된 사고의 체계이다. 세계관이 없다면 유기적 전체로서 구성되는 문학작품은 이루어질 수 없다. 골드만(L. Goldmann)은 세계관을 "한 집단, 혹은 사회 계급의 구성원들을 결합시 키고 그들을 다른 집단과 대립시켜 주는 갈망, 감정, 사상의 총체이다."(골드만, 1971 ; 우한 용 외, 1993 : 239 재인용)라고 정의한 바 있다.

태일 것이며, 그와 반대인 경우라면 동화와 조절을 거쳐 기존의 세계관을 변형시키거나, 아니면 아예 자신의 세계관을 버리고 새로운 세계관을 수용할 것이다. 이런 점에서 서사 텍스트를 수용하고 새로운 세계관에 접해보는 것은 자신의 좁은 세계관을 확충하고 타인의 세계관을 이해하고 인정할 줄 아는 개방적 태도를 가능하게 한다. 문학을 통한 타인의 이해, 그것은 서사교육에서 놓칠 수 없는 긍정적인 효과이다. 특히 성장기에 있는 학습자는 아직 뚜렷한 세계관을 갖고 있지 못하기 때문에 다양한 세계관이 형상화된 서사 텍스트를 접하게 함으로써 정당한 세계관을 형성하고 확립하는 과정이 필요하다.

서사 텍스트는 사회적 문제를 찾아 제기함으로써 수용자들에게 고민과 해결 방안을 요구하기도 한다. 우리가 놓치고 있던 문제, 알지 못했던 이야기들을 들려주면서 사회와 현실을 비판적으로 바라보도록 하는 것이다. 오늘날 현대인들에게 요구되는 태도 중 하나는 사태를 비판적으로 바라볼 수 있는 태도이다. 비판적 분석을 통해서 사태의 실상을 알고 의도를 파악해야 한다. 이러한 비판적 태도를 형성하기 위해서는 서사 텍스트의 의미를 해석하는 능력을 갖추어야 한다. 이는 서사 텍스트에 관한 지식을 다양한 활동을 통해 습득했을 때에 가능한 일이다.

비판적 태도는 반성적 사고를 바탕으로 주체와 사물, 주체와 타자가 끊임없이 대화하고자 하는 태도이다. 여기서 반성적 사고란 주체와 대상 — 주체를 포함한 — 과 거리를 둠으로써 생성되는 사고이다. '안'이라는 인식이 존재하기 위해서는 '밖'이라는 개념이 존재해야 한다는 사고는 '거리'의 의미를 구체화시킨다. 즉, '안'과 '밖'이라는 관계가 없는 공간은 개념이 존재하지 않는 전체일 뿐이다. 따라서 사물을 반성적으로 파악한다고 하는 것은 주체인 '나'가 '대상'과 거리를 두고 대상과의 새로운 관계를 형성하는 것을 말한다. 다시 말해, 당연하게 여겨온 상식화된 세계에 대해 새로운 깨달음을 얻는 과정이다(신종곤, 2004 : 21).

서사 텍스트에는 현재의 세계를 이상적 세계와 견주어 그 모순을 파악하고 이를 극복하고자 하는 지향성이 내재해 있다. 이 지향성을 다른 말로 '전망'이라고도 한다.[14] 그러므로 서사 텍스트를 통해 길러야 할 태도는 텍스트의 문제를 현실의 삶으로 전이시켜 왜곡된 세계의 삶을 개선하거나 극복하기 위한 전망을 가지는 비판적 태도이다. 이것이 서사교육을 통해서 얻을 수 있는 또 하나의 목표가 된다.

또한 이 비판적 태도는 토론 활동의 활성화로 이어질 수 있다. 각색 영화와 원작 소설을 비교·대조하면서 영상화 작업의 장단점을 구체적으로 짚어가며 자신의 견해를 밝히고, 다른 사람과 대화를 나눈다면 서사 텍스트에 대한 비평적 안목을 높일 수 있을 것이다. 또한 이런 활동은 원작 소설 텍스트를 읽고 자신이 상상하고 해석한 내용과 각색 영화 창작자들의 그것을 견주어 본다는 점에서 능동적인 '해석의 경합'이라고 할 만하다(김정우, 2004 : 150).[15]

한편, 서사 텍스트에서 제기하는 세계의 모순이 학습자의 세계의 모순으로 환치될 때, 비로소 깊이 있는 텍스트 이해에 이르게 된다. 「광장」의 이 명준이 바다로 뛰어드는 행위는 전망을 상실한 청년의 비극적 선택 행위라 할 수 있는데, 이러한 행위를 현실 도피적이라고 비판하는 것은 무리다. 오히려 이를 교수·학습하는 상황에서는 이명준의 행위 자체보다 그런 행위

14) 우한용은 문학적 상상력을 인식적 상상력, 조응적 상상력, 초월적 상상력으로 구분하여 설명한 바 있다(구인환 외, 2001 : 76~84). 이 중에 문학을 통한 세계 비판의 문제와 관련되는 구성적 능력인 조응적 상상력과, 현실을 초월하여 이상세계를 지향하여 현실에 대한 비전을 제시하는 초월적 상상력은 문학(서사)에 내재한 '전망'과 관련된 설명으로 이해된다.

15) 김성진(2004)은 비평 활동의 태도에 대해 언급하면서 독자가 텍스트를 읽고 그 과정에서 비평 활동을 임하게 될 경우, 텍스트가 주는 울림이 긍정적인 면이든 부정적인 면이든 독서 주체에게 어떤 작용을 가한다는 점에서 이를 '공명(共鳴)'이라는 용어로 설명하였다. 그리고 그러한 상호 작용의 결과 텍스트의 세계와 독서 주체가 가지고 있는 서로 다른 전망들이 사상(事象)에 관한 보다 깊은 이해의 방향으로 융합을 추구한다는 특징이야말로 비평 활동의 본질적인 태도라 하였다. 이처럼 '공명'의 태도를 강조함으로써 긍정 / 부정, 수용 / 거부라는 양자택일의 협소한 지평을 넘어서, 비평 주체와 텍스트가 담고 있는 세계 사이의 상호작용과 그러한 상호작용을 통한 독서 주체의 성장을 강조할 수 있게 된다고 보았다.

를 야기한 모순된 현실을 파악하는 것과 그러한 모순 현실을 학습자의 생활 세계의 문제로 전이시키는 일이 중요하다. 이런 점에서 단일 텍스트에서 벗어나 원작 소설 텍스트를 새롭게 해석한 각색 영화 텍스트를 함께 활용하는 방안을 하나의 해결책으로 제시할 수 있다.

소설 텍스트를 토대로 영상 텍스트를 구성하는 행위는 일종의 텍스트의 의미를 실천하는 행위다. 텍스트의 의미 실천 행위란 텍스트 생성 주체가 자신과 대면하고 있는 세계와의 대화를 통해 새로운 의미로서의 텍스트를 생산하는 행위를 말한다. 소설이 구현한 세계를 영화 텍스트로 해석하여 제시하는 경우 구체적이고 직접적인 양상으로 재현한다는 점에서 소설 텍스트의 이해 과정에 적극적으로 작용하게 된다. 그러므로 원작 소설 텍스트와 각색 영화 텍스트의 상호텍스트성을 교육의 장에서 활용하면 학습자의 내용 인식의 확장을 유도할 수 있다. 이처럼 우리는 소설과 영화를 통한 서사교육을 통해 세계 인식 경험과 비판적 태도를 형성할 수 있다. 필자는 그 교육적 당위성을 고려해 이를 교육 목표의 하나로 설정하였다.

(3) 문화 소통 경험과 유희적 태도 형성

가치 있는 문화를 전승하고 새로운 문화를 창조하는 것은 교육의 사명 가운데 하나다. 그러므로 서사문학 교육에서도 가치 있는 문화를 계승하고 훌륭한 문화를 창달하는 것을 목표로 삼는 것은 당연하다. 그러면 소설과 영화를 통한 서사교육에서 계승하고 창달하고자 하는 문화는 어떤 것인가. 여기서 목표로 삼는 문화의 소통은 세 가지 의미로 생각해 볼 수 있다.

첫째는 문학 문화의 소통이다. 문학은 개인의 의사소통 행위일 뿐만 아니라 인류가 오랜 세월에 걸쳐 발전시켜 온 문화이기도 한다. 그래서 문학 활동은 문화의 범주 안에서 이루어지고, 우리는 이들의 소통을 통해 문화를 형성, 발전시켜 나간다. 하나의 문화 현상으로서 문학은 고유한 규칙과 관습, 원리를 지니고 있다. 이러한 문학의 문화에 익숙한 사람은 문화를 더욱 효과적으로 즐길 수 있다.

또, 우리 문학이 가진 문화적 특징들에 대한 소통도 중요하다. 이를테면 시대와 지역에 따른 변화, 내용과 형식과 표현의 다양한 전개 양상, 문단을 중심으로 한 창작 형태, 신문 연재를 통한 발표 형식, 문학상(文學賞)이 선도하는 경향 등 우리 문학의 여러 가지 문화적 특징을 이해하고 경험하는 것이 유익하다. 이와 함께 인류의 보편적인 유산이자 문화적 결집체인 세계 문학을 소통하는 것도 세계의 일원으로서 갖춰야 할 최소한의 교양적 의무이다. 이는 또한 세계 속에서 우리 문화의 의미와 가치를 찾는 값진 일이 될 것이다.

둘째는 대중 서사 문화의 소통, 즉 소설을 비롯한 영화나 게임, 만화와 같은 현대 사회의 수많은 대중 서사물의 소통을 말한다. 21세기 디지털 문화시대에서는 개별적 인간의 인식 못지않게 대중적인 다중매체를 이용한 이해의 공유와 지적 상호작용이 중요시되고 있다. 특히 영화는 삶의 다양한 관심사를 대중화하여 사회 구성원들 사이에 지적 상호작용의 활성화를 가져왔다. 이처럼 현대 사회의 일반적인 문화적 현상을 이해하고 문학이 다양한 매체와 결합하여 수행되는 양상을 수용하고 경험함으로써 유희적인 태도를 통해 이에 능동적으로 대응하도록 하는 것이 바람직하다.

셋째는 전통 예술 문화의 소통, 곧 우리나라 고유의 음악, 미술, 건축, 춤 등의 소통을 의미한다. 우리의 문화유산을 소중히 여기고, 이를 계승 발전시키는 것이 우리에게 주어진 권리이자 의무이다. 세계화 시대에 한국 고유의 문화적 특질을 이해하는 것이 우리의 정체성을 확인하고, 세계 속의 일원으로서 당당하고 자랑스럽게 서는 길이다.

뿐만 아니라 이러한 소통은 우리 고유의 문화적 전통에서 사라진 것을 부활시킨다는 의의와 함께 현대 사회의 문제점, 곧 인간 소외에 따른 갖가지 병리 현상을 극복할 수 있는 대안적인 문화를 찾을 수 있다는 의의도 지닌다.

사회적 존재인 우리는 누구나 공동체의 일원이다. 문화 공동체에 참여함으로써 우리는 문화의 소통에 참여하게 된다. 이 소통에의 참여를 통해 우리 개개인은 성숙하게 되고 사회도 한층 발전하게 된다. 소설과 영화는 소통 경험의 공유를 통해 한 개인을 문화적 공동체의 일원으로 소속시키는 강력한 조직력을 가지고 있다. 우리는 이러한 문화 참여를 통해 소속감과 안정감을 얻게 되는 것이다.

지금은 가치 있는 문화 소통의 경험이 개인의 차원에 머물지 않고 세련된 문화 창달에 기여함으로써 인간의 유희적 본능을 긍정적인 방향으로 발현시킬 수 있도록 하는 교육적 기획이 요구되는 시점이다. 이상 여러 층위의 문화 소통 경험이 소설과 영화를 통한 서사교육에서는 모두 가능하다고 판단하며, 그 필요성에 비추어 이를 또 다른 목표로 삼고자 한다.

인간은 본능적으로 이야기를 수용하고 표현하는 놀이에 참여한다.16) 그리고 그것을 다른 사람과의 소통 속에서 더욱 다듬어 나간다. 그런데 무엇 때문에 인간은 서사행위에 참여하는 것일까? 이 물음에 대하여 헤르나디(P. Hernadi)는 서사 활동의 동기를 여러 가지 들면서 그 가운데 자기주장적인 유희(self-assertive entertainment)와 자기초월적인 언명(self-transcending commitment)에 대해 언급하였다.17) 서사는 우리로 하여금 권태와 무관심에서 벗어나게 한다. 거기에는 전율, 만족, 분노, 감탄 등이 있어 우리를 이야기에 빠져들게 만드는 것이다.

---

16) 일하는 시간 이외에 인간은 놀이를 통해 즐거움과 휴식을 취한다. 놀이는 생산성 있는 노동과 달리 뚜렷한 목표나 소득이 없지만 그 자체로서 재미와 감동을 제공하기 때문에 인간은 아주 오래전부터 끊임없이 새로운 놀이를 찾아 탐닉해 왔다. 특히 오늘날에는 인간의 모든 지각을 자극하는 다중매체의 등장으로 매우 다양하고 자극적인 놀이 문화가 형성되었다. 이는 대중문화의 신장에 힘입어 더욱 발전하게 되었는데, 마침내 일과 놀이의 경계가 불분명해지고, 놀이를 위해서 일하는 상황에 이르게 되었다.

17) P. Hernadi, "On the How, What, and Why of Narrative", W. J. T. Mitchell ed., *On Narrative*, The University of Chicago Press, 1981, 임경순(2003b : 106) 재인용.

호이징하(J. Huizinga)는 놀이를 "어떠한 이미지 조작, 즉 현실을 이미지로
전환시키는 형상화 작용에 근거하는 것"이라고 인식하고, "이러한 이미지
들의 가치와 의의, 그리고 현실을 그 이미지로 형상화시키는 작용"을 파악
하는 데 노력해야 한다고 했다. 그리고 그는 현대적 의미로 놀이를 '총체
성'이라고 부를 수 있으며, 놀이를 하나의 총체성으로 이해하고 평가하려
고 해야 한다고 하였다(Huizinga, 김윤수 옮김, 1993 : 11~14). 이처럼 놀이가
형상화 작용에 근거하여 완결되는 총체적 세계라고 할 때, 오늘날 가장 유
력한 세계의 표현 방식인 소설과 영화는 대표적인 놀이인 셈이다.[18]

소설은 인쇄 매체 시대 이래로 문자언어를 통한 이미지와 상상력을 환
기할 수 있는 재미있는 서사를 제공하여 변함없는 인기를 누린 서사물이
다. 소설이 재미있는 이유는 가치 있는 인간의 삶을 추상적인 개념 명제로
전달하지 않고 구체적인 인간의 행동과 사건들로 제시한다는 점에서 찾을
수 있다. 따라서 소설의 소통에는 인지적인 요소뿐만 아니라 정의적인 요
소가 크게 작용하며, 수용자가 적극적으로 개입할 여지가 많이 마련된다.
인간의 다양한 삶의 모습이 펼쳐지며 개연성 있는 사건이 여러 인물들의
갈등 속에서 시작되고 점점 고조되면서 마침내 해결되는 일련의 과정을 벌
여 나가는 가운데 수용자는 자신도 모르는 사이에 그 속에 뛰어 들게 되

18) 호이징하가 말하는 놀이의 특징은 놀이를 독립된 범주로 파악하는 관점에 연원을 둔다.
놀이는 시공간적으로 실제의 삶에서 분리되어 있을 뿐만 아니라 현실적인 이해관계에서
도 벗어나 있다. 그것은 순수하게 자발적인 행위로 성립하는 가상세계의 창조 행위이다.
그가 말한 '총체성'은 놀이의 이 같은 독립성과 함께 그것이 그 자체로 완결된 자족적 세
계라는 의미를 함의하며, 행동하는 인간의 자발성과 자유에 의해 꾸려지는 세계임을 말하
고 있다. 그는 또한 놀이의 세계에는 나름의 법칙이 존재하므로 모든 행위는 질서정연한
법칙에 따라 이루어져야 한다고 하면서 놀이가 사회적인 단체의 형성을 촉진시킨다는 점
도 언급하고 있다. 그리고 놀이가 이미지 조작에 의하여 '현실을 이미지로 전환시키는 형
상화 작용', 즉 상상력에 근거하고 있음을 지적하고 상상력의 가치와 의의를 파악하는 데
노력할 것을 제안하고 있다. 이런 호이징하의 견해는 놀이와 예술과 상상력의 관계를 예
리하게 간파했다는 점에서 높이 평가할 만하다. 그러나 놀이와 현실의 경계가 와해되어
가는 최근의 현상은 현실/놀이, 이성/감성, 어른/어린이를 분리해서 사고한 호이징하의
놀이에 대한 인식에서도 벗어났다고 볼 수 있다(최혜실, 2003 : 33~35).

고, 간접적으로나마 그 서사 속에서 경험하게 되면서 얻게 되는 즐거움과
감동이 바로 소설이 우리에게 주는 재미일 것이다.19)

　소설과 함께 영화는 오늘날 다중매체 시대의 다중매체 언어를 만끽할
수 있는 경험을 제공함으로써 인간의 모든 감각을 동원하게 하여 입체적이
고 다차원적인 감각적 쾌감을 만족시켜주는 서사물로 각광받고 있다. 임권
택 감독은 자신의 영화 <춘향뎐>을 "판소리로 보고 영상으로 듣는 거"라
고 소개한 바 있다. 이 말은 지금 우리에게 일어나고 있는 지각 체계의 변
화를 역설적으로 표현한 것이다. 영화를 보는 동안에는 '진짜 같은 거짓의
세계'에 빠져 들 수 있다. 여기서 얻는 즐거움은 재미를 느끼는 동시에 획
일화되는 삶에 대해 반성적으로 사유할 수 있는 기회까지 제공한다.

　각종 통계자료를 통해 확인할 수 있듯이 소설과 영화는 현대인들이 여
가 시간에 가장 많이 접하는 유희적 대상물로서 앞서 거론한 놀이의 특징
과 기능을 모두 보여주고 있다는 점에서 주목할 만하다. 소설과 영화 텍스
트를 수용하면서 깊고 넓은 상상과 사유를 통해 텍스트의 빈자리를 채우
고, 자신의 삶과의 관련성을 반추하며 생산적인 의미를 창출하는 가운데
새로운 지평을 확장시키게 될 때 텍스트 해석의 즐거움을 향유할 수 있게
된다. 이런 즐거움이 거듭되면서 학습자의 태도로 체화된다면 학습자는 결
국 건전한 자아정체성의 형성과 바람직한 세계관 및 가치관의 형성, 예술
문화의 유희적 향유를 주체적으로 수행할 수 있는 서사능력을 갖춘 인간으

19) 구인환 외(2001 : 310)에서는 소설의 재미를 독자가 소설적 세계에 대해 감염되는 현상이
라고 하면서, 이를 표피적 재미, 감동적 재미, 발견적 재미로 구별하여 설명한 바 있다. 즉
표피적 재미는 저급한 재미로 말초신경을 자극하는 것이며, 감동적 재미는 문학 작품이
지닌 가치의 세계에 동화되는 데 따르는 재미이고, 발견적 재미는 독자가 능동적으로 문
학 텍스트의 세계에 참여하여 독창적으로 텍스트의 진정한 의미와 고양된 가치의 세계를
발견해 내는 재미라고 구별하였다. 그리고 이 재미가 저급한 표피적 재미에서 발견적 재
미로 이동해 가는 것은 결국 문학 텍스트에 대한 감상의 충실도와 관계되는 것이라고 하
면서 소설의 교육이 소설적 장치에 대한 교육과 함께 인간적 가치에 대한 교육도 이루어
져 소설 속에서 고양된 삶의 의미를 찾아내는 발견적 재미를 느낄 수 있도록 해야 한다고
하였다.

로 성장하게 될 것이다.

　사람들은 자신의 꿈과 감성을 만족시키는 것을 구매하려고 한다. 사람들을 매혹시키는 것은 상품의 사용가치나 교환가치가 아니라 그 상품에 담겨진 이야기일지도 모른다. 사람들은 놀이 공간으로 변해버린 복합상영관(multiplex)을 거닐며 그 공간 속의 주인공으로, 주제로, 플롯으로 각자의 위치를 점하고 있는 이야기들을 구매하고 있다. 현실이 이처럼 놀이 공간으로 변하게 된 가장 큰 이유는 수많은 영상들이 우리에게 몰입성을 증가시켰기 때문이다. 소설에 몰입했던 근대인들은 일상의 공간에서 곧 정신을 차리고 이성적으로 일을 처리할 수 있었고, 책을 내려놓고 나서는 꿈에서 벗어날 수 있었으나 이제 영상의 폭격에 세뇌된 인간들은 놀이의 세계를 현실에 적용하려는 경향을 지닌다. 이 경향 때문에 이야기가 들어 있는 상품에 열광하는 것이다. 즉, 자신이 일상에서 만나고 체험하고 사용하는 물건들, 공간, 사람들을 가상에서 겪은 이야기로 재구성하고 싶은 것이다(최혜실, 2003 : 30~33).

　이러한 시대에 우리에게 요구되는 태도는 서사를 하나의 놀이로 여기고 유희하는 태도이다. 서사 문화에 몰개성적으로 파묻혀버리는 것이 아니라 이를 즐기고 능동적으로 재구성하며 창조하는 적극적인 자세가 바로 유희적 태도라 생각된다. 따라서 소설과 영화를 통한 서사교육에서 목표로 하는 자세가 바로 이들 서사 텍스트를 즐겁게 '갖고 노는' 유희적 태도이다. 이는 문학의 쾌락적 기능에 대한 수용자의 정서적 반응으로 유의미한 교육적 과제라 할 수 있다.

5. 소설과 영화를 통한 서사교육의 내용

　여기서는 앞에서 설정한 소설과 영화를 통한 서사교육의 목표를 성취하기 위해 어떤 내용과 방법을 배워야 하는지에 관해 논의할 것이다. 내용은 소설과 영화를 수용하고 생산하는 데 필요한 '지식'이 되며, 방법은 이 지식을 가지고 교수·학습 상황에서 수행해야 할 '활동'으로 구성된다.

문학교육의 목표 가운데 작품 감상 능력의 신장이 중요한 부분이 된다. 작품의 감상은 텍스트에 대한 올바른 분석과 해석을 전제로 한다. 그러므로 문학교육의 지식 범주의 내용은 문학 텍스트를 분석하고 해석하는 데 유용한 지식이어야 한다.[20]

서사교육의 지식 범주의 내용은 서사문학 현상의 이해와 설명에 사용되는 서사 이론에서 추출된 지식이다. 서사 이론 중에는 구체적인 서사 텍스트를 분석하고 해석하며, 이에 기초하여 서사문학 현상을 설명하려는 것, 텍스트 외적인 것과 텍스트 사이의 원인-결과를 밝히려는 것, 텍스트를 지배하는 보편적인 규칙을 찾아내려는 것 등이 있다.

한편, 서사 이론에는 서사문학 현상에 대한 기본 가정과 연구 방법이 각기 다른 수많은 이론들이 존재한다. 하지만 서사교육에서 다룰 내용을 특정한 서사 이론에서 선택해서는 안 될 것이다. 서사문학 현상에 대한 다양한 접근과 설명을 포괄하기 위해서는 여러 서사 이론을 절충하되 교육적

---

20) 류수열(2006)은 문학 지식을 크게 작품 그 자체에 대한 앎인 '텍스트적 지식'과, 작가와 독자, 창작 배경 및 동기, 전승 과정, 독서 환경 등 텍스트의 소통과 관련된 제반 변인에 관한 문학사적 사실에 대한 앎인 '콘텍스트적 지식'과, 문학 이론을 배경에 깔고 있는 전문적인 용어들로서 문학 기법이나 장치에 대한 앎인 '메타텍스트적 지식'으로 구별하고, 그중에서 문학 텍스트가 문학교육의 출발점이자 종착점이라는 공리에 비추어볼 때, 문학교육에서 가장 중심적으로 다루는 것은 텍스트적 지식이어야 한다고 하였다. 하지만 이런 주장은 그동안 줄곧 비판받아 온 정전(正典) 중심의 문학교육으로 흐를 위험이 있는데다가, 수많은 작품을 문학교육의 장에서 다룰 수 없다는 한계를 고려할 때 재고되어야 할 것으로 보인다. 필자는 교육적 효율성 측면에서 생각해 볼 때, 개별 텍스트를 수용하고 창작하는 데 필수적인 중핵적 지식, 즉 류수열의 용어로는 메타텍스트적 지식이 오히려 중심적으로 다루어져야 한다고 생각한다. 왜냐하면 문학교육에서 다루어야 할 문학 지식은 문학 연구자들이 수행하는 탐구의 과정을 학습자 스스로 수행할 수 있도록 '전이력'을 갖는 지식을 제공하는 것이 더욱 중요하다고 판단하기 때문이다. 이러한 점은 김미혜(2006)에서도 강조된 바 있다.

효용도가 큰 최소한의 지식들로 구성해야 할 것이다.

그동안 소설과 영화 텍스트를 해석하기 위한 이론은 이들 텍스트에 보편적으로 포함되는 요소와, 요소의 특징과 요소 사이의 관계를 나타내는 개념을 발달시켜 왔다. 이러한 이론을 바탕으로 소설과 영화 텍스트의 요소 사이의 관계나 텍스트의 구조를 밝힐 수도 있고, 이들 서사 텍스트가 제공하는 심미적 경험과 의미를 해석할 수도 있다.

그러면 텍스트 해석에 도움을 주는 서사 이론의 지식을 어떻게 선정할 것인가 하는 과제가 주어진다. 이에 대해서는 소설과 영화에 관한 권위 있는 이론서들을 섭렵하고 그 가운데 필수적인 개념과 명제 등을 추출하여 구성하는 방법이 있을 것이다.

이 책에서는 국내외 이론서들 중에 소설과 영화의 소통에 많은 시사점을 주는 이론들을 참고하여 지식 범주의 내용을 구안해 보았다.[21] 여기서 세부적인 교육 내용 요소들은 소설과 영화가 서사 텍스트라는 점과 이들의 소통 맥락을 고려하여 다음과 같이 선정하였다.

[표 1] 소설과 영화를 통한 서사교육 내용 요소

		소 설	영 화
이야기	인 물	인 물	인 물
	시공간	시공간적 배경	시공간적 배경
	플 롯	행동 / 사건, 구성	행동 / 사건, 구성
담 론	서술 매체	문 자	영 상
	시점과 서술	초점화자, 서술자 시점, 서술	촬영(쇼트, 프레임, 카메라의 위치 / 이동 / 시점, 조명), 편집(커트), 음향
맥 락	소통 · 상황	작가－출판－독자	생산－제작－배급－관객
	장 르	유 형	유 형
	사회 · 문화	사회, 역사, 문화	사회, 역사, 문화

---

21) 지식 범주의 내용 구성을 위해 이 책에서 참고한 자료는 소설과 영화 및 서사 이론에 관한 유명한 저서들이다. 따라서 이 책 말미에서 제시된 참고문헌이 모두 이에 해당된다고 할 수 있다.

여기서는 먼저, 이들 서사교육 내용 요소들에 관한 개념과 명제들을 구성해 본 다음, 이를 기초로 하여 실제 소설과 영화 텍스트를 가지고 교수·학습할 활동을 제시해 보도록 할 것이다.

지식 범주의 서술은 일반적인 이론 제시의 방식에 따라 개념 정의, 특성, 의의, 기능, 유형, 작동 방식(작품에 적용되는 원리), 관련된 하위 개념 순으로 서술해 나갈 것이며, 서사 공통적인 내용에서 소설과 영화에 관한 내용으로 전개할 것이다. 그리고 가급적 하위의 개념이나 명제를 상위의 그것들보다 먼저 제시하도록 할 것이다.[22]

한편, 활동 범주의 내용은 학습자가 알아야 할 지식인 '내용 요소'와, 이를 학습함으로써 학습자가 할 수 있어야 할 것으로서의 '수행' 두 차원을 고려하여 '내용 요소+행동 요소' 형식으로 진술할 것이다. 즉, 소설과 영화 텍스트를 제재로 교수·학습 활동을 할 때 관여하는 핵심적인 지식들을 '내용 요소'로 삼고, 교수·학습 상황에서 실행될 구체적인 동사를 '행동 요소'로 삼아 이들을 적절하게 결합하여 제시할 것이다.[23]

---

22) 이 글은 교육과정 차원의 논의가 아니므로 내용 체계에 대한 구체적인 논의와 적용은 하지 않는다. 앞으로 국가 수준의 교육과정을 개발하는 단계에서는 여기서 제시된 지식들을 다시 학습자의 발단 단계에 맞게 위계화하여 재구성해야 할 것이다.

23) 이 책에서 '행동 요소'로 동원한 용어로는 "이해한다. 파악한다. 생각해 본다. 구분한다. 지적한다. 열거한다. 바꾸어 본다. 비교한다. 살펴본다. 상상한다. 알아본다. 찾아본다. 조사한다. 말한다. 밝힌다. 설명한다. 토의한다. 정리한다. 작성한다. 편집한다. 제작해 본다. 비판한다. 평가한다." 등이다. 이들 행동도 어떤 범주나 위계를 형성할 수 있을 것이다. 가령 블룸(B. S. Bloom, 1956)은 '지식, 이해, 적용, 분석, 종합, 평가'의 여섯 가지로 인지적 영역의 행동 특성을 분류했으며, 가네와 브릭스(R. M. Gagne & L. J. Briggs, 1979)는 '진술하다, 식별하다, 파악하다, 분류하다, 증명하다, 생성하다, 창조하다, 실행하다, 선택한다' 등의 동사로 교수·학습에 필요한 행동을 설명하였으며, 메릴(M. D. Merrill, 1983)은 '기억, 활용, 발견'으로 학습 행동을 설명하였다(정인성·나일주, 1989). 하지만 이 책은 교수설계상의 논리적 정합성보다는 실제적인 활동의 풍부함을 지향하기 때문에 이러한 행동의 범주나 위계에 관한 특정 이론을 근거로 삼아 활동 내용을 구성하지 않고, 교수·학습 상황에서 수행될 수 있는 행동들을 폭넓게 동원하여 구성해 보았다. 이처럼 논리적으로 구분된 행동 범주나 위계에 제한받지 않고 내용 요소에 가장 적절하다고 판단되는 행동 동사를 임의로 연결하였기 때문에 행동 간 경계가 분명하지 않고, 위계적이지 못한 한계에도 불구하고 풍부한 활동 내용을 마련할 수 있게 되었다. 국가 수준에서 개발된 기

소설과 영화를 통한 서사교육의 목표들은 전문가들에 의한 기존의 해석을 전수하는 수준에서는 결코 기대할 수 없으며, 학습자의 주도적이고 구체적인 수행을 통해서 형성되는 것이다. 그러므로 교수·학습 과정에서 이러한 활동이 더욱 알차게 수행될 수 있으려면 구체적인 활동 내용이 마련되어야 한다.

이와 관련하여 김명순(2005)은 명제적 지식과 방법적 지식은 수행과 결부되어 존재하며 수행 속에서 드러난다고 전제하고, 언어 사용의 실제를 고려할 때 명제로 드러나지 않는 묵시적 앎까지 포함한 실제적 지식이 중요한데, 이를 얻기 위해서는 수행이 필요하다고 역설하면서 '활동' 중심의 언어 사용 교육의 의의를 밝힌 바 있다. 이 책에서도 지식과 함께 활동이 교육 내용에서 가장 중요한 두 범주라고 생각하고, 이를 구체화시키는 작업이 무엇보다 필요하다고 판단하였다.

원작 소설과 각색 영화 텍스트를 대상으로 삼아 할 수 있는 서사교육 활동은 이들 텍스트가 이야기(story)와 담론(discourse)상의 공통점과 차이점을 가진다는 점과 텍스트 수용에서 소통 맥락을 이해하는 것이 중요하다는 점을 고려하여, 소설과 영화 텍스트를 비교하고 대조하는 활동과 그 소통 맥락을 탐색하는 활동을 수행하는 내용으로 구안할 것이다.

비교와 대조는 둘 이상의 제재를 견주어 설명하는 방법으로 비교(comparison)는 제재 사이의 비슷한 점을 설명하고, 대조(contrast)는 제재 사이의 다른 점을 설명한다. 어떤 두 제재를 살필 때, 같은 측면에서 비교하거나 대조를 하면, 대상 제재를 쉽고 정확하게 분석할 수 있으므로 이들 대상을 더욱 분명하게 이해할 수 있다.

원작 소설과 각색 영화를 제재로, 이들의 내용이나 형식적인 요소들을

존의 국어 교육과정도 행동 범주를 논리적인 근거에 따라 몇 가지로 단순화하는 방식보다는 풍부한 행동 동사를 사용하여 제시하는 방식을 취하고 있는 것도 이 책과 같은 맥락으로 이해할 수 있다. 물론 각 활동 내용의 배열은 앞으로 문서화된 교육과정의 개발 단계에서 학습자의 발달 단계에 따라 위계를 고려해서 이루어져야 할 것이다.

비교·대조해 보는 활동을 제시한다면, 추상적이고 막연한 지시로 무엇을
어떻게 해야 할지 몰라 어려움을 겪는 상황은 발생하지 않는다. 그래서 실
질적인 학습 활동을 견인하는 구체적인 학습 동기를 부여한다는 점에서 비
교·대조 활동은 큰 효력을 발휘할 것이다. 따라서 텍스트 분석이 세련되
지 못한 학습자에게 소설과 영화 텍스트를 비교·대조하는 명확한 활동 내
용을 지시함으로써 보다 수월하게 텍스트에 접근하도록 해주는 것이 무엇
보다 중요한 교수·학습 활동이라 할 수 있다. 그리고 이런 학습 경험을
지속적으로 유도한다면 점차 고차원의 분석 능력도 형성될 수 있을 것으로
예상된다. 뿐만 아니라 원작 소설과 각색 영화를 비교·대조하는 활동은
학교 교육의 장을 넘어서 평생 교육 차원에서도 폭넓게 수행될 수 있다는
점에서도 매우 유용한 방안이라 생각된다.

이와 더불어 텍스트 소통 맥락에 관한 탐색 활동도 작품에 대한 심화된
이해와 감상을 위해서 필수적인 활동이다. 소설과 영화 텍스트의 생산과
소통과 수용이 이루어지는 조건적인 요소들, 곧 작가의 생애와 작품세계,
창작과 출판 또는 제작과 배급의 소통 구조, 텍스트의 유형과 상호텍스트
적 요소, 서사 장르의 통시적 전개 양상, 텍스트에 대한 향유 방식과 독자
의 반응, 텍스트의 사회·문화적 맥락 등에 관하여 탐색함으로써 텍스트의
이해와 감상의 폭을 확장시킬 수 있을 것이다.

(1) 이야기 영역의 지식과 활동 내용

① 인물

이 책에서 서사 텍스트의 이야기 구성 요소 중 '인물'과 관련된 핵심적
지식으로 선정한 세부 내용 요소들은 다음과 같다.

인물 요소의 중요성과 특성, 인물과 플롯과 환경의 관련성, 인물의 유형

(초월적 인물, 보편적 인물, 개별적 인물, 전형적 인물), 인물 제시 방법(직
접서술, 간접제시, 유비), 소설의 영상화 과정에서 발생하는 인물상의 변화,
영화에서 인물의 전형성과 이항대립적인 인물 구도, 영화에서 배우 / 연기 /
분장 / 의상의 중요성

그럼, 이들 세부 내용 요소들에 관한 개념과 원리들을 자세히 서술해 보
도록 하자.

▼ 인물 요소의 중요성과 특성

서사는 인물, 환경, 플롯이 서로 관련을 맺으면서 하나의 이야기를 형성
하게 된다. 그중에서도 인물은 이야기를 이끌어가는 주체로 이야기 형성에
가장 핵심적인 요소라 할 수 있다. 한 편의 서사물은 대체로 특정 인물이
등장해서 그 인물이 겪게 되는 삶의 내용을 중심으로 전개되며 그 인물의
운명적 결말과 함께 작품도 종결되기 때문이다. 따라서 서사에서 인물은 현
실을 반영하며 현실과 매개되는 허구화된 존재로서 작중에서 환경과 상호
작용하면서 어떤 상황 속에서 사건을 일으키는 존재라고 정의할 수 있다.

과거의 서사시나 로만스가 사건 전개의 기발함에 중점을 두었다면 근대
소설은 삶의 성찰을 중요시하게 되면서 개성적인 인물의 창조에 더 관심을
가지게 되었다. 이처럼 근대 서사에서 인물이 중시되는 이유는 근대적 삶
의 복잡성 때문이라고 할 수 있다. 근대적 삶 속에서 인생과 인간은 이해
하기 어렵고 모순에 가득 찬 것이 되어버렸다. 그래서 몇 가지로 단순하게
유형화된 인물들로서는 삶의 본질을 서사물에서 담기 어려워진 것이다.

서사의 인물은 허구적인 인물로 실제의 인간보다 초월적인 능력을 가질
수도 있고, 비인간적일 수도 있으며, 동물과 기계를 의인화할 수도 있다.
다만 서사 장르가 인간과 인간을 둘러싼 사회를 인식하기 위한 예술 양식
이기 때문에 서사의 인물은 인간의 형상을 지녀야 한다.

▼ 인물과 플롯과 환경의 관련성

서사 속의 인물은 시간의 흐름 속에서 의미 있는 행위를 연속적으로 한
다. 그리고 그런 연속적인 인물의 행위가 사건으로 발전하고, 일련의 사건
이 하나의 이야기가 된다. 이처럼 인물의 움직임과 변화는 사건의 짜임새
와 관련되므로 인물과 플롯은 이야기를 형성하는 두 축으로 매우 밀접하게
연관되어 있다. 즉, 인물의 성격에 따라서 사건이 달라지고, 사건은 그에
연루된 인물의 성격을 드러낸다. 그런데 이렇게 필수적인 이야기 요소인
인물과 플롯은 이야기가 짜여지는 과정에서 인물이 플롯에 종속될 때도 있
고, 플롯이 인물에 종속될 때도 있다. 예컨대 단군신화는 단군의 신성성(神
聖性)을 입증하기 위해 모든 사건이 집중되어 있으므로 플롯보다는 인물이
우세하다. 반면에『구운몽』의 성진은 한 인간으로서 그의 특성 때문에 사
건이 짜여지지는 않는다. 오히려 사건의 흐름은 인간의 부귀영화와 욕망이
한갓 꿈과 같음을 보여주는데, 이 짜임새가 만드는 진리에는 모든 인간이
종속된다. 성진이 아니라 어떤 인물이라도 이 질서화에 종속될 수밖에 없
는 것이다. 이는 인물이 플롯에 종속되는 예라 할 수 있다.

서사 텍스트에서 인물은 플롯만이 아니라 환경과도 밀접한 연관이 있
다.24) 환경과 동떨어진 인간의 삶이 의미를 찾기 힘들 듯이, 환경이 무시
되는 인물이 이야기를 형성하기는 어렵다. 그런데 이와 마찬가지로 인물과
환경의 관계에 있어서도 그 우열 양상을 따져볼 수 있다. 인물이 환경을
지배하는 경우는 신(神)이나 영웅을 주요인물로 하는 이야기에서 나타나는
데 흔하지는 않다. 반면에 대개 이야기에 나타나는 인물은 환경의 지배를

---

24) 환경이라는 요소는 추상적 개념이다. 배경이 직접적이고 세부적인 시간적, 공간적 현장이
   라면, 환경은 더 근원적이고 포괄적인 현실의 본질적 요인이다.『태백산맥』의 시간적 배경
   은 한국전쟁 전후, 공간적 배경은 벌교와 지리산 일대라면, 이 작품의 환경은 분열된 민족
   적 현실 또는 이데올로기의 갈등이라 할 수 있다. 그러나 경우에 따라서 환경은 자연적 환
   경일 수도 있고, 사회적·역사적·공간적 환경일 수도 있으며, 모든 삶의 세계가 복합될
   수도 있다.

받는다.

서사 텍스트의 인물을 살필 때, 우리는 인물의 플롯과의 관련 속에서 '무엇을 할 수 있는 인물인가'에 초점을 두고 파악할 수도 있고, 환경과 관련하여 '어떤 인물인가, 또는 무엇을 의미하는 인물인가'라는 점에 중심을 두고 살펴볼 수도 있다. 형식주의나 구조주의 쪽에서는 주로 앞에서 말한 인물의 기능적 측면을 중시하고, 리얼리즘 쪽에서는 뒤에서 말한 주제적 측면을 강조하는 경향이 있다.

▼ 인물의 유형

인물과 환경과의 관계에 따라 인물의 유형을 분류하면 초월적 인물, 보편적 인물, 개별적 인물, 전형적 인물로 나눌 수 있다.[25]

초월적 인물은 신화나 영웅소설, 영웅영화의 주인공처럼 어떤 환경도 극복하도록 미리 결정되어 있는 인물이다. 이러한 작중인물들은 그를 억압하는 자연적·사회적 환경 때문에 약간의 고난을 겪기는 하지만, 근본적으로 그 환경을 초월하는 능력을 부여받아서 환경을 지배한다. 이런 인물들은 신에 의해서 주도되는 세계에 살고 있음을 믿었고, 특정한 영웅이 신을 대신하여 이상적인 세계를 창조한다고 믿었던 고대나 중세의 인물들이다. 하지만 근대 이후에도 영웅을 통한 현실 변혁의 꿈과 변화에 대한 열정이 구체적인 현실을 매개하지 않고 이상만 강조되었을 때 나타나는데, 주로 무협

---

25) 작중인물의 유형론은 고대부터 의학, 심리학, 사회학에서 꾸준히 시도해 온 인간 유형론을 참고로 하여 그동안 많은 논의를 이어왔다(조남현, 2004 : 247~264). 그중에서 소설과 관련하여 포스터(E. M. Foster)가 평면적 인물(flat character)와 입체적 인물(round character)로 나눠 설명한 것은 널리 알려진 인물론이다. 1927년에 초판된 그의 책 『Aspects of the Novel』에서 소개한 이 단순한 분류법은 분명 훌륭한 직관이기는 하지만 보다 복잡하고 다양해진 현대소설의 인물을 섬세하게 설명해 내지 못하는 한계를 가진다. 이 밖에도 많은 문학 연구자들의 인물 유형론이 있지만 이 책에서는 이야기 구성 요소인 인물과 환경과 플롯의 상관 관계를 중심으로 인물의 유형을 설명한 조정래·나병철(1991 : 41~62)이 비교적 쉽고 명쾌하다고 판단하여 이를 주로 원용하였다.

이나 탐정 서사물을 비롯하여 각종 대중 서사물에서 이를 찾아볼 수 있다.

보편적 인물은 인간의 보편적 성격을 유형화하여 그중의 하나를 선택적으로 취합한 인물이다. 이런 인물은 이미 환경의 힘에 종속되어 있는데 고소설이나 신소설, 종교 영화 같은 서사물에서 쉽게 찾을 수 있다. 이런 경우, 작중인물은 특별한 힘을 갖지 못하고 보편적인 질서에 편입되어 있어 인물이 환경과 대립하는 양태는 보이지 않는다. 인물은 환경과의 투쟁에서 성취를 추구하지 않고, 사회적 질서나 집단적인 이데올로기를 인정하면서 충(忠), 효(孝), 열(烈), 신앙 등과 같은 특정한 가치를 추구한다. 이런 서사물에서 중요한 것은 어떠한 환경에서도 인간이 존중할 수 있는 성격이나 가치관을 찾는 일이다.

개별적 인물은 인물이 환경의 모순을 인식하고 고립되고 개인화되는 방식으로 환경에 대처하는 인물이다. 이런 인물은 보편적 인물과는 대조적으로 개인으로서의 독특한 성격이 두드러지고, 보편적인 존재자로서의 모습은 소멸되어 있다. 개인으로서 가진 남다른 특성인 인간의 개성이 사회생활을 하는 가운데 다른 사람과의 관계에서 문제시된다면 그 자체가 사회적 의미를 가지는 성격으로 형상될 수 있다. 반면에 그렇지 않고 개인의 내면세계 속에서만 문제시된다면 그 인물은 환경으로부터 고립된 존재로서 개인화되는 것이다. 이러한 인물은 환경과의 관련성이 약화되고, 내면의 의식을 부각시킴으로써 성격화된다. 자연히 뚜렷한 행동의 연속성을 보이지 않고, 살아가는 범위도 축소되는 인물이다. 이 같은 개별적 인물은 모더니즘 계열의 소설과 영화에서 흔히 볼 수 있다.[26]

---

26) 주지하다시피 모더니즘 서사는 세계와 인간, 사회와 개인의 관계가 극도로 분리되어 있다는 인식을 바탕으로 하고 있다. 사회가 삶의 바른 환경을 제공하지 않으므로, '어떻게 현실에서 소외된 나를 찾을 것인가' 하는 문제에 시달리게 된다. 현실적 삶에서 가치를 찾기 어려울 때 인간은 반현실화되는 언어양식에 매몰되기 쉽다. 모더니즘 서사의 인물은 이러한 시대적 현상의 산물이다. 그러므로 이 인물의 행태가 현상적으로는 초역사적이고 반현실적이지만, 그러한 인물이 나타나는 원인은 역사적인 데에 있다.

한편으로 환경으로부터 소외되는 인물 중에는 환경과 대립하고자 하지만 그 힘이 미약하여 결국 환경의 조건에 타협하거나 굴복당하는 인물이 있다. 이런 인물은 대개 비극적 삶에 처하게 되고, 그러한 환경의 요구에 순응하여 가치관을 스스로 변화시키거나 포기하게 된다. 따라서 이러한 인물은 자신의 타락으로 환경의 모순을 더 부각시킴으로써 환경에 대립한다. 김동인의 소설 「감자」의 '복녀'나 루이 말 감독의 영화 <데미지(Damage)> (1992)의 '스테판 플레밍'(제레미 아이언스 분)이 그러한 인물의 예가 될 것이다.

전형적 인물은 개인으로서의 특성을 지니면서 동시에 사회적 존재로서의 대표성을 지니는 인물이다. 인물이 전형성을 갖추기 위해서는 첫째로 독특하고 깊은 인상을 줄 수 있는 개인적 특성을 갖추어야 하고, 둘째로 분명한 사회적 위치를 가지고 자신의 계층을 대표해야 한다. 이와 같은 조건을 구비한 전형적 인물은 개인으로서 환경의 영향을 받으며 때로는 그 환경에 대항하여 싸우기도 한다. 환경의 요인에 따라서 인물이 제시되는 방향이 달라지고, 인물이 갖게 되는 사회적 활동 범위도 달라진다. 또 경우에 따라서는 인물에 의해 작품내의 환경이 붕괴되고 변화되는 계기가 마련되기도 한다. 즉, 전형적 인물에 오면 인물과 환경이 밀접하게 통합되는 것이 보통이다.

예컨대 염상섭의 『삼대』는 어느 정도 전형성을 지닌 인물을 창조한 작품으로 알려져 있다. 여기서 '조의관', '조상훈', '조덕기', '김병화' 등의 인물들은 서로 독특한 말투와 미묘한 심리적 동향들을 적절히 내비치면서 자신의 생동감을 풍긴다. 이처럼 살아 있는 인물들이 플롯을 형성하면서 복잡하고 미묘하게 짜여짐으로써 사회의 총체적인 현실을 인식하도록 한다. 즉, 조덕기와 김병화의 관계가 한 여성을 계기로 조덕기와 조상훈의 관계로 발전하고, 나아가 독립운동 등 민족 전체의 문제로 확산되는 것은 바로 이러한 복잡한 플롯과 인물의 관계가 통합되어 우리 사회의 역사적 현실로 총체화되는 것을 보여준다.

영화의 경우, 이창동의 <박하사탕>(1999)에서 주인공인 '김영호'(설경구 분)는 격변의 1980~90년대를 살면서 역사의 소용돌이 속에서 상처를 받아, 순진한 공장 노동자에서 악랄한 형사와 속물적인 사업가로 변모하는 과정을 통해 인물의 전형성을 드러낸다.

그런데 전형적 인물도 각각의 인물이 맺는 환경과의 관계에 따라 여러 가지 양상을 띠게 된다. 먼저, 환경과 대립하지만 환경이 지나치게 악화되어 있고, 인물이 그것에 대처할 능력이 부족하거나 그럴 만한 정황이 되지 못하는 상황에서 나타나는 소극적 인물형이 있다. 이런 인물은 현실에 대면하기는 하지만 환경에 억눌리기 쉽다. 그렇지만 이 인물은 타협하는 인물처럼 쉽게 현실에 안주하거나 도덕적으로 타락하지는 않는다. 채만식의 『탁류』에 나오는 '초봉'이나 정재은의 <고양이를 부탁해>(2001)의 '태희'(배두나 분)와 같은 인물들이 이런 유형에 속한다.

반면에 적극적으로 환경에 대립하여 싸우는 인물도 있다. 이런 인물은 자신의 운명을 스스로 개척하려는 의지적 인간의 표상이다. 개인으로서는 한계를 가지는 인간이지만 그가 환경에 대립하여 투쟁하는 것은 스스로의 개인적 능력에 의해서가 아니라 사회의 힘이 그렇게 발전할 수 있도록 계기를 마련한다는 점에서 적극적이다. 그렇지만 이 인물은 초월적인 인물처럼 타고난 능력이나 근거 없는 역사적 힘을 바탕으로 하지 않는다. 단지 분명한 계기가 설정된 바탕에서 사회의 발전을 추구하는 힘이 주어지며 올바른 이념과 의지력으로 행동한다. 그리고 적극적 인물은 흔히 역사의 발전적 전망과 계기를 파악할 수 있는 시대적 여건에서 창조되는 것이 일반적이다. 이기영의 『고향』에서 주인공 '김희준'이나 이재구의 <닫힌 교문을 열며>(1992)에서 '송대진'(정진영 분)과 같은 인물이 여기에 해당된다.

하지만 적극적 인물만이 환경과 인간의 모순되고 대립되는 현실을 효과적으로 드러낼 수 있는 것은 아니다. 그것은 환경의 상황적 성질과 인간의 사회적 의식의 여부에 따라서 달라지는데, 소극적 인물로도 얼마든지 현실의 본질을 드러내고 비판할 수가 있기 때문이다. 단지 소극적 인물이 비교적 플롯에 종속당하는 인물이라면, 적극적 인물은 플롯을 이끌어가는 인물이다. 소극적 인물은 운명과 환경을 능가하는 의지를 갖추지 못했기에 인물과 환경의 대립이 개인의 의지를 통한 직접적인 것이 아니라 운명의 흐름에 의존하는 간접적인 환기의 방식으로 나타난다. 반면 적극적 인물은 의지와 능력을 가지고 환경과 대립함으로써 사회적 발전을 이룬다.

▼ 인물 제시 방법

서사에서 인물을 제시하는 방법에는 직접서술, 간접제시, 유비(類比) 등이 있다(Rimmon-Kenan, 최상규 역, 2003 : 109~126).[27] 직접서술은 주석, 일반화, 개념화 등을 사용하여 서술자가 직접 인물을 설명하는 방식이며, 간접제시는 인물의 행동, 발화, 외양, 분위기 등을 통해 간접적으로 인물을 드러내는 방식이다. 또한 유비는 이름, 풍경, 인물들 간의 유사성과 대조 등으로 인물의 형상성을 보충하는 방식이다. 직접서술이 서술자에 의존한다는 점에서 해설적 방법이라면 간접제시는 인물의 행동이나 발화를 통해 드러낸다는 점에서 극적 방법에 가깝다. 그리고 유비는 인물에 은유적인 분위기와 암시를 보태는 방법이라 할 수 있다. 일반적으로 설화에서 고소설을 거쳐 근대소설에 이르기까지의 역사는 직접서술에 의존하는 방식에서 간접제시를 선호하는 쪽으로 변화되어 왔다. 그리고 최근에는 간접제시가 극적 방법과 흡사한 영상을 통해 인물이 제시되는 영화에 이르게 되었다.

영화에서 직접서술은 흔히 서술자의 '화면 밖 목소리(voice over)'로 이뤄지는 경우가 많다. 예컨대 장 피에르 주네 감독의 <아멜리에(Amelie)>(2001)에서는 전지적인 서술자가 주인공인 '아멜리에'(오드리 토투 분)의 출생과 성

---

27) 리몬−캐넌은 인물 구성의 방법을 'direct definition', 'indirect presentation', 'analogy'로 나눠 설명하면서, 이는 1971년에 발표한 이웬(J. Ewen)의 "The theory of character in narrative fiction"(히브리어, Hasifrut, 3, 1~30)을 참고하였음을 밝히고 있다.

장 과정을 비롯하여 여러 등장인물들의 성격과 내면까지 모두 알고 있어서 화면 밖 목소리로써 직접적으로 우리에게 인물들에 대해서 설명해 준다. 또한 샘 멘데스 감독의 <아메리칸 뷰티(American Beauty)>(1999)에서는 이야기 속 등장인물이 서술자가 되어 영화 도입부에서 화면 밖 목소리를 통해 등장인물들의 성격적 특성을 직접 소개하고 있다.

인물을 직접적으로 설명해 주는 직접서술은 간결하고 정확하게 인물에 대한 이해를 제공한다는 점에서 효과적인 방법이라 할 수 있지만 수용자의 적극적인 참여를 유도하려는 오늘날의 경향에 따라 현대소설이나 영화에서는 제한적으로 사용되는 방식이다.

한편, 간접제시는 극적인 인물 제시방식을 취하는 영화에서는 필수적인 방식이다. 우리는 영화에 등장하는 여러 인물들의 대사, 행동, 외양과 그들이 보이는 화면상의 크기와 각도 등을 통해 그 인물의 성격을 추정한다.[28]

인물의 행동을 세밀하게 묘사함으로써 해당 인물의 성격을 간접적으로 제시해 준 좋은 사례로 미국 영화 <이보다 더 좋을 순 없다>(1997)를 들 수 있다. 이 영화의 주인공인 '멜빈 유달'(잭 니콜슨 분)은 결벽증과 편집증이 심한 작가로 매우 특이한 성격을 지니고 있다. 이 영화에서는 등장인물의 여러 가지 특이한 행동들을 자세하게 보여주어 관객들이 인물에 대해 이해하도록 하고 있다.

이 밖에 인물들의 발화, 즉 대화나 독백에서 그 인물의 생각과 성격을 가늠할 수도 있다. 특히 직접적인 음성으로 전달되는 영화 속 인물의 발화는 말의 성량, 고저, 장단을 비롯하여 말투나 음색을 실제로 관객들이 들을 수 있다는 점에서 소설에 비해 인물에 대한 정보를 더욱 확실하게 전달해 준다. 물론 소설에서도 큰따옴표 안에 인물의 발언을 직접적으로 인용할

---

28) 인물들의 말과 행동, 그리고 그들의 겉모습을 보면서 인물을 평가하는 것은 우리의 실제 경험을 통해 익히 알고 있는 방식이다. 따라서 소설과 영화를 수용할 때도 그리 어렵지 않게 적용할 수 있다. 다만 인물의 성격을 표현하는 풍부한 어휘를 동원할 수 있으며 수용자들 사이의 토의의 과정을 유도하는 것이 중요할 것이다.

수는 있지만 영화와 같은 음성적 정보를 실제적으로 제공하지 못하기 때문
에 인물의 호흡을 통해 나오는 목소리의 울림에서 느낄 수 있는 미세한 감
정을 전달할 수 없다.

이와 함께 어떤 인물의 생김새나 차림새가 그 인물의 특성을 나타내 준
다는 점에서 이 부분도 인물을 파악하기 위해서 눈여겨봐야 할 대목이라
할 수 있다. 이는 우리들이 실제 생활에서도 어떤 인물을 볼 때 그의 외모
와 꾸밈새만으로 그 인물의 인상을 결정하는 바와 같다. 그런데 최근에 와
서는 이와 같이 우리가 관습적으로 받아들였던 외양의 미추(美醜)로 결정한
인물의 성격이 오히려 전도(顚倒)되는 경우도 종종 발생한다. 특히 인물보다
는 이야기의 밀도 있는 전개를 중시하는 영화나 소설에서는 인물의 외양이
인물의 성격을 구성하는 요소가 되지 못하도록 하기도 한다.

유비를 통한 인물 제시는 고소설에서 쉽게 찾아볼 수 있다. 『조웅전』의
'조웅(趙雄)'은 영웅적 인물을, 『춘향전』의 '춘향(春香)'은 아름다운 인물을,
『심청전』의 '심청(沈淸)'은 마음이 착한 인물을 암시해 준다. 이에 비해 근
대소설은 일반적으로 상투적인 유비를 피하는 경향이 있지만, 최인훈의 「회
색인」에서 고독한 인물 '독고준'이나 이문열의 「우리들의 일그러진 영웅」
에서 강하고 위협적인 '엄석대'와 같이 간혹 나타나기도 한다. 유비를 통
한 인물 제시는 소설뿐만 아니라 영화에서도 활용되는 방식이다. 소설에서
명시되지 않는 인물의 이름이라도 영화에서는 구체적인 인물로 등장시켜
야 하기 때문에 이름을 부여하는 경우가 많은데, 이런 점에서 소설보다 영
화에서 이름의 유비가 더욱 흔하게 활용된다고도 볼 수 있다. 수많은 예가
있지만 그 가운데 피터 위어 감독의 <트루먼 쇼>(1998)에서는 LA 외곽의
거대한 스튜디오 안에서 태어나서 30세가 될 때까지 모든 삶이 시청자들에
게 보여주기 위해 꾸며진 쇼 프로그램의 주인공의 이름이 '트루먼'(truman,
짐 캐리 분)으로 되어있다. 즉, 이 주인공만이 진짜 인물(true man)이며 그 속
에 나오는 나머지 모든 사람은 설정된 인물이라는 것을 암시한다. 그리고

이 쇼 프로그램을 기획하고 연출한 인물의 이름은 '크리스토프'(Christophe, 에드 해리스 분)이다. 그의 이름 역시 그가 등장인물들의 운명을 결정하는 크리스트(Christ)와 같은 신적 존재임을 나타낸다.

서사 텍스트에서 작중인물이 활동하는 시공간적 배경 중 인물이 살고 있는 마을, 주거지와 같은 물리적 환경과 가족, 계층, 직업과 같은 사회적 환경이 그 인물의 성격을 드러내주는 유비로 활용될 수도 있다. 예컨대 정재은 감독의 <고양이를 부탁해>(2001)는 여자상업고등학교를 갓 졸업한 다섯 명의 젊은이가 사회에 적응하기 위해 고군분투하는 과정을 잘 묘사한 영화인데, 이 작품에서 주요인물들이 처한 환경이 암암리에 인물의 성격과 주제를 드러내주고 있다. '지영'은 부모 없이 조부모와 어렵게 살지만 그들이 사망하면서 혈육과 집을 모두 잃게 된다. '해주'는 이혼한 부모 때문에 언니와 같이 살았지만 그녀마저도 떠나고 만다. 쌍둥이 자매인 '비류'와 '온조'의 경우는 부모가 외국에 있으며 혼혈인 것처럼 묘사된다. '태희'는 가부장적인 가정에서 가족 간의 따뜻한 교류를 상실한 채 고립되어 살아간다. 이처럼 이들은 보호받지 못하고 척박하고 왜곡된 환경에 내몰리게 되어 생존을 위해 몸부림칠 수밖에 없는 조건을 지니고 있었다. 이러한 환경이 가진 의미 역시 각자 나름대로의 생존방식을 택하게 되는 이들 인물의 성격과 행위를 이해하는 데 중요한 지표가 될 수 있다.

영화에서는 인물의 성격을 알려주는 여러 가지 영상적 기법이 있다. 카메라 각도, 필터, 렌즈, 움직임, 촬영 속도, 화면 구성 및 편집, 조명 등의 영상적 기법들을 활용하여 인물의 성격과 분위기를 간접적으로 드러내 주는 것이다.

현대소설로 올수록 인물의 심리 묘사가 중요하게 다뤄지는데, 탁월한 심리 묘사는 인물의 행동이나 사건에 깊이를 부여하고 인물을 입체적으로 만들어 주기 때문이다. 영화에서도 그 나름의 방식으로 이러한 심리 묘사를 할 수 있다. 화면 밖의 목소리로 직접 설명하기도 하고, 인물의 표정과 연기, 혹은 환상이나 추억 장면, 주위 풍경, 소품, 음향 등을 통해서 인물 내면의 심리를 간접적으로 드러낼 수 있다. 하지만 영화는 소설처럼 그렇게 풍부하고 자세하게 인물의 심리 상태를 표현해 낼 수는 없다. 뿐만 아니라 영화는 인물의 모습을 너무 구체화함으로써 인물에 대한 수용자의 상상력을 제한하는 측면도 있다.

▼ 소설의 영상화 과정에서 발생하는 인물상의 변화

소설을 영화로 각색할 때 등장인물들의 수가 달라지고, 사라진 인물과 새로 등장하는 인물이 있으며, 기존 인물의 중요성이 달라지는 등의 변용이 일어난다. 일반적으로 소설에 비해 영화에서 새롭게 등장하는 인물이 많아진다. 이는 영화가 현실을 실제처럼 재현해야 하는 점과 다양한 사건과 일화를 통해 볼거리를 많이 제시해야 흥미를 끌 수 있다는 점에서 비롯된 것이다.

우리는 영화를 볼 때 주로 등장인물들이 말하고 행동하는 것을 본다. 이들이 하는 말과 행동을 직접 보고 들으면서 인물의 성격과 역할, 인물들 간의 관계를 파악하게 된다. 그런데 이와 같은 인물에 대한 파악과 분석은 즉각적으로 일어날 수도 있고, 영화가 진행되면서 순차적으로 일어나기도 한다. 또한 시청자의 체험과 배경지식에 따라서 이해의 수준이 달라질 수도 있다.

▼ 영화에서 인물의 전형성과 이항대립적인 인물 구도

영화 텍스트에 등장하는 인물들은 고정적이고 전형적인 경우가 많다. 이것은 영화에 등장하는 인물들을 프로프(V. Propp)가 제시한 인물의 역할 유형에 적용해 보면 그것과 유사하게 나타나는 것을 볼 수 있는 데서도 알수 있다.[29) 또한 영화 텍스트 속의 인물 중에는 동시대의 인간 유형을 대표하는 전형성을 띠고 있는 인물도 있다. 따라서 이야기 속에서 각 인물들의 역할을 파악하고, 이들 사이의 관계를 살피면서 그 인물들이 당대의 어떤 인물을 대표하고 있는지를 함께 생각해 보는 것은 인물을 통해 영화의 주제를 알 수 있는 효과적인 방법이다.

우리는 한 영화 속에서 주요 인물로 남과 여, 선인과 악인, 적과 동지가 등장하거나, 배경이 도시와 시골, 산과 바다, 과거와 현재 등 이항대립으로 설정되어 있는 것을 흔히 보게 된다. 이처럼 영화 텍스트의 인물이나 배경은 대조적으로 제시되는 경우가 많은데, 이것은 이야기의 극적 긴장감을 유지하게 하고 인물들의 성격이나 배경 설정의 의미를 극명하게 드러내는 구실을 한다. 사실, 인간이 세계를 이해하는 방법 중에 하나는 모든 것을 상호 배타적인 범주로 나누어 보는 것이다. 이처럼 이항대립으로 영화 텍스트의 인물과 배경을 분석해 보면 그 속에 담겨진 의미를 쉽게 해석해 낼 수 있다.

▼ 영화에서 배우, 연기, 분장, 의상의 중요성

영화 속의 인물을 우리가 직접 볼 수 있는 것은 배우들이 영화 이야기의 인물들이 되어 연기하기 때문이다. 특히 연극과 달리 영화에서는 배우의 표정을 통하여 관객에게 매우 섬세한 감정까지 전달할 수 있다. 간혹 어떤 이들은 배우를 대수롭지 않은 하나의 전달 매체 정도로 생각하는 경우도 있지만, 배우 하나만을 보고 영화를 선택하는 사람도 있고, 인물에 대한 배우들의 해석과 연기에 따라 영화의 완성도가 달라진다고 보면, 이 역시 중요한 요소가 아닐 수 없다. 그러므로 영화를 볼 때는 배우의 선정과 그의 연기에 관해서 살펴볼 필요가 있다. 한 편의 서사물 속에 등장하는 인물의

---

29) 프로프는 러시아 민담을 가지고 모든 이야기에 공유하고 있는 구조적 특징을 연구하면서 등장인물의 범위를 일곱 가지 역할(악당, 제공자, 조력자, 공주와 그의 아버지, 전령, 주인공, 가짜 주인공)로 간추렸다. 여기에 우리가 잘 알고 있는 <스타워즈>, <장군의 아들>, <배트맨>, <도망자>, <인디아나 존스> 같은 영화의 등장인물을 대입해 보면 유사하게 적용되는 것을 확인할 수 있다.

성격을 완벽하게 실현할 수 있는 배우를 선정하는 일, 그리고 그의 연기를 통해 인물이 제대로 형상화하도록 하는 일은 영화의 완성도에 중요한 요소가 되기 때문이다. 이러한 점을 일찍부터 간파한 영화 제작자들은 이를 상업적으로 극대화시켜서 이른바 '스타 시스템(star system)'이라는 것을 만들 정도로 유명 배우들을 통해 인물의 이미지를 조작하고 그 효과를 극대화하는 데 주력해 왔다.

이와 함께 영화 이야기 속의 인물을 잘 표현하기 위해, 영화에서는 적절한 분장과 의상을 통해 인물의 성격을 효과적으로 드러낼 수 있도록 조치하고 있다. 이들 분장과 의상을 인물과 관련시켜 해석하는 것도 영화를 감상하는 방법 가운데 하나이다.

이상의 지식을 바탕으로 교수·학습 상황에서 실제 소설과 영화 텍스트를 대상으로 수행할 만한 내용 요소와 학습 활동을 구체적으로 제시하면 다음과 같다.

- **주요 인물의 성격 파악**
  - 소설 텍스트를 읽으며 인물의 성격을 알 수 있는 부분을 찾아본다. 그리고 영화에서 그 인물의 성격을 어떻게 표현하고 있는지 살펴본다.
  - 소설 텍스트 속에서 인물의 외모를 묘사하고 있는 대목을 찾아본다. 그리고 영화에서 그 인물의 외모가 잘 나타나고 있는지 평가한다.
  - 작품에 등장하는 인물의 성격과 역할을 그의 말투와 어조, 특유한 몸짓이나 의상과 관련지어 설명한다.
  - 소설을 읽으면서 인물에 대해 미처 몰랐던 부분을 영화를 보면서 새롭게 깨달은 것이 있다면 무엇인지 말한다.
  - 자신이 소설의 인물에 대해 상상했던 장면과 영화에서 보여주는 인물의 차이는 무엇인지 말한다.
- **인물 간의 관계 파악**
  - 작품에 등장하는 인물들의 관계도(關係圖)를 작성하고, 이들 사이의 관계를 파악한다.

－작품에 대조적으로 제시된 두 인물을 찾아 그들의 외모, 환경, 직업, 성격 등에서 보이는 대립 구조를 밝히고, 이렇게 대조적으로 제시한 이유를 파악한다.

• 인물이 시대 상황에 대응하는 방식 파악

－작품 속의 인물을 개인적 인물로 보지 않고 당대를 대표하는 인물로 파악한다면, 그 인물이 나타내는 사회적 의미(이데올로기)는 무엇인지 파악한다.

• 인물의 형상화 방법 이해

－소설을 읽으면서 상상했던 인물들의 외모, 버릇, 어조나 말투 등을 영화를 감상하면서 확인하여 비교해 보고, 배우들의 선정과 연기에 대해 평가한다.

－영화 텍스트에서 배우의 분장과 의상에 대해 평가한다.

• 소설의 영상화 과정에서 보이는 인물의 변화 양상과 그 의미 파악

－소설과 영화의 인물 비교표를 작성한다.[30]

－소설에는 없지만 영화에서 보이는 인물을 찾아보고, 그 인물을 새롭게 설정한 이유를 밝힌다.

－위와 반대로 소설에는 있는 인물이 영화에는 나타나지 않는 인물은 누군가 찾아보고, 그 이유를 밝힌다.

－영화의 인물 묘사 중에서 원작 소설과 달라진 부분을 찾고 그 의미를 파악한다.

－소설에서 인물의 성격이 변화했다면 영화에서도 그것이 잘 표현되었는지 평가한다.

② 시공간

이 책에서 서사 텍스트의 이야기 구성 요소 중 '시공간'과 관련된 핵심적 지식으로 선정한 세부 내용 요소들은 다음과 같다.

---

30) 인물 비교표의 가로항은 소설과 영화로 두고, 세로항은 각 텍스트에 나오는 인물들을 열거하여 성격과 역할을 위주로 간단히 기입하도록 한다. 이 표를 통해 소설과 영화에 각각 달리 등장하는 인물을 확인할 수 있고, 성격과 역할상의 변화도 찾아볼 수 있다.

공간의 개념과 기능과 유형, 공간 이동의 의미, 시간의 개념과 기능, 이야
기 시간과 담론 시간, 순서(회상과 예시) / 빈도 / 지속(요약 서술, 장면 제시,
생략, 연장, 휴지), 영화의 무시간적 공간화 기법, 소설의 시공간 형상화의
탁월성, 서술자의 시공간, 영화의 시공간 제시의 특징, 화면 구성과 관련된
공간의 고찰, 영화의 장소 이동 분석, 영화의 시공간 형상화의 특징

그럼, 이들 세부 내용 요소들에 관한 개념과 원리들을 자세히 서술해 보
도록 하자.

▼ 공간의 개념과 기능과 유형

서사 텍스트에서 시간과 공간은 결합되어 있으나 텍스트의 분석과 감상
을 위하여 따로 고찰할 수 있다. 먼저, 공간은 작품 속의 인물이 있는 곳,
인물이 행동하고 관찰하고 회상하고 상상하는 대상과 그 대상이 있는 곳,
인물을 둘러싸고 있는 사회적, 자연적 환경, 작품에 그려진 세계이다(이대
규, 1998 : 63). 소설이나 영화에서 공간은 사건이 일어나는 배경이 되며, 인
물의 환경, 즉 외면적인 삶의 모습이나 현실적인 상황을 암시하기도 한다.
구체적이고 자세하게 묘사된 공간은 인물을 생동감 있게 만들고, 사건의
필연성을 증대시켜 이야기를 유기적인 의미구조로 만들어 주는 요소이다.
따라서 서사 텍스트를 감상할 때에는 공간이 인물과 사건에 미치는 영향을
파악하는 것이 중요하다.

공간은 바다, 육지, 강, 산, 사막과 같은 자연적 공간과 도시, 마을, 건물,
방과 같은 인공적 공간으로 나눌 수 있다. 자연적 공간은 인간에게 거칠고
냉혹한 곳 혹은 인간을 보호하고 은혜를 주는 곳을 의미하기도 한다. 또
공간은 작품 속의 인물이 물리적으로 존재하는 현실 공간이나 인물이 마음
속으로 생각하는 의식 공간으로 구별할 수 있다. 의식 공간에는 인물이 과
거에 있던 회상 공간과 인물이 현실로부터 벗어나서 가고 싶은 상상 공간
이 있는데, 상상적 공간은 인물의 새롭고 행복한 생활에 대한 희망을 암시

하기도 하고, 반대로 절망적인 미래를 제시하기도 한다. 또한 공간은 현실 세계와 같은 것으로 여겨지는 사실적 공간과 초자연적인 비사실적 공간으로 나눌 수도 있다. 초자연적 공간은 두려운 곳일 수도 있고, 신비로운 곳일 수도 있다. 이 밖에 공간을 일상적인 삶이 반복되는 닫힌 공간과 현재의 삶에 변화를 가져오는 열린 공간으로 구분할 수도 있다. 닫힌 공간은 인물에게 아늑하고 익숙한 곳일 수도 있고, 답답하고 권태로운 곳일 수도 있다. 열린 공간 역시 현재의 바람직하지 못한 삶을 개선할 수 있는 곳으로 여겨질 수도 있고, 어쩔 수 없이 가야 할 불안한 곳일 수도 있다.

공상과학(SF) 소설이나 영화의 경우 특히 시공간적인 배경이 갖는 의미가 크다. 허구적이며 미래적인 시간과 공간을 배경으로 하는 공상과학 소설과 영화는 일반적으로 인공적인 공간과 상상적인 공간, 비사실적이며 열린 공간의 형식을 취하여, 희망적인 미래사회를 미리 현시하여 즐겁고 행복한 꿈을 꾸게 하기도 하고, 반대로 문명 세계의 폐해로 말미암아 괴롭고 절망적인 미래를 보여줌으로써 경각심을 일깨우기도 한다.

▼ 공간 이동의 의미

공간의 이동은 공간이 바뀌는 것이다. 사건의 진행은 공간적 이동과 시간적 경과를 포함한다. 공간의 이동은 사건의 전환을 나타내고, 시간의 흐름이나 반복을 인식하게 하고, 시간을 새롭게 지각하게 한다. 공간의 이동이 인물의 내면적 움직임을 암시하기도 한다.

▼ 시간의 개념과 기능

시간은 추상적인 개념이므로 자연의 변화나 물체의 움직임으로 시간의 흐름을 대신 인식할 수 있다. 문학 작품에 나타나는 시간은 하루 중의 때, 계절, 역사적 시대를 말한다. 시간은 단순히 사건이 일어나는 물리적 시간일 수도 있으나, 또 다른 의미를 암시할 수도 있다. 예컨대 아침이 낙관적인 상황의 변화를, 황혼이 비관적인 상황을 암시할 수도 있다.

▼ 이야기 시간과 담론 시간

서사물에서 시간은 표현 수단(언어)의 구성 요소가 되는 동시에 표현된 대상(이야기의 사건들)의 구성 요소도 된다(Rimmon-Kenan, 최상규 역, 2003 : 83). 다시 말해 이야기의 사건도 시간과 함께 진행되고, 이를 표현하는 담론도 시간과 함께 진행된다. 이렇게 서사물의 시간은 이야기 시간(story-time)과 담론 시간(discourse-time)으로 구분할 수 있다. 이러한 시간 구조의 이중성으로 인해 서사물이 담고 있는 이야기 내용이 선택되고 배열된다. 즉, 서사물에 담으려는 내용 가운데 전망(perspective)에 의해 선택되고 배열된 내용만으로 서사물의 플롯을 형성하게 되는 것이다.[31)]

서사물인 소설과 영화는 시간의 이중성이라는 공통적 특질을 공유하지만 이 두 매체가 상호 교류될 경우에는 시간의 변화가 불가피하다. 왜냐하면 영화는 소설처럼 서술 시간을 자유롭게 조작할 수 없기 때문이다.

▼ 순서, 빈도, 지속

이야기 시간과 담론의 시간에 주목하여 제라르 주네트(권택영 역, 1992)는 순서(ordre), 빈도(fréquence), 지속(durée)의 측면에서 서사물을 분석하였는데, 먼저, 이야기 '순서'의 재배열에는 회상(소급제시, analepse)과 예시(사전제시, prolepse)가 있다. 회상은 과거의 이야기로 되돌아가는 것이고, 예시는 앞으

---

31) 단순한 연대기적 나열에는 플롯의 기획이 존재하지 않는다. 플롯 기획자의 관점은 인물과 환경, 그리고 사건들을 선택하여 특정한 이야기(플롯)로 배열시킨다. 따라서 플롯의 역동성과 인과율은 그 기획자의 관점(세계관)에서 생겨나며 이야기 내부에서는 선택과 배열의 원리로 작동한다. 플롯의 기획자인 작가의 세계관이 작품 내적으로 선택과 배열의 원리로 나타난 것을 '전망'이라고 부른다. 즉, 전망은 현실 내용을 이야기로 형식화하는 원리인 동시에 형식 자체의 질서 원리이다. 그러므로 전망은 현실을 이야기로 반영하는 작가의 세계관의 작용이면서 작품 내적으로는 선택과 구성의 형식적 원리인 것이다(나병철, 1998 : 201~205).

로 일어날 이야기를 미리 제시하는 재배열 기법이다.

다음으로 '빈도'는 유사하거나 동일한 사건이나 상황이 반복되는 것을 말한다.

그리고 '지속'은 이야기 시간과 서술 시간의 길이 및 비율의 불일치(혹은 일치)에 근거한 것이다. 지속의 대표적인 기법으로는 긴 이야기 시간이 짧은 담론 시간으로 축약되는 '요약 서술'과 두 시간이 거의 일치하는 '장면 제시'가 있다. 소설에서는 인물들 사이의 대화를 직접 인용할 경우가 이에 해당되며, 영화에서는 화면상에서 보여주는 쇼트들 각각이 장면 제시라 할 수 있다. 하지만 영화의 경우 전체 이야기 시간은 몇 년 혹은 몇 개월에 걸쳐 일어난 사건들 가운데서 선택되고 배열된 사건들만 보여주는 것이므로 쇼트와 쇼트 사이에는 생략된 이야기 시간이 많다. 그런데 실제 이야기 시간과 담론 시간과 텍스트 서술인 상영 시간(running time)이 일치하는 영화가 있기도 하다.[32] 요약 서술은 서술자의 개입을 느끼게 하며, 장면 제시는 이야기를 직접 보는 듯한 환영을 형성한다. 이 밖에 '생략'은 이야기에서 시간은 계속해서 지나가지만 담론 시간이 멈추는 것으로 제한된 상영 시간 안에 긴 시간에 걸친 이야기를 보여줄 수 없는 영화에서 특히 많이 나타난다. '연장'은 요약과 반대로 담론 시간이 이야기 시간보다 길어지게 되는 것으로 소설에서 순간적인 인물의 내면 심리를 길게 묘사할 때나 영화에서 느린 동작(slow motion), 반복적 편집 등이 이에 해당된다. 제임스 조이스(J. Joyce)의 『율리시즈(Ulysses)』는 하루 동안의 일을 내용으로 하고 있지만 그 두꺼운 소설책을 읽는데 걸리는 시간은 그보다 더 길며, 에이젠슈테인(S. Eisenstein)의 영화 <10월(October)>(1928)에서 교각을 끌어올리는 장면은 실제로 걸리는 시간 이상으로 길게 연장해서 보여준다. '휴지(休止)'는

---

32) 프레드 진네만 감독의 <하이 눈(High noon)>(1952)은 조그만 시골 마을을 지키는 보안관이 악당들과 결투하기로 한 정오(正午)까지 초조하게 기다리면서 겪는 일을 내용으로 하고 있다. 이 영화는 이야기 시간과 실제 영화 상영 시간이 똑같이 85분인 것으로 유명하다.

이야기 시간은 멈춘 채 담론 시간이 계속되는 것으로 소설에서는 어떤 대
상을 상세히 묘사할 때 나타나며, 영화에서는 영사기는 돌아가지만 필름은
계속 똑같은 영상만 보여주는 이른바 정지 화면(freeze frame)이 여기에 해당
된다.

▼ 영화의 무시간적 공간화 기법

시공간 매체인 소설과 영화는 현실의 시공간을 다양하게 반영할 수 있
다. 소설과 영화 등의 인식적 예술에서는 통시적 인과율을 지닌 플롯과 객
관적 시공간 경험이 형상화된다. 시공간적 매체를 활용하는 예술인 소설과
영화는 인식적(객관적) 시공간 경험을 전달한다. 특히 시공간 예술이면서 시
간과 공간의 경계가 유동적인 영화는 시간의 공간화가 용이하므로 인식적
예술이면서도 무시간적 공간화(병치, 동시성) 기법을 자주 사용한다.

▼ 소설의 시공간 형상화의 탁월성

우리는 소설 텍스트에 배열된 언어들을 시간의 흐름에 따라 시각을 이
용해 읽어간다. 그러나 언어를 사용하는 소설은 상상력을 통해 무한한 시
공간적 경험을 제공할 수 있다. 소설은 물리적 차원에서는 영화와 달리 선
조적인 시간에 얽매여 있다. 그러나 상상적인 차원에서는 내면적 시공간을
형상화할 수 있다는 점에서 오히려 영화보다 풍부한 시공간적 경험을 전달
하게 된다. 소설이 영화와 함께 대표적인 인식적 예술인 것은 이 때문이다.
영화처럼 자유롭진 못하지만 소설이 시간의 공간화 같은 영화기법을 수용
할 수 있는 것도 같은 이유에서다.

▼ 서술자의 시공간

소설에서는 이야기 시공간 이외에 이야기를 해주는 서술자의 시공간을
생각해 볼 수 있다. 그런데 이 서술자의 '공간'은 좀처럼 가시화되지 않는

다. 액자소설이나 서술자가 이야기에 등장하는 경우에만 가시화될 뿐이다. 반면 서술자의 '시간'은 서술자가 언어를 구사하는 시간(담론 시간)으로 물리적으로 분명하게 지각될 수 있다. 또 그것은 텍스트에 배열된 언어를 읽는 데 걸리는 시간(텍스트 시간)과도 대개 일치한다. 물론 소설의 텍스트 시간은 영화의 상영 시간처럼 일정하지 않지만 상상적으로 경험되는 이야기 시간과는 달리 물리적으로 지각될 수는 있다. 하지만 그와 유사한 길이를 지닌 서술자의 담론 시간은 상상적인 차원에 존재한다. 그래서 우리는 서술자가 이야기를 서술하는 시간을 뚜렷이 인지하지 못하며 단지 물리적으로 드러나는 텍스트 시간을 통해서 그 시간을 의식할 뿐이다. 그럼에도 불구하고 서술자의 담론 시간은 인물들의 이야기 시간을 전달하는 중개 영역으로 중요성을 지닌다.

인간의 삶의 양상과 인식구조가 변화함에 따라 이야기 시공간 역시 달라진다. 그리고 이렇게 역사적 변화에 따라 달라지는 이야기 시공간은 그것을 근거로 한 인물, 환경, 플롯의 양상을 규정한다. 한편, 서술자의 시공간 역시 장르의 변화에 따라 달라진다. 예컨대 설화의 서술자는 현존하는 시공간을 지닌 반면, 소설의 서술자는 상상적 시공간 속으로 숨어든다. 또 영화의 서술자는 현존하는 시공간을 지니지만 드러나지 않는다. 그 밖에 장르를 결정하는 보다 근본적인 요인은 서술자의 시공간과 이야기 시공간의 관계 양상이다. 이 둘의 관계 양상은 서사 담론인 시점과 서술의 양상을 규정한다.33)

---

33) 이야기 시공간과 서술자의 시공간, 혹은 그 관계의 변화에 따라 서사적 장르의 변화를 설명한 사람은 바흐친(M. Bakhtin)이다. 바흐친은 서사문학의 시공간(chronotope)이 본질적으로 장르를 규정하고 인간 형상을 좌우한다고 논의한다(Bakhtin, 전승희 외 역, 1988 : 261). 역사적 흐름에 따라 서사문학의 시공간이 어떻게 변화되어 왔는지, 리얼리즘, 모더니즘, 포스트모더니즘에 나타난 시공간적 특성이 무엇인지에 대해서는 일반적인 서사교육의 내용 수준을 넘어서는 전문적인 문학연구의 영역에서 다룰 내용 수준이라고 판단하여 이 책에서는 다루지 않았다. 이에 대한 자세한 내용은 나병철(1998 : 71~97)을 참고하면 되겠다.

▼ 영화의 시공간 제시의 특징

영화는 특성상 매순간 제시하는 화면에서 구체적인 시공간을 함의하게 된다. 이런 점에서 시공간 제시와 묘사에 있어 소설에 비해 큰 이점을 가진다. 길게 기술된 소설 속 시공간의 묘사를 단 몇 초의 짧은 화면으로 확실하게 표현할 수 있기 때문이다. 특히 영화에서 공간은 창작자의 개성과 의도에 따라서 여러 가지 형태로 설정되고 그에 따라 다양한 의미를 생성하게 되므로 영화를 수용하는 관객은 제시된 화면 속 공간이 자아내는 분위기와 메시지를 읽어낼 수 있어야 한다.

시간과 관련하여 앞서 언급한 것처럼 묘사의 경우 이야기 시간은 정지해 있는 반면 담론의 시간은 흘러가고 있다. 이것을 묘사적 휴지(休止)라고 하는데, 영화에서는 '정지영상'이 이에 해당된다. 그리고 상황을 암시하거나 배경을 알려주는 짧은 화면인 삽입화면(insert shot)의 경우도 묘사적 휴지의 기능을 수행한다고 볼 수 있다(서정남, 2004 : 263).

▼ 화면 구성과 관련된 공간의 고찰

스크린 위에 비추인 평면적 영상이 삼차원적 공간 감각을 얻기 위해서 영화는 인물의 행위를 비롯하여 대상의 움직임과 배치, 균형, 명암의 대비 등을 고려하여 화면 구성(mise-en-scene)을 하게 된다. 그러므로 우리는 화면에서 재현되는 대상과 공간의 관계를 살펴보면 그 장면을 통해 드러내려고 한 인물과 사건의 상황과 분위기를 읽을 수 있게 된다. 이를 위해서는 먼저, 제시된 화면의 시야 심도를 고려해보는 것이 중요하다. 전경, 중경, 후경 모두가 정초점으로 포착되는 전심초점(deep focus)인지 아닌지를 살피고, 만약 전심초점이 아니라면 어떤 물체에 의해 소실점이나 심도가 가려진 것인지를 알아본다. 그리고 선택초점이나 편심초점을 활용하여 제시되는 공간의 전모를 다 드러내지 않는 면이 있는지 여부도 판단한다. 이처럼 화면 구성과 관련하여 공간의 깊이감이나 부피감을 살핌으로써 관객들은 공간 감각을 형성하여 쇼트 내부에서의 인물과 카메라의 움직임을 읽고, 그 기능과 효과를 파악할 수 있게 된다.

▼ 영화의 장소 이동 분석

영화에서도 배경이 되는 장소의 이동을 면밀히 분석해 본다면, 그것이 작품의 구성과 유기적인 관계를 맺으며 주제와 맥이 닿아 있음을 확인할 수 있다.

현실의 움직임은 연속적이지만 스크린 상에 비추는 영상의 움직임은 정사진(靜寫眞)을 단속적으로 계속해서 보여줌으로써 얻어진다.[34] 이런 면에서 영화의 동영상은 인공적이며, 현실 세계에서는 불가능한 여러 가지 방법으로 시간과 공간을 조정할 수 있다. 즉, 느리거나 빠른 촬영 혹은 재생의 방법으로 영화는 새로운 세계를 창조한다. 우리는 자라는 식물을 육안으로는 확인할 수 없기에 시간의 문제로만 생각하게 되지만 카메라의 조작을 통해 공간적으로도 움직이는 것을 보여줄 수 있다. 이와 반대로 실제로는 총에서 발사된 총알이 너무 빠른 속도로 이동하므로 공간의 문제로만 생각하기 쉽지만 카메라 조작을 통해 천천히 움직이는 것을 보여줌으로써 시간성을 환기시킬 수 있다. 이처럼 영화는 카메라의 조작을 통해 시간과 공간이 모두 같은 연속체의 차원이라는 것을 깨닫게 해줄 수 있다(Stephenson & Debrix, 송도익 역, 1987 : 135~136).

▼ 영화의 시공간 형상화의 특징

영화가 우리에게 보여주는 공간은 필연적으로 시간을 표현한다. 또한 공간은 시간적으로 배열될 수밖에 없으며 시간이라는 형식으로 맞춰져야 한다. 시간적 양식의 융통성 때문에 우리는 공간에서처럼 시간을 움직일 수 있다. 이와 같이 영화는 물리적인 현실의 시간과 공간을 자유롭게 변화시

---

34) 일반적으로 영화는 1초에 24장의 정사진을 연속적으로 비추어짐으로써 동영상을 얻게 된다.

킬 수 있기 때문에 소설의 언어처럼 창작자가 자유롭게 사용할 수 있다.

이상의 지식을 바탕으로 교수·학습 상황에서 실제 소설과 영화 텍스트를 대상으로 수행할 만한 내용 요소와 학습 활동을 구체적으로 제시하면 다음과 같다.

- **시공간 설정의 의미 파악**
  - 소설 텍스트를 읽으며 시공간을 알 수 있는 부분을 찾아본다. 그리고 영화에서 그 시공간을 어떻게 표현하고 있는지 살펴본다.
  - 소설을 읽으면서 시공간적 배경에 대해 미처 몰랐던 부분을 영화를 보면서 새롭게 깨달은 것이 있다면 무엇인지 말한다.
  - 자신이 시공간에 대해 상상했던 장면과 영화에서 보여주는 시공간의 차이는 무엇인지 말한다.
  - 시공간이 암시하는 인물의 상황을 설명한다.
- **시공간의 형상화 방법 이해**
  - 소설과 영화가 현실의 시공간을 반영하는 방식을 비교한다.
  - 영화의 구체화된 시공간 장면을 보고 연출자의 의도를 파악한다.
  - 영화에서 시공간을 조정하는 카메라의 기능과 효과를 파악한다.
  - 영화 속에서 시공간적 배경을 알게 해주는 무대장치와 소품을 열거해 보고, 배경과 어울리지 않는 것이 있다면 지적한다.
- **소설의 영상화 과정에서 보이는 시공간의 변화 양상과 그 의미 파악**
  - 소설의 시공간이 영화에서 다르게 설정되었다면, 그로 인해 무엇이 어떻게 달라졌는지 살펴보고, 그 효과를 설명한다.
  - 소설에서 공간의 이동이 있었다면 영화에서도 그것이 잘 표현되었는지 평가한다.

③ 플롯

이 책에서 서사 텍스트의 이야기 구성 요소 중 '플롯'과 관련된 핵심적 지식으로 선정한 세부 내용 요소들은 다음과 같다.

플롯의 개념과 분석, 화소의 개념과 종류(근간화소와 자유화소), 플롯과
인물과 환경의 상호연관성과 인과율, 선택과 배열의 원리, 플롯의 유형(단
일, 복합, 피카레스크식, 옴니버스식, 액자형), 패턴과 복선의 개념과 기능,
갈등과 상황의 개념과 기능, 플롯의 단계, 영화의 구성 단위(쇼트, 장면, 시
퀀스), 영화의 구성 양상

그럼, 이들 세부 내용 요소들에 관한 개념과 원리들을 자세히 서술해 보
도록 하자.

▼ 플롯의 개념과 분석

사건은 인물의 행동의 집합이다. 하나의 서사물은 수많은 사건들로 이루
어져 있다. 서사물에서 사건들이 미적 효과를 갖도록 연속적으로 배열된
것을 '플롯(plot)'이라고 하는데 우리말로 '구성(構成)'이라고 부르기도 한다.
사건은 일어난 순서대로 서술되기도 하지만 작품에 표현되는 사건의 순서
와 사건이 일어나는 시간적 순서는 일치하지 않는 경우도 많다. 소설과 영
화와 같은 서사물을 제대로 해석하고 감상하려고 하면 플롯을 분석할 필요
가 있다.

▼ 화소의 개념과 종류

러시아 형식주의자들은 의미를 지니는 사건의 최소단위를 '화소(話素,
motif)'라고 부르면서 서사를 구성하는 화소를 '근간화소'와 '자유화소'로
나누었다(오탁번·이남호, 2001 : 49).[35] 근간화소는 의미 있는 줄거리를 구성
하는 데 필수적인 화소들이다. 근간화소가 생략되면 줄거리의 의미가 훼손
된다. 예컨대 황순원의 「소나기」에서 소녀가 산에서 소나기를 맞았다는 화

---

35) 토도로프는 토마체프스키의 글을 인용하면서 근간화소를 'motif associe'라 하고 자유화소
를 'motif libre'라 했다. 한편, 채트먼은 이를 핵사건(kernels)과 주변사건(satellites)이라 부
른다(한용환 옮김, 2003 : 35).

소가 없다면, 독자들은 소녀가 왜 아프게 되었는지 알 수 없게 되어 그 플롯은 파괴된다. 그러나 소년이 학교에서 소녀의 반을 기웃거렸다는 화소는 줄거리의 이해에 필수적인 것이 아니다. 그것이 생략되더라도 줄거리는 크게 훼손되지 않는다. 이처럼 줄거리의 구성에 필수적이지 않은 화소를 자유화소라고 한다. 근간화소는 사건들을 일정한 방향으로 진행시킨다. 하나의 사건은 여러 가지 방향으로 진행될 수 있다. 근간화소는 이러한 가능성들 중에서 하나의 가능성을 선택하면서 줄거리를 이어간다.

근간화소가 뼈대라면 자유화소는 살에 비유될 수 있다. 육체의 아름다움이 뼈보다 살에서 나오듯이, 서사의 맛은 근간화소에서보다 자유화소에서 더 많이 나온다(오탁번·이남호, 2001 : 51). 하지만 자유화소의 비중이 커지면, 플롯의 긴장도는 아무래도 떨어진다. 그러나 현대 서사물에서는 자유화소의 비중이 점점 커지는 경향이 있다.

[그림 2] 서사 텍스트의 사건 진행과 화소

▼ 플롯과 인물과 환경의 상호연관성과 인과율

서사를 인간 삶의 객관적 형상화라고 할 때 인물은 그것의 주체적 측면이고, 플롯은 주체인 인간이 삶을 이뤄나가는 동적인 측면이다. 이 때 삶이라는 역동적 측면은 인간과 그를 둘러 싼 환경(타인, 집단, 사회제도, 현실, 자연, 초자연적 존재 등)과의 역동적 상호작용으로 나타난다. 인물은 행동을 발생시키며, 행동들이 모여 사건이 된다. 인물과 환경 간의 상호작용이 역동적이 됨에 따라 사건이나 행동들의 연쇄 또한 역동적인 플롯이 된다.

플롯을 형식주의적으로 이해하면 사건의 연속과 그것의 인과관계로 정의된다. 플롯을 이처럼 서술상의 기술로 보는 관점에서는 플롯을 시간적 순서대로 배열된 사건의 서술인 이야기(story)와 비교하여 인과관계에 중점을 둔 사건의 서술로 정의한다(Forster, 이성호 역, 1984 : 98).[36] '왕이 죽고 왕비가 죽었다'가 인과율이 존재하지 않는 이야기의 소재라고 할 때, '왕이 죽자 슬픔을 못 이겨 왕비가 죽었다'는 인과율을 지닌 사건의 연속이므로 플롯으로 발전한 것이다. 그런데 여기에는 플롯뿐만 아니라 인물의 형상화, 즉 왕비의 성격적 요소가 노출되었다는 것도 알 수 있다. 이처럼 인물과 플롯은 상호연관성을 지니게 마련이다.

그리고 여기서 두 개의 사건을 연결하는 인과율은 어떤 주제를 드러내기 위한 것으로, 사건의 연속을 인과적으로 이해하는 것은 그 사건에 어떤 의미를 부여하는 과정이다. 왜 그런 사건이 일어났는가를 인과적으로 따져 배열함으로써 우리의 삶과 관련된 주제를 전달하는 것이다. 즉, 플롯의 인과율이란 인물이 어떤 삶을 어떻게 사느냐의 문제이다. 그러나 플롯의 인과율이나 주제는 창작자가 임의로 부여한 것이 아니다. 그보다는 작품 속

36) 포스터가 든 예, 즉 '왕이 죽고 왕비도 죽었다'는 단순한 연대기적 배열로 '이야기'이며, '왕이 죽자 슬픔을 못 이겨 왕비가 죽었다'는 인과관계가 부가된 '플롯'이라는 설명은 문제가 있다. 왜냐하면 독자는 단순히 나열된 앞의 이야기를 읽으면서 표면상에는 없던 인과율을 채워 넣으면서 독서를 하기 때문이다(Chatman, 한용환 옮김, 2003 : 53~54). 따라서 이야기와 플롯의 차이는 인과율의 존재 여부로만 분별할 수 없다. 오히려 그보다도 이야기는 플롯 이외에 인물과 현실세계의 요소까지 포함하며, 플롯은 이야기 이외에 담론의 요소를 포함하고 있다는 점을 지적할 수 있다. 플롯은 이야기의 인과율에 따라 배열되기도 하지만 다른 한편으로 담론의 인과율에 따라 재배열되기도 하기 때문이다. 예를 들면, '왕비가 죽었다. 그 원인을 알 수 없었으나 나중에 왕이 죽은 슬픔 때문임이 밝혀졌다'로 사건의 순서가 역전될 수도 있다. 이때의 플롯은 이야기 차원뿐만 아니라 담론(텍스트) 차원에서 형성된 것이다. 따라서 어떤 이야기의 소재인 사건이 연속해서 인과적으로 나타난 것이 '이야기 차원의 플롯'이라면, 이야기의 인과율과 함께 담론의 인과율에 의해 사건의 순서가 재배열된 것은 '텍스트 차원의 플롯'이라 할 수 있다. 이 텍스트 차원의 플롯은 서술(narration)을 통해 최종적으로 나타난 텍스트적 산물이다(나병철, 1998 : 198~199).

에 형상화된 운명이나 인물의 성격, 사상의 요소와 연관관계를 지닌다고 할 수 있다(Friedman, 최상규·김병욱 편역, 1986 : 172~199). 그런데 이 세 가지 요소 중에서 성격과 사상은 인물의 요소이며, 운명은 인물이 처한 외부적 상황, 즉 환경이라고 할 수 있다. 따라서 플롯은 인물의 조건과 환경의 조건에 의해 성립되며 양자의 상호관계에 따라 여러 종류의 플롯이 발생하게 된다.37)

▼ 선택과 배열의 원리

인물과 환경의 상호관계 혹은 사건이 단순히 연대기적으로 기록된 것은 인물과 환경 간의 역동성과 사건들 사이의 인과율을 지니지 못하기 때문에 플롯이라고 하지 않는다. 단순한 연대기적 나열과 플롯의 차이는 인물과 환경, 사건의 특정한 선택과 그 배열의 원리에 있다고 할 수 있다. 즉, 단순한 연대기적 나열에는 플롯의 기획이 존재하지 않지만 플롯의 기획자의 관점은 인물과 환경, 그리고 사건들을 선택하여 특정한 플롯으로 배열시킨다. 따라서 플롯의 역동성과 인과율은 그 기획자의 관점, 즉 작가의 세계관에서 생겨나며 이야기 내부에서는 선택과 배열의 원리로 작동된다.

▼ 플롯의 유형

단일 플롯은 한 가지의 이야기만이 전개되는 구성으로 단일한 인상과 효과를 노리는 긴밀한 구성방식이며 주로 단편의 소설이나 영화에서 보이는 플롯 유형이다. 이에 비해 복합 플롯은 두 가지 이상의 이야기가 복합적으로 얽혀 전개되는 구성으로 많은 인물과 사건이 나타나 인간과 사회를 총체적으로 그리는 장편의 소설과 영화에서 보이는 플롯 유형이다. 그리고

37) 플롯의 유형에 대해서는 아리스토텔레스부터 많은 학자들의 논의가 있는데 그 가운데 노먼 프리드먼(N. Friedman)이 운명, 성격, 사상의 플롯으로 크게 나눈 다음 다시 14개의 플롯으로 세분하여 설명한 바 있다. 이에 대해서는 조남현(2004 : 293~298)에 자세히 소개되어 있다.

피카레스크(picaresque)식 플롯은 각각의 독립된 이야기들이 동일한 주제로 엮어지거나, 각각 다른 이야기에 동일한 주인공이 등장하는 병렬식 구성 방식이다. 이는 같은 주제나 제목 하에 독립된 사건들이 여러 개 연결된다는 점에서 옴니버스(omnibus)식 구성과 유사하지만 옴니버스식 구성이 이야기마다 서로 다른 중심인물이 등장하는 데 비해 피카레스크식 플롯은 동일한 인물이 다른 사건 속에서 동일한 주제를 추구한다는 점에서 다르다. 이밖에도 액자형 플롯이 있는데, 하나의 이야기 속에 다른 이야기들이 액자 속의 그림처럼 끼워져 있는 구성방식이다. 액자형 플롯에서 바깥 이야기와 안이야기의 서술자는 뚜렷이 구별되며 일반적으로 안 이야기가 핵심이 된다.

▼ 패턴과 복선의 개념과 기능

작품 속에서 일정한 사건이나 행동, 화소, 심리적 독백 등과 같은 서사적 요소들이 한 작품의 내부에서 연속되거나 반복될 때 그 반복되는 요소나 기법을 일컫는 패턴(pattern)도 플롯과 관련하여 기억해 둘 만한 내용이다. 결정적인 하나의 계기를 위해 준비되어 있는 연쇄적이며 상승적인 반복은 플롯에 생동감을 더해주고, 주제를 효과적으로 강조하거나 경이로운 결말을 이끄는 기능을 한다. 따라서 텍스트 속에 자주 나타나는 패턴을 찾아 그 의미와 기능을 생각해 보면 텍스트 해석에 도움이 된다.

이와 함께 앞으로 일어날 사건 혹은 상황을 암시하면서 이야기의 우연성을 방지하기 위한 구성상의 기법인 복선(伏線, foreshadow)도 유의할 만한 개념이다. 특히 현대소설이나 영화에서는 다가올 사건들의 어떤 징조 혹은 사전 원인을 미리 제시함으로써 텍스트 수용의 긴장감을 고조시키는 수법을 많이 사용하기 때문에 작중 인물의 대화나 유별난 행동, 예시적인 주변 사건을 염두에 두는 수용 태도가 필요하다.

▼ 갈등과 상황의 개념과 기능

플롯과 밀접한 관계를 가지는 개념으로 갈등과 상황이 있다(Stanton, 최한용 옮김, 2002 : 33). 갈등에는 내적 갈등과 외적 갈등이 있다. 내적 갈등은 인물이 모순되는 두 가지 동기 때문에 괴로워하며 망설이거나 방황하는 것이고, 외적 갈등은 인물이 환경과 대립하는 것이다. 대립하는 두 인물이나 인물과 환경은 각각 동기를 실현하려는 의지와 힘, 동기의 실현을 방해하는 의지와 힘이 있으므로 각각의 세력을 이룬다. 두 세력의 힘이 균형을 이루어 어느 한 세력이 다른 세력에게 완전히 이기거나 완전히 지지 않을 때 갈등은 계속된다. 사건이 일어나고 복잡하게 진행하는 원인은 바로 갈등이 계속되는 데 있다.

상황은 인물의 경제적, 사회적, 정신적 상태다. 인물이 소속한 집단이나 사회나 세계의 상태도 상황에 속한다. 사건의 진행은 상황을 변화시키는데, 상황이 악화될 수도 있고 반대로 개선될 수도 있다. 안정된 상황은 상황이 고정되어 있는 것이고, 불안정한 상황은 상황이 계속적으로 변화하는 것이다.

▼ 플롯의 단계

상황의 변화에 따라 플롯은 발단, 전개, 결말의 세 단계로 나눌 수 있다. 이를 플롯의 단계라고 한다. 플롯의 세 단계는 상황의 변화와 관계가 있다. 발단 단계는 전부터 계속되던 상황을 소개하고, 이 상황이 막 변화하려는 순간을 보여준다. 이 단계는 상황을 변화시키는 행동이 포함되고, 후속 사건의 원인이 되는 정보도 포함된다. 이 정보는 독자에게 호기심과 긴장을 일으킨다. 전개 단계는 연속적으로 일어나는 부분적 사건과 갈등을 보여준다. 이 단계에서는 발단 단계에서 변화하기 시작한 상황이 발전한다. 여기에 점차적으로 긴장이 강화된다. 결말 단계는 상황의 변화가 멈추는 단계로 첫 상황 속에 있던 문제가 해결된다. 여기에 갈등과 긴장의 절정이 보다 분명하게 플롯상에서 나타날 때에는 이를 포함시켜 '발단-전개-절정

-결말'의 네 단계 구성으로 본다. 또, 여기에 인물의 위기 상황이 분명하게 나타날 때에는 이를 포함시켜 '발단-전개-위기-절정-결말' 다섯 단계 구성으로 보기도 한다.

▼ 영화의 구성 단위

영화 텍스트는 쇼트(shot), 장면(scene), 시퀀스(sequence)로 구성된다. 쇼트는 영화를 구성하는 가장 작은 단위로 촬영할 때 끊지 않고 한 번에 찍은 필름의 조각을 말하며, 장면은 같은 시간, 같은 장소에서 하나의 사건이 마무리되는 것을 말하는데, 하나의 장면은 하나 이상의 쇼트로 구성된다. 시퀀스는 몇 개의 장면이 모여서 이루어진 짧은 이야기의 단위이다. 이들 영화 텍스트의 구성 단위들은 시청자들의 사고 단위가 되어, 영화를 관람하면서 무의식적으로 장면과 시퀀스 단위로 텍스트를 분절하여 이해하고, 그것이 담고 있는 의미를 다음 장면과 시퀀스와 연결하여 유기적으로 이해함으로써 하나의 작품으로 수용하게 된다. 따라서 이들 구성 단위에 대한 지식은 영화의 사건 전개와 극적인 구성 방식을 이해하는 기본이 된다.

▼ 영화의 구성 양상

영화에 따라서는 이야기 속의 사건 전개가 긴장감을 유지한 채 흥미진진하게 진행되는 작품이 있는 반면에, 어떤 작품은 느슨하게 진행되다가 어이없이 끝나는 경우도 있다. 이것은 모두 영화의 구성과 관련된 것인데, 작품마다 연출자의 의도와 스타일, 그리고 능력에 따라 조금씩 다른 구성을 보인다.

이상의 지식을 바탕으로 교수·학습 상황에서 실제 소설과 영화 텍스트를 대상으로 수행할 만한 내용 요소와 학습 활동을 구체적으로 제시하면 다음과 같다.

- **플롯 분석 및 사건 전개 과정 이해**
  - 사건 전개의 핵심이 되는 사건(근간화소)과 흥미를 지속시키지만 전체 사건의 흐름에 영향을 미치지 않는 사건(자유화소)을 구분한다.
  - 소설의 구성 단계가 영화에서는 어떻게 대응되는지 비교한다.
  - 소설과 영화의 발단 부분이 사건 전개에 있어서 어떤 구실을 하는지 말한다.
  - 소설과 영화의 발단 부분만을 보고, 앞으로 어떤 사건이 발생할 것인지 상상한다.
  - 특히 인상에 남는 발단 부분을 가지고 있는 작품을 예로 들고, 그 비슷한 방식을 취하고 있는 다른 작품도 열거한다.
  - 작품의 종결 방식이 주는 효과를 평가한다.
- **갈등의 해결 방식 파악**
  - 갈등의 해결 과정에 따라 인물의 심리 상태가 어떻게 변하는지를 파악한다.
  - 갈등의 해결 방식이 현실감 있는지, 타당한지에 대해 토의한다.
  - 문제 해결 방식에 숨겨진 이데올로기를 밝힌다.
- **행동이나 사건의 상징적 의미 파악**
  - 소설과 영화에서 복선이나 상징적 의미를 갖는 행동이나 사건을 찾는다.
- **소설의 영상화 과정에서 보이는 플롯의 변화 양상과 그 의미 파악**
  - 소설과 영화의 플롯을 비교할 수 있도록 정리한다.
  - 소설과 영화의 사건의 순서가 달라졌는지 살펴보고, 어떻게 바뀌었는지 정리한다.
  - 소설의 여러 가지 사건 가운데, 영화에서 생략된 부분을 찾아보고 그 이유를 밝힌다.
  - 위와 반대로 소설에는 없는 사건이 영화에 설정되었다면 그것을 설정한 이유를 밝힌다.
  - 같은 이야기가 여러 차례 영화로 제작되었다면, 작품들 사이의 플롯상의 차이를 살펴본다.
  - 영화의 편집법을 살펴보고, 그 효과와 의미를 토의한다.
  - 액자구성으로 된 소설의 경우, 영화는 이를 어떻게 표현하는지 살펴본다.

(2) 담론 영역의 지식과 활동 내용

① 서술 매체

이 책에서 서사 텍스트의 담론 요소 중 '서술 매체'와 관련된 핵심적 지식으로 선정한 세부 내용 요소들은 다음과 같다.

내용과 매체의 분리성과 이야기와 서술 방식의 상관 관계, 문자와 영상의 의미 생성 및 전달 방식의 차이

그럼, 이들 세부 내용 요소들에 관한 개념과 원리들을 자세히 서술해 보도록 하자.

🔽 내용과 매체의 분리성과 이야기와 서술 방식의 상관 관계

이야기는 언어뿐만 아니라 그림이나 영상, 몸짓이나 조각 등을 매체로 하여 전달되기도 한다. 따라서 설화나 소설뿐만 아니라 만화, 영화, 발레, 회화, 조각 등도 어떤 이야기를 들려준다고 할 수 있다. 이는 이야기 자체가 언어와 분리되어 존재할 수 있다는 점을 시사한다. 이처럼 이야기 내용과 전달 형식이 분리될 수 있다는 사실은 이야기 내용이 다른 매체에 의해 전달될 수 있음을 의미한다. 즉, 소설의 이야기가 영화나 만화를 통해서도 전달될 수 있으며, 만화의 이야기가 영화나 소설로 변용될 수 있는 것이다. 또한 동일한 매체를 사용하더라도 같은 이야기가 여러 서술 방식에 의해 전달될 수도 있다. 예컨대 삼인칭으로 서술되던 소설을 일인칭으로 바꾸거나, 이전에 나온 영화를 새롭게 제작하여 선보이는 것이다. 하지만 일반적으로 특정한 이야기 내용은 그것에 상응하는 적절한 서술 방식을 갖게 된다. 그러므로 훌륭한 허구 서사물은 그 작품이 담고 있는 이야기에 가장 알맞은 서술 방식을 취하고 있는 작품이며, 독자는 그런 이야기와 서술 방식의 상관 관계에 주목하여 그 작품의 미적 가치를 발견하려는 것이 바람

직한 수용 태도라 할 수 있다.

▼ 문자와 영상의 의미 생성 및 전달 방식의 차이

소설은 문자언어로 의미를 전달하지만 영화는 영상으로 의미를 전달한다. 우리는 소설을 읽을 때, 책 위에 인쇄된 문자를 보고 그 의미를 인식한 뒤에 그것이 주는 이미지를 떠올리게 된다. 반면 영화는 카메라가 담은 영상의 이미지를 먼저 인식한 뒤에 그 이미지의 의미를 생각하게 된다.

소설은 문자언어를 매체로 하나의 사물이나 동작을 비유적으로 서술하면서 여러 가지 이미지를 환기시키는 반면, 영화는 실제 영상으로 직접 보여주면서 여러 가지 의미를 전달하고 있다. 소설의 문자언어와 변별되는 영화의 영상은 우리에게 강한 기억과 인지를 경험하게 한다. 이것은 문자 기호를 접하고 그 의미를 해독하면서 떠올리는 이미지와는 비교할 수 없을 정도로 강하고 사실적인 것이다. 그러므로 영상을 통해 메시지를 전달하고자 하는 것은 영화의 본질적 특성에 충실한 것으로서 영상 미학적 완성도는 결국 영화의 예술적 성과를 가늠하는 잣대라 할 수 있다.

이상의 지식을 바탕으로 교수·학습 상황에서 실제 소설과 영화 텍스트를 대상으로 수행할 만한 내용 요소와 학습 활동을 구체적으로 제시하면 다음과 같다.

- 서술 매체의 유형과 특성 파악
  - 소설과 영화의 서술 매체(문자와 영상)의 특성을 이해한다.
  - 문자와 영상의 의미 생산 및 전달 방식의 차이를 파악한다.
- 서술 매체의 변용 과정 이해 및 적용
  - 동일한 이야기에 대하여 여러 가지 서술 매체로 표현된 서사물의 목록을 작성한다.
  - 특정 서사 텍스트를 다른 서술 매체의 작품으로 바꾸어 본다.

② 시점과 서술

이 책에서 서사 텍스트의 담론 요소 중 '시점과 서술'과 관련된 핵심적 지식으로 선정한 세부 내용 요소들은 다음과 같다.

시점과 서술의 개념, 서사의 중개성 및 시점과 서술의 중요성, 소설의 서술 양상(요약 서술과 장면 제시), 소설과 영화의 시점과 서술상의 변별성, 소설의 담론(화자 시점－서술, 인물 시점－서술, 일인칭 서술), 영화의 담론 (촬영, 편집, 음향/음악, 화면 밖 목소리와 자막)

그럼, 이들 세부 내용 요소들에 관한 개념과 원리들을 자세히 서술해 보도록 하자.

🔽 시점과 서술의 개념

소설과 영화에서 담론은 서술자(화자)의 시점과 서술에 의해 나타난다. 시점은 '누가 보느냐'이며 서술은 '어떻게 말하느냐'이다. 시점은 이야기 세계를 향한 지각 행위이며, 서술은 독자를 향한 언어적 행위 혹은 관객을 향한 영상화인 것이다.

다음의 그림은 이들의 차이를 잘 보여준다(나병철, 1998 : 383).

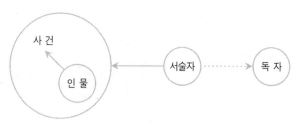

[그림 3] 서사 텍스트에서 서술자의 위치

위의 그림에서 서술자가 사건을 바라보는 실선이 시점이며, 독자에게 전달하는 점선이 서술에 해당된다. 시점 행위는 단순한 지각 작용에서부터 심리적, 정서적 국면, 세계관적 인식행위까지 포함하며 '초점화(focalization)'라고 불리기도 한다.38)

▼ 서사의 중개성 및 시점과 서술의 중요성

서사 장르의 가장 큰 변별적 특징의 하나는 '중개성'이다. 소설과 영화는 이야기의 중개를 위해 서술자(화자)가 존재한다. 원래 서술이란 말이나 글을 통해 어떤 이야기를 전달하는 행위를 일컫는 것이지만, 영화의 경우에는 영상과 음향을 매체로 삼아 이야기를 전달한다. 따라서 영화의 서술자는 이야기가 담긴 일련의 동영상과 음향을 알맞게 펼쳐놓는 존재가 된다. 그런데 영화의 서술자는 촬영, 조명, 음악, 음향, 편집 등의 복합적인 작업을 통해 일련의 이야기 화면을 제시하게 되므로 소설의 서술자처럼 그 실체를 한마디로 이름 붙이기가 어렵다. 그래서 어떤 이는 '총괄적 영상 창조자(grand image maker)'라는 용어를 사용하기도 하지만, 그 개념적 실체가 모호하므로 그냥 '카메라(camera)'라는 용어를 사용하는 것이 좋을 듯하다. 다만 이때 사용되는 '카메라'는 단순히 기계 자체를 뜻하는 것이 아니라 영화의 서술 작업에 참여하는 모든 존재들을 총괄하는 개념이라고 봐야 한다(R. Allen, 김훈순 편역, 1994 : 88).

소설과 영화의 서술자는 이야기를 구현하고 전달할 뿐만 아니라 그 이야기의 양상과 수용자의 심미적 반응에 영향을 미친다. 다시 말해 어떤 서술자가 어떠한 위치, 거리, 심리, 관념 등으로 서술하느냐에 따라 같은 이야기라도 그 전개 양상과 효과, 그리고 심미적 작용이 달라지는 것이다. 따라서 서술자가 대상을 어떤 시점으로 포착하고 어떤 매체(말, 글, 영상, 음향)를 선택하여 배열하는지는 소설과 영화의 이야기 양상과 밀접하게 관계된

---

38) '초점화'는 Genette(1972)에서 사용한 용어인데, 이를 참고하여 Rimmon-Kenan(1983)에서 자세히 논의하였다(최상규 역, 2003 : 129~151).

다. 동일한 '이야기(무엇)'라 할지라도 '담론(어떻게)'에 따라 그 서사의 양상은 달라지기 때문이다. 그러므로 소설과 영화의 미적 완성도는 서사 텍스트의 담론, 즉 시점과 서술의 탁월성에 따라 평가될 수 있다는 점을 감안할 때, 서사교육에서 소설과 영화의 담론에 관한 이해는 간과되어서는 안 될 부분이다.

◥ 소설의 서술 양상

소설의 서술 양상은 요약 서술(말하기, telling)과 장면 제시(보여주기, showing)로 이루어진다. 요약 서술은 이야기 내용을 간명하게 전달하여 사건을 신속하게 진행시키는 데 비해 장면 제시는 시간의 진행을 늦추면서 이야기 정황을 세밀히 묘사하여 생생한 재현을 한다. 이 두 가지 서술 양상은 서로 보완적 관계에 있으며, 모든 소설의 서술은 두 방법을 적절히 연결시키면서 진행된다.

그런데 소설의 장면 제시의 서술 방법은 영상으로 변용할 때 비교적 쉽게 장면화할 수 있으나, 요약 서술은 그렇게 쉽게 장면화할 수가 없으므로 별도의 노력이 필요하다. 따라서 이 부분은 영화의 매체적 특성을 고려하여 적절한 각색과 연출이 요구되는 부분이기도 하다. 소설의 요약 서술된 이야기의 내용을 영화에서는 어떻게 표현하는가에 주목하게 함으로써 두 매체의 특성에서 연유하는 소설과 영화의 서술 방법의 차이를 이해시킬 수 있다.

◥ 소설과 영화의 시점과 서술상의 변별성

오늘날까지 소설을 중심으로 시점과 서술에 대한 논의는 다양하게 전개되었다. 그 가운데 여기서는 복잡한 서술 방식을 화자 시점–서술, 인물 시점–서술, 일인칭 서술로 간명하게 정리한 조정래·나병철(1991)의 입론을 따르기로 한다.39)

---

39) 그동안 교육현장에서 가장 널리 인용된 시점 이론은 C. Brooks와 R. Warren의 『Understanding

소설의 독자는 인물과 행동을 직접 보는 것이 아니라 누군가가 그것을 보고 서술한 언어를 읽는 행위를 통해 알게 된다. 소설의 이러한 전달 상황에서, 누가 '보고' 어떻게 '서술'했느냐가 바로 '시점'과 '서술' 방식의 문제이다. 영화도 마찬가지다. 영화를 볼 때 관객들은 인물과 행동을 직접 보는 것으로 착각하지만 실제로는 이 역시 누군가가 보고 우리에게 보여주는 것을 보는 것이다. 이것은 연극처럼 중간 매개물 없이 우리가 직접 인물과 그의 행동을 보는 것과는 다른 상황이다.

영화의 경우에는 인물과 행동을 보는 방향이 수시로 바뀌기 때문에 관객은 계속해서 한쪽 방향만 보고 있지만, 그것과 상관없이 그는 여러 시점에서 보여진 화면을 보게 된다. 즉, 우리는 어떤 인물을 위에서 내려다보다가도 곧 그의 얼굴을 가까이에서 보게 되고, 또 그가 바라보는 풍경을 보기도 한다. 이 역시 일정한 자리에서 관객 자신의 고정된 시점으로 극중

Fiction』(1971)에서 논의한 다음의 내용이다.

	사건의 내면적 분석	사건의 외면적 관찰
이야기 속 등장인물로서의 서술자	① 주인공이 자신의 이야기를 한다.	② 부수적 인물이 주인공의 이야기를 한다.
이야기 속 등장인물이 아닌 서술자	④ 분석적이거나 전지적인 작가가 사상과 감정까지 파악하여 이야기한다.	③ 작가가 외부 관찰자로서 이야기한다.

위에서 ①은 일인칭 주인공 시점, ②는 일인칭 관찰자 시점, ③은 삼인칭(작가) 관찰자 시점, ④는 전지적 작가 시점 등으로 불린다. 그러나 이 이론은 오늘날의 복잡해진 소설 양식을 해명하기에는 부적절한 점이 많다. 무엇보다 삼인칭으로 서술되면서도 시점이 등장인물 안에 있는 경우와, 일인칭 시점이면서도 이야기에 대한 전지적 권위를 가진 화자에 대한 문제들을 해명해 내지 못하는 한계를 가진다(한귀은, 2003 : 38~42). 또한 영화와 같은 서사물에 적용하기에도 두 가지 기준만으로 분류되는 이 이론이 효과적인 해석 장치가 되지는 못한다. 그러나 영화는 소설이 이처럼 일인칭, 삼인칭, 전지적 작가 시점으로 나뉘는 것과 달리 일인칭에 해당하는 주관적 시점과 전지적 작가 시점인 객관적 시점 둘로 나뉜다. 하지만 영화를 굳이 소설과 비교하자면 전지적 작가 시점 하나일 뿐이며 그것이 주관적 혹은 객관적으로 해석되어 나가는 것이라고 말할 수 있다. 그것은 일인칭 시점으로 영화를 처음부터 끝까지 끌고 나가는 경우는 없기 때문이다. 일인칭 시점이란 주관적 시점, 곧 인물의 눈에 비친 쇼트인데, 이는 가끔씩 보이기는 하지만 영화 전편을 이 쇼트로만 구성할 수는 없다. 그러므로 영화적 담론은 다양한 시점을 이용하면서 시점의 조합을 통해 이야기를 효과적으로 전달하는 형태를 취한다.

장면을 보게 되는 연극과는 다른 것이다. 영화가 시각적 직접성을 지님에
도 불구하고 소설과 같은 서사 장르로 취급되는 것은 바로 이 때문이다.
즉, 소설과 마찬가지로 영화는 어떤 시점에 의해 매개된다는 점에서 연극
의 직접적 전달 상황과 차이점을 지닌다.

이와 같이 영화의 시점은 다양하다. 영화는 이야기 외부 시점과 인물시
점이 계속 교체될 뿐만 아니라, 이야기 외부 시점일 때도 여러 방향에서의
시점이 나타난다. 그리고 이렇게 여러 시점에 의해 포착된 장면들은 조합
과 구성(편집)에 의해 서술된다. 이런 다양한 시점의 장면을 조립하는 기법
(몽타주 등)은 서사적 사건을 전달하는 중개성의 기법인 동시에, 단순한 기
계적 반영이나 메마른 기록적 전달을 넘어서서 서사성에 정서와 이미지를
부가하여 예술 작품으로 만들어주는 미적 기법이 된다.

이에 비해 소설은 대체로 일관된 시점을 사용한다. 소설은 다양한 표현
적 잠재력을 가진 서술자의 '언어'를 매체로 하기 때문에 그럴 필요가 없
을 뿐 아니라, 영화보다 시각적 감각성이 미약해 잦은 시점 변환에 의한
효과가 떨어질 수밖에 없기 때문이다. 따라서 소설은 일관되게 양식화된
시점을 사용하면서, 그 내부에서 미세한 차원의 시점 변화와 언어적 표현
에 의존한다.

그러므로 시점이 모든 서사장르에서 특정적으로 나타나는 반면, 서술은
소설에서 특히 중요시되는 담론의 기법이다. 소설에서 시점과 서술은 서로
뒤섞여질 수도 있지만 개념상으로는 분명히 구분되어야 한다. 영화의 경우,
카메라에 의한 시점과, 목소리나 자막으로 나타나는 서술이 명백하게 구분
된다. 그와 달리 소설에서는 시점의 주체와 서술의 주체가 일치될 수도 있
기 때문에 이 둘의 구분이 모호해지기도 한다. 하지만 소설에서도 일단 시
점과 서술을 분리해서 이해하는 것이 다양한 담론의 방식을 파악하는 데
도움이 된다.

▼ 소설의 담론

언어 매체를 사용하는 소설에서는 서술자의 존재가 담론의 필수적인 요소가 된다. 그래서 영화와는 다른 담론적 특성들이 나타나게 된다. 먼저 소설에서는 서술자의 존재가 어느 정도로 부각되는지에 따라 시점이 나눠진다. 즉, 서술자의 존재가 분명히 드러나는 화자시점과 서술자가 사라진 듯한 인물시점이 나타난다. 또한 서술자의 서술 언어가 서술자의 목소리를 부각시키는지 아니면 이야기 속 어떤 인물의 목소리를 닮는지에 따라 화자서술과 인물서술로 구분할 수 있다. 마지막으로 서술자가 등장인물과 동일인인지 아닌지에 따라 일인칭 혹은 삼인칭으로 나눠 볼 수 있다.

이처럼 서술자의 시점, 서술, 인칭 등의 세 축에 따라 서술 상황을 분류해 보면, 크게 삼인칭 서술 상황인 '화자 시점-서술', '인물 시점-서술'과 일인칭 서술 상황인 '일인칭 시점-서술'로 정리할 수 있을 것이다.[40]

먼저, 삼인칭 서술이란, 서술자가 이야기에 등장하는 인물이 아닌 별도의 존재자일 경우를 말한다. 서술자가 이야기 내용에 등장하지 않기 때문에 그 존재는 서술 언어의 말투를 통해 어렴풋이 감지될 뿐이다. 즉, 서술

---

[40] 화자의 존재로 인하여 소설 담론을 세 가지 측면에서 살펴보는 것은 슈탄첼(F. K. Stanzel)이 인칭(person), 시점(perspective), 양식(mode)의 세 가지 축으로 소설의 서술 상황을 논의한 것과도 어느 정도 상응된다. 최근에 소설과 영화의 서술 방식을 연구한 많은 논문들에서 슈탄첼의 서사 이론을 분석의 틀로 삼고 있다. 기존의 시점 이론들의 경우 화자의 위치와 내, 외부 시점이라는 두 가지 체계 안에서 구분됨으로써 일인칭, 삼인칭처럼 인칭에 종속되는 경향이 있으므로 인칭의 구분이 명확하지 않은 영화를 소설과 함께 논의하기에는 문제점이 있었는데, 슈탄첼의 이론은 인칭, 시점, 양식의 세 가지 체계로 서사 전달 방식을 설명하고 있으므로 보다 명확한 분석을 가능하게 하기 때문이다. 여기서 인칭은 서술자의 존재영역으로 그가 서술 내용 안에 등장하면 '일인칭', 그렇지 않으면 '삼인칭'인 서술이다. 시점은 서술 내용에 대한 수용자의 지각 방식의 문제로 수용자의 지각의 방향이 인물의 내부에서 외부로 향한다면 '내부시점', 인물의 외부에서 인물 자체 혹은 사건으로 향한다면 '외부시점' 서술이다. 그리고 양식은 서술자의 인물에 대한 개입 여부로 서술자의 서술 내용이 인물의 내부를 반영하고 있다면 '반영자-인물'이고, 서술자가 인물의 외형과 주변 상황, 사건의 정보를 직접 제공한다면 '화자-인물' 서술이다(F. K. Stanzel, 김정신 역, 1990 : 80~122 ; 나병철, 1998).

자가 서술하는 언어를 접하고 그의 인식과 세계관을 짐작할 수 있다. 이렇게 서술자가 이야기 속 등장인물이 아니기 때문에 서술자는 등장인물을 '그', '그녀' 등의 삼인칭 대명사로 지칭한다.

삼인칭 서술은 어떤 시점과 결합하느냐에 따라서 크게 화자 시점−서술과 인물 시점−서술로 구분된다. 화자 시점−서술은 주로 서술자의 시점에 의존하면서 때때로 인물의 시점으로 변환되기도 하는 방법이다. 서술자는 그의 일관된 관점에 의거해 이야기 내용을 통제하면서 서술을 진행시키는데, 그가 부분적으로 인물시점으로 전환하는 것은 극화된 장면을 제시하기 위해서이다. 즉, 극화된 장면에서 서술자는 인물에 밀착함으로써 인물의 눈에 보인 것이나 인물의 내면의식을 제시한다. 서술자가 몰입하는 인물은 다수일 수 있으므로 여러 인물의 시점이나 내면의식을 제시하는 것이 가능하다. 물론 전체적으로는 서술자의 시점에 의해 통제되는데, 특히 소설의 시작부분이나 끝부분은 서술자의 시점으로 처리된다. 이러한 서술 방식은 흔히 '전지적 시점', '주석적 서술', 혹은 '외적 초점화'로 불려왔다.[41]

화자 시점−서술은 이야기 외부의 서술자가 이야기 내부의 사건을 보면서 서술하는 양상이라고 하였는데, 여기서 서술자가 이야기 외부에 존재한다는 것은 이야기 세계와는 다른 차원의 시간에 존재한다는 말이다. 다시 말해 이야기 내부는 외부보다 앞선 과거의 시간이며, 서술자가 외부에서 내부를 본다는 것은 이야기 내용을 과거의 일로 바라본다는 뜻이다. 그러므로 서술자가 보는 행위, 즉 시점은 실제의 눈으로 보는 것이 아니라, 과거의 이야기를 머릿속에서 총괄적으로 되돌아보는 의식 행위인 것이다. 또 그렇기 때문에 그 이야기에 대한 모든 내용을 빠짐없이 알 수 있게 된다. 왜냐하면 만약 같은 시공간 내에서 어떤 인물이나 사건을 본다면 서술자는 시공간의 제약을 받게 되어 모든 내용을 다 알 수는 없게 되기 때문이다.

---

41) '전지적 시점'은 브룩스와 워렌, '주석적 서술'은 슈탄첼, '외적 초점화'는 리몬−캐넌의 용어이다.

하지만 과거의 사건은 이미 여러 경로를 통해 사건의 전모가 드러날 수 있으므로 그 사건을 머릿속으로 바라보는 것은 사건에 관련된 모든 정보를 소유할 가능성을 가지게 된다. 이런 점에서 '전지적 시점'이라 불리게 된다. 그리고 이렇게 과거의 이야기를 총괄적으로 바라보는 위치에 서게 되면 자연히 서술자의 서술 속에 전체 이야기나 인생에 관한 자신의 관점을 드러내게 된다. 즉, 주석과 평가가 두드러진 서술이 되기 쉽다.

하지만 모든 화자 시점-서술이 전지적 시점이나 주석적 서술로만 되어 있는 것은 아니다. 경우에 따라선 화자시점을 취하더라도 인물의 내면의식은 제시하지 않을 수 있다. 이처럼 제한된 정보를 지닌 경우를 목격자 시점이라고 한다. 이 목격자 시점을 취하면 내면의식 제시나 주석적 서술은 하지 않지만, 최소한 이야기의 선택과 배열에는 서술자의 관점이 개입된다고 할 수 있다.

한편, 인물 시점-서술은 거의 대부분 어떤 인물의 시점에 의존하는 방식이다. 서술자는 시점 제공자로 선택된 인물(주로 주인공)의 내면에 들어가 그 인물이 보고 있는 것이나 그의 내면의식을 제시한다. 서술자는 서술을 하지만 그것은 단지 인물의 시점에 포착된 것을 언어로 바꾸는 일에 불과하다. 따라서 서술자의 관점이 들어갈 여지는 없다. 또한 전적으로 인물의 시점에 의존하므로 시점의 매체로 선택된 인물은 모든 장면에 나타나야 한다. 이러한 상황은 극화된 장면 제시와 비슷한 것으로 인물 시점-서술 방식에서는 전체적으로 극화된 정도가 강화된다. 그러나 시점의 매체로 선택된 인물의 내면의식을 연속해서 제공하는 경우가 많아 단순한 장면 제시와는 구별된다. 인물 시점-서술은 '인물시각서술', '내적 초점화' 등으로 불리기도 한다.[42]

---

42) '인물시각서술'은 슈탄첼, '내적 초점화'는 리몬-캐넌의 용어이다. 또 이것은 프리드먼의 '선택적 전지'와도 일치한다.

펜대에 시달린 오른손 장지 첫 마디에 콩알만한 못이 박혔다. 그 못에서 파란 명주실 같은 것이 사르르 물속으로 풀려났다. 잉크 그것은 잠시 대야 밑바닥을 기다 말고 사뿐히 위로 떠올라 안개처럼 연하게 피어서 사방으로 번져나갔다. 손가락 끝을 중심으로 하고 그 색의 농도가 점점 연해져나갔다. 맑게 갠 가을 하늘 색으로 대야 가장자리까지 번져나간 그것은 다시 중심의 손끝을 향해 접어들며 약간 진한 파랑색으로 달무리 모양 둥그런 원을 그렸다.

피! 이건 분명히 피다!

철호는 엉뚱한 생각을 하고 있었다. 슬그머니 물속에서 손을 뺐었다.

-이범선, 「오발탄」 중에서

위의 인용문의 첫 단락은 얼핏 보면 화자시점인지 인물시점인지 알 수 없다. 하지만 마지막 단락에 와서 이제까지 대야에 손을 담그고 손끝에서 풀려져 나간 잉크를 바라보면서 피라고 생각하는 것이 모두 철호의 시점으로 포착된 것임을 알 수 있다. 이처럼 인용문에서는 철호가 실질적인 서술자의 역할을 떠맡고 있다. 그리하여 서술자가 철호의 내면에 밀착됨으로써 서술자의 존재는 느껴지지 않게 되고 독자는 직접 이야기 세계를 보고 있는 것처럼 느껴지게 된다. 인물 시점-서술에서는 이러한 극화된 양상이 지속적으로 나타나, 전체 소설이 묘사로만 계속되고 있다는 느낌을 받는다. 또한 화자시점과는 달리 여러 인물이 아니라 특별히 선택된 인물에만 계속 밀착함으로써 그의 의식에 비쳐진 바를 제시한다. 시점의 주체로 선택된 인물이 실질적인 서술자로 느껴지는 것은 이 때문이다. 이때 시점의 주체로 선택된 인물은 대부분 주인공이며, '초점화자(focalizer)'라고 불린다(Rimmon-Kenan, 최상규 역, 2003 : 134).

인물 시점-서술은 서술적 개입이 사라짐으로써 서술자의 관점이 소멸된 것처럼 보인다. 하지만 실제로는 초점화자의 선택과 그의 의식작용을 통해 서술자의 영향력이 은밀하게 작용하게 된다. 즉, 서술자에 의해 선택된 초점화자는 사건이나 배경을 바라보면서 자신의 감정과 심리상태를 개

입시키게 되는데, 독자는 이런 초점화자의 인식과 정서를 접하면서 그의
입장에 공감하게 되고 나중에는 감정이입하게 된다. 이처럼 초점화자와 동
일시를 경험하게 되는 것이 인물 시점-서술의 가장 큰 특징이다.

인물 시점-서술은 현대로 올수록 점차 자주 쓰이는 경향을 보이고 있
다. 화자 시점-서술인 경우에도 인물시점의 요소가 점점 많이 들어오는
양상을 보여준다. 이와 같이 이 서술 방식이 점차 우세해지는 이유는 무엇
보다 시각적으로 직접 이야기 내용을 경험하는 느낌을 갖게 하기 때문이
다. 더욱이 오늘날 서사 장르에서 영화와 TV 드라마와 같은 영상 매체가
발달하면서 이런 요구는 한층 증가하게 되었다. 또한 서술자의 관점을 숨
기려는 경향도 인물시점이 우세해지는 요인이 된다. 서술자의 직접적인 개
입을 없앰으로써 이야기가 그 자체로 전개된 듯이 보이게 하여 냉정성과
비편파성을 견지하려고 하는 것이다. 이것은 오늘날의 사회가 복잡다단하
여 현실을 총체적으로 조망하기 어려워졌기 때문에 나타난 현상으로 이해
할 수 있다.

마지막으로, 일인칭 서술 상황은 이야기 세계에 등장하는 인물이 소설의
서술자 역할을 맡는 경우이다. 즉, 이야기 속의 특정 인물이 일정 시간이
지난 후에 지난 일을 서술하는 서술자가 되는 것이다. 서술자는 과거의 일
들을 회상하면서, 바로 자기 자신인 이야기 속의 특정한 인물은 '나'라고
지칭한다.

등장인물이 곧 서술자가 되기 때문에 사건을 체험할 때와 서술할 때 사
이에는 필연코 얼마간의 시간적 거리가 존재한다. 따라서 '체험하는 나'와
그것을 '서술하는 나' 사이에도 시간적 거리가 있게 마련인데, 두 개의
'나' 중에 전자를 '경험자아', 후자를 '서술자아'라 부른다.

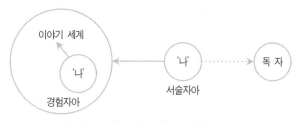

[그림 4] 1인칭 서술 상황에서 '나'의 위치

일인칭 서술의 특징으로는 서술자아인 '나'의 인격적 면모가 구체적으로 드러나는 점이다. 삼인칭에서는 '나'로 지칭되는 경우에도 서술자의 인격적 자질은 잘 구체화되지 않는다. 만약 삼인칭에서 서술자가 인물처럼 극화되려면 반드시 액자의 형식을 빌려야 한다. 반면에 일인칭에서는 서술자아가 인물과 동일한 정도로 극화된 서술자로 등장할 수 있다. 일인칭 서술의 또 다른 특징은 서술자가 그의 경험을 회상하면서 삶에 대한 진지한 언급을 하려는 충동을 갖게 된다는 점이다. 즉, 일인칭 서술자아는 경험자아가 중요한 사건을 겪고 나서 그 경험을 회상하면서 삶에 대한 진지한 고백의 서술을 함으로써 경험자아의 삶이 완성되도록 하는 것이다.

한편, 삼인칭 서술이 화자시점과 인물시점으로 구분되는 것처럼 일인칭 서술에도 서술자아의 개입이 많은 경우와 서술자아가 사라진 듯한 경험자아 시점서술이 존재할 수 있는 것이다. 그리고 일인칭 서술에서도 이야기 내의 인물의 기능에 따라 주인공 서술과 목격자 서술로 나눌 수 있으며, 그 사이에 다양한 스펙트럼이 존재함을 알 수 있다. 예컨대 전영택의 「화수분」처럼 경험자아가 단순한 증언자로 나타나는 목격자 시점의 극단에서부터 이태준의 「달밤」과 현진건의 「빈처」에서처럼 일인칭 목격자가 점차 주인공의 위치로 접근하는 작품이 있고, 여기서 더 나아가 경험자아가 완전히 주인공 역할을 하는 최서해의 「탈출기」, 오정희의 「옛우물」, 신경숙의 「외딴방」 등이 스펙트럼을 형성한다.

또 다른 면으로, 서술자아의 개입이 극단화됨으로써 경험자아는 오히려 부수적으로 형상화되는 경우가 있다. 즉, 서술자아가 주석이나 평가 등을 자유자재로 구사함으로써 마치 인물처럼 드러나는 반면, 경험자아는 서술자아의 서술을 통해 어렴풋이 그려지는 것이다. 채만식의 「치숙」이 그러한 예에 속한다. 이처럼 서술자아가 마치 인물처럼 극화되는 경우에는 그의 서술에 대한 신뢰성이 문제가 된다.

한편, 이와는 반대로 서술자아의 개입이 거의 사라지고, 경험자아의 행동이나 의식이 그 자체로서 제시되는 듯한 경우도 있다. 이는 '나'를 사용하고 있지만 고백체의 효과를 거둘 수 없다는 점에서 마치 삼인칭의 인물 시점서술과 비슷한 양상을 보인다. 예컨대 박태원의 「거리」나 최수철의 「신문과 신문지」가 이에 해당된다. 또한 극단적으로 경험자아의 존재가 완전히 사라져 이야기 세계가 소멸한 경우도 있는데, 이인성의 「당신에 대해서」가 이런 실험적인 소설에 속한다.

일인칭 서술에서는 과거의 '나'에 대한 감회를 포함하는 서술자아의 '서술' 부분과, 서술자아가 경험자아의 의식에 동화되는 '묘사' 부분이 섞여서 나타난다. 각기 서로 다른 의식내용을 담고 있는 서술과 묘사는, 두 자아의 긴장관계를 고조시키거나 이완시키면서 서술을 진행한다. 하지만 막상 소설에서는 두 종류의 언어가 혼합되어 나타나므로 두 자아의 긴장관계를 파악하기가 쉽지 않다. 이에 비해 일인칭 서술이 도입된 영화의 경우에는 서술자아와 경험자아의 분리가 명확하게 드러난다. 예컨대 <우리들의 일그러진 영웅>에서 영화의 중간 중간에 들려오는 어른 한병태의 '화면 밖 목소리'는 그가 이 영화의 이야기를 우리에게 전해주는 서술자아라는 사실을 알 수 있게 한다. 어른 한병태의 목소리가 들리는 가운데 보여지는 화면 속에는 경험자아인 한병태가 등장하고 있어 이들이 시간적 거리를 두고 서로 분리되어 있음을 확인할 수 있다.

소설에서 서술과 묘사가 수시로 교차되면서 두 자아 사이에 긴장은 고조되거나 이완된다. 그리고 서술이 끝부분에 가까워지면서 시간적 거리는 점차 사라지고, 두 자아는 일치점을 향해 나아간다. 그때 서술자아의 감회가 마침내 경험자아에게 전이되는 순간이 오는데, 그것은 '나'의 일생에서 중대한 변화를 초래하는 사건이 일어나는 순간이다. 가령 「우리들의 일그러진 영웅」에서 어른 한병태가 엄석대의 체포되는 장면을 목격한 순간이나 「추락하는 것은 날개가 있다」에서의 살인사건, 「탈출기」에서의 출가의 순간, 「이방인」에서 아랍인을 총으로 쏘는 순간 등이 바로 그러한 순간이다. 이들 사건을 계기로 '나'는 커다란 인생의 전환을 맞게 되며, 이 순간에 경험자아는 거의 서술자아와 일치하게 된다.

이처럼 일인칭 서술은 서술자아가 자신의 인생에서 큰 전환점이 되는 사건에 대해, 왜 그런 일이 불가피했는가를 토로하는 성격을 갖는다. 즉, 자신의 모든 체험에서 '진실을 입증하는 형식'으로 고백하려는 것이다. 그 과정에서 자아정체성에 대한 탐색을 경험하면서 세계와 '나'와의 관계가 해명된다.

▼ 영화의 담론

영화를 볼 때 우리는 카메라가 보고 전달해 주는 장면만을 그대로 보고 들을 수 있다. 그럼에도 불구하고 우리들은 종종 자신의 눈으로 영화 속의 세계를 마치 일상적 세계를 대하듯 자유롭게 볼 수 있다고 착각하게 된다. 하지만 이는 카메라의 다채로운 기법에 의한 효과일 따름이다. 영화 연출자는 오히려 영화의 이러한 현실 재현력을 이용하여 자신의 의도를 은폐시키고, 영화 속의 내용이 구성된 세계가 아니라 있는 그대로의 실상으로 오인하게 함으로써, 수용자를 영화에 몰입하게 만든다. 따라서 영화를 보고 올바른 해석을 하려면 카메라의 각도, 움직임, 피사체와의 거리를 통해 연출자가 의도하고 있는 바를 간파할 수 있어야 할 것이다.

먼저, 카메라의 각도(angle)에는 정상적인 인물의 눈높이 화면(eye level shot), 위에서 피사체를 내려다보는 위에서 찍기(high angle), 밑에서 위로 올려다보는 아래에서 찍기(low angle)가 있는데, 위에서 찍기의 경우에는 피사체의 연약함, 초라함을 나타내어 동정심을 유발시키는 반면, 아래에서 찍기의 경우에는 피사체의 권위를 강조하며 관객을 압도하는 느낌을 준다. 이러한 기본적인 각도 외에도 비스듬하게 기운 화면(oblique shot)을 통해 환각적이거나 불안정한 심리상태를 나타내기도 하며, 새의 눈으로 바라본 각도(bird's eye view)처럼 아주 높은 공중에서 아래를 내려다봄으로써 인물보다 환경을 강조할 때 사용되는 위에서 찍기도 있다.

　그리고 카메라의 움직임에도 여러 가지 함축적인 의미를 담고 있는데, 카메라를 수평으로 움직이는 경우(pan)는 마치 사람이 고개를 돌려 주위를 전환하거나 전체적인 배경을 쳐다보는 것과 같은 효과를 가진다. 또 카메라를 수직으로 움직이는 경우(tilt)는 마치 사람을 머리끝에서 발끝까지 훑어보는 것 같이 보이게 하며 인물의 심리 상태가 변화하는 것을 나타낼 수 있다. 이 밖에도 망원렌즈나 광각렌즈를 사용하여 카메라를 고정시킨 채 초점거리를 조정하여 피사체가 커지도록(zoom in), 혹은 작아지도록(zoom out) 할 수 있다. 이것은 관객들이 피사체에 주목할 수 있도록 해 주는 효과가 있다. 한편, 카메라 자체가 피사체에 다가가거나 물러나며 궤도에서 찍는 (tracking) 경우에는 관객이 피사체에 다가가거나 멀어지는 느낌을 준다.

　다음으로, 카메라가 화면을 어떻게 구성하느냐 하는 점도 중요하다. 영화의 화면에 인물의 얼굴 표정이 보일 만큼 크게 확대할 경우(close up)는 주로 인물의 감정을 표현하는 의미를 담게 되고, 두 사람이 함께 등장하는 경우(medium shot)는 인물 사이의 관계나 대화를 나타내며, 배경과 함께 인물이 조그맣게 나올 경우(long shot)는 인물이 활동하고 있는 범위를 객관적으로 보여준다.

　이처럼 영화 텍스트를 해석하고 감상할 때 알아두어야 할 카메라 기법과 그 의미를 간략하게 정리하면 다음과 같다.[43]

[표 2] 카메라 기법과 의미

구 분	기 법	의 미 (효 과)
화면의 범위	가까운 화면(close up)	친근감, 감정이입
	중간 화면(medium shot)	대인관계
	전신 화면(full shot)	사회관계
	먼 화면(long shot)	상황소개, 공적인 거리
촬영 각도 (angle)	눈높이 화면(eye level shot)	일상적 시야, 정상적인 눈높이
	위에서 찍기(high angle)	피사체의 나약함
	아래에서 찍기(low angle)	피사체의 지배력, 권위, 권력
	기운 화면(oblique shot)	환각, 불안정, 불균형
	새의 눈으로 보기(bird's eye view)	피사체의 왜소함, 환경이나 운명의 강조
구 도 (composition)	대칭	고요함, 침착함
	비대칭	일상성
	정적 구성	갈등의 결핍
	동적 구성	혼란
심 도 (depth)	편심(偏心)초점(shallow focus)	특정부분의 강조, 관심 끌기
	연(軟)초점(soft focus)	낭만적, 신비적
	전심(全心)초점(deep focus)	모든 배경과 요소의 중요성
화면 전환	줌 인(zoom in)	관찰
	줌 아웃(zoom out)	맥락
	페이드 인(fade in)	시작
	페이드 아웃(fade out)	끝
	디졸브(dissolve)	시간의 경과, 장면의 연결
	와이프(wipe)	강요된 결론
카메라 이동	수평 회전 촬영(pan)	배경, 넓은 시야, 주관적 시점
	수직 회전 촬영(tilt)	배경, 시야 확장, 주관적 시점
	궤도 화면(tracking)	움직임, 역동성
	들고 찍기(hand held)	현장성, 즉흥성, 자유분방함

43) 이 책의 영화 용어는 이승구·이용관 엮음(2000)을 따르되, 문화관광부 고시 제2003-13호 「영화 용어 순화 자료」에서 제시된 용어의 경우에는 순화된 용어를 사용하였다. 순화 자료에는 이미 영화계에서 널리 사용되는 일부의 외래어까지 바꾸고 있어서 어색한 점이 있지만 국어 순화 취지에 찬동하기에 그대로 따르기로 하였다. 「영화 용어 순화 자료」는 문화관광부 홈페이지 참조.

영화에서 조명은 화면 밝기의 정도, 밝기의 대비, 방향, 그림자, 역광, 특수 장치 등을 구사해서 효과를 만들어 내는 방법으로 관객의 시각에 적절한 인상을 형성시켜 준다. 조명을 통하여 영화 연출자는 피사체의 윤곽과 세부를 묘사하며 분위기와 극적 효과를 만들어 낸다. 따라서 관객들은 각 장면의 분위기와 극적 효과를 파악하기 위해 어떠한 조명 기법이 사용되었는지 주목할 필요가 있다.

동적 영상인 영화의 서술은 편집(cutting)으로 이루어진다. 영화는 촬영하는 것으로 끝나는 것이 아니라, 이것을 가지고 편집을 통해 다시 조립함으로써 완성되는 것이다. 편집은 쇼트라는 단편들 사이에 관계를 맺어주는 방법이다. 하나의 장면을 어떻게 자르고 연결시키느냐에 따라 상이한 메시지와 정서를 형성시킬 수 있다. 편집이나 가까운 화면(close up)이 많으면 극중 인물에 대한 집중과 몰입이 강화될 것이고, 먼 화면(long shot)이면 객관적이고 비판적인 인식을 할 수 있을 것이다. 따라서 우리가 영화를 보면서 어떤 인물에 대해 동일시하거나 몰입하는 것은 바로 이 다양한 편집의 효과라 할 수 있다.

현실 속에서 며칠에 걸쳐 진행된 사건도 영화에서는 단 몇 초, 혹은 몇 분 동안만 진행된다. 이와 반대로 실제로는 순간적으로 벌어진 일을 영화에서는 그 장면의 분위기와 인물들의 심리 상태를 강조하기 위해 시간을 늘려 보여주는 경우도 있다. 이 모든 것은 의도적인 편집의 결과이다.

쇼트(shot)의 길이는 정해져 있지 않다. 1초도 안 될 만큼 짧은 것이 있는가 하면 어떤 것은 몇 분까지 가는 긴 쇼트도 있다. 다양한 길이의 쇼트가 서로 연결되면서 화면은 빨리 진행되기도 하고 느리게 보이기도 한다. 배우들의 격렬한 몸동작을 표현하고 사건 진행의 속도감과 긴장감을 유지하기 위하여 짧은 쇼트를 많이 사용해서 편집을 하는 경우도 있고, 안정되고 조용하며 명상적인 분위기를 연출하기 위해 긴 쇼트들을 사용하여 편집하는 경우도 있다.

한편, 대표적인 편집 방법의 하나인 몽타주는 영화의 미학적 완성을 가능케 했다고 할 만큼 중요한 표현 기법이다. 몽타주는 쇼트들을 조립하여 새로운 이미지와 의미를 만들어 낸다. 어떤 대상을 객관적으로 제시하기보다는 다양한 대상들이나 한 대상의 여러 측면을 보여주는 쇼트들을 조립하여 단순한 객관적 제시만으로는 얻을 수 없는 이미지나 인상, 의미를 만들어 내는 것이다.

영화에서 시각적인 영상에 못지않게 중요한 역할을 담당하는 것이 음향이다. 음향에는 음향효과, 대사, 영화음악 등이 있는데, 이들은 관객들이 영상을 통하여 얻게 되는 모든 시각적인 체험의 깊이를 증폭시켜 주는 구실을 한다. 그리하여 우리들은 영화를 보기만 하는 것이 아니라 듣기도 하는 것이다. 영화에서 사용되는 소리에는 화면에 보이는 물건이나 사람에게서 발생하는 소리와, 화면에서는 보이지 않지만 들리는 소리가 있다. 화면에 보이지 않는 소리를 듣고 우리는 그 소리가 발생되는 원인과 결과를 머릿속으로 상상하게 된다. 또한 배경음악으로 제시되는 음향은 영화의 분위기를 결정하는데, 보이는 화면과 어울리는 경우에는 분위기가 고조되지만 그와 다를 때는 불길하거나 모순된 분위기가 조성된다. 또한 어떤 때에는 대사보다 침묵이 더 많은 정보와 정서를 전달하기도 한다. 이는 이미 영상을 통해 전달된 정보를 다시 대사로 전달하기보다는 침묵을 통해 관객이 긴장하고 화면에 몰입하도록 유도하는 것이다.

영화음악은 영화의 주제를 나타내고, 그 영화에 알맞은 분위기와 정서를 표현하기 위해 제공되는 배경음악의 하나이다. 이것은 작곡가에 의해 해당 영화만을 위해 새로 만들어지거나, 아니면 기존의 음악에서 선별되기도 한다. 영화음악은 독립적인 하나의 음악 장르가 될 만큼 사람들에게 강한 인상을 남긴다. 영화음악을 들으면 그 영화의 영상을 다시 떠올릴 수 있는 것도 영화음악이 영화에서 중요한 구실을 한다는 증거이다.

영화의 서술기법 가운데 '화면 밖 목소리'와 '자막'은 이야기 전달에 있

어서 자유롭게 서술되는 소설에 비해 영상으로 보여주어야 하는 표현상의
어려움을 영화 나름대로 해결하기 위해 도입한 방법들이다. 즉, 영화의 경
우 인물들의 심리 내면의 목소리를 배우의 표정이나 태도, 그리고 다른 인
물들과의 대화 장면 등을 통하지 않고 직접 전달하기는 거의 불가능하기
때문에 화면에 나타나지 않는 해설 형식으로 내부의 목소리를 공개하기도
하고, 사건의 요약진술이나 시공간의 전환을 '자막'을 통해서 전달하는 경
우도 있다. 하지만 영화의 기본 서술 매체가 말과 글이 아니라 영상과 음
향이라는 점에서 볼 때, 이와 같은 목소리와 자막의 과도한 사용은 바람직
하지 않다고 할 수 있다.

　이상의 지식을 바탕으로 교수·학습 상황에서 실제 소설과 영화 텍스트
를 대상으로 수행할 만한 내용 요소와 학습 활동을 구체적으로 제시하면
다음과 같다.

- **서술자의 위치와 특성 파악**
  - 소설과 영화에서 서술자는 누구인지, 그가 이야기 속에 등장하는지
    살펴본다.
- **시점상의 차이 파악**
  - 영화에서 각 쇼트의 화면은 누구의 시점인지 말한다.
  - 소설과 영화의 시점이 고정되어 있는 편인지, 아니면 자주 변하는
    편인지 생각해 본다. 그리고 그 원인은 무엇인지 토의한다.
- **서술상의 차이 파악**
  - 소설의 요약 서술된 이야기 내용과 장면 제시된 이야기 내용을 영화
    에서는 각각 어떻게 표현하는지 살펴본다.
  - 소설의 일인칭 서술이 영화에서는 어떻게 표현되는지 살펴본다.
  - 영화에서 '화면 밖 목소리'는 어떤 경우에 쓰이며, 소설과 비교해 무
    슨 역할을 하는지 말한다.
  - 영화에서 자막이 나오는 경우를 들고, 자막을 사용하는 이유를 밝힌다.
  - 영화에서 보여주는 장면들이 마치 우리가 직접 보는 것처럼 느껴지
    는 이유가 무엇인지 생각해 본다.

- 영화에서 카메라의 위치 / 이동 / 시점에 주목하고, 그렇게 작동시킨 이유를 말한다.
- 몽타주 장면을 예로 들어 몽타주 기법에 대해 설명한다.
- 영화의 조명에 주목하여 밝기, 각도, 대비에 따라 달라지는 분위기를 찾는다.
- 영화의 종류에 따라 사용되는 조명의 차이를 말한다.
- 작품에서 화면에 보이지 않는 사람이나 사물의 소리를 찾아보고, 그렇게 사용한 이유를 밝힌다.
- 영화의 일부분을 먼저 소리를 끈 상태로 감상한 다음, 다시 소리를 들으며 감상해보고 그 차이를 말한다.
- 좋아하는 영화음악을 소개하면서, 그 음악과 영화 주제를 관련시켜 설명한다.
- 영화의 서술 방식 적용
  - 카메라를 이용해 여러 가지 각도와 움직임으로 친구들의 모습을 담아 보고, 그 효과를 토의한다.
  - 소설의 일부분을 영화로 만든다고 가정하고, 카메라를 어디서 어떻게 사용할지 생각해 본다.
  - 두 사람이 차를 마시는 장면을 다양한 방식으로 촬영·편집해 보고, 그 방법들 사이의 차이점이나 효과에 대해 토의한다.
  - 다양한 쇼트들로 연결된 장면을 보고, 왜 그렇게 편집했는지 생각해 본다.

(3) 맥락 영역의 지식과 활동 내용

① 소통·상황적 맥락

이 책에서 서사 텍스트의 맥락 요소 중 '소통·상황적 맥락'과 관련된 핵심적 지식으로 선정한 세부 내용 요소들은 다음과 같다.

문학 소통의 특징, 서사 텍스트의 소통 구조, 소설 소통의 기본 모형, 영화 소통의 기본 모형, 영화 제작 방식 및 과정, 비극장용 영화, 영화 관람

등급 분류, 영화의 산업적 성격과 상업성

그럼, 이들 세부 내용 요소들에 관한 개념과 원리들을 자세히 서술해 보
도록 하자.

▼ 문학 소통의 특징

이야기(서사)는 서술자와 독자(관객) 사이에 소통이 이루어질 때 비로소
성립된다. 즉, 이야기라는 것은 소통의 과정이 있어야만 비로소 존재하게
되는 것이다. 문학이 소통되는 현상에 주목하여 각 요소들과 그들 사이의
작용을 밝힘으로써 문학 행위를 해명하려고 한 문학소통이론을 참고로 하
여 소설과 영화의 소통 구조를 살펴보도록 하자.

정보이론, 기호학, 대중소통이론 등을 근간으로 하여 정립된 문학소통이
론에서는 문학 텍스트의 생산, 중개, 수용 과정을 작가와 독자 사이의 특수
한 소통관계로 파악한다. 소통은 의사가 전달되는 곳에서는 어디에서나 행
해지는 것으로서 인간의 원초적 욕구 중의 하나이며 사회적 삶의 기본 조
건이기 때문에 특수한 양태의 언어교류 활동이라고 할 수 있는 문학소통
역시 본질적인 면에서는 일반적인 소통체계와 일치할 것으로 본다. 다만
문학적 소통은 일상적 소통이 지닌 대면성, 역할 교환, 직접성, 일의성(一意
性) 등의 특성과는 차별되는 문자적인 심미적 소통이라는 특성을 가지고
있기 때문에 정보 속의 객관적 메시지의 파악보다는 그 메시지를 기초로
하여 수신자마다 다양하게 나타나는 의미실현이 더욱 중요하게 고려되어
야 한다. 다시 말해, 텍스트 소통의 개별적, 개인적 실현화에 기초하는 구
조 상응적, 심미적 의미체계를 분석 대상으로 삼는다(권오현, 1992 : 12~16).

▼ 서사 텍스트의 소통 구조

서사 텍스트는 작가의 발화가 직접적으로 독자에게 전달되지 않는다.

즉, 작가로부터 독자에게 이르는 이야기 전달 과정에는 여러 가지 매개항이 존재한다. 생각해 보면 우리가 작품을 통해서 만나는 작가는 실제 현실에서 움직이고 생활하는 작가와는 다른 존재이다. 그는 다만 독자에 의해 작품으로부터 재구된 존재일 따름이다. 예컨대 우리가 「소나기」라는 소설을 읽고 그 작품을 통해 짐작되는 작가는 실제 작가인 황순원과 다를 수 있다. 마찬가지로 우리가 <올드 보이>라는 영화를 관람하면서 예상한 작가가 시나리오와 연출을 담당한 박찬욱과 다를 수 있다. 이처럼 작가는 텍스트를 창작하는 과정에서 자기 자신의 내포된 작가로서의 위상을 창조해 나가기 때문에 우리는 동일한 작가가 쓴 여러 작품들에서도 제각각 다른 작가와 대면하게 되는 것이다. 웨인 부스(W. Booth)는 우리가 텍스트를 통해 만나게 되는 작가를 실제 작가와 구별하여 '내포 작가(implied author)'라 불렀다. 설화나 인터넷에서 떠도는 이야기들의 경우와 같이 고유한 인격체로서의 실제 작가가 존재하지 않는 서사물에도 내포 작가는 항상 존재한다. 또한 영화와 같이 실제 작가가 집단적 경우에도 하나의 내포 작가는 있다(Chatman, 한용환 옮김, 2003 : 166).

물론 실체로 존재하는 실제 작가의 경우, 그가 지닌 조건이 텍스트 생산에 영향을 미치기도 한다. 혈연, 계급, 성별, 연령, 소속단체 등의 사회적 요인이나 성격, 학력, 경력, 지식수준, 언어능력, 세계관 등의 개인적 요인이 작가의 기대지평을 형성하여 문학 텍스트 생산의 중요한 배경으로 작용하는 것이 사실이다. 그리고 이런 영향 관계에 관심을 가지는 작가 전기적 연구가 오랫동안 문학 연구의 한 분야가 되어 왔다. 하지만 이러한 실제 작가의 체험과 기대지평이 문학 텍스트 내에서 미적으로 재창조되어야 한다는 점을 감안하면, 텍스트 내적인 차원에서 창조 의향을 가지고 다양한 기법과 표현을 통해 텍스트를 생산하는 내포 작가에 주목하는 것이 보다 근본적인 작품 연구 방법이라 할 수 있다.

그런데 이러한 내포 작가는 '목소리'를 지니지 못하므로, 정작 서사 텍스트 내에서 서사물을 창안할 뿐 직접적으로 독자와 의사소통을 하지 못한다. 그리하여 자신이 고안해 낸 '화자(서술자)'의 목소리를 통해서 우리에게 재미난 이야기를 전해주는 것이다. 많은 서사물에서 내포 작가는 자신의 견해를 대변할 수 있는 서술자를 내세우지만, 간혹 자신과 전혀 다른 생각을 가진 서술자를 내세우기도 한다. 이런 경우의 서술자를 웨인 부스는 '믿을 수 없는 화자(unreliable narrator)'라고 했다. 이처럼 믿을 수 없는 화자가 있을 경우, 우리는 그의 언어를 재조정해서 수용하게 되며, 서술자 이면(裏面)에 그와 다른 내포 작가가 존재한다는 것을 뚜렷하게 감지하게 된다.

내포 작가에 대응되는 존재는 '내포 독자'이다. 내포 독자 역시 구체적인 시공간에서 책을 읽는 실제 독자가 아니라, 서사물 자체에 의해 예상된 독자를 뜻한다. 그리고 서술자에 대응되는 개념으로 그의 말을 경청하는 존재는 '수화자'이다. 서술자와 내포 작가의 관계처럼 내포 독자도 수화자와 같은 입장에 설 수도 있고, 그렇지 않을 수도 있다. 이상의 서사 텍스트의 소통 구조는 다음과 같이 요약할 수 있다.

실제 작가 →【내포 작가 → 서술자 → 수화자 → 내포 독자】→ 실제 독자

▼ 소설 소통의 기본 모형

소설의 소통 현상을 그림으로 나타내보면 다음과 같다.[44)]

---

44) 이 그림은 권오현(1992 : 29)을 바탕으로 필자가 일부 수정한 것이다.

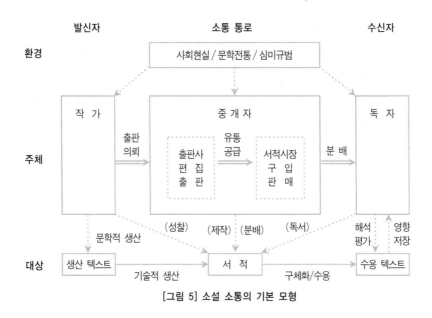

[그림 5] 소설 소통의 기본 모형

이 모형은 정보이론의 '발신자-소통 통로-수신자'를 기본 골격으로 하여 소통 환경과 주체와 대상, 세 개의 차원으로 구조화한 것이다. 먼저, 환경의 차원은 문학 행위에 영향을 주는 제반 요소로서 사회적, 역사적, 문화적 맥락을 형성하는 모든 외적 영향 요소들이 여기에 포함된다. 이들은 소통 주체가 지닌 내적 영향 요소와 더불어 모든 문학 행위의 양태와 방향을 결정짓는다. 다음, 주체의 차원은 소통 당사자로서, 이들은 각기 시간의 흐름에 따라 생산-중개-수용 행위를 직접적으로 실행한다. 마지막, 대상 차원은 서사 텍스트의 내적 변화를 다룬 것으로서 동일한 문학 정보가 주체와 관련하여 각기 다른 양태로 존재함을 보여준다. 즉, 맨 처음 작가의 노력으로 원고(原稿)의 형태로 생산된 텍스트였지만, 출판사가 그 텍스트에 유통가치를 부여하기 위해 기술적 재생산을 행한 이후에는 서적(書籍)의 형태가 되고, 이를 독자가 의미 구체화한 이후에는 수용 텍스트가 된다. 이때 수용 텍스트는 물질적으로 존재하는 것이 아니라 독서 후에 독자의 인지와 정서에 추상적인 형태로 구축된다.

　작가는 자신의 판단이나 의도에 따라 하나의 텍스트를 생산하지만 그 이전에 이미 그는 한 사회의 구성원으로서 당대 사회 현실과 결부된 제반 조건들의 영향 아래에서 텍스트를 생산하게 된다는 점에서 작가와 환경의 연관 관계를 파악하는 것이 중요하다고 할 수 있다. 서사 텍스트는 사회 현실의 반영이므로 작가는 생활에서 관찰하고 체험한 것을 통해 작품의 소재를 취하고 주제를 정해 텍스트를 생산한다. 이런 면에서 환경은 작가가 보고 느끼고 행동하는 활동 무대이며 그에게 텍스트 생산을 위한 재료나 기법을 제공하는 공급원이 된다. 즉, 환경은 특정한 역사적 조건 아래에서 인간과 사물이 존재하는 실제로서 창작의 자극이 되는 작가의 생활 체험이나 이념이 형성되는 곳일 뿐만 아니라, 문학 생산에 응용될 수 있는 문학 관습이나 자료, 표현 수단이나 기법 등 다양한 문학적 자산까지 포함하는 곳이다.

　작가는 실제 현실에서 직·간접적으로 체험한 사실들을 자신의 상상공간 속에서 변환하여 하나의 가공적 사실을 구축한다. 자신의 유소년 시절의 가난과 폭력과 죽음의 체험들을 문학적으로 형상화한 김원일, 현기영, 윤흥길, 오정희 등이 이에 해당될 것이다.[45] 따라서 작가는 사회현실에서 얻은 다양한 경험이나 자료들을 선택적으로 추출하여 소통의도에 합당하도록 새로운 이야기를 형상화한다. 또한 작가는 이렇게 가공된 사실을 텍스트 속에 직접 표현하는 것이 아니라 전달효과를 높이거나 심미성을 제고하기 위해 전략적으로 다듬어진 방식으로 표현한다. 이처럼 서사 텍스트는 경험과 상상과 구성의 통일체이기 때문에 동일하게 가공된 사실들도 작가가 문학 현실에서 어떤 요소들을 추출하여 적용하느냐에 따라 전혀 다른 양상을 지니게 된다.

---

45) 임경순(2003a)은 1960년대 이후 유소년기 소설을 대상으로 작품에 나타난 이러한 경험의 양상을 밝히고, 경험을 서사화하는 방법을 탐색한 바 있다.

▼ 영화 소통의 기본 모형

소설에 비해 영화의 소통 구조는 복잡한 편이다. 앞서 살펴 본 소설의 소통 모형을 바탕으로 영화 텍스트에 맞게 재구성해 보면 다음과 같다.

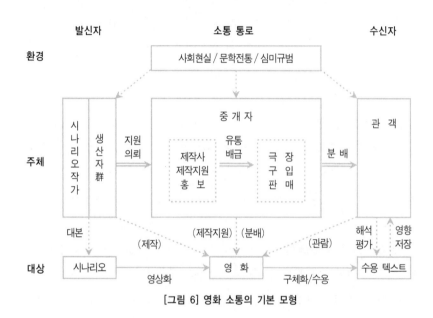

[그림 6] 영화 소통의 기본 모형

이처럼 영화는 소통의 주체인 발신자와 수신자가 소설보다 훨씬 많은 다수의 대중이다. 소설은 일반적으로 작가의 개별적인 작업을 통해 텍스트가 생산되는 반면, 영화는 시나리오 작가, 연출자, 촬영자, 배우, 제작자, 기술진 등 다수의 사람들이 참여하여 이뤄진다.[46] 또한 영화 텍스트는 생산의 계기가 다양하다. 시나리오 작가가 자신의 작품을 영상화해 줄 제작

---

46) 작품의 예술성을 담보해 주는 독창성이나 완결성 측면에서 개인적인 생산 방식이 간단하며 편리하기는 하지만 그렇다고 집단적인 생산 방식이 그러한 작품의 독창성이나 완결성을 이끌어 낼 수 없는 것은 아니다. 오히려 음악, 무용, 연극을 비롯하여 심지어 미술과 같은 예술 장르에서도 이러한 집단적 생산 방식이 여러 개인의 협력을 통하여 무궁무진한 독창성과 완벽한 완성도를 보여주는 예를 쉽게 찾아 볼 수 있다. 그러므로 생산 방식이 집단적이냐 개인적이냐 하는 것으로 그 작업의 예술성을 평가할 수는 없다.

자를 찾아서 시작되는 경우가 있는가 하면, 역으로 제작자가 기존 소설을 시나리오 작가에게 각색을 의뢰하여 영상화가 이뤄지는 수도 있다. 또, 원작 소설의 작가가 자신의 작품을 직접 시나리오로 각색하기도 하고, 시나리오 작가가 연출을 겸하는 경우도 많다.

먼저, 발신자의 측면에서 시나리오 작가가 영화의 대본을 창작 혹은 원작 문학 텍스트를 각색하는 과정을 생각해 보자. 이때 시나리오 작가는 문자로써 구체적인 행위와 이미지 및 음악이 영상으로 표상될 수 있도록 기술(記述)한다. 각색의 경우에도 원작자의 사고와 정서를 보편적으로 수용하면서도 주체적으로 해석하는 태도로 임하게 된다. 또 이렇게 생산된 시나리오를 바탕으로 영상화에 참여하는 생산자인 연출자, 촬영자, 배우, 기술진 등이 협력하여 자신들의 해석과 기술을 통해 영화 텍스트로 전화시키는 과정을 거친다. 이때 생산자들에게는 시나리오를 해석하여 영화로 탈바꿈시키는 데 필요한 풍부한 상상력과, 다채롭고 기발한 화면 구성과 편집을 선보일 수 있는 창조력이 요구된다. 연기, 촬영, 조명, 소품, 의상, 음향, 음악, 편집, 컴퓨터 그래픽, 장비 등 다수의 생산자가 여러 분야별로 나눠 유기적으로 작업을 펼치고, 이를 결합하여 반복적으로 수정하면서 영화 텍스트를 완성해 간다.

다음, 중개자는 영화를 기획하여 지원하고, 생산된 텍스트를 홍보하는 제작사와 유통 배급하는 일을 한다. 이들이 다분히 재화 획득을 목적으로 하는 산업적 측면이 많지만, 예술 문화의 보급이라는 긍정적 역할도 수행하고 있다는 점에서 무시해서는 안 되는 주체임에 틀림없다. 상업적 목적으로 제작된 장편영화의 경우는 배급을 목적으로 세워진 회사들을 통해 배급되는데, 대부분은 상업 영화관(극장)에서 상영된다. 그런데 오늘날은 한 회사가 제작에서부터 배급과 상영에 이르기까지 모든 과정을 직접 처리하는 경향을 보이고 있다.

마지막, 관객의 수용 과정은 텍스트의 객관적이고 표층적인 인식이 이루어지는 수용 단계를 거쳐 수용자의 경험과 기대지평을 확장해 나가는 심층적인 수용 단계로 나아가는 것으로 생각해 볼 수 있다. 1차적 수용 단계에서는 영화 텍스트에 내재된 의미를 상식적 수준에서 파악하게 되지만, 이를 바탕으로 심화된 감상이 이루어지는 2차적 수용 단계에서는 텍스트의 미적 구조와 상징적 의미를 해석하고 평가함으로써 텍스트의 미적 가치를 발견하고 내면화하는 체험을 하게 된다.

▼ 영화 제작 방식 및 과정

영화는 제작하는 방식이 다양하다. 흔히 '할리우드(Hollywood) 제작 시스템'이라고 불리는 스튜디오 제작 방식은 많은 자본을 가진 영화사가 전문적인 기술을 가진 인력들을 고용하여 영화를 만드는 방식이다. 반면, 개인적인 영화 제작의 경우에는 영화 제작자가 예술가의 역할을 한다. 즉, 개인적인 영화 제작자는 제작에 필요한 자금을 대는 한편 작품을 스스로 제작해 나간다. 대개 이런 작업은 실험적인 영화나 다큐멘터리 영화의 제작 방식에 쓰이는 방식이다. 이와는 달리 집단적으로 영화를 제작하는 방식도 있다. 여러 명의 영화인들이 공동으로 제작에 필요한 자본을 여러 사람이나 단체들로부터 조달하고 계획을 수립하며 역할을 분담하여 공동의 의사결정과 집행과정을 거친다. 이를 흔히 '독립영화 제작 방식'이라고 한다.

영화 제작 과정은 일반적으로 '준비-촬영-후반작업'의 세 단계로 진행된다. 이들 각 단계에 대해서 오늘날 일반적인 스튜디오 제작 방식을 중심으로 알아보면 다음과 같다. 준비 단계는 자본과 대본을 마련하는 단계다. 맨 먼저 영화 제작자는 제작할 영화의 대본을 전문적인 시나리오 작가의 작품이나 시나리오 공모, 혹은 기존 소설의 각색 등 여러 가지 방법을 통해 마련한다. 대본의 제작은 크게 두 가지로 구분되는데 처음에는 작품의 개요를 설명한 대략적인 대본(synopsis)을 만드는 작업이고, 그 다음에는 여기에 대사와 동작 그리고 장면 설명에 관한 지시사항까지 상세하게 기록한 촬영 대본(shooting script)을 작성하는 것이다. 다음으로 이 대본이 완성단계에 이르면 제작자는 시간 계획, 인원 구성, 소요 경비 등을 고려하여 영화의 재정을 기획하게 된다. 또한 감독과 주연 배우 등을 선정하고 섭외하는 동시에, 영화에 필요한 자본을 확보하기 위해 투자자를 찾는다. 배역을 맡은 배우들은 촬영 전에 미리 충분한 연습을 통해 역할을 제대로 소화해 낼 수 있도록 준비한다. 촬영 단계에서는 연출의 책임을 맡은 감독이 영화의 모든 요소에 관여하면서 최종적인 결정을 내린다. 하지만 영화가 카메라 촬영, 음향, 조명, 배우, 배우의 섭외 및 관리, 연기 지도, 분장과 의상, 무대장치 및 소품 등 여러 가지 분야의 작업들이 함께 어울려 제작되는 것이므로 영화감독은 각 분야를 전문으로 하는 담당자들과 수시로 의견을 교환하면서 조화와 협력을 이끌어 내는 통솔력을 발휘해야 한다. 후반작업 단계에서는 편집 기사를 동원하여 촬영한 필름들을 분류하고 조합한다. 또한 음향의 경우도 적당한 음향효과와 영화음악을 넣고, 영화에 따라서는 촬영한 필름에 대사를 녹음하기도 한다.

▼ 비극장용 영화

영화는 극장에서 상영되는 것 외에도 텔레비전의 방송(유선방송, 공중파방송, 위성방송)이나 비디오테이프 및 CD나 DVD 형태로 VCR이나 DVD 재생기, 개인용 컴퓨터 등을 통해서도 감상할 수 있다. 경우에 따라서는 이런 비극장용 영화를 배급, 상영하여 거두어들이는 수익이 극장 상영을 통한 수익보다 더 많을 때도 있다. 하지만 영화 상영관에서 작품을 감상하는 것과 텔레비전이나 컴퓨터를 통해 작품을 감상하는 것은 여러 가지 면에서 차이가 난다.[47]

---

47) 극장에서 볼 수 있는 영화와 비디오를 통한 영화의 차이는 우선 기술공학적 요소에서 기인한다. 비디오는 화상 튜브 표면에 감광 형광체를 쏟아 보냄으로써 영상을 만든다. 튜브 이면의 '총'은 형광체를 하나씩 활성화시키면서 화면을 화소(畵素)로 낱낱이 나눈다. 가정용 텔레비전 수상기에 들어 있는 주사선(走査線)은 보통 425개 정도이다. 그러나 영화 필

▼ 영화 관람 등급 분류

영화의 경우 상영에 따른 등급이 분류되어 있다. 이는 작품을 감상하기에 이해 수준이나 성숙도 면에서 미흡한 대상을 제한함으로써 아동 및 청소년들을 보호하려는 의도에서 만들어진 제도다. 상영에 따른 등급 분류는 나라마다 조금씩 차이를 보이는데, 우리나라의 경우는 '전체 관람가, 12세 이상 관람가, 15세 이상 관람가, 청소년 관람불가, 제한상영가'로 분류하고 있다. 즉, '청소년 관람불가' 등급으로 분류된 작품은 청소년(고등학생을 포함하여 18세 미만의 관람객)은 관람할 수 없으며 이를 어길 때에는 상영하거나 대여한 자가 법률에 의해서 처벌받도록 되어 있다.[48]

▼ 영화의 산업적 성격과 상업성

영화는 예술이면서 동시에 산업의 성격을 함께 지니고 있다. 특히 앞의 소통 구조에서 확인한 것처럼 영화의 제작에서부터 상영에 이르기까지 모든 과정에는 창조적 요소와 기술·공학적 요소뿐 아니라 산업적 요소가 함께 작용한다. 영화의 제작과 보급에는 거액의 자본이 들어간다. 그러므로 영화 제작에 쓰인 자본 이상의 경제적 이윤을 남기기 위해 대부분의 영화는 순수한 예술적 의도만으로 제작되지는 않는다. 바로 이런 상업성으로

름은 그보다 훨씬 많은 시각적 정보를 전달할 수 있다. 최근 실험을 통해 35mm 컬러필름은 2,300에서 3,000개의 주사선과 동등하다는 결과가 나왔다. 장면의 가장 밝은 부분과 가장 어두운 부분의 관계를 지칭하는 명암 대비율의 경우에도 비디오는 최고 30 : 1인 반면, 영화 필름은 120 : 1의 비율로 재생한다고 한다. 이러한 차이로 인해 영화가 비디오로 옮겨질 경우 영화 필름의 24프레임이 30프레임으로 변하면서 경계가 예리한 빨간색과 오렌지색이 고유하게 표현되기 어려워지는 등 선예도와 명암 대비율이 떨어지고, 색조가 퇴화되는 현상이 일어난다. 또한 화면의 크기에 있어서도 영화의 양쪽 일부분이 비디오에서는 잘려져 볼 수 없게 된다. 이와 같은 기술공학적 측면 외에도 매체 특성 때문에 달라지는 점도 적지 않은데, 특히 텔레비전의 프로그램으로 영화가 방송될 경우에는 많은 부분이 삭제되고, 편집되어 방송되는 경우가 많다. 이것은 공중파 방송일 때 더욱 심각하다. D. Bordwell & K. Thompson, 주진숙·이용관 옮김(1993 : 50~52) 참조

48) 이는 '영화 및 비디오물의 진흥에 관한 법률'과 '청소년보호법'과 같은 법률로 규정되어 있다.

인해 영화의 예술성을 의심하는 비판적 견해가 늘 제기되고 있다.

실제로 영화의 상업성이 지나치게 노골적이어서 제작진들의 예술적인 창작 의도가 훼손되거나 상실되는 경우가 있다. 이렇게 되면 영화는 감동과 깨달음, 그리고 심미적인 즐거움의 가치를 잃게 되고, 오직 왜곡된 환상과 저질의 쾌락적 자극만 전해 주게 된다. 이와 같은 상업성의 부정적 현상 가운데 하나로 영화 속의 간접 광고를 지적할 수 있다. 영화의 제작비를 마련하기 위해서 어떤 영화에서는 교묘하게 등장인물의 의상이나 소품, 무대나 배경에서 특정 상품이나 회사를 보여줌으로써 광고를 하는 장면이 나온다. 이것은 영화 감상자의 의사와 무관하게 특정 회사나 상품의 광고를 보게 하는 것임으로 잘못된 행위다. 관객은 영화를 감상하려고 일정한 비용을 지불한 것이지 광고를 보려고 그런 것은 아니기 때문이다. 이 같은 산업으로서의 지나친 상업주의는 비판적인 감상 태도를 통해 극복하여 영화의 예술적 가치를 지켜내야 할 것이다.

이상의 지식을 바탕으로 교수·학습 상황에서 실제 소설과 영화 텍스트를 대상으로 수행할 만한 내용 요소와 학습 활동을 구체적으로 제시하면 다음과 같다.

- **소통 구조의 차이 파악**
  - 소설과 영화의 소통 구조상의 차이를 설명한다.
- **생산(발신)의 상황 맥락 파악**
  - 소설 작가와 영화 연출자의 창작 의도을 비교한다.
  - 소설 작가와 영화 연출자의 생애와 작품세계를 알아본다.
  - 영화를 제작하는 데 동원되는 사람들과 그 역할에 대해 조사한다.
- **중개(소통 통로)의 상황 맥락 파악**
  - 작품의 소통상의 특이점을 알아본다.
  - 영화에서 간접 광고를 하는 장면을 찾아본다.
  - 작품의 예술성과 상품성의 상관관계에 대해 토의한다.

• **수용(수신)의 상황 맥락 파악**
　－작품이 거둔 가시적인 성과나 수용자의 반응을 조사한다.
　－작품에 관한 소감이나 비평하는 글을 모아 요약해서 발표해 보고,
　　동의하는 부분과 동의하지 않는 부분을 말한다.

② 장르적 맥락

　이 책에서 서사 텍스트의 맥락 요소 중 '장르적 맥락'과 관련된 핵심적
지식으로 선정한 세부 내용 요소들은 다음과 같다.

　　장르의 개념과 기능, 하위 서사 장르의 전개 양상과 변천의 동인, 소설의
　유형, 영화의 장르 개념과 특징, 영화의 유형

　그럼, 이들 세부 내용 요소들에 관한 개념과 원리들을 자세히 서술해 보
도록 하자.

▼ 장르의 개념과 기능

　장르(genre)는 구체적인 역사 속의 수많은 개별 예술 작품들을 유형화한
것으로 장르 분류는 이들을 미학적으로 구분하는 논리적 체계이다. 현실
반영 방식을 기준으로 한 인식론적 분류에 따라 전통적으로 문학은 서사,
서정, 극 장르로 분류되었다. 이와 같은 문학의 장르 구분은 문학 텍스트의
생산과 수용에서 중요한 역할을 한다. 즉, 텍스트를 생산하는 작가는 자신
의 창조적 상상력을 발휘할 만한 표현 양식을 당대의 문학 장르를 참고로
하여 그 가운데 한 양식을 통해 발현할 것이며, 독자 역시 어떠한 텍스트
를 수용하는 과정에서 맨 먼저 그 텍스트의 장르를 파악하고 그 양식적 특
성을 고려하여 그에 알맞은 방식으로 텍스트를 해석하고 감상하기 때문이
다. 이처럼 텍스트의 장르적 맥락에 대한 지식은 텍스트의 생산과 수용에
서 필수적인 내용이 된다.

▼ 하위 서사 장르의 전개 양상과 변천의 동인

　기본 장르로서 서사는 사회·역사적 변화에 따라 여러 변종 장르로 전개되었다.[49] 서사문학은 신들과 관련된 이야기인 신화(神話)에서부터 영웅담, 모험담, 애정담 등 구비 전승되던 전설(傳說)과 민담(民譚)들을 거쳐 지금의 소설과 영화에 이르기까지 길고 긴 역사를 자랑한다.

　서사문학이 이처럼 신화, 전설, 민담, 고소설, 근대소설, 영화, 하이퍼텍스트 소설 등으로 변천한 이유는 서사문학이 인간의 삶과 이를 둘러싼 세계를 반영한다는 점을 생각할 때, 인간의 삶의 양상과 인식구조가 변하였기 때문으로 볼 수 있다. 즉, 고대에는 인간이 온갖 경이로운 자연 현상에 압도되어 자연을 지배하는 신성한 존재를 믿게 되었고, 그 힘에 따라 삶의 질서를 유지하였다. 그리하여 창세(創世)나 창씨(創氏)에서부터 건국(建國)의 이야기에 이르기까지 절대적인 당위성과 정통성을 신성한 존재의 힘에서 찾는 내용의 서사가 만들어졌다. 신적 권위에 결부된 인간 세계의 질서는 그 뒤 조금씩 균열되기 시작하면서 전설이 발생하지만 비범한 능력의 인간이 신의 섭리에서 벗어나지 못하고 비극적으로 좌절됨으로써 여전히 세계가 신성한 원리에 의해 지배되고 있다는 것을 반영하는 이야기로 남게 되었다.

　하지만 신의 섭리와 인간의 질서가 분열된 시대에 이르게 되자, 인간은 더 이상 신적인 원리에 의존하지 않고 자신의 관점으로 세계를 바라보게 되면서 소설이 출현하게 되었다. 물론 고소설(로망스)의 시대에도 신적인 공간인 천상계가 여전히 존재하지만 조선시대의 영웅소설에서 천상계가 꿈을 통해서만 나타나는 것처럼 이전과 같이 신의 섭리가 구체적인 모습으로 나타나거나 직접적으로 인간의 삶에 관여하지는 않게 되었다. 다만 인간은

---

49) 문학의 장르는 기본 장르와 변종 장르로 구분되는데, 시공을 초월하여 나타나는 인간의 자기표현 방식인 서정, 서사, 극, 교술 등을 기본 장르라 하고, 시대와 지역에 따라 기본 장르가 다른 양상으로 나타나는 것을 변종 장르라 한다(김윤식, 1973 : 91~92).

신의 원리 대신에 인간의 질서 즉, 충(忠) 효(孝) 열(烈)과 같은 덕목을 내세워 지상에서의 삶의 질서를 유지하려고 하는 내용으로 이야기를 만들게 되었다.

이러한 고소설은 근대에 이르러 또다시 변화를 겪게 되었다. 사람들은 충효열과 같은 덕목이 더 이상 조화된 사회의 행복을 보장하지 못함을 깨닫게 되었다. 이런 이념과 덕목이 영원한 행복을 보장한다는 것은 관념일 뿐이며, 실제 현실에서는 사회와 분열된 개인이 고통을 당한다는 사실을 인식하게 된 것이다. 인간은 사회와 개인이 분열되었음을 깨닫자, 이 둘을 묶어 주었던 관념을 버리고 개인을 존중하는 현실의 원리를 믿게 되었다. 근대소설의 발흥은 이러한 현실주의와 개인주의에 근거한 것이다. 근대소설은 사회와 개인의 갈등, 즉 사회의 이념과 개인의 삶이 조화될 수 없는 현실의 분열된 모습을 드러내면서 또한 그 분열을 극복하려는 개인의 내면적 의지를 보여준다.

소설의 양식은 사회 경제적인 양상과 밀접한 관련을 가진다. 즉, 고소설에서 근대소설까지의 이행은 봉건제에서 자본주의제까지 발전 과정과 관련이 있다. 그러므로 자본주의 문화의 토대가 되는 개인의식의 발달은 사회 전체를 지배하는 봉건적 관념이 더 이상 개인의 삶을 지배하지 못했기 때문이다. 말하자면 근대소설은 지배적 관념보다는 개인의 현실을 더 중요하게 여기게 된 것이다. 근대소설의 출현과 함께 등장한 리얼리즘의 창작 원리는 이러한 현실주의적 인식태도를 바탕으로 한다.

근대소설이라는 양식을 통해 개인의 삶과 행복을 추구하였으나 자본주의적 현실 속에서 사회와 개인의 갈등이 더 깊어만 가게 되자, 이제는 그 고통의 원인에 대한 고찰과 함께 그러한 현실에 대한 비판과 저항이 늘어나게 되었다. 현실의 모순을 비판하고 개인적 삶의 의미를 묻는 것이 근대소설의 중심적인 과제가 된 것이다. 그리하여 비판적 리얼리즘이라 부르는 이러한 양식이 근대소설의 주류를 이루게 되었다. 그러나 개인적인 비판의 목소리로 분열된 세계를 극복하기는 쉬운 일이 아니었다.

　한편, 근대소설에 나타난 개인과 사회의 분열과 관련해 현실의 모순에 저항하면서 새로운 사회의 건설로 나아가려는 소설들이 나타나게 되는데, 이 새로운 소설 양식은 개인의 문제를 초월하여 다시 집단적 신념을 추구한다. 응집된 집단 공동체적 신념에 근거하여 이상적 사회의 건설로 매진하는 인물과 사건이 그려지는 사회주의 리얼리즘이 바로 그것이다. 이러한 사회주의 리얼리즘의 지향점은 다시 사회와 개인, 인간과 세계를 조화시키려는 데 있다. 새로운 이상적 사회의 건설은 그냥 주어지는 것이 아니고, 비범한 인식과 행동이 요구되므로 사회주의 리얼리즘에는 고소설처럼 영웅적 인물이 다시 등장한다. 그러나 이 영웅적 인물은 고소설처럼 천부적인 인물이 아니라, 민중 속에서 생활하면서 신념을 형성하게 되고 민중의 요구를 성취하기 위하여 투쟁하는 현실적인 인물로 그려진다.

　근대소설에서 리얼리즘과는 다르게 진행되는 또 하나의 흐름이 모더니즘 소설이다. 모더니즘 소설은 개인과 사회의 분열을 담는 것에서 한걸음 더 나아가, 통일적으로 파악되기 어려운 개인의 내면에 관심을 가진다. 이 때문에 모더니즘은 인간을 사회로부터 고립시켜 형상화하는 경향을 나타낸다. 그러나 원래 모더니즘의 목표는 인간과 사회와의 관계를 보다 복합적이고 심층적으로 파악하려는 데 있다고 할 수 있다.

　이처럼 서사문학의 하위 장르적 변천은 현실 세계와 이에 대한 인간의 인식구조의 변화에 의한 것이기도 하지만, 또한 전달 방식 즉, 매체 자체의 변화와도 연관되어 있다. 다시 말해 '말'에 의해 구비 전승되어온 설화(신화, 전설, 민담)에서 '글'인 소설(고소설, 근대소설)로의 변화는 인간의 삶과 인식구조의 변화에 기인된 것이지만 또한 구비문학에서 문자문학으로의 전환이기도 한 것이다. 하지만 서사문학은 여기에 멈추지 않고 더 나아가 '영상'을 중심으로 한 영화, TV 드라마, 만화, 애니메이션, 게임, 뮤직 비디오, 하이퍼텍스트 소설과 같은 다중매체 서사물을 양산하고 있어 우리 시대의 서사문학이 또 다른 형태로 전환되고 있음을 시사해 주고 있다.

널리 보급된 컴퓨터와 비디오 등의 전자매체를 통해 가상현실을 만들어 냄으로써 현실에 대한 이해 방식도 바뀌게 되었다. 즉, 현실 자체를 구성된 재현으로 보는 해체론과 포스트모더니즘은 이 전자매체에 맞는 오늘날의 철학적 담론인 것이다. 메타픽션 등 포스트모더니즘 소설은 해체론, 탈구조주의, 그리고 전자매체와 관련된 소설의 변화를 보여준다. 신화에서 영화나 하이퍼텍스트 소설에 이르기까지 서사문학의 변화는 이처럼 매체 및 인간의 삶의 변화라는 두 축의 상응관계 속에서 나타난 셈이다(나병철, 1998 : 38~60).

▼ 소설의 유형

단순히 분량에 의해 소설을 분류해 보면, 200자 원고지를 기준으로 20~30매 정도의 콩트(conte), 100매 내외의 단편소설(short story), 300~500매 정도의 중편소설(medium length story), 1천매 내외의 장편소설(novel), 여러 권의 단행본 분량의 대하소설(river novel) 등으로 나눌 수 있다. 또는 작품에서 다루는 제재에 따라 해양소설, 항공소설, 농촌소설, 도시소설, 전쟁소설, 과학소설, 종교소설, 역사소설, 추리소설, 탐정소설 등으로 분류하기도 한다.

▼ 영화의 장르 개념과 특징

영화도 주제, 인물, 구성, 시각·청각적 요소 등에서 유사한 부류끼리 유형화함으로써 여러 가지 하위 장르로 분류된다. 장르를 통해 수용자들은 이미 그들이 수용했던 다른 텍스트들과의 맥락 안에서 대상 텍스트를 받아들이게 된다. 다시 말해, 대상 텍스트의 장르를 고려함으로써 수용자는 자신이 과거에 수용했던 텍스트들과의 상호텍스트성에 바탕을 두고, 대상 텍스트를 통해 충족시킬 수 있는 것을 기대하고, 익숙한 것을 즐기게 된다.

그런데 다른 예술과 달리 영화에서의 장르는 대량 생산과 소비와 관련하여 '장르영화'라는 독특한 개념이 성립되었다. 즉, 할리우드는 영화를 자본의 논리로 이해하여 일정한 주제나 소재, 형식적 특징, 표현 방식, 관습에 의해 작품을 만들고 반복하면서 이윤을 창출하여 다양한 장르의 영화를 전개시켰다(민병욱, 2006 : 59~60).

같은 장르에 속하는 영화 텍스트들은 공통적으로 비슷한 요소를 가지고 있다. 이야기의 구성이나 전개에 있어서 무슨 공식이나 관습처럼 반복되는 이런 요소들 때문에 같은 유형으로 묶이게 되는데, 관객은 암암리에 특정 장르에서 반복되는 요소들을 어느 정도 알고 있기 때문에 친숙함 속에서 기대를 충족시키며 영화 텍스트를 즐기게 된다. 우리는 영화를 볼 때, 아무리 극적 긴장감을 유발하는 상황에서도 주인공인 인물이 쉽게 죽지 않을 거라는 것을 알고 있으며, 가볍고 즐거운 장면이 나오면 곧 불안하고 무거운 내용이 전개될 것을 어느 정도 예상하면서 다음 장면을 기대감을 갖고 보게 된다.

서부극에서의 결투 장면, 뮤지컬에서 사랑하는 남녀가 춤추는 장면, 수사극에서 경찰과 범인의 추격 장면 등은 일종의 관습처럼 동일한 장르에서 반복되는 요소이다. 이 밖에도 특정 장르에 반드시 포함되는 인물형, 의상, 도구, 장소 등도 그 장르의 특징적 요소가 된다. 예컨대 서부극에서는 법을 수호하는 정의로운 보안관, 범법과 약탈을 일삼는 악당, 정처 없이 떠돌아다니는 전설적인 총잡이, 행동은 거칠지만 순정을 지닌 아름다운 여자, 야만적인 인디언 등이 고정적으로 등장하며 말, 총, 역마차, 술집, 열차, 평원 등이 나오게 마련이다. 하지만 이러한 유사한 요소들이 개별 텍스트에서는 조금씩 변형되는데, 특정 장르의 이런 공식과 관습을 알아낸다면 수용자들도 대상 텍스트의 익숙한 점과 새로운 면을 찾아내고 그 가치를 평가할 수 있다.

이와 함께 특정 시대에 특정한 장르가 성행하거나 소멸한 배경을 사회·문화적 맥락에서 살펴보는 것도 중요하다. 1930년 대공황 때에는 현

실의 고통을 잊기 위해 환상적인 드라마나 뮤지컬이 유행했고, 제2차 세계
대전 직후에는 전쟁영화들이 무수히 제작되었으며, 냉전 시대에는 첩보 영
화나 영웅을 주인공으로 하는 영화가 많이 생산되었고, 독재 정권 아래에
서는 현실도피적인 성애물과 무협영화가 성행했다.

▼ 영화의 유형

영화도 소설과 마찬가지로 일관된 기준으로 장르를 규정하기 어렵다. 그
래서 소재, 배경, 이야기 유형, 대상, 표현방식 등 여러 가지 기준을 복합
적으로 고려하여 장르가 규정되고 있다. 따라서 논자마다 상이한 장르 분
류를 하고 있는데, 여기서는 김동훈(2003)의 논의를 바탕으로 각 장르영화
의 특징과 예를 간략히 소개한다.[50]

액션영화는 '오락 활극'으로 부를 수 있는 영화들로 이야기의 중심이 주
로 인물들의 행동과 물리적 폭력 사건에 놓여 있다. 그래서 카메라의 위치
도 자주 바뀌고 화면 전개도 빠르며 인물들의 동작선이 중요하게 그려진다.
<셰인(Shane)>(1953)이나 <용서받지 못한 자(Unforgiven)>(1992)와 같은 서
부영화, <대부(The Godfather)>(1971)나 <죽거나 혹은 나쁘거나>(2000)와 같
은 깡패영화, <다이하드(Die Hard)>(1988)나 <인정사정 볼 것 없다>(1999)
와 같은 경찰영화, <007> 시리즈(1962~)나 <쉬리>(1998)와 같은 첩보영
화, <플래툰(Platoon)>(1986)이나 <태극기 휘날리며>(2004)와 같은 전쟁영
화, <인디아나 존스(Indiana Jones)> 시리즈(1984~)와 같은 모험영화, <타워
링(The Towering Inferno)>(1974)와 같은 재난영화, <동방불패(東方不敗)>(1991)
와 같은 무협영화나 <영웅본색(英雄本色)> 시리즈(1986~)와 같은 홍콩 느와

---

50) 김동훈(2003) 역시 영화 장르의 분류가 통일된 원리로 체계화하기 어렵다고 전제하고, 시
    장이나 극장에서 통용되는 관습적인 장르 구분을 따르되, 세부적인 부분은 자신의 주관적
    인 판단으로 나누었다고 밝히고 있다. 이 밖에 영화진흥위원회(www.kofic.or.kr)에서는 각
    종 통계자료를 만들면서 '코미디, 추리 / 스릴러, 애정 / 멜로, 에로, 액션, SF / 판타지, 만화 /
    애니메이션, 공포 / 호러, 드라마, 예술' 등 열 개의 유형으로 분류하기도 하였다.

르 등이 여기에 속한다.

애정영화는 사람 사이의 애정관계를 다룬 영화들을 모두 이 범주에 포
함시킬 수 있다. 남녀 간의 연애담이나 성적 행위가 중요하게 다뤄지는 이
들 영화에는 선남선녀들이 세련된 의상과 분장을 하고 나오며, 아름다운
배경 속에서 낭만적인 분위기를 연출하며 애절한 사랑 이야기를 펼치는 멜
로드라마(melodrama)와, 성애(性愛) 장면을 부각시킨 에로티시즘(eroticism)영화
가 있다. 멜로드라마는 이성 간의 사랑을 음악을 통해 더 극적으로 표현하
는 특징이 있으며, 세속적이며 우발적인 모티프와 천편일률적인 구성, 통
속적인 줄거리로 비판받기도 하지만 특유의 감상성과 오락성으로 대중들
의 동경과 사랑을 꾸준히 받고 있다. <카사블랑카(Casablanca)>(1942), <남
과 여(Un Homme et Une Femme)>(1966), <미워도 다시 한번>(1968), <러브
스토리(Love Story)>(1970), <첨밀밀(甛蜜蜜)>(1996), <접속>(1997), <8월의 크
리스마스>(1998) 등이 멜로드라마에 해당되는 작품이다. 한편, 성(性)을 중
심으로 자아정체성을 찾아가거나 인간관계의 문제를 풀어나가는 영화들을
줄여 부른 에로영화는 불륜, 비정상적인 성관계, 음란한 장면 때문에 통속
적이며 불건전한 것으로 비판받기 쉽다. 하지만 성을 통해 자아정체성을
찾고, 억압된 관계에서 벗어나려는 진지한 접근이 표상된 영화라면 무조건
폄하하고 배척하는 것은 바람직한 태도가 아니다. <차타레 부인의 사랑(Lady
Chatterley's Lover)>(1981), <영자의 전성시대>(1975), <겨울 여자>(1977) 등이
이에 속한다. 이 밖에 페미니즘에 바탕을 둔 <피아노(The Piano)>(1993) 같은
작품이나, 동성애를 그린 <패왕별희(覇王別姬)>(1993)나 <번지점프를 하다>
(2001)도 애정영화의 일부로서 특별한 영역이 된다.

이들 애정영화는 가까운 화면(close up)을 많이 사용하여 관객이 인물에
쉽게 감정이입함으로써 정서적 공감을 확보하게 한다. 이와 함께 카메라가
인물을 따라가며 찍은 방식을 통해 배우의 몸짓과 표정 등을 자세히 잡아
섬세한 감정 표현까지도 관객에게 전달하려고 하는 형식상의 특징을 보인다.

영화 이론상으로는 '드라마'라는 장르 명칭은 없지만, 사회와 인생에 관한 의미 있는 메시지를 전해주는 이야기로서 전통적인 서사적 구성을 보이는 영화들을 관습적으로 드라마라 일컫는다. 이는 다시 내용을 기준으로 가족드라마, 휴먼드라마, 성장드라마, 사회드라마, 성장드라마, 정치드라마, 역사드라마, 전기드라마 등으로 세분될 수 있다.

<길(The Road)>(1954), <현 위의 인생(Life on a string)>(1991), <학생부군신위>(1996)와 같이 인간과 인생에 대한 진지한 성찰을 한 영화들, <토토의 천국(Toto The Hero)>(1991), <우리들의 일그러진 영웅>(1992)처럼 자아 정체성을 탐색하는 영화, <집으로>(2002)와 같이 가족의 의미와 소중함을 일깨워주는 영화들이 이에 속한다. 또한 인간과 자연의 교감 속에서 인생의 의미를 그리고 있는 <그랑 블루(The Big Blue)>(1988), 냉소와 편견을 극복하고 자신의 꿈을 이뤄가는 <빌리 엘리어트(Billy Elliot)>(2000), 장애인의 눈물겨운 고통과 노력을 보여주는 <나의 왼발(My Left Foot)>(1989), 종교인의 고행과 사명을 다룬 <미션(The Mission)>(1986), 나이를 초월한 우정과 따뜻한 인간애를 그린 <시네마 천국(Cinema Paradiso)>(1988), 대학 입시에 실패한 세 명의 고등학생을 통해 사회의 모습을 비판한 <세 친구>(1996), 실업계 학교를 졸업한 여자들이 사회에 적응하기 위해 몸부림치는 과정을 그린 <고양이를 부탁해>(2001) 등도 개인과 인생에 대한 메시지를 전해주는 드라마들이다. 한편, 사회와 역사를 중요하게 다루는 드라마로는 미국 정치권력의 문제점을 토로한 <JFK>(1991), 광주 민주화운동의 상황과 상처를 영상화한 <꽃잎>(1996), 판문점 내 남북한 병사들의 우정과 비극을 형상화한 <공동경비구역 JSA>(2000), 흑인의 입장에서 인종 간의 갈등을 그린 <똑바로 살아라(Do the Right Thing)>(1989), 청나라 마지막 황제를 통해 격랑의 근현대사를 조명한 <마지막 황제(The Last Emperor)>(1987), 우리나라 노동운동의 견인차가 되었던 전태일의 생애를 그린 <아름다운 청년 전태일>(1995) 등이 있다.

공포영화는 신비하고 불가사의한 현상이나 사건을 추리하는 영화[mystery] 나 긴박감과 긴장감을 불러일으키는 영화[suspense / thriller], 비일상적이고 초자연적인 힘이나 존재가 부각되면서 공포감을 안겨주는 영화[horror] 등 이 여기에 해당된다. 이들 영화는 강한 상대, 죽음에 대한 공포, 복잡하게 얽힌 사건의 불길함, 관객은 알고 있는 사실을 등장인물이 모르는 상황, 난 관에 처한 주인공의 어려운 선택과 결단, 점층적으로 고조되는 긴장 등의 특징을 보인다. 공포영화는 일상의 권태와 무료함에서 벗어나고 싶은 심리 적 욕구를 만족시켜주는 구실에서 시작되었지만 최근의 공포영화에는 일 종의 근대적 합리성에 대한 반발로서 인간들이 갖고 있는 불안감이나 내면 의 욕망을 표출하는 경향으로 발전되고 있다.

공포영화는 음악과 음향 효과를 활용함으로써 공포심과 긴장감을 조성 하고 극대화한다. 또한 정교하게 숨겨진 단서, 여러 가지 복선과 암시, 판 단을 교란시키는 장치와 복잡한 구조 등으로 관객을 미로에 빠뜨려 지적인 게임을 즐기도록 해준다.

<장미의 이름(Le Nom De La Rose)>(1986)과 <영원한 제국>(1995)은 미스 터리영화의 예가 되고, <양들의 침묵(The Silence of the Lambs)>(1991)과 <소 름>(2001)은 서스펜스 / 스릴러로 분류되며, <사이코(psycho)>(1960)와 <장 화, 홍련>(2003)은 공포영화에 해당되는 작품이다.

공상과학(SF)영화는 과학 기술 문명을 소재로 상상적인 줄거리를 펼치는 영화들을 일컫는 장르로 영화 초기에는 달나라 여행이나 미래의 모습을 예 시하는 정도에 머무르다가 1950년대 이후 외계인의 출현이나 우주 전쟁 등을 그리는 작품이 나오게 되었다. 이후 급속히 발전하는 과학기술의 힘 을 입어 화려한 컴퓨터 그래픽과 특수효과, 최첨단 기자재를 활용한 소품 과 세트 등이 동원되면서 새롭고 신기한 볼거리를 보여줌으로써 대표적인 장르로 급성장하게 된다. 일반적으로 작품들은 과학기술 문명에 대한 상반 된 두 입장을 취한다. 즉, 과학기술이 궁극적으로 문명의 진보를 보장할 것

이라는 낙관적인 전망을 보여주는 작품과 과학기술이 도리어 인류를 파괴하는 부정적인 측면을 경고하는 작품으로 대별된다. <스타 워즈(Star Wars)> 시리즈(1977~)가 전자의 예라면, <블레이드 러너(Blade Runner)>(1982)가 후자의 예가 된다.

코미디는 영화 역사의 초기 장르 중의 하나이다. 코미디는 억압된 긴장감이 안전한 방식으로 해소될 수 있는 기회를 제공한다는 점에서 꾸준한 인기를 얻고 있다. 초기 무성영화 시대의 코미디는 고대 그리스 희극에 나오는 알라존(alazon)과 에이런(eiron)과 같은 인물들이 출현하여 서로 싸우거나, 엉뚱하고 탐욕스런 행위를 하다가 우스꽝스런 상황을 연출함으로써 웃음을 자아내는 양식이었다. 이후 코미디는 그 특유의 호소력으로 다른 장르들과 혼용되면서 애정드라마와 결합한 로맨틱 코미디로, 혹은 재치와 익살로 권위에 대한 풍자의식을 드러낸 블랙 코미디로 진화해 나갔다. <키드(The Kid)>(1921), <모던 타임즈(Modern Times)>(1936), <애니 홀(Annie Hall)>(1977), <인생은 아름다워(Life is Beautiful)>(1997), <엽기적인 그녀>(2001) 등이 여기에 속한다.

뮤지컬은 춤과 노래가 결합하여 관객들에게 낙관적인 전망을 제시하는 영화다. 유성 영화의 출현과 함께 가능해진 뮤지컬은 초창기에 브로드웨이 뮤지컬을 그대로 답습하거나 재구성한 경우가 많아 춤과 노래 사이에 간단한 줄거리가 첨가된 쇼(show) 형식이 대부분이었다. 그러다 점차 인물의 성격 창조와 드라마의 전개도 보강되면서 발전해 나간다. 특히 1930년대 대공황기에는 암울한 현실에서 벗어나 위로와 희망을 얻을 수 있었기 때문에 화려하고 경쾌한 뮤지컬이 인기를 끌게 되었다. 하지만 그 뒤에 경제가 안정되고 구체적인 현실과 일상으로 관객의 관심이 옮겨지자 뮤지컬은 쇠퇴의 길을 가게 된다. 하지만 1980년대부터 등장한 뮤직 비디오가 어떤 의미에서는 뮤지컬의 계보를 이었다고 볼 수도 있다. <오즈의 마법사(The Wizard of Oz)>(1939), <사랑은 비를 타고(Singin' in the Rain)>(1952), <웨스트사이드

스토리(Westside Story)>(1961), <쉘부르의 우산(Les Parapluies de Cherbourg)>
(1964), <사운드 오브 뮤직(Sound Of Music)>(1965) 등이 여기에 속한다.

애니메이션(animation)은 실물이나 상상의 세계를 가공하여 현실과 비슷한
움직임을 느낄 수 있도록 기술적으로 표현해 낸 영화로 만화영화라고도 부
른다. 애니메이션 영화가 실사 영화보다 역사가 앞서고, 촬영기법이나 형
상화 방식이 다르기 때문에 영화와 별도의 독립된 예술장르로 보는 이들도
있다. 어쨌든 애니메이션은 현실과 같은 이미지를 재현하는 것이 아니라,
현실을 재구성한 이미지로 새로운 세계를 창조해 나간다는 점이 가장 큰
특징이다. 그리고 바로 그 때문에 창의적인 이미지와 재미있는 이야기 전
개가 필수적으로 요구되는 장르다.

애니메이션 영화는 20세기 초부터 전 세계적으로 수많은 작품들이 생산
되어 아동, 청소년층을 중심으로 폭넓은 사랑을 받아왔다. 1930년대 미국
은 월트 디즈니(W. Disney)를 통해 <미키 마우스(Mickey Mouse)> 시리즈를
비롯하여 <백설공주>, <미녀와 야수>, <라이언 킹> 등 많은 동화와 고
전들을 만화영화로 만들어 선풍적인 인기를 끌었고, 오늘날까지 애니메이
션 영화계를 주도하며 꾸준히 작품을 내놓고 있다. 하지만 가부장적이며
보수적인 가치관에 바탕을 두고, 인종차별적인 시각을 느낄 수 있는 부분
도 있어 비판을 받기도 한다.

한편, 우리나라의 경우 1960년대 후반부터 지금까지 약 100여 편이 넘
는 장편 애니메이션 영화가 제작되었는데, 초기에는 열악한 상황에서 몇몇
고전을 각색한 작품을 선보이다가 1976년 <로보트 태권V> 시리즈가 큰
호응을 얻게 되면서 본격적인 제작 환경이 구성되는 듯하였으나, 일본과
미국 애니메이션 영화에 눌려 이렇다 할 작품을 내놓지 못하고 침체기를
맞는다. 다행히 1990년대에 들어서 정부 주도로 애니메이션을 이전보다
안정적으로 제작할 수 있는 환경이 조성되면서 <아기공룡 둘리>(1996),
<마리 이야기>(2002), <오세암>(2003) 등 좋은 작품들이 나오게 되었다.

다큐멘터리는 사실을 재구성하여 기록함으로써 새로운 현실을 창조하는 비허구적 영화를 말한다. 따라서 작가는 자신이 상상한 허구적 세계를 그리는 것이 아니라 실제 현실을 소재로 하되 자신의 시각을 통해 작품으로 형상화한다. 그러므로 기법보다는 작품의 주제가 중시되며 진실성이 요체가 된다. 해설과 인터뷰가 많이 활용되며, 등장인물들이 카메라를 의식하지 않고 그들의 실제 삶을 보여줄 수 있도록 이끌어야 한다. 정보 제공의 기능을 하는 초기의 작품에서는 인간이나 동물의 세계를 담아내다가, 점차 사회 변혁의 역할을 담당할 수 있도록 하는 사회성 짙은 작품들이 만들어졌다. 종군위안부 할머니들의 애환과 목소리를 담은 <낮은 목소리>(1995), 비전향 장기수의 삶과 희망을 그린 <송환>(2004), 패스트푸드를 통해 비만과 다국적기업의 문제를 다룬 <슈퍼 사이즈 미(Super Size Me)>(2004) 등이 여기에 속한다.

이상의 지식을 바탕으로 교수·학습 상황에서 실제 소설과 영화 텍스트를 대상으로 수행할 만한 내용 요소와 학습 활동을 구체적으로 제시하면 다음과 같다.

- **장르 유형과 특성 파악**
  - 작품의 장르적 유형과 특성을 밝힌다.
  - 비슷한 유형의 작품 목록을 작성한다.
- **장르 변용의 효과와 의의 파악**
  - 소설의 영상 변용 효과와 의의를 말한다.
  - 소설을 각색한 영화의 활용 방법을 토의한다.

③ 사회·문화적 맥락

이 책에서 서사 텍스트의 맥락 요소 중 '사회·문화적 맥락'과 관련된 핵심적 지식으로 선정한 세부 내용 요소들은 다음과 같다.

　사회·문화적 맥락의 개념과 중요성, 영화의 기획 의도와 대중성에 대한
　비판적 태도

　그럼, 이들 세부 내용 요소들에 관한 개념과 원리들을 자세히 서술해 보
도록 하자.

▼ 사회·문화적 맥락의 개념과 중요성

　'발신자-텍스트-수신자'로 이어지는 의사소통 과정에서 또 하나 중요
한 요소가 바로 사회·문화적 맥락이다. 우리는 미묘하고 복잡한 내용을
전달하기 위해서 사회·문화적 문맥에 의존하여 표현할 때가 많다. 가령
어떤 사람이 말의 진의를 못 알아차리고 엉뚱한 대답이나 행동을 해서 "그
사람은 사오정 같아"라고 했다면, 1990년대 우리나라에서 유행한 만화영
화 <날아라 슈퍼보드>를 시청하지 않은 사람은 이 말 뜻을 이해할 수 없
게 된다. 이처럼 의사소통의 과정에서는 사회·문화적 문맥이 중요하게 작
용한다. 마찬가지로 문학 텍스트를 제대로 소통하려면 그 서사가 의존하고
있는 사회·문화적 맥락을 파악해야 한다. 다른 문화권의 시나 소설이 낯
설고 어렵게 느껴지는 이유는 그것의 사회·문화적 맥락을 잘 모르기 때문
일 것이다.

　이러한 맥락은 공간이나 시간, 혹은 계층이나 연령의 차이에 의해서 달
라진다. 한국 사람들과 러시아 사람들의 문화적 코드가 다르고, 15세기의
우리나라 사람들과 현재 우리나라 사람들의 문화적 코드가 다르다. 또 대
도시 상류층 사람들과 시골의 농부들이 지닌 문화적 코드가 다르며, 10대
청소년들과 40대 중년들의 문화적 코드가 다르다. 오늘날은 지역에 따른
문화적 코드의 차이는 점점 줄어드는 반면, 세대에 따른 문화적 코드의 차
이는 점점 커진다고 볼 수 있다.

　따라서 원작 소설과 각색 영화를 수용하는 경우에는 이들 사이에 존재

하는 사회·문화적 맥락의 차이를 감안해야 두 텍스트의 내용과 형식의 변화를 이해할 수 있게 된다. 서사 텍스트의 사회·문화적 맥락 요소는 소설과 영화 텍스트의 생산, 전달, 수용의 과정에 영향을 미치는 사회, 역사, 문화, 이데올로기적 요소를 말한다. 이 부분은 텍스트의 비판적 수용을 강조하는 오늘날 중요한 학습 내용으로 강조되고 있다.[51] 소설과 영화 텍스트에 직·간접적으로 영향을 미치는 이러한 맥락적 요소를 가르침으로써 학생들은 텍스트에 단순히 몰입하지 않고 그 이면에 숨어있는 이데올로기와 창작 의도를 발견하고, 이를 비판적으로 수용할 수 있는 주체적이고 능동적인 감상자가 될 수 있다.

▼ 영화의 기획 의도와 대중성에 대한 비판적 태도

소설과 마찬가지로 영화나 TV 드라마의 제작 기획에는 당시 사회상이 반영된다. 즉, 사회의 구조적 변화와 사회 구성원들의 의식 및 생활 방식의 변화를 민감하게 포착하여 작품을 만드는 것이다. 여기에는 수용자들의 관심과 공감을 이끌어 내어서 인기를 얻기 위한 의도가 담겨 있다. 다시 말해, 이것은 흥행(시청률)을 통한 영리추구를 목적으로 하는 산업의 논리가 작용하고 있다는 뜻이다. 예를 들어, 냉전의 이데올로기가 만연했던 시기에는 자유주의 국가와 공산주의 국가 사이의 대결을 소재로 한 첩보영화나 전쟁영화가 많이 제작되었지만, 탈냉전 시대인 지금은 지구환경과 미래변화를 소재로 하는 재난영화나 공상과학영화가 자주 등장하고 있다. 우리나라의 경우도 과거와는 달리 최근에는 남북 화해와 통일을 소재로 하는 영화나 우리의 전통적인 문화유산을 되새겨보는 작품들이 제작되어 주목을 받고 있다.

영화는 대중매체의 하나로서 대중성이란 특성을 가지고 있다. 알다시피

---

51) 이재기(2005)는 문식성 교육에서 '맥락'의 중요성을 역설하였으며, 2007년 개정 국어 교육 과정에도 내용 요소 체계로 '맥락'을 주요한 내용 범주로 설정하고 있다.

대중매체는 대량의 의사소통 수단으로서 엄청난 전달력을 보유하고 있다. 대중매체는 그들이 살고 있는 사회에서 일어나는 일들에 관해 알려 주고, 그 사회의 규범이나 가치관을 심어 주며, 특정한 태도나 행동을 촉구하기도 하고 오락을 제공하기도 한다. 따라서 대중매체인 영화 역시 그 특유의 엄청난 전달력을 통해 수많은 사람에게 영화가 담고 있는 메시지와 가치관을 심어 준다. 어떤 영화나 TV 드라마가 인기를 끌었을 때는 그 작품 속의 대사가 언중들 사이에 유행하고, 사람들의 대화에서 그 작품이 중심 화제가 되며, 출연한 배우의 의상과 장신구가 유행하고, 작품 속의 사건이나 문제가 공론화되어 많은 논쟁을 불러오는 현상을 볼 수 있다. 이와 같이 영화는 본질적으로 대중성의 속성을 지니고 있다.

그러므로 우리는 영화의 이 같은 대중성과 파급효과를 인식함으로써 영화를 감상할 때 반드시 그것을 만든 사람의 의도를 생각하고, 일정한 거리를 두면서 비판적으로 즐기는 태도를 취해야 한다. 그렇지 않으면 만든 사람의 가치관과 이데올로기를 무의식적으로 받아들이게 되는 위험에 빠질 수 있다. 가령, 우리 주위에서 흔히 보게 되는 할리우드(Hollywood) 흥행대작(blockbuster) 영화의 경우, 겉으로 드러나는 음란성, 폭력성은 말할 것도 없고 그 이면에 인종차별, 성차별, 왜곡된 성의식, 백인 우월주의, 미국 제일주의, 개인주의 및 자본주의 이데올로기가 숨겨져 있는 경우가 많다. 이렇게 잘못된 이데올로기를 의식하지 못한 채 받아들이게 되면 결과적으로 우리의 인격과 가치관은 왜곡되거나 파멸되어 버리고 만다.

한편, 영화의 대중적 속성으로 인해 나타난 또 하나의 현상은 '스타(star)'의 출현이다. 우리는 영화나 TV 드라마를 통해서 많은 스타를 만들어 내었다. 출연한 스타들을 보기 위해 작품을 선택하고, 그들의 이미지를 동경하면서, 스타의 사생활이나 말과 행동 하나 하나에 관심을 가지고 그것을 화제로 얘기를 나눈다. 그런데 스타가 만들어지는 과정을 자세히 들여다보면 그 속에는 순수한 인간 본성의 심리 작용만 아니라 자본의 논리도 작용하고 있음을 알 수 있다. 즉, 영화의 흥행이나 TV 드라마의 시청률을 높이기 위해서 배우들의 신화화와 우상화를 교묘하게 이용하고 있는 것이다.[52]

이상의 지식을 바탕으로 교수·학습 상황에서 실제 소설과 영화 텍스트를 대상으로 수행할 만한 내용 요소와 학습 활동을 구체적으로 제시하면 다음과 같다.

- **사회·문화적 맥락 파악**
  - 작품에 드러난 사회·문화적 상황을 파악한다.
  - 작품에 드러난 사회·문화적 상황이 현재의 상황에 주는 의미를 토의한다.
- **영화의 대중매체적 특성 파악**
  - 영화나 TV 드라마의 전달력에 대해 예를 들며 설명한다.
  - 영화가 특정한 목적을 가지고 제작된 예를 조사해 보고, 그 영화에서 전달하는 메시지가 무엇인지 파악한다.
  - 영화의 대중성이 가진 긍정적인 측면과 부정적인 측면을 토의한다.
  - 흥행대작 영화의 제작 의도 중 바람직하지 않다고 생각되는 점을 찾아 비판한다.
  - '스타'의 신화화 과정을 알고, '스타 시스템'의 긍정·부정적 측면을 토의한다.
  - 여러 스타들이 가지고 있는 이미지를 말해보고, 어떤 과정을 통해 그런 이미지가 형성되었는지 밝힌다.

실제 교실에서는 교수·학습 과정 단계에 따라 이상의 여러 활동들이 서로 통합되어 보다 큰 형태로 제시될 수도 있고 혹은 더욱 상세하게 나뉘

---

52) 스타의 신화를 창조해 내고 대중에게 이것을 전파하여 숭배하도록 만드는 시스템을 '스타 시스템'이라고 부른다. 이처럼 자본주의 사회에서 스타의 신화화는 그 자체로 그치는 것이 아니라, 스타의 명성을 이용한 문화산업의 전략이나 제도로 자리 잡게 된다. 스타 시스템은 스타의 이미지를 이용한 상업광고, 스타들의 옷이나 장신구를 모방하는 유행, 특정 스타에 대한 팬클럽 조직 등 사회·문화적 현상과 관련이 있다. 배우들의 신화화 과정이나 스타 시스템에 관해서는 강영희(1994)와 강준만(1994)에서 자세히 언급되고 있다.

어 제시될 수도 있다. 가령, 단원의 마무리 단계에서는 종합적인 활동을 하기 위해 작품의 이야기 구성요소인 인물, 시공간, 플롯 등이 주제와 관련을 맺고 있는 것을 파악하거나 텍스트에 대한 비평적 텍스트를 생산하는 학습 활동을 할 수 있는데, 이때에는 이 책에서 구성요소 각각에서 제시한 활동들이 서로 연계된 통합적인 활동을 제시해야 한다. 그러므로 이러한 최종 단계의 심화 활동은 이 책에서 마련한 세 가지 활동을 발판으로 별도의 활동을 재구성해야 할 것이다.

제 3 부 | 소설과 영화를 통한 서사교육의 실제

1. 자아정체성 탐색 경험과 성찰적 태도 형성
   - 〈우리들의 일그러진 영웅〉

이문열1)의 「우리들의 일그러진 영웅」은 1987년 『세계의 문학』 여름호에 게재되었고, 많은 화제와 논란을 일으키며 그해 제11회 이상문학상 수상작으로 선정되었다. 이 소설을 바탕으로 박종원2)은 1991년 말부터 이듬

---

1) 1948년 서울 출생. 서울대학교 국어교육과 중퇴. 1977년 대구 『매일신보』 신춘문예에 「나자레를 아십니까」가 입선되고, 1979년 『동아일보』 신춘문예에 중편 「새하곡(塞下曲)」이 당선되어 등단함. 이어 『사람의 아들』(1979), 『그해 겨울』(1980), 『어둠의 그늘』(1981), 「우리 기쁜 젊은 날」(1981), 「익명의 섬」(1982), 『황제를 위하여』(1982), 『레테의 연가』(1983), 『금시조』(1983), 『영웅시대』(1984), 『칼레파 타 칼라』(1985), 「우리들의 일그러진 영웅」(1987), 『구로 아리랑』(1987), 『서늘한 여름』(1987), 『추락하는 것은 날개가 있다』(1988), 『변경』(1989~1998), 『필론의 돼지』(1989), 『귀두산에는 낙타가 산다』(1989), 『시인』(1991), 『아우와의 만남』(1995) 등을 발표함. 1990년 이후에 프랑스, 일본, 미국 등에 그의 작품들이 번역되어 출간됨. 1994년부터 1997년까지 세종대 국문과 교수를 역임하였으며, 현재는 부악문원 대표로 있음. 오늘의 작가상(1979), 동인문학상(1982), 이상문학상(1987), 현대문학상(1992), 대한민국문화예술상(1992), 프랑스 문화예술 공로훈장(1992), 우경문화예술상(1997), 21세기문학상(1998), 호암상예술상(1999) 등을 수상함.
2) 1958년 서울 출생. 한양대학교 연극영화과 졸업. 한국영화아카데미(1기), 샌프란시스코 예술대학 아카데미(MFA)를 수료함. 이두용 감독의 연출부에서 실습을 한 뒤, 〈구로아리랑〉

해 봄까지 영화로 제작하여 5월에 몬트리올영화제에 출품, 그랑프리를 수상하였으며, 국내에서는 7월에 개봉하였다.[3]

소설 텍스트의 경우, 초등학교 6학년 교과서부터 중학교와 고등학교 교과서에 모두 수록될 만큼 문학교육용 교재로 널리 활용되고 있다. 뿐만 아니라 영화 텍스트 역시 개봉 당시 약 3만 3천 명(서울)의 관객을 모았으며, 이후 각종 공중파 방송으로 텔레비전을 통해 전국적으로 방영되었고, 비디오테이프로 제작되어 널리 보급되었다.

이 작품에 등장하는 인물들의 성격은 비교적 뚜렷하게 제시된다. 효율성을 추구하는 사회의 불의한 독재자 엄석대, 합리적이고 자유로운 사고를 하지만 나약한 지식인 한병태, 우매하지만 변혁의 주체가 되는 반 아이들이 각각 인물의 전형을 이루며 선명하게 제시된다. 따라서 학습자들의 발달 단계나 기대지평을 고려할 때, 등장인물들의 성격이 뚜렷하게 제시되고, 인물과 사건이 학습자들의 체험과 관심에 밀착되어 있다는 점에서 이 작품은 서사교육의 목표 중 하나인 자아정체성 탐색 경험과 성찰적 태도 형성을 위한 교육 제재로 활용하기에 적절한 텍스트라 할 수 있다.

또한 소설 텍스트는 비어나 속어의 사용이 자제되어 있고 구조가 잘 짜여져 있어 이야기를 이해하기 쉬우며, 영화 텍스트는 원작 소설의 이야기를 대체로 충실하게 재현함으로써 영화와 소설을 비교하고 대조하는 활동을 원활하게 할 수 있다. 이와 함께, 이들 텍스트를 통해 일인칭 서술 상황과, 경험자아와 서술자아 사이의 관계에 대해서도 공부할 수 있을 것으로 예상된다. 뿐만 아니라 서두와 결말의 변형을 통해 학습자의 다양한 반응

(1989)으로 감독 데뷔함. <우리들의 일그러진 영웅>(1992), <영원한 제국>(1995), <송어>(1999), <Paradise Villa>(2001), <Tony & Cide>(2004) 등을 연출함. 현재 한국예술종합학교 영상원 교수로 재직하고 있음.

3) 그 밖에도 이 작품은 청룡영화제(작품상, 감독상), 백상예술대상(작품상, 감독상), 대종상영화제(우수작품상), 뉴욕국제영화제(특별상), 하와이국제영화제(그랑프리), 싱가폴영화제(국제비평평가상)을 받았다.

을 유도할 수 있다는 점도 교육적 효과로 기대할 수 있는 부분이다.

문학교육의 목적 중의 하나가 인간을 주관적인 폐쇄적 삶의 방식으로부터 개방적이고 유연한 삶의 방식으로 나아가게 해 주는 것이라고 할 때, 이들 작품의 창작 의도를 면밀히 비교 검토함으로써 그러한 선택적 수용이 또 다른 가능성으로 논의될 수 있을 것이다. 그리고 이것은 이들 작품이 지닌 '성장소설'적 의의를 적극적으로 활용하는 차원에서도 의미가 있다.

(1) 소설과 영화 텍스트의 이야기 비교 활동

① 인물

소설과 영화 텍스트 <우리들의 일그러진 영웅>에서 '인물'에 관한 교수·학습 활동 과제와 이를 해결하기 위한 교수·학습 내용을 예시하면 다음과 같다.

- 소설과 영화 텍스트의 인물 비교표를 작성해 보자.
- '엄석대'와 '한병태'의 이름이 주는 느낌을 말해 보자.
- 소설에서 인물의 성격과 외모를 묘사하고 있는 부분을 찾아보자. 그리고 영화에서 그것을 어떻게 표현하고 있는지 말해 보자.
- 영화의 배우들이 소설의 인물들을 잘 드러냈는지 평가해 보자.
- 영화의 인물 묘사 중에서 소설과 다른 부분이 있다면 말해 보자.
- 소설에서는 간단하게 언급되는 '김영팔'이 영화에서는 중요한 역할을 하고 있다. 그 인물을 새롭게 강조한 이유를 말해 보자.
- 어린 한병태의 엄석대에 대한 태도 변화에 대하여 자신의 견해를 말해 보자.
- 작품에서 생략된 엄석대의 과거와 현재의 삶에 대해서 상상하여 말해 보자.
- 옛 담임(최 선생님)과 새 담임(김 선생님)의 차이를 여러 가지 측면에서 말해 보자.

• 소설과 달리 영화에서는 김 선생님이 국회의원이 되는데, 그렇게 달리
설정한 의도는 무엇인지 말해 보자.
• 작품 속의 인물을 개인적 인물로 보지 않고 당대를 대표하는 인물로
파악한다면, 그 인물이 나타내는 사회적 의미(이데올로기)는 무엇인지
말해 보자.

소설을 영화로 각색할 때 등장인물들의 수가 달라지고, 생략된 인물과
새로 강조되는 인물이 있으며, 기존 인물의 중요성이 달라지는 등의 변용
이 일어난다. <우리들의 일그러진 영웅>의 경우, 소설과 영화의 등장인물
을 비교해 보면 다음과 같다.

[표 3] 〈우리들의 일그러진 영웅〉 소설과 영화의 인물 비교

소 설	영 화
한병태, 엄석대, 반 아이들, 병태부모, 최 선생님, 김 선생님, 아내, 아이들, 형사들	한병태, 엄석대, 반 아이들, 병태부모, 최 선생님, 김 선생님, 동료 교사들
	〈강조된 인물〉 영팔, 여학생

이 작품에서 주요 인물 두 사람의 이름은 그 인물의 성격을 암시하며 묘
한 대조를 이룬다. '엄석대'는 뭔가 엄격하고 거세며 대단한 사람이라는
느낌을 주지만 '한병태'는 한스럽고 병적이며 나약하다는 인상을 준다. 소
설에서는 엄석대의 이름에 관한 느낌을 다음과 같이 서술자인 인물이 직접
설명해 주고 있다.

내가 엄석대란 이름을 들은 건 그때가 처음이었다. 그 이름을 듣는 순간
그대로 내 기억에 새겨졌는데 아마도 그것은 그 이름을 말하는 아이의 말
투가 유별났기 때문일지도 몰랐다. 무언가 대단히 높고 귀한 사람의 이름
을 부르고 있다는, 그래서 당연히 존경과 복종을 바쳐야 한다는 그런 느낌
을 주는 것이었다. (15쪽)[4]

이처럼 이 소설에서는 곳곳에서 서술자아가 자신의 경험을 바탕으로 인물의 외모, 나이, 능력, 성격 등에 대해 자세히 설명해 주고 있다. 그래서 독자들은 그러한 직접적인 서술을 읽으며 '엄석대'라는 인물이 어른스런 목소리와 쏘는 듯한 눈빛을 가졌고, 다른 아이들보다 머리통 하나는 더 있어 보일 만큼 키가 크고 힘이 세며, 또래보다 나이가 두셋은 많고, 싸움의 기술도 뛰어나 상급생들과 싸워서 이길 만큼 날래고 대담하며, 침착성과 치밀함을 갖춘 아이라는 정보를 얻게 된다.

하지만 이러한 언어적 서술이 불가능한 영화에서는 구체적인 행동과 대사를 통해 인물을 드러낼 수밖에 없다. 이를 위해 영화에서는 당시 고등학생이던 홍경인이 엄석대 역을 맡음으로써 대부분 초등학생이던 동급생 역을 한 배우들보다 실제로 키와 몸집이 크고 나이도 많아 보였다. 뿐만 아니라 소설에서 묘사된 것처럼 단호한 말투와 쏘아보는 눈빛을 실감나게 연기해 주었다.5) 카메라는 거만하게 앉아서 전학 온 학생을 부르는 엄석대의 첫 모습을 아래에서 찍기(low angle)로 잡아 더욱 크고 위대하게 보이도록 하였다. 그리고 엄석대가 한병태를 괴롭히는 각종 사건들에서도 직접적으로 나서지 않은 채 배후에서 조종하는 엄석대의 모습을 여러 장면(S#18, 23, 29, 39, 88, 102) 보여줌으로써 그의 침착성과 치밀함을 잘 표현하였다.

한편, 영화에서 석대는 체육부장을 비롯한 자신의 수하들을 통해서 폭력과 강제를 행사하는 반면, 자신은 늘 공정한 심판자나 자애로운 통치자의 모습으로 행동한다. 이는 소설과 다르게 축구 시합에서 석대가 심판을 보는 것으로 바뀐 점에서도 알 수 있다. 그리고 영화에서는 석대의 대담함과 잔인함을 표현하기 위해 원작 소설에 없는 장면, 즉 기차에 맞서 오래 버티기 시합을 하는 장면(S#57)이나 미포리에서 토끼의 심장을 쇠꼬챙이로

---

4) 인용문 끝의 쪽수는 이문열(2005)을 따랐다.
5) 홍경인은 이 작품을 통해 다음과 같은 상을 받았다. 제13회 청룡영화상(특별상), 제3회 춘사영화예술상(우수연기상), 제29회 백상예술대상(특별상).

찔러 죽이는 장면(S#90) 등을 새로이 첨가하였다. 또한 학교에 불을 지르는
사건을 첨가한 것도 엄석대의 폭력적이고 야비한 성격을 강조하기 위해 설
정한 것으로 보인다.

이 작품의 주동인물이자 시점과 서술의 주체인 한병태는 중앙부서에서
상관에게 밉보여 시골로 좌천된 공무원 가정의 장남으로 나온다. 소설에서
는 그가 전학 오기 전에 서울의 명문 학교를 다닌 우등생이었으며, 특히
그림을 잘 그려 큰 규모의 미술대회에서 여러 차례 수상한 경력이 있는 똑
똑한 아이라는 정보를 서술자인 자신의 입으로 설명하고 있다. 한편, 영화
에서는 이를 실제로 형상화하기 위해서 시골 학교의 여느 학생들과 구별되
도록 흰 얼굴에 상고머리를 하고, 하얀 깃의 말끔한 교복을 입은 채 가죽
책가방을 들고 다니는 한병태의 모습을 보여주었다. 어린 한병태 역을 맡
은 배우(고정일)도 전반부에서 똑똑하고 야무진 말투와 행동으로 서울내기
다운 영악함과 강단을 잘 보여줬고, 후반부로 가면서 고민하고 방황하는
모습이나 비굴하고 나약해진 모습 등을 섬세하게 표현해 주었다.[6]

그런데 「우리들의 일그러진 영웅」에서 한병태는 단순하게 이해되는 인
물이 아니다. 소설에서 서술자가 직접 한병태에 대해서 언급하고 있는 부
분을 보자.

> 그러나 석대의 침착함이나 치밀성에 못지않은 게 그런 면에 대한 내 예
> 민한 감각이었다. 나는 진작부터 아이들의 박해와 석대의 구원 사이를 연
> 결하고 있는 보이지 않는 끈을 직감으로 느끼고 있었으며, 결국은 그것이
> 나를 그의 질서 안으로 편입시키기 위한 음흉한 술책임도 차갑게 뚫어보고
> 있었다. 따라서 그가 베푸는 구원이나 해결도 언제나 고마움으로 나를 감
> 격시키기보다는 야릇한 치욕감으로 떨게 했다. (24~25쪽)

---

6) 고정일 역시 어린 나이에도 불구하고 이 작품에서 훌륭하게 연기함으로써 제13회 청룡영화
상(특별상), 제3회 춘사영화예술상(우수연기상)을 받았다.

  내가 석대의 비행에 대해 잘 모른다고 한 것은 오직 진심과 오기가 반반
섞인 말이었다. (73쪽)

  변혁을 선뜻 낙관하지 못하는 내 불행한 허무주의는 어쩌면 그때부터 싹
튼 것이나 아닌지 모르겠다. (78쪽)

  이 작품에서 한병태는 공무원의 장남으로 남부럽지 않은 중산층 가정에
서 자랐으며, 중학교부터 대학교까지 이른바 일류 학교만 나왔기 때문에
일종의 엘리트 의식에 사로잡힌 인물이다. 서술자아인 어른 한병태는 자신
이 겪은 불행과 실패를 자기 자신보다는 왜곡된 사회의 탓으로 돌린다. 비
관적이며 염세적인 세계관을 가진 그는 무엇보다 민중을 믿지 않는다. 그
래서 한병태는 민중이 어리석고 비열하며 변절하기 쉬운 무리라고 여기며
그들의 선택과 태도에 반발하는 오기를 부린다.[7] 이러한 한병태에 관해서
영화는 소설처럼 비중 있게 다루지 않는다. 한 인물의 심리와 세계관에 대
해 자세히 다루기보다는 단지 가시적인 몇 가지 사건을 통해 관객이 판단
하고 사유할 여지를 남겨 놓는 것이 영화의 특징이기 때문이다. 다만 영화
<우리들의 일그러진 영웅>에서는 어른 한병태의 역을 맡은 배우(태민영)가
절제된 연기를 통해 고뇌하는 지식인의 모습을 잘 표현해 주었다고 생각된다.
  5학년 때 담임(최 선생님)의 경우, 소설과 영화는 비슷하게 형상화하고 있
다. 소설에서 서술자는 자신이 전학 왔을 때 받은 첫인상과 학생들에게 성
의 없이 소개하는 장면을 통해 '무정하고 성의 없는 선생'에 대해 다음과
같이 묘사하고 있다.

  막걸리 방울이 튀어 하얗게 말라붙은 양복 윗도리 소매부터가 아니었다.

---

7) 일인칭 소설에서 이러한 서술자아의 관점이나 이데올로기를 자칫 실제 작가의 세계관과 결
   부시킬 우려가 있다. 그리하여 작품 속 서술자아의 말을 실제 작가인 이문열의 것으로 이
   해하기도 있다. 그러나 이는 '의도적 오류'라는 신비평가들의 비판처럼 지양해야 할 감상
   태도임에 틀림없다.

머릿기름은커녕 빗질도 안 해 부스스한 머리에 그날 아침 세수를 했는지가
정말로 의심스런 얼굴로 어머님의 말씀을 듣는 둥 마는 둥 하고 있는 그가
담임 선생님이 된다는 게 솔직히 그렇게 실망스러울 수가 없었다.(…중략…)
   "새로 전학 온 한병태다. 앞으로 잘 지내도록."
   담임 선생님은 그 한마디로 소개를 끝낸 뒤 나를 뒤쪽 빈자리에 앉게 하
고 바로 수업에 들어갔다. 새로 전학 온 아이에 대해 호들갑스럽게 느껴질
정도로 자랑 섞인 소개를 늘어놓던 서울 선생님들의 자상함을 상기하자 나
는 야속한 느낌을 억누를 길이 없었다. (12~13쪽)

   이러한 인물을 영화에서도 잘 드러내 주고 있다. 최 선생님의 역할을 맡
은 배우(신구)는 다소 무심하고 귀찮은 듯한 말투와 표정으로 매사 '좋은 게
좋다'는 식의 안일하고 보수적인 최 선생님의 태도를 매우 적절하게 연기하
였다. 특히 영화에서는 조는 모습이나 술을 좋아하는 장면, 그리고 퇴근을
서두르는 모습을 삽입시켜 이러한 인물의 성격을 잘 드러내 주었다.
   6학년 때 담임(김 선생님)에 대해서 소설의 서술자는 다음과 같이 직접적
으로 제시하고 있다.

   아직 경험은 많지 않지만 그 유능함과 성실함이 인정되어 특별히 입시반
   담임으로 발탁된 것이었다. (…중략…) 작은 일도 지나쳐 보거나 흘려듣는
   일이 없는 만큼이나 느낌도 예민해 첫 종회 시간에 이미 그분은 우리를 은
   근히 몰아세웠다. (64쪽)

   그 담임 선생님이 받은 유능하다는 평판은 두뇌가 조직적이고 치밀하다
   는 뜻이나 아니었는지 모르겠다. (68쪽)

   이런 인물의 성격을 영화에서는 젊은 배우(최민식)가 등장하여 힘 있고
분명한 말투나 역동적인 몸짓, 그리고 굳센 의지가 느껴지는 표정으로 아
이들을 지도하는 모습을 연기해 개혁적이고 의욕적인 인물의 성격을 잘 소
화해 내었다.[8]

영화에서는 김 선생님에 의한 아이들의 태도 변화가 소설에서처럼 자세하게 다루어지지 않는다. 이것은 불합리와 억압과 같은 왜곡된 상황이 어느 한 사람에 의해서 일순간에 개선되지 않는다는 영화 연출자의 의도가 반영된 것으로, 원작 소설에서의 이상적인 민주적 회복의 과정이 현실에서는 그리 쉽게 일어나지 않는다는 것을 의미한다.[9]

그런데 최 선생님의 초상집에 문상을 온 김 선생님이 너무 노쇠하게 분장이 된 점은 아쉬운 점으로 지적할 만하다. 30년 전 6학년 2반을 담임할 때가 사범학교를 졸업하고 2년 정도가 지난 20대 중반이었으므로, 초상집에 국회의원이 되어 나타났을 때에는 50대 중반쯤으로 보여야 했는데 영화에서는 60세가 훨씬 넘은 노인으로 분장하고 있었다. 마찬가지로 어른이 되어 만난 국민학교 시절 친구들도 모두 40대 초반쯤이어야 하는데 영화에서는 40대 후반으로 보이는 배우들도 더러 등장하고 있어서 어색했다.

영화로 각색되는 과정에서 새로운 인물의 창조는 필수적이다. 이 소설에서는 병태의 협조자 항이 비어 있다. 그래서 병태는 모두로부터 따돌림을 당함으로써 소외감을 이기지 못하고 결국은 석대에게 굴종하고 만다. 하지만 영화에서는 '영팔'이라는 인물의 창조로 그와 다른 양상을 띠게 된다.

영팔이는 좀 모자라는 아이지만 불의에 일관되게 부정적으로 반응하는 의로운 인물이다. 그는 석대의 왕국에 전학 온 병태가 석대에게 저항하자 제일 먼저 다가가 호의를 보이면서 탄피를 선물로 준다. 탄피는 탄알, 즉

8) 오늘날 수용자들의 '김 선생님'에 대한 반응은 의외로 좋지 않다. 그의 폭력적인 문제 해결 방식에 공감하지 못하는 것이다. 이것은 체벌에 대한 인식의 변화 때문이라고 생각된다. 즉, 1960년 당시에는 일상적인 교육적 행위의 하나로 인정되었던 체벌이 오늘날의 관점에서는 용납되지 못할 행위로 인식되기 때문이다. 그리하여 오늘날 많은 수용자들이 새 담임의 이상과 노력에 공감하지 못하는 경우가 발생한다.
9) 이것은 영화 제작 당시인 1992년의 정치적 상황을 고려할 때, 야권 통합의 실패와 3당 야합으로 인한 정권 교체의 실패로 드러난 한국 사회의 민주화 과정의 취약성이 반영된 것으로 볼 수 있다. 이런 맥락에서 김 선생님이 국회의원이 되는 것으로 처리한 점도 이러한 창작 당시의 배경과 관련지어 이해할 수 있다. 이 역시 애초의 시나리오에는 없는 설정이었지만, 영화가 제작되면서 급하게 바뀐 부분이라고 한다(한명환, 2001 : 47).

싸움에 사용되는 무기를 상징한다. 그러니까 탄피를 주는 것은 의로운 싸움에 힘을 보태주는 행위인 셈이다. 그래서 나중에 병태가 석대에게 굴종하고 그 밑에서 2인자 노릇을 할 때는 그 탄피를 돌려달라고 하면서 '가! 너랑 안 놀아'라고 질타하게 되는 것이다. 또한 마지막에 아이들이 엄석대가 저지른 만행들을 고발할 때에도 영팔은 울면서 '너희들도 나빠!' 하고 질책함으로써 영화 연출자의 생각을 대변하는 역할을 담당한다. 영화에서 영팔이는 말과 행동이 또래보다 어눌한 인물로 나온다. 불의한 시대에는 바른 말을 할 수 있는 유일한 사람들이 '바보나 광인'이라는 점을 생각하면 이것도 적절한 설정으로 보인다. 또한 영팔이라는 협조자의 존재는 병태가 석대에게 굴종하는 이유가 단순한 소외감이나 고립감 같은 개인적인 차원의 문제가 아니라는 점을 부각시키기 위해서도 필요했던 것으로 추정된다.

인물 변화와 관련하여 한 여학생의 등장도 무시할 수 없다. 병태는 어느 날 밤에 집 근처에서 피아노를 치며 노래를 부르는 여학생의 아름다운 모습을 보고 매료당하게 되는데, 그녀는 알고 보니 석대의 여자 친구로 나중에 미포리에 놀러갔을 때 초청되어 함께 어울려 유흥의 밤을 보내게 된다. 석대가 쥐고 있는 권력의 한 양상으로 성적 소유력을 과시하면서 자신의 여자 친구를 병태의 짝으로 맺어주는 대목에서는 일종의 성 접대의 모습까지 그려내고 있는 것으로 보인다.

또 6학년 담임인 김 선생님이 소설과 달리 영화에서는 나중에 국회의원이 된 점도 주목할 만한 인물상의 변화로 꼽을 수 있다. 학생들에게 '진실과 자유'를 외치며 용기를 가지고 구태를 청산하도록 강제했던 젊은 개혁자가 이제는 권력의 중심에 서서 보좌관들을 이끌고 유권자를 찾아다니며 의례적인 인사를 하는 구태의연한 정치인의 모습으로 변신한 것이다. 이로써 4·19를 주도했던 세대가 참신성과 개혁성을 버린 채 권력과 명예를 찾아 변신을 거듭했던 우리의 자화상을 비판적으로 담아내려는 영화 창작자의 의도를 읽을 수 있다.

이 밖에도 영화에는 어른이 된 국민학교 시절 친구들이 등장하여 엄석
대를 기다리는 장면을 설정함으로써 엄석대와 같은 권력자가 과거뿐만 아
니라 현재에도 여전히 그들에게 영향을 미치고 있음을 암시해 주고 있다.

② 시공간

소설과 영화 텍스트 <우리들의 일그러진 영웅>에서 '시공간'에 관한
교수·학습 활동 과제와 이를 해결하기 위한 교수·학습 내용을 예시하면
아래와 같다.

- 소설에서 시공간적 배경을 알 수 있는 부분을 찾아보자. 그리고 영화
  에서 그 배경을 어떻게 표현하고 있는지 살펴보자.
- 소설의 시공간적 배경이 영화에서 변형된 것이 있다면 이를 지적하고,
  그 이유를 말해 보자.
- 영화의 장점을 살리기 위해 시대 상황을 구체적으로 알 수 있게 하는
  소품들을 있는 대로 찾아보자.
- 다음 소품의 상징적 의미를 말해 보자. (탄피, 동전, 유리창)
- 유리창의 속성을 참고할 때, 유리창을 통해 교실의 상황을 투시하는
  장면들이 가진 의미를 말해 보자. 또한 한병태가 혼자 남아 유리창을
  닦는 장면(S#73)의 효과를 말해 보자.
- 안개 낀 새벽에 친구 영팔의 배웅을 받으며 한병태가 길을 나서는 장
  면(S#115)의 시공간이 주는 느낌과 의미를 말해 보자.

소설과 영화의 시공간은 다른 점이 별로 없다. 다만 소설이 발표된 지
5년 뒤에 영화가 개봉된 까닭으로 소설에서는 '26년 전'의 이야기가 영화
에서는 '30여 년 전'의 이야기가 되었다는 것이 차이점이다. 그러므로 작
품의 주된 시공간적 배경이 과거 1959년과 그 이듬해의 시골 초등학교라
는 점은 같지만, 이를 회상하는 현재의 시점은 각각 1980년대 말과 1990

년대 초라는 차이가 발생한다.

우선 영화의 모든 장면에서 소설 속에서 회상되는 과거의 시공간을 그대로 살리려고 노력했다는 점을 확인할 수 있다. 특히 1959년부터 1960년까지의 시골 초등학교를 중심으로 당시의 교사(校舍)와 학교 분위기를 재현하기 위해 애쓴 흔적을 여러 곳에서 찾아볼 수 있다. 예컨대 영화 상영 전의 '대한 뉴스', 펌프, 오래된 나무 책걸상, 교복 등은 모두 고증을 거쳐 시공간적 재현을 위해 동원된 무대와 소품들이다.

회상하는 현재의 시점이 1980년대 말인 소설과 달리 영화 텍스트에서 1990년대 초로 달라짐에 따라 겉으로 드러나는 차이는 없다. 그러나 작품의 주제와 작가의식의 측면에서는 새로운 기대지평에 맞춰 커다란 차이가 발생하게 된다.

이 작품은 자유당 정권 말기의 혼란과 4·19혁명의 격변으로 이어지는 시기에, 한 시골 초등학교의 교실에서 벌어지는 불의한 권력의 생장과 소멸에 관한 이야기이다. 이는 우리나라의 정치적인 현실을 한 시골 교실로 축소해 놓은 다분히 알레고리적인 장치로 해석된다.

영화에서는 부정선거를 규탄하는 데모대와 이를 저지하는 경찰들이 충돌하는 장면(S#111)과 불타는 교실 장면(S#112)을 통해 불의한 권력의 몰락을 보여준다. 특히 석대가 어둠 속에서 실체를 드러내지 않고 불을 지르는 것은 아직도 그가 자신의 과오를 반성하지 않았으며, 앞으로도 계속해서 어디서든지 '일그러진 영웅'으로 살아가게 될 것임을 암시하고 있다.

영화에서는 유리창을 경계로 교실과 복도와 운동장의 공간을 효과적으로 보여주고 있다. 즉, 이 영화에는 복도에서 유리창을 통해 교실의 상황을 투시하는 장면이 곳곳에 나온다. 유리창은 반대쪽을 투시할 수는 있지만 반대쪽과 차단시키는 매개물이다. 유리창의 이러한 속성 때문에 이 장면을 보는 관객은 카메라에서 보여주는 유리창 너머의 교실 상황에 대해 매우 객관적이며 냉정한 시각을 갖게 된다.

또한 한병태가 혼자 남아 유리창을 닦는 장면(S#73)에서 그의 모습은 복
도나 운동장에서 유리창을 매개로 보여준다. 이 때문에 그는 마치 유리창
속에 갇혀 있는 상황처럼 묘사된다. 유리창 안에 한병태가 갇힌 곳은 즐거
운 함성으로 가득 찬 운동장의 활기 넘치는 상황과 대조를 이루며 그의 참
담한 심정을 더욱 강조해 주는 효과를 불러온다.

상갓집에서 밤을 지새우고 안개 낀 새벽에 친구 영팔의 배웅을 받으며
한병태가 길을 나서는 끝 장면(S#115)의 시공간은 마치 꿈에서 깨어나 현
실로 돌아오는 상태를 연출함으로써 마지막 병태의 화면 밖 목소리 내레이
션과 함께 관객들에게 반성적 자각에 이르도록 유도한다.

③ 플롯

소설과 영화 텍스트 <우리들의 일그러진 영웅>에서 '플롯'에 관한 교
수·학습 활동 과제와 이를 해결하기 위한 교수·학습 내용을 예시하면 아
래와 같다.

- 소설과 영화의 플롯을 비교할 수 있도록 정리해 보자.
- 영화화 과정에서 여러 가지 사건들 중에 생략된 부분이나 새로 첨가된
  부분을 찾아 정리해 보고 그 이유를 생각해 보자.
- 사건의 전개 및 갈등 양상에 있어서 소설과 영화의 공통점과 차이점을
  찾아보자.
- 소설에는 없는 5학년 때 담임 선생님의 죽음과 장례식이라는 상황이
  영화에서 새로이 설정된 이유를 말해 보자.
- 두 텍스트의 결말의 상이함을 파악하고 그런 변화를 가져온 창작 의도
  를 밝혀보자.
- 영화에서 펌프질을 하는 장면이 여러 번 나오는데, 그 상징적 의미를
  말해 보자.
- 소설과 영화의 복선이 되는 행동과 사건을 찾아보자.
- 달려오는 기차에 맞서 오래 버티기 시합을 하는 장면(S#57)의 의미를
  말해 보자.

- 강원도 도지사의 표창장을 받는 장면(S#61)의 의미를 말해 보자.
- 엄석대가 교실에 불을 지르는 장면(S#112)의 의미를 말해 보자.
- 엄석대의 괴롭힘에 맞서 아이들이 협력해서 대항하도록 김 선생님이 독려하는 부분을 영화에서는 소설처럼 자세히 다루지 않은 이유를 말해 보자.
- 영화에 주로 쓰인 편집법에 대해 알아보자. 그러한 편집법이 쓰인 이유와 효과에 대해 토의해 보자.

소설 「우리들의 일그러진 영웅」의 플롯을 정리하면 다음과 같다.

발 단	① 나는 26년 전 봄을 회상한다. ② 국민학교 5학년 때 공무원인 아버지가 중앙부서에서 군청 총무과장으로 좌천되자, 나도 가족을 따라 시골학교로 전학을 가게 되었다. ③ 나는 전학 간 시골학교와 담임인 최 선생님의 모습에 실망한다. 　－열악한 시설의 교사(校舍) 　－교무실에서 졸고 있는 담임의 볼품없는 차림새 　－서울 학교에서의 활약상을 얘기하는 어머니의 말을 끊어버리는 담임 　－자기소개도 없이 자리를 배치하는 담임 ④ 나는 급장인 엄석대가 담임 선생님의 묵인 하에 막강한 권력을 행사하는 것을 보고 이상하게 여긴다. ⑤ 엄석대의 행동에 불만을 가지고 저항하는 나를 반 아이들이 이상하게 여긴다. ⑥ 석대는 나를 대하는 태도를 자상하게 바꾸며 서울 학교생활과 특기, 가정형편 등을 물어본다. ⑦ 나는 석대가 권력을 누리는 불합리하고 폭력적인 분위기에 저항하기로 마음먹는다.
전 개	⑧ 나는 아버지에게 엄석대에 대한 불만을 이야기했지만 오히려 꾸중을 듣는다. ⑨ 나는 점심시간에 석대에게 물을 떠다주는 당번이 되자 담임 선생님에게 물어보겠다고 하며 거부한다. ⑩ 나는 서커스 공연 구경, 공짜 영화 관람 등에 제외됨으로써 소외감을 느낀다. ⑪ 나는 용돈을 털어 반 아이들의 환심을 사려하지만 실패한다. ⑫ 시험 결과, 나는 자신만만했던 공부에서마저 석대에게 뒤지게 된다. ⑬ 엄석대의 약점을 찾던 중, 나는 석대가 윤병조의 라이터를 빼앗는 장면을 보고, 이를 담임에게 이른다. ⑭ 석대는 급사로부터 이 사실을 전해 듣고, 재빨리 병조에게 라이터를 돌려준다. ⑮ 선생님에게 친구를 무고하게 의심한 것 때문에 야단을 맞지만 나는 석대의 잘못을 밝혀내야 한다고 눈물로 호소한다. ⑯ 무기명으로 반 아이들의 잘못을 조사한 결과 오히려 나의 잘못만 나와 담임으로부터 혼이 난다. ⑰ 반 아이들이 시비를 걸어와 싸우게 되고 매번 맞아서 지는 등 나는 집단적으로 따돌림을 당해서 피로워한다.

전 개	⑱ 나는 상급생으로부터 교칙에 어긋났다고 트집이 잡혀 괴롭힘을 당하고, 성적도 점점 떨어진다.
	⑲ 나는 어머니로부터 성적 때문에 꾸중을 듣다가 엄석대의 비행을 말하며 도와달라고 한다.
위 기	⑳ 장학관 순시를 대비한 대청소 시간, 나는 유리창 검사에서 석대로부터 계속 불합격 판정을 받는다.
	㉑ 석대에게 세 번째 불합격 판정을 받고 혼자 남게 된 나는 합격 판정이 결국 석대의 마음에 달려있다는 것을 알고 절망한다.
	㉒ 마침내 석대로부터 유리창 청소 합격 판정을 받은 후, 나는 그동안의 힘든 저항을 포기하며 흐느낀다.
	㉓ 나는 석대에게 샤프펜슬을 선물한다.
	㉔ 석대의 도움으로 나의 싸움 서열이 올라가고 반 아이들과도 같이 놀게 된다.
	㉕ 나는 미술 시간에 석대의 그림을 대신 그려주며 석대의 환심을 산다.
	㉖ 나는 시험을 치르다가 석대가 부정행위를 하는 장면을 보고 고민한다.
	㉗ 나는 석대와의 친밀한 관계를 의식해서 석대의 부정 사실을 알리지 못하고 아이들과 미포로 놀러가서 석대의 각별한 호의를 느끼며 신나게 논다.
절 정	㉘ 6학년이 되자, 새로 부임한 젊은 김 선생님이 담임이 된다.
	㉙ 김 선생님은 반장 엄석대의 월권을 용납하지 않고 직접 반 아이들을 지도한다.
	―석대는 조심하며 아이들에게 이전보다 잘해준다.
	㉚ 일제고사 후, 김 선생님은 석대의 부정행위를 알게 되자 심하게 체벌한다.
	㉛ 김 선생님은 불의한 힘 앞에 굴복했던 아이들의 비겁함을 책망하며 단체로 체벌한 뒤, 그동안 엄석대가 저지른 잘못에 대해 말하게 한다.
	―반 아이들이 저마다 엄석대의 잘못을 고발하지만 나는 침묵한다.
	㉜ 새로운 급장 선거가 실시되자 석대가 도망을 간다.
결 말	㉝ 이전에 없던 새로운 분위기가 조성되자, 아이들은 무질서 속에서 혼란스러워 한다.
	㉞ 김 선생님은 등하굣길에서 석대에게 피해를 본 학생들을 더욱 호되게 다그치며 엄석대에게 대항할 것을 주문한다.
	㉟ 석대의 괴롭힘에 맞서 아이들이 힘을 합쳐 대항하자 석대는 어디론가 사라지고 학급은 정상으로 돌아온다.
	―석대가 서울에 있는 엄마를 찾아갔다는 소식을 듣는다.
	㊱ 나는 일류 대학, 대기업 사원, 세일즈맨, 학원 강사 생활을 거치면서 부조리한 사회 현실을 알아가게 된다.
	㊲ 나는 지난여름 휴가 때 강릉으로 가는 길에 우연히 경찰에 체포되어 끌려가는 석대의 모습을 보게 된다.

한편, 영화의 내용은 다음과 같이 정리할 수 있다.[10]

10) 이 플롯은 시나리오를 대상으로 한 것이 아니라 영화를 텍스트로 삼아 장면(scene) 단위로 분석한 것이다. 영화진흥위원회편(1994)에 수록되어 있는 시나리오가 실제 영화로 제작되는 과정에서 달라진 부분이 많다.

S#1 학원 강의실

(어른 병태가 학원에서 영어 강의를 하고 있음) 케네디의 '민주주의의 수호'에 관한 연설문을 해석해 주고 있다.

S#2 음식점(저녁)

(황영수와 앉아서 술잔을 기울이며 얘기를 나눔) 병태는 최 선생님의 부고와 엄석대가 장례식에 올지 모른다는 얘기를 듣게 되고 문상을 제의받는다.

S#3 기차 안(새벽)

(어른 병태가 생각에 잠겨 있음)
어른 한병태의 V.O
(F.O. 터널에 들어간 효과. 기차 소리)
시작 자막

S#4 기차 안(30여 년 전)

(병태는 아버지와 어머니, 남동생과 함께 기차를 타고 감)
어른 한병태의 V.O

S#5 시골 역사

(어두운 표정으로 역사를 빠져나가는 가족들과 낯선 곳을 둘러보며 머뭇거리는 병태의 모습)
빨리 따라오라는 어머니의 V.O

S#6 학교 가는 길

(하천 위 다리를 앞서 걷는 어머니와 떨어져 마지못해 따라가는 병태) 어서 따라오라는 어머니의 성화

S#7 국민학교 운동장

시골 교사를 보고 실망하는 병태와 다독이는 어머니

S#8 교무실

(교감이 와서 이들을 맞이하고 구석에서 졸고 있던 담임 최 선생님을 불러 인계함) 최 선생님에게 아들 자랑을 늘어놓는 어머니

S#9 복도

담임을 부르는 어머니의 목소리 V.O
(복도에서 인사하고 가다가 화면 밖으로 담임이 잠시 사라지
고 병태는 교실들을 두리번거림) 다시 나타난 담임은 병태를
데리고 교실로 들어간다.

S#10 교실

담임은 무심하게 병태를 소개한다. 담임이 잠시 교무실로 간
사이에 급장에게 신고하라고 체육부장이 병태를 끌어다가
엄석대 앞에 팽개친다. 석대는 서울 학교, 특기, 부친 직업
을 물어본 뒤 병태의 자리를 바꾼다. 다시 담임이 오자 한
학생에게 독립선언서를 낭독시킨다.

S#11 교실

(두 아이가 싸우자 이를 말리고 손바닥을 때린 뒤 복도에서
손들게 하는 석대) 담임은 교실로 들어와 자초지종을 듣고는
체벌을 추인하고 학습 내용인 '올바른 판단력'을 공부하자며
수업을 시작한다.

S#12 교문 앞

방과 후 하굣길에 지나가는 아이들이 병태를 '서울내기'라고
놀리며 지나가는데 영팔만이 그를 따라온다.

S#13 철둑길

병태는 영팔과 철길을 걸으며 엄석대에 관해 물어본다. 하지만 지진아인 영팔은 어눌한 대답만 한다.

S#14 서울 학교

회상
선생님과 친구들이 전학 가는 병태를 환송하고, 한 여학생이 울면서 'Liberty'가 새겨진 주화를 선물로 준다.

S#15 병태의 방(밤)

(동전을 만지며 서울 친구들을 생각하고 있는데 밖에서 아버지가 들어오는 소리가 들림. 아버지에게 어머니는 병태가 학교에 적응하지 못해 걱정이라며 병태의 방으로 아버지를 데리고 옴) 병태는 아버지께 담임을 대신하는 이상한 반장 얘기를 꺼내지만 오히려 핀잔만 듣게 된다.

S#16 교무실

(어머니가 담임과 얘기를 나눔) 병태는 복도에서 이를 보고 만족해한다.

S#17 교실

(점심시간에 아이들이 석대에게 음식을 바치고, 석대는 그 것을 다시 다른 아이들에게 나눠줌) 한 아이가 컵을 주며 반 장의 물 당번 차례라고 하자 병태는 강하게 반발하며 담임께 물어보고 하겠다고 버틴다. 석대가 그만두라고 하자 병태는 의기양양하게 점심식사를 한다. 모두들 놀라는 분위기.

S#18 변소 뒤

영팔이 병태를 데려와 선물로 병태의 손에 탄피를 쥐어 준 다.(몇 명의 학생이 이를 목격함)

S#19 교실

한 아이가 풍금이 고장 나서 갑자기 수업 시간이 체육으로 바뀌었다고 말하자 아이들이 우르르 운동장으로 나간다.

S#20 운동장

뒤늦게 뛰어나오는 병태와 영팔에게 석대는 지각을 이유로 운동장을 오리걸음으로 돌게 하는 체벌을 가한다.

S#21 교실

학급회의 시간에 병태가 건의함 설치를 제안했지만 표결에
의해 부결된다.

S#22 펌프가

병태가 힘들게 펌프질을 한다.

S#23 교실

청소시간에 어떤 학생이 책상 밑을 청소하는 병태에게 책상
을 넘어뜨려 다치게 한다.

S#24 병태의 방(밤)

엄석대의 이름을 종이 위에 적다가 갑자기 생각난 듯 저금통
을 깨서 돈을 헤아린다.

방과 후에 서커스 구경 가는데 끼지 못한 아이들에게 병태가
영화 관람을 시켜주겠다고 회유한다.

검표원에게 돈을 주고 영화관으로 몰래 들어간다.

아이들은 영화를 보며 신기해한다.

병태는 아이들에게 자장면을 사주고 급장 선거에 관해 묻고
는 연필을 나눠준다.

S#29 교실

등교하자마자 6학년 선도부 학생들에게 전날 극장행 때문에 끌려간다.

S#30 교사 뒤

선도부에게 얻어맞는데 엄석대가 말리며 비밀에 붙이겠다고 회유한다.

S#31 병태의 방

병태는 시험공부를 열심히 한다.

S#32 교실

(일제 고사를 치름) 감독하는 여교사가 엄석대의 답을 고쳐 준다.

S#33 병태의 집

시험을 잘 보았다고 생각한 병태는 자신만만해 한다.

S#34 성적 게시판

(엄석대가 1등이고 병태는 11등을 함) 아이들이 놀리고, 병태는 실망한다.
V.O
(F.O)

S#35 복도

(힘없이 복도를 걷고 있는 병태 ; 아이들이 윤병조의 라이터를 가지고 장난치다가 엄석대에게 들킴) 석대는 라이터가 탐나지만 보고 있는 병태를 의식해 그냥 돌려준다.
V.O

S#36 교문 앞

병태가 하굣길에서 윤병조를 찾아 두리번거린다.

S#37 한적한 숲길

병태는 윤병조를 만나 석대에게 라이터를 빼앗긴 사실을 확인한다.

S#38 교무실

병태는 엄석대가 윤병조의 라이터를 빼앗은 일을 담임에게 알린다. (이때 곁에서 엿들었던 급사가 어디론가 급히 나감)

S#39 복도

(엄석대는 급사로부터 이 사실을 전해 듣고 급히 교실로 들어감) 급사와 병태는 복도에서 마주친다.

S#40 교실

(석대가 병조에게 라이터를 돌려줌) 담임이 석대에게 라이터를 어떻게 했느냐고 추궁하니까, 석대는 불장난을 우려해서 잠시 맡아두었던 거라며 이미 돌려주었다고 한다.

S#41 교무실

무고한 고자질이라며 담임에게 꾸중을 듣지만 병태는 계속해서 엄석대의 잘못을 주장하다가 석대가 없을 때 아이들에게 조사하면 드러날 거라고 제안한다.

S#42 펌프가

병태가 이전보다 펌프질을 잘 한다.

S#43 교실

담임은 석대를 교무실로 심부름 보낸 뒤 아이들에게 무기명으로 석대의 잘못을 적어내게 하지만 아이들은 서로 눈치를 보며 딴전을 피운다. 이에 담임은 다시 누구의 잘못이든 적어내라고 하자 아이들이 뭔가 적기 시작한다.

S#44 교무실

(시험지 채점을 하다가 자신의 답안지를 확인하는 석대) 담임은 석대를 돌려보내고 아이들이 쓴 내용을 확인한다.

S#45 교실

(물을 시원하게 한 잔 마신 병태는 의기양양하게 마치 급장이 된 것처럼 음악시간 풍금을 준비하라고 당번에게 말함) 교실로 들어온 석대가 병태를 노려보더니 추종자들을 데리고 밖으로 나간다.

S#46 교실

(음악시간. 학생들이 풍금소리에 맞춰 '등대지기'를 부름) 담임은 노래를 부르지 않고 생각에 잠겨있는 병태를 지적한다.

S#47 교무실(저녁)

담임은 석대의 비행보다 온통 병태의 잘못만 적은 아이들의 답지를 보여주며 병태를 나무란다.

S#48 운동장

병태는 어깨를 늘어뜨린 채 힘없이 어두운 운동장을 걸어 나간다.

S#49 뒷동산

(병태와 한 아이가 싸움을 함) 구경하던 어떤 아이가 병태를 쓰러뜨리자 집단적으로 폭행을 한다.

S#50 교실

(담임은 '뭉치면 살고 흩어지면 죽는다'는 이승만의 격언이 민주주의라는 교과서의 내용을 읽어줌) 담임은 수업 도중 뒤늦게 들어온 병태를 벌준다.

S#51 화장실

(병태는 벌로 화장실 청소를 함) 병태가 용변을 보는 여교사를 훔쳐 본 것으로 오해를 받아 뺨을 맞고 교무실로 끌려간다.

S#52 교무실

병태는 여러 교사들로부터 야단을 맞는다.

S#53 병태의 집(밤)

병태는 어머니에게 서울로 다시 돌아가자고 떼쓴다. 홧김에 동생을 때려 울린다. (야단을 맞고 집 밖으로 뛰쳐나감)

S#54 병태의 집 근처

(계단에 앉아 있던 병태는 맞은 편 불 켜진 방안에서 피아노를 치며 노래 부르는 예쁜 여학생을 발견함)
여학생은 병태를 의식하고 불을 꺼버린다.

S#55 등굣길

(병태는 학교에 가다가 발길을 돌림) 언덕에 올라가 학교를 내려다본다.

S#56 언덕

아이들이 노는 모습을 멀리서 바라보다가 엄석대와 싸워 이기는 몽상을 한다. 몽상에서 깨어나자 자리를 털고 일어나 발걸음을 옮긴다.

S#57 기찻길

(기찻길을 따라 걷다가 중학생들과 엄석대가 기차에 맞서 오래 버티기 시합을 하는 장면을 목격함) 엄석대가 내기에서 이기는 것을 보고 놀라는 병태.

S#58 기차역

병태는 손님들이 기차 타는 곳으로 바쁘게 움직이는 모습과 떠나가는 기차를 동경 어린 시선으로 바라본다.

S#59 등굣길

여느 아이들처럼 까만 얼굴, 빡빡머리에 하얀 깃이 없어진 교복을 입은 채 병태가 바쁘게 학교로 간다.

S#60 교실

점심시간, 병태는 도시락을 꺼내서 석대를 바라보며 석대와 친하게 도시락을 함께 먹는 몽상을 한다. 급장의 물 당번에 순순히 응한다.

S#61 운동장

(전체 조례에서 도지사 표창장을 받는 엄석대와 이를 부러운
듯 쳐다보며 손뼉 치는 병태)
V.O

S#62 복도

새로 부임한 장학관의 학교 순시에 관해 최 선생님과 어느
여교사가 얘기를 나눈다.

S#63 교실

석대는 청소 담당 구역을 배정하고, 담임은 급장에게 청소
검사를 맡긴다.

S#64 화단

석대는 돈 내기 축구 시합을 한다고 청소가 끝난 아이들에게
모이라 한다.

S#65 교실

교실을 청소한 학생들은 축구 시합에 참여시키지만 유리창
청소 당번은 아직 미흡하다고 남긴다.
(석대에게 잘 보이려고 미소 띤 얼굴로 바라보는 병태)

S#66 운동장

돈을 걸고 반 대항 축구 시합을 한다. 석대는 내기한 돈을
갖고 심판을 본다.

S#67 교실

(열심히 유리창을 닦는 병태) 한 아이가 검사받기 위해서 급
장을 부르러 나간다.

S#68 운동장

석대는 유리창 검사를 해달라는 부탁을 받고 교실로 향한다.

S#69 교실

석대는 병태와 영팔을 불합격시키고 나머지는 운동장으로
보낸다.
(더욱 열심히 유리창을 닦는 병태)

S#70 운동장

병태가 비굴한 표정을 지으며 석대에게 와서 유리창 검사를
부탁한다.
(스탠드 위에 앉아서 내려다보는 석대)

S#71 교실

석대는 영팔을 합격시켜 보내지만 병태를 또 불합격시킨다.
(교실 한쪽 끝에서 왜소한 모습의 병태가 힘없이 주저앉음)

S#72 운동장

석대의 반이 축구 시합에 이겨서 딴 돈을 가지고 떼 지어 나
간다.

S#73 교실

(혼자 남아 아이들을 바라보는 병태) 학교 인부가 병태를 보고 '너는 또 오늘도 혼자 청소냐'고 한마디하고 지나간다.

S#74 학교 밖 풍경

황혼의 학교 밖 풍경
(삽입화면 ; insert shot)

S#75 교실

(엎드려 있는 병태) 아이들이 음식물을 먹으며 들어와 서둘러 가방을 챙겨 나간다. 병태의 곁에 선 석대는 합격을 말하고, 병태는 눈물을 머금는다.
(의미심장한 미소를 띤 석대)

S#76 복도

석대는 미소를 짓고 서 있다가 병태가 교실에서 나오자 사라진다.
V.O

S#77 하굣길(저녁)

(의기양양하게 앞서 걷는 석대와 힘없이 뒤따르는 병태) 병
태가 석대에게 뛰어가 샤프펜슬을 건넨다.
V.O

S#78 교사 뒤

(병태가 한 아이와의 싸움에서 이김) 석대는 아이들 앞에서
병태의 싸움 서열을 높여준다.
(영팔이 병태에게 실망한 표정을 지음)

S#79 복도

병태가 서커스 구경에 함께 가지 못할 아이들을 지명한다.
아이들이 봐달라고 부탁하지만 병태가 이를 거절하자 아이
들이 불만을 터뜨린다.

S#80 교실

(미술시간, 학생들이 어머니의 얼굴을 열심히 그리는데 유
독 석대만이 어머니의 얼굴을 몰라 그림을 그리지 못함)
병태는 자신이 그린 그림을 석대에게 바친다.

S#81 교사 앞

영팔이 병태에게 탄피를 돌려 달라고 하는데 병태는 없다고 한다.

S#82 기찻길

하굣길에 병태는 영팔에게 다가가지만 영팔은 '가! 너랑 안 놀아' 하며 가버린다.

S#83 교실

(영수가 시험지에 자신의 이름을 지우고 엄석대의 이름을 씀) 병태가 이를 목격한다.

S#84 교사 뒤

병태는 영수로부터 시험 부정 사실을 확인한다.

S#85 복도

S#86 교실

영수가 석대에게 병태가 눈치 챘다는 사실을 말한다.

병태는 석대가 시험 도중 몰래 시험지를 바꿔치기 하는 장면을 목격한다.

S#87 복도

S#88 교사 뒤

시험지를 거둬 교무실로 향하는 담임 뒤로 병태가 따라 간다. 담임에게 석대의 부정행위를 고발하는 상상을 한다. 갑자기 석대가 다가와 미포리로 같이 놀러가자고 하자 병태는 가겠다고 약속한다.

석대는 자신의 추종자들을 세워 놓고 병태를 잡지 못한 것을 두고 몹시 화를 내며 미포리 모임 준비를 잘 하라고 명령한다.

S#89 기찻길

(나란히 미포리를 향해 걷는 석대와 병태) 석대는 병태에게
서울 창신동을 아느냐고 묻고는 병태의 어머니가 참 예쁘시
더라고 말한다.

S#90 미포리

(모닥불을 피워 놓고 여학생들과 함께 토끼 바비큐에 소주를
나눠 마시며 놂) 병태가 언젠가 본 예쁜 여학생도 왔는데 석
대는 그녀를 병태의 짝이 되게 한다.
병태는 석대의 호의에 흠뻑 취해 지니고 있던 'Liberty'가 새
겨진 동전을 불속에 던져 버린다.
V.O

S#91 초상집

최 선생님의 영정에 절을 하고, 문상하는 어른 한병태

S#92 초상집 마당

(문상객이 많이 앉아 있음) 병태는 영팔과 재회한다.
V.O

S#93 운동장

(전체 조례, 새로운 담임 김 선생님의 부임 인사) 엄석대는 긴장한 듯이 흘겨보고, 한병태는 무심한 표정으로 바라본다.

S#94 교실

('진실과 자유'에 관하여 강조하는 김 선생님의 훈화가 끝나고 급장 선거를 함) 아이들이 일제히 엄석대를 추천 동의, 재청한다.

S#95 교무실

(투표 용지를 보고 놀라는 김 선생님) 다른 사람에게 엄석대에 관해 물어보자, 2년 동안 1등을 고수한 학생이라는 얘기를 듣는다.
(라디오를 통해 부정 선거에 항의하는 데모 소식이 전해짐)

S#96 교실

새 담임이 학급회의 주제로 '건의함'을 제안하자 엄석대는 당황한다.

S#97 교사 뒤

엄석대가 급사에게 김 선생님을 잘 감시하라고 말한다.

S#98 교실

새 담임은 수학 문제를 제대로 풀지 못하는 엄석대를 보고
의아해 한다. 아이들이 긴장한다.

S#99 화단

아이들이 급장에게 청소 검사를 받고 귀가하려고 하는데 새
담임이 아이들끼리 무슨 검사냐며 다시 교실로 데리고 들어
간다.
(창 너머로 이를 심각하게 바라보는 엄석대)

S#100 교무실

최 선생님에게 청소 검사를 급장이 하는 이유를 물어보는 새
담임. 최 선생님은 엄석대가 알아서 잘하기 때문이라며 대수
롭지 않게 말한다. 이를 이상하게 여기는 새 담임

S#101 교실

점심시간 체육부장이 급장의 물 당번이 빠진 것을 추궁한다.
엄석대는 말리는 척한다.

S#102 교사 뒤

엄석대는 달라진 학급 분위기를 이유로 자신의 추종자들을
폭행한다.

S#103 교무실(밖)

정체불명의 한 아이가 김 선생님의 책상을 뒤지다가 숙직하
다 뛰어온 김 선생님을 보고 급히 도망을 간다.

S#104 교실

(일제 고사를 침) 새 담임이 시험지에 이름을 쓰도록 지시하
자, 엄석대와 아이들은 긴장한다.

S#105 기찻길

병태는 영수에게 시험지 이름 바꿔 쓰기를 했는지 물어보고,
영수는 석대가 시켜서 또 그렇게 했다고 답한다.
V.O

S#106 교실

김 선생님은 시험 부정행위를 알고 엄석대를 체벌한다. 그러
자 반 아이들은 엄석대의 잘못들을 앞다퉈 고발하지만 한병
태는 모르겠다고 한다. 영팔은 울면서 아이들도 나쁘다고 말
한다. 김 선생님은 반 아이들을 체벌하기 시작한다.

S#107 복도

다른 반 아이들과 최 선생님을 비롯한 동료 교사들이 심각한
표정으로 이 장면을 바라보고 지나간다.

S#108 교실

김 선생님이 반 아이들의 손바닥을 차례로 때린다. 새 급장
을 선출하는 학급회를 하는데 갖가지 의견으로 산만해지지
만 새 담임은 웃으며 바라본다. O.L
갑자기 엄석대가 일어나 모두를 향해 욕을 하고선 교실 문을
박차고 나간다.

S#109 복도

엄석대가 뛰어가고 뒤따라 나온 김 선생님이 부르지만 멈추지 않는다.

S#110 교실

아이들이 창문에 붙어 운동장을 가로질러 뛰어가는 석대를 향해 욕을 하는데, 병태는 홀로 심각한 표정으로 자리에 앉아 있다.

S#111 거리

('독재정권 물러가라'는 구호를 외치며 거리를 행진하는 학생 데모대) 갑자기 총성이 울리자 학생들이 사방으로 흩어지고 경찰이 쫓아다닌다. 한병태가 하굣길에 이 장면을 목격하며 놀란다.

S#112 교실(밤)

(어둠 속에 누군가가 교실에 석유를 붓고 불을 지름) V.O
(O.L. 열심히 공부하는 병태와 학생들의 모습) V.O

S#113 초상집 마당(밤)

엄석대가 암흑가의 우두머리가 됐다는 소문을 얘기하며 문상에 올지 여부를 궁금히 여기는데 갑자기 국회의원이 된 김 선생님이 문상을 온다.
V.O (문상을 온 국민학교 때 친구들이 함께 모여 술 마시고 화투치며 밤을 샘)

S#114 초상집 마당(새벽)

갑자기 건장한 청년들이 엄석대의 이름이 적힌 큰 화환을 들고 들어온다. 그러나 석대는 오지 않는다.
(조용해진 초상집에서 병태와 영팔만이 무료하게 앉아 있음)

S#115 초상집 마당 앞(새벽)

병태는 영팔의 배웅을 받으며 길을 나선다.
V.O
끝 자막

이처럼 플롯을 분석해 보면, <우리들의 일그러진 영웅>은 소설이나 영화 모두 한병태와 엄석대가 중심인물임을 알 수 있다. 그리고 엄석대에 대한 한병태의 저항으로 인해 갈등이 발생하고 고조되다가 결국 병태가 석대에게 굴복함으로써 해결되는 구조를 가진 점이나 병태의 시각에서 사건들이 전개되고 있는 점 등이 소설과 영화 텍스트 모두에서 발견되는 공통점이다.

하지만 소설은 곧바로 회상의 진술로 작품이 시작되는 데 비해 영화는 프롤로그를 첨가하여 현재와 과거 사이의 시간적 단절을 명확하게 보여주고 있는 것이 차이점이다. 즉, 영화에서는 학원 강사인 어른 한병태가 친구를 통해 5학년 때 담임의 부음(訃音)을 듣고 문상을 권유받는 장면이 프롤로그로 제시된다. 이렇게 해서 영화에서는 소설에 없는 문상 장면이 첨가되어 과거의 인물들이 모이게 됨으로써 과거와 현재가 연결된다. 또한 과거의 회상이 끝나고 다시 상가에서 엄석대를 기다리는 현재로 전환되면서 과거의 회상과 현재의 상황이 자연스럽게 이어진다.

플롯 측면에서 소설과 영화의 가장 큰 차이는 작품의 결말 부분에 있다. 소설에서는 엄석대가 결국은 범법자가 되어 경찰에 체포됨으로써 사회에서 용납되지 못하는 인물로 그려진 반면에, 영화에서는 석대가 나타나지는 않지만 큰 화환을 보냄으로써 여전히 어디선가 불의한 방법으로 어두운 권력을 은밀히 행사하고 있음을 암시하고 있다. 이와 같이 원작 소설이 영화로 변용되면서 플롯상에 나타난 변화를 정리하면 다음과 같다.

[표 4] 〈우리들의 일그러진 영웅〉 소설과 영화의 플롯 변화

김 선생님의 장례식	첨가
영팔이 탄피를 주고, 나중에 다시 달라고 하는 장면	첨가
병태가 펌프질을 하는 삽입 화면	첨가
석대가 중학생들과 기찻길에서 시합하는 장면	첨가
석대가 표창장을 받는 장면	첨가
석대가 교실에 불을 지르고 도망친 사건	첨가
석대가 코피 난 아이를 치료해 주는 장면	생략
아버지가 시골로 전근 오게 된 이유	생략
만화방 출입, 상급생과 하급생과 노는 병태	생략
옆 반 전학생과 엄석대의 싸움과 병태의 응원 동참	생략
석대의 괴롭힘에 맞서 아이들이 협력해서 대항하도록 김 선생님이 독려하는 장면	생략
점심시간이 되서야 전학 온 병태에게 관심을 가지고 질문을 하는 시골 학생들 →담임 선생님이 나가자마자 병태에게 질문을 함.	변동
엄석대와 첫 만남에서 자신도 모르게 다가감. →체육부장이 멱살을 잡고 끌어다 석대 앞으로 데리고 옴.	변동
컵에 물 담아 오라고 엄석대가 직접 말하고 윽박지름. →엄석대는 직접 말하지 않고 추종자들이 컵을 줌.	변동
윤병조 라이터 사건에 급사가 개입한 일을 말하며 병태가 눈물을 흘림. →울지 않음.	변동
엄석대가 교무실로 가서 학급 저축 그래프만 그림. →시험지 채점까지 함.	변동
병태는 이웃집 여학생 윤희와 놂. →병태는 윤희가 피아노 치며 노래 부르는 것을 훔쳐 봄.	변동
손톱, 이발, 복장위반, 군것질 등 학교 교칙 위반으로 벌을 받는 병태→싸움하다 늦게 와서 벌로 변소 청소를 하게 되고 용변 보는 여교사를 훔쳐봤다고 오해를 받아 혼이 남.	변동
장학관 순시 대비 대청소 때 청소 담당을 담임이 배정해줌. →청소 담당도 엄석대가 배정함.	변동
엄석대는 청소가 끝난 학생들과 축구 시합을 같이 하고 마친 뒤에는 냇가로 씻으러 감. →엄석대가 심판을 보면서 돈내기 축구 시합을 하고 마친 뒤에는 딴 돈으로 가게로 감.	변동
대청소 이튿날 병태가 석대에게 샤프펜슬을 줌. →대청소 마치고 귀가하면서 줌.	변동
박원하가 순순히 병태의 묻는 말에 시험 부정에 대해 자세히 설명함. →병태의 질문에 어쩔 수 없이 대답하고 나서 석대에게 말함.	변동
미포에서 사이다와 과자, 땅콩과 고구마를 구워 먹으며 말타기, 술래잡기, 노래자랑을 하며 놂. →여학생들을 데리고 와서 토끼 바비큐에 술을 마시며 유행가를 부르고 춤추며 놂.	변동
6학년 담임 선생님의 부임 초기, 선거를 다시 시키고 아이들을 몰아 부치는 등 부정적이며 거친 언행을 보임. →일단 관망하는 자세를 취함.	변동
민주적인 의사결정을 익히기까지의 시행착오 과정을 상세히 서술함. →한 장면으로 축소됨.	변동

이 같은 플롯상의 변화는 소설과 영화를 창작한 주체들의 작가의식이

각기 다르고, 서술 매체, 발표 시기, 상영 시간의 제한 등에서 차이가 있기 때문에 발생한 것이다. 그러면 이 중에 변화의 의미가 크다고 생각되는 몇 가지를 자세히 짚어 보도록 하자.

소설 텍스트는 과거의 회상을 중심으로 그 과거의 사건이 현재의 나에게 주는 의미를 해석하고자 하는 반면, 영화 텍스트는 오히려 현재의 상황을 직시할 수 있도록 드러내 보이고자 한다. 그래서 어른이 된 어릴 적 동급생들의 모습을 실제로 보여줄 필요가 있었다. 이를 위해 5학년 때 담임선생님의 죽음과 장례식이라는 상황을 새로이 설정하게 되었고, 그 곳에 모인 과거 인물들의 현재 모습을 통해 엄석대가 과거뿐만 아니라 현재에도 여전히 이들을 지배하고 있음을 보여준다. 또한 문상을 온 김 선생님을 국회의원이라는 구태의연한 정치인으로 바꾼 것은 진실과 자유를 부르짖던 개혁자가 결국은 또 다른 일그러진 영웅으로 변신하게 된 현실을 우회적으로 비판하기 위한 설정이라고 생각된다.

영화에서는 병태가 펌프질을 하는 삽입 화면이 거듭 나온다. 엄석대의 비리를 캐기 위해 노력하지만 오히려 역습을 당한 다음에 나온 화면에서는 병태가 무척 힘든 표정으로 펌프질을 한다. 그러나 확실한 기회를 잡았다고 생각할 때의 화면에서는 펌프질이 제법 순조롭게 잘 되기도 한다. 이처럼 병태의 펌프질은 그가 엄석대의 비리를 퍼 올리려고 노력하는 것과 그때의 상황을 암시하는 것으로 볼 수 있다.

달려오는 기차에 맞서 오래 버티기 시합을 하는 장면(S#57)은 엄석대의 권력 형성 과정을 보여주기 위해 영화에서 첨가한 상징적인 사건이다. 달려오는 열차에 맞서 목숨을 걸고 끝까지 버텨 상급생들을 무릎 꿇게 만드는 석대의 대담함과 영민함을 보여줌으로써 그가 형성한 권력이 결코 우연히 이루어진 것이 아님을 증명해 준다.

한편, 이 작품에서 엄석대의 권력은 제도적으로도 뒷받침되고 있다. 겉으로 보면 그는 유능한 급장에다 전교 1등을 한 번도 뺏긴 적 없는 모범생이다. 모든 교사들이 석대를 그렇게 평가하고 있으며 무엇보다 담임 선생님의 절대적인 지지와 후원을 받고 있었다. 그래서 영화는 이를 더욱 공고히 하려는 의도로 전교생이 모인 자리에서 강원도 도지사의 표창장을 받는 장면(S#61)을 첨가한다. 이 장면에서 위에서 찍기(high angle)로 비춘 병태는 더욱 왜소하게 보여 절대 꺾이지 않을 석대의 권력 앞에 더 이상 대항할 의지를 잃어버리는 듯한 상황을 묘사한다.

또, 엄석대가 교실에 불을 지르는 행위를 첨가한 것은 엄석대의 파괴적인 성격을 부각시키기 위한 것으로 이해된다. 그런데 영화에서는 이 장면(S#112)에서 엄석대를 보여주지 않고 다만 손과 발과 그림자만을 비춤으로써 실체를 공개하지 않은 채 악랄한 폭력을 은밀하게 행사하는 모습을 보여주었다.

소설의 영상화 과정에서 생략된 부분은 주로 영화가 가진 제약, 즉 상영 시간의 제한으로 인해 등장인물과 에피소드의 축소가 불가피했기 때문이다. 또한 갈등구조를 보다 선명하게 제시하기 위해 근간 화소가 아닌 것은 의도적으로 제외시키기도 하였다.

특히 엄석대의 괴롭힘에 맞서 아이들이 협력해서 대항하도록 김 선생님이 독려하는 부분이 영화에서는 소설처럼 자세하게 다루어지지 않는다. 이것은 앞서 말한 바와 같이 불합리하고 억압된 상황이 어느 한 사람에 의해서 일순간에 개선되지 않는다는 영화 연출자의 의도 때문인 것으로 추리해 볼 수 있다.

이 밖에 나머지 사소한 변화들은 관객들의 눈높이에서 현실성을 추가하기 위한 의도나 촬영 현장의 사정에 의한 것들로 보인다.

한편, 영화 <우리들의 일그러진 영웅>의 시간 구성은 표현 행위에 의해 구조화된 시간과 경험 자체로서의 이야기 시간이 서로 다르다. 즉, 이 영화에서 실제 표현 행위에 의해 구조화된 시간은 1989년의 어느 날 저녁에 친구와 만나 김 선생님의 장례식에 참석할 것을 권유받은 시각부터 다음날 아침에 기차를 타고 가서 장례식에 참석하고 그 다음날 새벽에 돌아오는 때까지 걸린 3일간이다. 그러나 그 속에서 병태가 경험한 이야기의 시간은 1959년과 그 이듬해를 거쳐 현재까지 약 30년이나 된다.

영화 텍스트는 '현재(1989) − 과거(1959) − 현재(1989) − 과거(1960) − 현재(1989)' 로 시간이 교차되면서 현재에서 시작해서 현재로 끝나는 방식을 취하고 있다. 이것은 현재의 한병태로 시작함으로써 30년 전의 이야기로 자연스럽게 이끌어 가는 동시에 이야기의 사실성을 높이기 위한 설정이다. 또한 현재의 한병태가 말하는 과거가 지금도 여전히 반복되고 있다는 주제를 드러내기 위해서도 필요한 구성 방식이었을 것이다.

이처럼 3일간의 서술 시간은 중요한 사건을 보여주고 이야기 전개상 필요하지 않는 부분은 페이드 아웃(fade out)이나 오버 랩(overlap)과 같은 방법으로 생략함으로써 중요한 시기의 주요 사건만을 가지고 이야기를 전개하고 있다. 예컨대 앞 장면의 페이드 아웃 이후에 이어진 S#59에서 어느새 보통의 시골 아이들처럼 까만 얼굴, 빡빡머리에 하얀 깃이 없어진 교복을 입은 채 바쁘게 등교하는 병태의 변화된 모습을 보여줌으로써 그 사이에 많은 시간이 흘렀으며 병태의 심리 상태나 상황이 많이 달라졌다는 것을 암시해 준다. 또한 S#108에서 새 담임 선생님이 반 아이들의 손바닥을 차례로 매질할 때도 시간의 경과를 느낄 수 있도록 오버 랩을 사용하고 있다. 이로써 영화도 소설과 마찬가지로 그 독특한 영상 기법을 통해 시간의 요약이나 생략을 시도하여 사건을 전개하고 있음을 확인할 수 있다.

편집과 관련하여 볼 때, 영화 <우리들의 일그러진 영웅>은 사건의 연속성을 중심으로 인과적으로 편집되었다. 이 같은 고전적인 내러티브는 시간과 사건의 통일성을 중시하는 것으로 원작 소설의 내러티브에서 벗어나지 않는 구성법이다. 또한 전체적으로 화면 전환이 절제되고, 대체로 느린 리듬으로 편집되었기 때문에 특정 인물의 감정에 동일시되기보다는 권력이 작동하는 양상에 대하여 냉정하게 관찰할 수 있게 되었다.

(2) 소설과 영화 텍스트의 담론 대조 활동

① 서술 매체

소설과 영화 텍스트 <우리들의 일그러진 영웅>에서 '서술 매체'에 관한 교수·학습 활동 과제와 이를 해결하기 위한 교수·학습 내용을 예시하면 다음과 같다.

- 서술 매체의 차이를 중심으로 소설의 일인칭 서술이 영화에서는 어떻게 표현되고 있는지 예를 들며 말해 보자.

소설은 문자언어의 선조적 나열을 통해 구성되는 시간 예술이며, 영화는 시청각적 영상언어가 작용하는 시공간 예술이므로 의미 생성 및 소통 방식이 서로 다르다. 이 때문에 인간의 섬세한 내면 의식을 나타내는 일인칭 서술의 경우, 소설은 문자로써 서술자의 발화를 기록해 전달하지만 영화는 인물의 대사나 화면 밖의 목소리를 통해 전달한다.

영화 <우리들의 일그러진 영웅>은 인물의 대사와 화면 밖 목소리를 통해 일인칭인 원작 소설의 서술을 영상으로 표현하고 있다. 하지만 어디까지나 영화는 영상이 주요한 서술 매체가 되어야 하기 때문에 화면 밖 서술자의 목소리나 자막과 같은 음성 및 문자에 의한 전달은 보조적인 수단에 그쳐야 한다. 그러므로 영화는 인물의 표정이나 행동 연기 등을 통해 인물 내면의 심리를 표현해야 한다. 이것은 일인칭 서술의 영화에서도 마찬가지다.

일인칭 서술 상황의 소설에서 '나'는 경험자아와 서술자아로 구분된다. 이를 영화로 변용할 때는 흔히 영상이 보여주는 이야기가 과거의 일임을 알리기 위해 화면 안에 과거 '나'의 모습을 보이고, 화면 밖에서 현재의 '나'의 목소리가 들리도록 한다.

영화 <우리들의 일그러진 영웅>은 일인칭의 서술, 즉 내면의식에 의해서 이야기가 전개되기 때문에 다양한 영상 구성이 어렵다. 영화가 일인칭 시점을 취하면 모든 영상이 한 인물이 바라보는 장면만을 보여주거나 그 인물의 내면의식만을 드러내는 것으로 국한되기 때문이다. 물론 이 영화는 일인칭의 인물시점(P.O.V)만을 취하지 않는다.11) 하지만 몽타주와 같은 다양한 영상의 조합을 절제함으로써 소설의 일인칭 서술 상황을 견지하려는 노력을 보인다.

소설에서는 서술자에 의해 설명되었던 대목이 서술 매체가 바뀐 영화에서는 비유적인 언술을 구체화하거나 소도구를 활용하는 것이 일반적이다. 일례로 병태는 시골학교의 비합리적이고 폭력적인 교실 상황에서 자유와 합리성에 대한 그리움을 상기할 때마다 전학 오기 전 서울 친구로부터 받은 주화를 꺼내 만지작거린다. 그 주화는 자유의 여신상과 'Liberty'가 새겨져 있다. 그런데 병태가 미포리에서 석대의 환대에 감격하여 그에게 저항할 마지막 기회인 시험 부정마저도 덮어버리며 완전히 저항을 포기했을 때, 병태는 그 주화를 불 속에 던져버린다(S#90). 이 부분은 소설에서 다만 다음과 같이 언술될 뿐이다.

> 여하튼 나는 석대가 맛보인 그 특이한 단맛에 흠뻑 취했다. 실제로 그날 어둑해서 집으로 돌아가는 내 머릿속에는 그의 엄청난 비밀을 담임선생에게 일러바쳐 무얼 어째 보겠다는 생각 따위는 깨끗이 씻겨지고 없었다. (64쪽)

이처럼 영화는 소설의 언술을 구체적인 장면으로 표현해야 하는 점 때문에 인물과 사건을 실제화하고, 비유적 언술을 구상화하기 위해 여러 가지 물건들을 상징적으로 활용하기도 한다.

마찬가지로 영화에는 서술자의 직접적인 심리묘사를 대치할 구체적인

---

11) 영화의 모든 장면을 인물시점으로 촬영한다면 보고 있는 인물은 화면상에 등장하지 않게 될 것이며, 실제 생활에서 우리가 경험하는 시점과 별다른 점이 없어 무료하고 재미없는 작품이 될 것이다.

장면들을 제시할 필요가 있다. 가령, 병태가 석대의 계속된 괴롭힘으로 궁지에 몰리게 되자 등교를 하지 않고 학교 밖에서 방황하는 장면(S#55~56)을 보자. 한병태는 언덕에서 아이들이 얼음판이 된 논에서 놀고 있는 장면을 물끄러미 바라보다가 엄석대와 싸워 항복을 받아 내는 몽상을 하게 된다. 이어서 다시 몽상에서 돌아와 아이들 노는 곳을 바라보는 장면으로 환원되면서 쓴웃음을 짓는 병태의 얼굴이 가까운 화면(close up)으로 처리되는데, 이는 병태가 석대와의 싸움에서 이기고 싶어 하는 간절한 심리가 표현된 것이다.

② 시점과 서술

소설과 영화 텍스트 <우리들의 일그러진 영웅>에서 '시점과 서술'에 관한 교수·학습 활동 과제와 이를 해결하기 위한 교수·학습 내용을 예시하면 아래와 같다.

- 소설과 영화에서 누가(무엇이) 우리에게 이야기를 전해 주는지 말해 보자.
- 일인칭 시점−서술인 이 소설의 특징을 알고, 이 점이 영화에서는 어떻게 변용되었는지 살펴보자.
- 소설에서 서술자가 묘사한 부분이 영화에서는 어떻게 표현되고 있는지 말해 보자.
- 서술자아와 경험자아를 중심으로 소설과 영화의 차이를 찾아보자.
- 특정 장면에서 각 쇼트는 누구의 시점인지 말해 보자.
- 영화에서는 시점이 고정되어 있는지, 아니면 자주 변하는지 알아보고 그 원인에 대해 말해 보자.
- 영화에서 '화면 밖 목소리'의 기능에 대해 말해 보자.
- 영화의 각 장면에서 보인 카메라 기법의 의미와 효과를 말해 보자.

일인칭 소설의 경우, 서술 상황에서 서술자아와 경험자아는 분명하게 구별되는데, 서술자아는 담론 세계의 주체이며, 경험자아는 이야기 세계의 주체가 된다. 담론 세계의 주체인 서술자아의 위치는 이야기 세계와 분리되어 있다. 이야기를 이루는 인물의 행동과 그것을 언어로 직접 전달하는 서술자는 각기 구별된 세계 속에 있기 때문이다(조정래·나병철, 1991 : 134). 서술자가 들려주는 이야기 세계 속의 자아는 경험자아이며, 서술자아는 이야기 세계 밖, 즉 담론의 세계에 존재하는 이야기꾼일 뿐이다. 따라서 서술자아의 역할은 현재의 고정된 시점에서 지나간 자신의 체험을 회상하며 그것을 이야기하는 것이다.

일인칭 서술은, 서술자아가 서술하는 동기가 바로 그 자신의 존재론적 요구로부터 생겨난다는 특징을 가진다. 일인칭 서술자아는 경험자아가 중요한 사건을 통해 후회·개심·변화 등을 겪은 상태와 일치한다. 따라서 서술자아는 그의 경험을 회상하면서 삶에 대한 진지한 언급을 하려는 충동을 갖게 된다. 즉, 경험자의 체험이 서술자아의 서술 행위에 직접 영향을 미치는 것이다. 반대로 서술자아는 서술 행위를 통해 경험자아의 삶이 성장하는 데에 영향을 준다. 이처럼 경험과 서술이 서로 연관되기 때문에 일인칭 서술은 ‘고백의 형식’이라는 독특한 특성을 갖게 된다(나병철, 1998 : 453~454).

이와 같이 일인칭 소설에서는 경험자아가 인생의 변화를 초래한 중대한 사건을 겪음으로써 서술자아의 회고 대상이 된다. 그런데 경험자아가 사건을 겪은 후 곧바로 서술자아가 될 수도 있고, 혹은 상당한 시간이 흐른 뒤에 서술자아가 될 수도 있다. 이 두 가지 중에서 뒤의 경우는 대개 유년기의 체험을 그리는 소설들이 많다.

이문열의 소설 「우리들의 일그러진 영웅」은 서술자인 ‘나’가 26년 전의 국민학교 시절과 지난여름 강릉역에서의 사건을 회상하는 것으로 되어 있다.

> (가) 벌써 삼십 년이 다 돼가지만, 그해 봄에서 가을까지의 외롭고 힘들었던 싸움을 돌이켜보면 언제나 그때처럼 막막하고 암담해진다. 어쩌면 그런 싸움이야말로 우리 살이가 흔히 빠지게 되는 어떤 상태이고, 그래서 실은 아직도 내가 거기서 벗어나지 못했기 때문에 받게

되는 느낌인지도 모르겠다. (11쪽)

(나) 바로 지난여름의 일이었다. 입시반 때문에 겨우 사흘 얻은 휴가로
나는 아내와 아이들을 데리고 강릉으로 갔다. (…중략…) 강릉에 도
착하기 바쁘게 기차를 빠져나와 출구 쪽으로 가는데, 문득 등 뒤에
서 귀에 익은 외침 소리가 들려 왔다. (84~85쪽)

이처럼 서술자아는 경험자아와 각각 '삼십 년 가까운 시간', '지난여름'
과 같이 시간적, 공간적 거리가 있음을 알 수 있다. 이야기의 전개에 따라
한병태의 경험자아는, 국민학교 5~6학년 때의 자아, 지난여름 엄석대를
보았을 때의 자아, 과거를 회상하며 이야기를 현재 서술하고 있는 자아로
나뉜다.

[표 5] 소설 「우리들의 일그러진 영웅」에서 '나'의 구분

'나'−26년 전 어린 한병태	'나'−지난여름의 어른 한병태	이야기 세계
'나'−과거를 회상하며 이야기하는 어른 한병태		담론 세계

이와 같이 일인칭 서술 상황에서 경험자아와 서술자아는 분리되며 그
사이에는 상당한 거리가 존재한다.

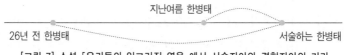

[그림 7] 소설 「우리들의 일그러진 영웅」에서 서술자아와 경험자아의 거리

이 소설에서 서술자아는 경험자아로부터 상당한 거리를 둔 상태에서 현
재 '나'의 삶의 근원적인 한 부분으로서 과거의 '나'를 회상하게 된다. 이
때 현재 '나'의 삶은 그 자체로 완결된 것으로 존재하는 것이 아니라, 과거

'나'와의 역동적 관계 속에서 드러나게 된다. 앞의 인용문 (가)를 보면, 자
신의 뇌리 속에 각인되어 있는 과거의 기억은 현재 '나'의 정체성과 화해
할 수 없는 상처로 남아 있다는 것을 알 수 있다. 그리고 상당한 시간이
지난 뒤에 과거 '나'를 회상하는 이런 유형의 소설에서는 현재 '나'의 정체
성의 위기가 그 회상과 고백의 동기가 된다. 이 작품에서는 그러한 직접적
인 계기가 (나)에서 알 수 있듯이 지난여름 엄석대가 체포되는 모습을 우
연히 보게 되면서 촉발되었다.

이 소설에서 '나'는 누구인가. 어린 시절 전학 간 시골학교에서 불의한
권력자에게 저항하였지만 그의 교묘한 괴롭힘에 시달리다가 결국 굴종하
게 되고 그의 그늘에서 안주(安住)의 단맛을 맛보았던 사람, 불의한 권력자
에게 시달리면서도 저항하지 못하고 더 힘 센 권력자가 등장하자 일순간
배신하는 아이들에게 불신감을 가지게 된 사람, 어려운 경쟁과 시험을 거
쳐 일류 학교를 졸업했지만 결국 사회의 낙오자가 되어 세상을 원망하며
권력자의 곁에 빌붙어 안주할 꿈을 꾸기도 하는 사람이다. 하지만 정작 건
장하기를 바랐던 불의한 권력자가 범죄인이 되어 형사에게 체포되는 모습
을 보면서 '나'는 눈물을 흘리며 정체성의 혼란을 겪게 된다. 그리고 그 정
체성 혼란의 근원이었던 어린 시절을 고백의 형식으로 회고하게 된다. 이
렇게 과거의 '나'의 경험과 현재의 '나'의 재체험이 소설 속에서 혼합되면
서 과거 경험의 현재적 의미가 부여된다.

이처럼 이 소설은 서술자아가 자신의 과거를 회상하는 고백의 형식을
띰으로서 독자에게 신뢰감을 줄 뿐만 아니라 서술자가 자신의 경험에 대해
서 해석하고 과거 경험에 대해 현재적 의미를 부여하고 있다.[12] 따라서 이
소설은 자아정체성의 탐색, 즉 현재의 '나'와 과거의 '나' 사이에 끊임없는

---

[12] 일반적으로 경험자아와 서술자아 사이에 성장의 간격이 존재하는 소설을 '성장소설'이라
고 한다. 「우리들의 일그러진 영웅」은 서술자아의 성장이 뚜렷하게 제시되지 않는 점이
있긴 하지만 넓게 보아 성장소설의 유형에 속한다고 볼 수 있다.

역동적 관련성을 통해 권력의 속성과 그에 대한 인간의 이중적 태도가 인간 사회에서 상존하고 있음을 보여주고 있다.

소설 「우리들의 일그러진 영웅」은 과거의 경험자아가 초점화자이지만 서술은 현재의 서술자아가 끌어가고 있다. 이 소설은 많은 부분이 경험자아가 초점화자가 되어 바라보는 내용이 서술되어 있다. 그러나 그러한 서술이 계속 유지되는 것이 아니라 어른이 된 현재의 서술자아의 서술이 교차되기도 한다.[13]

> 그런데 그 무슨 어이없는 <u>의식의 굴절</u>이었을까. 나는 문득 무엇인가 큰 잘못을 하고 있다는 느낌, 특히 담임 선생님이 부르시는데 뻗대고 있었던 것과 흡사한 착각이 일었다. 어쩌면 그때까지도 멈춰지지 않고 있던 아이들의 왁자한 웃음에 <u>압도된</u>, 굴종에의 <u>미필적(未必的) 고의(故意)</u>섞인 착각이었는지도 모르겠다. (17쪽)

위의 인용문을 보면 어른인 서술자아가 경험자아의 느낌과 인식을 말하고 있으며, 현재의 '나'가 과거의 심리를 평가하고 해석하고 있음을 알 수 있다. 이 점은 위 인용문에서 사용된 어려운 어휘(밑줄)에서도 드러난다.

그리고 이 소설은 곳곳에 서술자아의 개입이 계속되어 경험자아의 느낌을 언어화하면서 서술자아의 위치나 입지를 드러나게 한다. 특히 서술자는 새로운 삽화의 도입 부분이나 결말 부분에서 해설을 통해 자신의 존재를 드러낸다.

> 거기에 대한 구체적인 이해와 대응은 그때의 내게는 아직 무리였다. 솔직히 털어놓으면, 마흔이 다 된 지금에조차도 그런 일에는 온전한 자신을

---

13) 경험자아 속에 서술자아가 틈입하는 것은 일인칭 소설의 독특한 특성이다. 경험자아의 서술자아로의 침투는 과거의 이야기가 진행됨에 따라 서술자아의 머릿속에 남겨진 기억들로 드러나며, 반면에 서술자아의 경험자아로의 침투는 경험자아의 이야기에 나타나는 서술자아의 서술 행위의 흔적이다. 그러므로 전자의 기억은 과거 '나'의 이야기 자체로 나타나며 후자는 그 경험자아의 삶을 그리는 서술 언어로 드러난다(나병철, 1998 : 462).

갖지 못하고 있다. (20쪽)

  서울의 국민학교와 그 학교의 격차로 보아 거기서의 1등은 쉬울 것으로
보인 데다 내 눈에는 아무래도 석대가 공부하는 아이로는 비치지 않았기
때문이었다. 지금도 나는 상대편이 정신의 사람인가 육체의 사람인가를 한
눈으로 가늠하려 드는 버릇이 있고, 또 대개의 경우는 그 가늠이 맞아떨어
지는데, 어쩌면 그 버릇은 그때부터 시작된 것이나 아닌지 모르겠다. (26쪽)

  한 인간이 회개하는 데 꼭 긴 세월이 필요한 것은 아니며, 백정도 칼을
버리면 부처가 될 수 있다고도 하지만, 나는 아무래도 느닷없는 그들의 정
의감이 미덥지 않았다. 나는 지금도 갑작스러운 개종자(改宗者)나 극적인
전향인사(轉向人士)는 믿지 못하고 있다. (74쪽)

어린 시절 경험자아의 자유와 합리에 대한 건전한 의식이, 왜곡된 상황
에 의해 굴절되고 마비되어가는 과정을 그린 이 소설은 초점화자인 경험자
아가 지각하여 느낀 내용을 현재의 서술자아의 의식에 비추어 서술하고 있
는 것이 특징이다. 바로 위의 인용문처럼 어른이 된 서술자아가 어린 시절
의 경험을 회상할 때, 경험하는 자아의 내면은 서술자아에 의해 평가되고
설명된다. 이 작품에서는 인물보다는 서술자가 사고(思考)와 심리의 전달자
역할을 비중 있게 담당하고 있다. 서술자아는 과거와 현재를 넘나들면서
줄거리를 요약하고 심리를 전달하다가 점차 어른이 된 현재의 상황과 심리
를 그리게 된다.

  나는 급했다. 그때 이미 내 관심은 그런 성공의 마뜩지 못한 과정이나 그걸
가능하게 한 사회 구조가 아니라 그들이 누리고 있는 그 과일 쪽이었다. 한마
디로 말해, 나도 어서 빨리 그들의 풍성한 식탁 모퉁이에 끼어들고 싶었다. 그
러나 그 급함이 나를 한층 더 질퍽한 생활의 진창에다 패댕이를 쳤다. (83쪽)

작품의 후반부로 가면 위의 인용문처럼 경험자아와 서술자아의 시간적

거리가 가까워진다. 하지만 어른이 된 경험자아에 대한 비판적 서술을 함으로써 서술자아는 현재의 경험자아와도 심리적 거리를 유지한다. 이렇게 어른이 된 자신의 모습을 비판적으로 서술하여 어린 시절의 자유와 합리에 대한 의지를 버리고 불합리한 권력에 굴종하게 된 자신의 경험이 어른이 된 이후에도 여전히 자아와 세계에 대한 올바른 인식을 갖지 못하게 했다는 것을 말해주고 있다.

이와 같이 소설 「우리들의 일그러진 영웅」은 권력에 대한 인간의 이중적인 심리와 욕구를 비판하는, 서술자의 주관적인 서술이 포함된 일인칭 소설이다. 이러한 일인칭 소설을 영화로 변용할 때의 어려움은 서술자가 문자언어로 중개하던 이야기를 공간화하여 시청각적 요소로 재구성해야 한다는 점이다.

소설에서는 화자가 서술자이지만, 영화에서는 카메라가 서술자의 역할을 대신한다.[14] 따라서 카메라는 어떤 인물의 시각적 시점을 암시하는 쇼트를 구성하거나, 혹은 전지적 위치에서 다양한 기법이나 작동을 통해 이야기를 서술해 나간다.

소설 「우리들의 일그러진 영웅」은 일인칭 서술자의 주관적 발화가 더러 있어서 이를 영화화할 때에는 카메라가 옮길 수 없는 부분이 발생한다. 물론 대부분의 경우, 인물들의 행동과 대사를 통해 그 같은 서술자의 주관성을 현시(顯示)하지만 이 소설처럼 서술자의 내면적 발화가 이야기의 전개나 주제 표현에 중요하게 작용하는 경우에는 불가피하게 카메라가 할 수 없는 역할을 보완할 수 있는 장치가 요구되기도 한다. 이 영화에서는 이를 위해 화면 밖의 목소리(V.O)가 사용되고 있다.

영화 <우리들의 일그러진 영웅>에는 어른 한병태의 V.O가 가끔씩 흘러나와 상황을 설명하고(S#3), 논평을 하거나(S#77), 장면을 전환하기도 하

---

14) 여기서 '카메라'는 단순히 촬영기계를 의미하는 것이 아니라 서술 작업에 참여하는 모든 사람과 도구를 총괄하는 말이다.

며(S#113), 때로는 자신의 주관적인 느낌을 전달하기도 한다(S#115).[15] 그런데 이 같은 일인칭 V.O는 현재 진행되는 화면과 다른 공간에서 들려오는 목소리에 의해 두 공간을 전제로 하게 된다. 또한 관객의 눈앞에서 현재 펼쳐지고 있는 장면들의 이야기 시간을 과거와 현재로 구분지어 놓는다.

이 영화 텍스트는 과거의 장면에서 사용된 V.O와 어른이 된 현재의 장면에서 사용된 V.O의 기능이 다르다는 점도 주목할 만하다. 어린 시절의 장면에서 사용된 V.O는 어른의 목소리로 현재의 해석을 덧붙임으로써 공간이 확장되며 이중 공간이 동시에 제시된다고 볼 수 있다. 이렇게 되면 과거의 장면과, 내레이션이 발화되고 있는 현재의 장면 사이의 연계성이 강조된다. 그럼으로써 과거가 현재에 끼친 영향이 부각되는 것이다. 즉, 현재와 같이 나약한 자의식과 허무적인 세계 인식이 결국은 과거의 상처 때문이고, 그런 자아와 세계 인식은 여전히 극복되지 못한 채 불안과 불만으로 남아 있다는 것을 효과적으로 드러내 준다.

한편, 어른이 된 한병태의 모습을 보여주는 장면에서 나타나는 마지막 V.O의 경우, 비록 인물이 현존하고 있는 공간과는 다른 공간에서 나타나지만, 이때는 경험자아와 서술자아의 시간적 거리가 매우 가까워 마치 경험자아와 서술자아가 중첩된 것처럼 느껴진다. 그리하여 이제까지 정보 제시나 장면 전환을 위해 발화되던 내레이션이 여기서는 마치 독백처럼 자신의 내면의식을 토로하는 것처럼 느껴지게 된다(황영미, 2001 : 62~63).[16]

사실, 영화도 소설과 비슷하게 서술자아와 어린 한병태인 경험자아 사이에는 30여 년이라는 시간적 거리가 놓여 있다. 그러나 소설과 다르게 영화는 서술자아와 어른 한병태인 경험자아 사이에는 거리가 없어 보인다. 화

---

15) 일인칭 V.O의 기능에 대해서는 백연희(1994)에서 자세히 논의되었다.
16) 경험자아의 이야기 끝부분에 바로 서술자아가 서 있는 소설의 경우 경험자아가 사건의 종착점에서 서술자아와 융합되는 순간 인간적인 격정에 사로잡히게 된다. 이때 고조된 감정 상태에서 두 자아가 융합된 '나'는 삶에 대한 중대한 발언을 하려는 충동에 휩싸인다. 「만세전」, 「탈출기」, 『추락하는 것은 날개가 있다』 등이 그 예가 될 것이다(나병철, 1998 : 466).

면 속에 어른 한병태가 존재하는 시점과 화면 밖에서 들려오는 목소리의
발화 시점이 중첩되어 있는 것같이 느껴지기 때문이다. 관객들은 마치 어
른 한병태의 내적 발화가 화면 밖의 목소리로 우리에게 들리는 것처럼 받
아들여진다. 하지만 그럼에도 불구하고, 이를 분리시킬 수 있는 것은 이야
기 측면과 담론 측면이 놓이는 영역이 다르기 때문이다. 그리하여 화면을
보여주는 서술자아 한병태와 화면 속에 보이는 경험자아 한병태를 나눌 수
있는 것이다.

[표 6] 영화 〈우리들의 일그러진 영웅〉에서 '나'의 구분

'나'-문상 가는 어른 한병태	'나'-300여 년 전 어린 한병태	'나'-문상하는 어른 한병태	'나'-300여 년 전 어린 한병태	'나'-상가를 떠나는 어른 한병태	이야기 세계
'나'- 과거를 회상하며 이야기하는 어른 한병태					담론 세계

이처럼 영화 텍스트의 서술자아와 어른 한병태인 경험자아가 이론적으
로 분리되었지만 사실상 중첩되어 있는 점은 원작 소설에서 서술자아와 경
험자아가 명확하게 분리되어 있는 것과는 대조되는 부분이다.

그리고 영화에서는 서술자아가 경험자아인 인물로 극화되기 때문에 소
설과 달리 액자식 구성을 빌리게 된다. 원작 소설과 같은 일인칭 서술의
경우, 서술자는 이미 경험자아로서 세세한 면모가 밝혀졌으므로 어떤 경우
에도 구체적으로 인격화되며, 나아가 일인칭에서 서술자아의 세계가 부각
될 경우에도 그것은 자연히 경험자아인 인물의 세계와 연관되므로 극화된
서술자아가 가능하지만, 영화의 경우는 그렇지 못하기 때문이다.

다음으로 소설과 영화의 서술 방식의 차이를 확인해 보기 위하여 작품
의 서두에서 소설과 영화가 어떻게 다르게 시작하는지 살펴보도록 하자.
소설은 앞에서 인용한 것처럼 다음과 같이 시작한다.

　벌써 삼십 년이 다 돼 가지만, 그해 봄에서 가을까지의 외롭고 힘들었던 싸움을 돌이켜 보면 언제나 그때처럼 막막하고 암담해진다. 어쩌면 그런 싸움이야말로 우리 살이가 흔히 빠지게 되는 어떤 상태이고, 그래서 실은 아직도 내가 거기서 벗어나지 못했기 때문에 받게 되는 느낌인지도 모르겠다.

　자유당 정권이 아직은 그 마지막 기승을 부리고 있던 그해 삼월 중순, 나는 그때껏 자랑스레 다니던 서울의 명문 국민학교를 떠나 한 작은 읍(邑)의 별로 볼 것 없는 국민학교로 전학을 가게 되었다. 공무원이었다가 바람을 맞아 거기까지 날려간 아버지를 따라 가족 모두가 이사를 가게 된 까닭이었는데, 그때 나는 열두 살에 갓 올라간 5학년이었다.

　그 전학 첫날 어머님의 손에 이끌려 들어서게 된 Y국민학교는 여러 가지로 실망스럽기 그지없었다. (11쪽)

　한편, 영화의 첫 화면은 1990년대 초반의 서울 시가지 풍경이 보이며, 화면 밖에서는 어른 한병태의 영어 강의 소리가 들린다. 연속해서 카메라는 왼쪽으로 수평이동(pan)을 하더니 학원 교실에서 한병태가 강의하는 장면을 연결시켜 보여준다. 이 두 공간은 한병태에게 초점이 맞춰지면서 그가 독해하고 있던 문장, 즉 "자유가 위협받던 시기에 소수의 세대만이 자유를 지켜왔다"라는 말에 집중하게 함으로써 이 작품의 주제를 암시한다.

　다음 장면은 저녁에 국민학교 동창인 친구와 만나는 술자리이다. 중간 화면(medium shot)으로 길게(long take) 촬영하기 때문에 두 사람이 마주보고 앉아 대화하는 장면이 비교적 상세하게 화면에 잡힌다. 일상적인 이야기를 나누다가, 갑자기 '5학년 때 담임 선생님'과 '엄석대'의 얘기가 친구의 입에서 나올 때, 카메라는 병태의 얼굴을 가까운 화면(close up)으로 찍는다. 놀라며 긴장하는 듯한 병태의 표정에 주목하면서 관객은 그가 이 두 사람에 대해 특별한 감정을 가지고 있다는 것을 알게 되고 자연스럽게 그들 사이의 이야기에 주목하게 된다.

　그 다음 화면은 병태의 인물 시점(P.O.V)이다. 기차를 타고 창밖 풍경을 바라보는 병태의 시선을 카메라가 비추더니 곧 턱을 괴고 생각에 잠긴 병

태의 모습을 비춰준다. 그가 5학년 때 담임 선생님을 문상하러 가는 길일
것이라고 관객이 추리하게 될 즈음에 병태의 화면 밖 목소리가 시작된다.
이제부터 보여줄 이야기가 "30여 년이 지났지만 그해 가을에서 겨울까지
의 외롭고 힘들었던 싸움을 돌이켜 보"는 것임을 알려준다. 그리고는 터널
로 기차가 들어가서 암전이 되면서 시작 자막이 나오는데, 이로써 관객들
은 병태와 함께 기차를 타고 그의 과거로의 여행에 동참하는 듯한 환상을
얻게 된다. 이어 밝아진 화면에는 마치 타임머신을 타고 30년 전으로 온
것 같이 어린 한병태와 그의 가족이 기차에 앉아 있다. 비록 짧은 대목이
지만 이와 같은 작품의 서두 부분을 통해 우리는 소설과 영화의 서술 방식
의 차이를 확인할 수 있게 된다.

　　그럼 이제 두 텍스트의 시점상의 차이를 살펴보자. 주지하다시피 시점은
현실을 재현하는 여러 가지 예술에서 매우 중요한 요소가 된다. 시점은
'무엇을 어떻게 바라보느냐'는 관점이자 세계관이 관여하는 지점이기 때문
이다. 영화의 시점은 물론 카메라의 시점이다. 관객은 카메라가 보여주는
것만 볼 수 있지만 평소에는 이를 인식하지 못한 채 자신의 눈으로 자유롭
게 바라보고 있다고 착각한다. 이것은 카메라의 다양한 시점과 원근법의
효과 때문이다. 영화 연출자는 카메라의 다양한 각도와 움직임과 원근법을
통해 자신의 의도대로 감추고 싶은 부분을 은폐하거나 왜곡시키고, 강조하
고 싶은 대상은 부각시켜 드러내 보임으로써 세계를 재구성하여 관객에게
제공한다. 그러므로 유능한 관객은 영상언어 문법에 능통하여 작품에서 보
여주고 있는 장면의 시점이 가져다주는 의미와 효과를 짚어내며 작품을 보
다 풍부하게 해석할 줄 알아야 한다.

　　영화 <우리들의 일그러진 영웅>의 경우, 카메라 기법의 특징으로 먼
화면(long shot)과 전심초점(deep focus)을 많이 사용한 것을 꼽을 수 있다. 그
래서 가까운 화면(close up)이나 인물 시점은 가급적 절제되어 있다. 일반적
으로 이렇게 먼 화면과 전심초점을 많이 사용하게 되면, 화면에는 감독에

의해 해석된 현실보다는 객관적인 현실이 담겨지게 된다. 즉, 관객들로 하여금 냉정하고 객관적인 시각으로 인물이나 사건을 바라보게 만드는 것이다. 이러한 카메라 시점을 통해 이 작품은 관객들에게 한 인물이 불의한 권력에 대항하다가 결국 굴종하게 되는 과정과 그 권력에 대해 보이는 이중적인 태도를 냉정하게 바라보도록 한다.

그러면 구체적으로 몇 장면을 예로 들어 카메라 기법이 사용되는 몇 가지 양상과 그 의미를 살펴보도록 하자. 우선 윤병조 라이터 사건의 경우, 카메라는 먼저 병태가 담임 선생님에게 석대의 비리를 일러바치는 모습을 중간 화면(medium shot)으로 비춘다. 그 때 카메라는 심도 깊은 시점을 사용하여 화면을 전경뿐만 아니라 후경까지도 선명하게 비춤으로써 교무실 저편에서 이들의 이야기를 엿듣는 급사의 모습까지도 관객들이 볼 수 있도록 하였다. 그리하여 병태는 알지 못하지만 관객들은 급사가 석대에게 귓속말로 뭔가 전달하는 다음 장면을 보면서 이제 석대가 미리 일을 해결함으로써 병태가 곤경에 빠지게 되리라는 것을 예상할 수 있게 된다.

또, 병태가 한 차례 유리창 청소가 불합격된 이후 재차 유리창을 닦은 뒤 다시 엄석대를 찾아가 검사를 요청하는 장면(S#70)을 보면, 카메라 각도는 엄석대가 운동장 관중석에 앉아 있는 모습을 아래에서 찍기(low angle)로 잡아 마치 권좌(權座)에 앉아 보고를 받는 권력자의 모습으로 처리하였고, 맞은편에 서있는 병태를 위에서 찍기(high angle)로 잡아 겸손히 조아리고 비굴한 웃음을 흘리는 신하처럼 왜소하게 보이게 만들었다.

영화의 시작은 학원에서 한병태가 영어 강의를 하고 있는 장면(S#1)이다. 이때 한병태가 칠판에 가득 판서해 놓고 독해하는 글귀는 바로 자유에 관한 내용이었다. 영화의 도입부에서부터 이 작품이 자유에 대한 내용임을 암시하고 있는 것이다.

이처럼 수업 내용이 상황과 결부되어 의미 있는 메시지를 암시하는 장면은 이 외에도 여러 군데에서 나타난다. 먼저, S#10에서 한병태가 급장에게 호된 신고식을 당하고 나서 읽는 교과서 내용이 '독립선언서'인데, 이는 마치 앞으로 한병태가 엄석대의 왕국으로부터 독립을 얻기 위해 선언하는 듯한 상황을 만들어 준다. 그리고 다음 S#11을 보면, 싸움을 벌인 아이들을 석대가 마치 선생님인 양 체벌한 것을 담임이 추인하고 나서 "이번 시간에는 '올바른 판단력'을 공부할 차례지?"라며 수업을 시작하는 장면이 나온다. 그래서 마치 석대의 체벌이 '올바른 판단력'을 통해 수행된 정당한 행위라는 것처럼 받아들여지게 만든다.

또, 병태가 윤병조 라이터 사건을 풀지 못한 채 외로운 싸움으로 지쳐 힘겨워 하는 순간, 교실에서는 담임의 풍금 연주에 맞춰 '등대지기' 노래를 합창한다(S#46).[17] '등대지기'는 외롭고 험한 상황에서도 바닷길을 밝히는 등대지기의 희생과 노고를 기리는 노래로, 당시 외롭게 싸우는 한병태를 위한 노래이며 이 작품의 주제와 연관되는 노래라 할 수 있다.

또한 병태가 학교 뒷산 언덕에서 싸움을 하다가 뒤늦게 교실에 도착해서 담임에게 혼나는 장면(S#50)에서 아이러니하게도 그 때 진행되던 수업 내용은 이승만의 '뭉치면 살고, 흩어지면 죽는다'라는 말에 대한 찬양이었다. 이로써 아이들의 집단적인 괴롭힘에 한병태는 완전히 저항할 의지를 잃어버리게 된다.

(3) 소설과 영화 텍스트의 맥락 탐구 활동[18]

① 소통·상황적 맥락

소설과 영화 텍스트 <우리들의 일그러진 영웅>에서 '소통·상황적 맥

---

17) 참고로 1절 가사는 다음과 같다. "얼어붙은 달그림자 물결 위에 차고, 한 겨울에 거센 파도 꿈꾸는 작은 섬. 생각하라, 저 등대를 지키는 사람의 거룩하고 아름다운 사랑의 마음을"
18) 개별 텍스트에 대한 맥락 탐구 활동은 소통·상황적 맥락과 사회·문화적 맥락에 관해서만 논의할 것이다. 앞장에서 마련한 장르적 맥락에 관해서는 개별 텍스트를 대상으로 하는 교수·학습 상황보다는 서사 장르에 관한 총론을 다루는 상황에서 수행되어야 할 것으로 생각한다.

락'에 관한 교수·학습 활동 과제와 이를 해결하기 위한 교수·학습 내용
을 예시하면 아래와 같다.19)

- 두 텍스트의 창작 시기의 간격으로 인한 내용상의 차이를 말해 보자.
- 소설 작가와 영화 연출자의 창작 의도를 비교해 보자.
- 소설 작가와 영화 연출자의 생애와 작품세계를 알아보자.
- 작품이 거둔 가시적인 성과나 수용자의 반응을 조사해 보자.

원작 소설과 이를 각색한 영화 사이에는 필연코 시간적 거리가 발생한
다. 짧게는 수개월에서부터 길게는 몇 십 년까지의 간격이 벌어지게 마련
이다. 이로 인해 우선 담론적 측면의 변화가 발생하며, 그 영향으로 이야기
적 요소도 일부 수정이 불가피하게 된다.

<우리들의 일그러진 영웅>의 경우도 마찬가지다. 이문열의 원작 소설
이 발표된 1987년과 영화가 발표된 1992년 사이에는 5년이라는 시간적
간격이 놓여 있다. 그런데 우리의 다사다난했던 현대사의 과정 중에서도
이 시기는 이른바 '민주화'가 급속히 진행되던 때였다. 1987년 6월항쟁의
결과로 6·29선언이 발표되면서 우리나라는 대통령 직선제를 할 수 있게
되었지만, 민주화 세력이 분열되고 말아 문민 정권 창출에 실패했다. 그 후
1992년에 다시 한번 정당한 정권이 수립될 기회를 맞았으나 이번에는 세
정당이 야합함으로써 다시금 국민의 열망이 수포로 돌아가고 말았다. 두
작품은 이 같은 우여곡절을 겪는 와중에 탄생하여 당시의 사회·문화적 양
상을 고스란히 반영하고 있다.

앞서 살펴본 바와 같이 원작 소설이 영화로 만들어지면서 소설에는 없
던 사건이 장면화되거나, 인물의 운명이 바뀌는 등의 의미심장한 재구성이
이뤄졌다. 이것은 영화 연출자의 작가 정신이며 새로운 창작 활동으로 존

---

19) 제시하는 교수·학습 활동 중 일부 과제에 관한 내용은 이미 앞에서 자세히 언급되었으므
로 여기서는 생략하였다.

중해야 할 부분이다. 다만 수용자인 우리들은 이러한 변화가 갖는 의미와 효과를 간과하지 말고, 적극적인 태도로 혹은 비판적인 자세로 이를 하나하나 짚어보는 것이 교육적으로 바람직한 태도일 것이다.

소설 텍스트는 어른 한병태의 회상을 통해 권력과 자유의 의미와 관계에 대해서 조망한다. 그가 어린 시절 겪었던 사건들은 어른이 된 병태의 세계관과 가치관에 큰 영향을 미쳤다. 회상을 통해 어른 한병태는 자신의 상처를 확인하며 자신을 되돌아보는 계기를 마련한다.

우연히 엄석대의 체포 장면을 보게 되면서 출발한 회상의 여행은 어린 시절 자신과 급우들을 지배했던 권력자 엄석대가 사회의 암적인 존재에 불과했다는 사실을 목격하고 우리 사회의 건강함을 확인하는 낙관적인 희망과 함께, 그럼에도 자신은 그 굴종의 단맛에 빠졌었던 부끄러운 기억이 교차하면서 병태의 복잡한 내면이 흥미로운 이야기로 전개되고 있다. 결국 이 소설은 우리 사회의 자유와 합리에 대한 이상적인 전망을 보여주는 동시에 자신의 허무주의적 세계관에 대한 부끄러운 고백을 담고 있는 이야기라 할 수 있다. 한 시골 국민학교 교실에서 벌어진 이 이야기가 자칫 한국 정치사의 알레고리가 되는 단순한 도식성에서 벗어날 수 있었던 것은 한병태가 보인 복합성과 자아성찰의 깊이 때문인지도 모른다.[20]

한편, 영화 텍스트는 객관적인 사건과 상황 위주의 서술로 진행된다. 영화에서는 권력의 편재적이며 은폐적인 속성과 이에 대항하거나 굴종하는 인간의 다양한 모습을 그리고 있다. 소설과 달리 영화는 엄석대라는 개인적인 우월성보다는 제도적인 차원을 주목하고 있다. 즉, 영화에서는 엄석대가 부리는 권력이 그 당시의 담임과 학교와 또래 학생들에 의해서 제도적인 뒷받침을 거쳐 형성된 것으로 묘사하고 있다. 따라서 학년이 바뀌고 새로운 담임이 등장하면서 그를 지원해 주었던 제도적인 보호막이 걷히자

---

20) 이 소설을 이상문학상 수상작으로 선정하면서 심사위원이었던 이어령은 이 작품에 대해 그와 같은 견해를 밝혔다(이어령, 2005 : 292~293).

급속히 몰락하게 되는 것이다.

　소설이 주로 병태의 내면 심리의 변화 과정에 따라 서술된다면, 영화는 병태가 어떤 과정을 거쳐 불의에 굴복하고 마는지를 밝힘으로써 권력에 대항하고 좌절하며 마침내는 굴종하는 인간의 모습을 냉정하게 주시하도록 한다. 이를 위해 영화 연출자는 먼 화면(long shot), 심도 깊은 영상, 느린 편집, 인과적 편집 등의 영상 문법을 통해 한병태 개인의 반응보다는 그것을 유발시킨 사회와 제도의 현실을 드러나게 해 주었다.

② 사회·문화적 맥락

　소설과 영화 텍스트 <우리들의 일그러진 영웅>에서 '사회·문화적 맥락'에 관한 교수·학습 활동 과제와 이를 해결하기 위한 교수·학습 내용을 예시하면 아래와 같다.

- 작품에 드러난 시대 상황을 말해 보자.
- 사회적 맥락에서 한병태와 엄석대의 대결 관계가 지닌 의미를 말해 보자.
- 영화에는 부정선거를 규탄하는 데모대와 이를 저지하는 경찰들이 충돌하는 장면(S#111)과 불타는 교실 장면(S#112)이 나온다. 이를 통해 알 수 있는 당시 사회적 맥락을 말해 보자.
- 작품에 드러난 사회적 맥락이 오늘의 수용자에게 주는 의미를 말해 보자.

　시골 초등학교 교실은 1959~60년 당시 한국 사회에 대한 알레고리로 기능하고 있다.[21] 즉, 작품 속의 5학년 2반 교실은 4·19라는 당시의 역사적 상황과 연결된다. 이는 "자유당 정권이 아직은 마지막 기승을 부리고 있던 그해 오월"이라는 직접적 진술과 "장관의 초도순시에 마중을 나가지

---

21) 알레고리(allegory)란 표면적으로 인물과 행위와 배경 등 통상적인 이야기 요소의 배후에 정신적, 도덕적, 역사적 의미가 전개되는 뚜렷한 이중 구조를 가진 작품이다. 즉, 구체적인 심상의 전개와 동시에 추상적 의미의 층이 그 배후에 동반되는 것이 의식되도록 꾸민 것이 알레고리이다(이상섭, 2001 : 233).

않았다"는 이유로 좌천당한 아버지의 사례를 통해서 4 · 19 직전의 불합리한 사회 상황이 그려지고 있다. 마찬가지로 엄석대의 몰락이 "저 화려한 역사책의 갈피에서와는 달리 우리 반의 혁명은 갑작스럽고 약간 엉뚱한 방향에서 왔다"는 서술처럼 역사와 결부시켜 언급되고 있다. 결국 이러한 알레고리적 구성을 통해 주제가 더욱 부각되는데, 한병태와 엄석대의 대결 관계가 지식인과 독재 권력, 개인주의와 전체주의의 대립적 구도를 함축하는 것이다.

이를 간파한 독자는 소설 텍스트의 내용을 역사적 현실과 연결시켜 독해함으로써 보다 쉽게 작품의 주제에 접근하게 된다. 그리고 그 과정에서 역사적 현실과 작품 속의 내용에서 차이를 발견하게 되면서 작가의 의식을 파악하게 된다. 즉, 민중들의 순수하고 자발적인 노력으로 이끌어 내었던 4 · 19를 배경으로 하면서도, 소설에서는 김 선생님이라는 외부적 개입으로 인해 엄석대의 불의한 체제가 무너지게 되는 것으로 그려진 점에서 이 작품의 내포 작가는 결국 '민중은 더 강력한 권력자에게 굴종하게 된다'고 생각하는 것으로 짐작할 수 있다.

사실, 이 소설에서 보여주고 있는 상황은 어쩌면 한국 사회의 특수성으로만 볼 수는 없을지도 모른다. 권력과 이에 대한 인간의 대응 양상은 시대나 지역을 초월하여 존재하는 보편적인 현상이기 때문이다. 따라서 문학교육의 장에서는 좀 더 폭넓은 시각에서 이들 텍스트가 제기하고 있는 권력의 본질에 대한 사유를 현실적인 시각에서 학습자들이 할 수 있도록 유도하는 것이 바람직하다.

한편, 영화 텍스트는 소설에서 암시적으로 제시되었던 시대적 상황을 구체적인 장면들로 보여주고 있어 좀 더 선명하게 읽을 수 있도록 되어 있다. 새 담임이 교무실에서 다른 선생님과 대화를 나누는 동안 라디오에서는 3 · 15 부정선거를 규탄하는 데모 소식을 전하는 뉴스가 나오고, 엄석대가 새 담임에게 응징되고 나서 학교를 뛰쳐나가던 날, 한병태는 하굣길에

서 부정선거를 규탄하는 데모대가 경찰을 피해 도망 다니는 장면을 목격하
게 된다. 이러한 장면들은 4·19 당시의 시대적 상황과 그 알레고리로서의
유년의 세계를 연결하려는 영화 창작자의 의도라고 할 수 있다. 즉, 각색·
감독·촬영 등 영화 창작의 주체들은 불의한 권력자의 몰락이라는 작품 내
적 상황과 독재 권력의 붕괴라는 역사적 상황을 보다 구체적으로 연결 지
어 제시하고자 한 것으로 볼 수 있다.

2. 세계 인식 경험과 비판적 태도 형성-〈오발탄〉

이범선22)의 「오발탄」은 1959년 10월 『현대문학』 58호에 발표하였으며,
이를 바탕으로 이종기와 나소운이 각색하고 유현목23)이 연출을 맡아 영화

---

22) 1920년 평남 안주 출생. 호는 학촌. 진남포 공립상공학교 졸업. 평양에서 은행원으로, 만
주에서 회사원으로, 일제의 징용을 피해 평북 봉천탄광의 경리부에서 일함. 해방 후 월남
하여 동국대학교 전문부 졸업. 6·25 때 거제고등학교 교사로 근무했고, 1954년 귀경하여
대광고등학교를 거쳐 한국외국어대학교와 서라벌예술대학 등에 출강함. 1962년 한국외국
어대학교 전임강사가 된 뒤로는 소설 창작에 몰두함. 1982년 뇌일혈로 타계. 1955년 단편
「암표」, 「일요일」이 김동리의 추천을 받아 『현대문학』에 발표되면서 등단함. 「이웃」(1956),
「학마을 사람들」(1957), 「갈매기」(1958) 등 초기에는 주로 소극적이고 평범한 서민의 삶
을 다룸. 이어 사회 고발성이 짙은 「오발탄」(1959), 「춤추는 선인장」(1966~7) 등을 발표
함. 「냉혈동물」(1959), 「돌무늬」(1962), 「삼계일심」(1973) 등은 휴머니즘을 바탕으로 하여
인간의 궁극적 모순과 존재의 허무를 그림. 소설집으로 『학마을 사람들』(1958), 『오발탄』
(1959), 『판도라의 후회』(1980), 『두메의 어벙이』(1982), 『휴지』(1989) 등이 있음. 현대문
학상(1958), 동인문학상(1959), 5월문예상(1962), 월탄문학상(1970), 대한민국예술원상(1981)
등을 수상함.
23) 1925년 황해 사리원 출생. 동국대학교 국문학과를 졸업. 1947년부터 이규환 감독의 조감
독으로 일하면서 영화수업을 거친 후 <교차로>(1956)로 감독에 데뷔함. 같은 해 <유전의
애수>를 제작하여 몽타주를 실험함. 이후 <잃어버린 청춘>(1957), <인생차압>(1958),
<구름은 흘러가도>(1959), <오발탄>(1961) 등의 작품을 통해 비참한 사회현실에 대한
비판적 시각을 리얼리즘적으로 반영함. 당시로서는 독보적이었던 그의 영화적 기법과 사
회비판적 주제는 호평을 받았지만 정치권력으로부터 탄압을 받기도 함. <아낌없이 주련
다>(1962), <김약국의 딸들>(1963), <잉여인간>(1964), <카인의 후예>(1968), <분례기>
(1971) 등 성숙기에 접어든 1960년대에는 이른바 수준 높은 문예영화를 많이 만듦. 1973

를 제작하여 1961년에 같은 제목의 영화로 개봉하였다.[24]

　소설 「오발탄」은 1950년대 한 월남 가족을 중심으로 남한 사회의 빈곤하고 혼탁한 모습과 타락하고 부조리한 상황을 사실적으로 그려내고 있다. 특히 이 소설은 이러한 궁핍과 혼란이 동족상잔의 비극과 분단이라는 역사적 사실에 기인하고 있음을 암시하면서 분단의 아픔을 안고 가난하게 살아가는 실향민들의 고통과 갈등을 송철호, 영호 형제와 같은 전형적인 인물의 형상화를 통해 잘 보여주었다. 그러나 이 소설은 이러한 인물들을 통해 사회를 날카롭게 진단하는 문제 인식을 보여주는 데는 성공했지만, 그들의 현실 대응이 송철호처럼 허무주의에 빠진 소시민의 수동적이며 체념적인 방식이나, 송영호와 같이 윤리와 규범에서 용납될 수 없는 범법 행위의 자기파멸적인 방식을 취함으로써 총체성에의 전망을 선명히 보여주지는 못하였다.

　한편, 영화 <오발탄>은 소설이 담지하고 있는 뚜렷한 주제의식을 그대로 살리면서 이를 미학적인 영상언어로 완벽하게 구현했다는 점에서 높은 예술적 성취를 거둔 것으로 평가되어 한국 영화사에 길이 남을 금자탑으로 손꼽히게 되었다. 무엇보다 이 작품은 철저한 계획과 준비를 통해 소설에서 묘사된 1950년대 한국 사회의 빈곤하고 혼탁한 모습을 화면 속에서 사실적으로 형상화하였다. 그리고 등장인물도 역할에 알맞게 변화를 주면서 인물 구성의 역동성과 타당성을 꾀했으며, 인물들 사이의 관계나 상황, 그리고 인물 내면의 미묘한 심리를 표현하기 위해 기발한 촬영 기법과 편집 기술을 다채롭게 응용하여 훌륭한 영상 미학을 창조하였다. 뿐만 아니라

　년 유신정부의 영화법 제정과 검열 강화, 이후의 전반적인 국내 영화산업의 쇠퇴 등으로 작품 활동은 위축되었으나 이 시기에도 <장마>(1979), <사람의 아들>(1980), <상한 갈대>(1984), <말미잘>(1995) 등의 수작을 만듦. 1963년부터 동국대학교 연극영화과 교수로 재직함. 『세계영화감독론』 등의 저서를 집필했으며 다수의 논문을 발표함.
24) 이 책에서는 소설 텍스트로 2005년 창작과비평사에서 간행된 『20세기 한국소설 시리즈17 전광용·이범선·이호철』에 수록된 것을, 영화 텍스트로 2002년 씨네코리아에서 제작한 DVD를 자료로 활용하였다.

치밀하게 계산된 음향으로 화면의 의미를 배가시키는 효과를 거두기도 하였다. 그러나 일면에서는 중심인물의 변화를 끝까지 유지하지 못해 혼란을 야기한 점과 새로운 인물의 등장에 따라 에피소드가 과도하게 많아져 구성이 산만해진 점 등을 지적하는 견해도 있다. 또 관념적인 대사 처리와 외국 영화 사조의 영향 등도 이 작품의 한계로 거론되었다.

영화 <오발탄>은 원작 소설에서 작가가 드러내고자 하는 주제의식을 잘 살리면서도 세부적인 인물, 사건, 서술 방식에 있어서는 어느 정도의 창조적 변형이 가해졌다는 점에서 소설과 영화의 변별점을 확인하고 그것의 미학적 의미를 살펴볼 수 있을 것이다. 또한 원작 소설과 각색 영화 모두 예술적 성취나 흥행 면에서 성공을 거둔 수작(秀作)들로 현행 문학 교과서에서 다뤄지는 영화 제재 가운데 두 번째로 수록 빈도가 높은 작품이다.25) 뿐만 아니라 인물시점이 나타나는 소설 텍스트를 통해 시점-서술에 대한 이해를 도모할 수 있을 것으로 예상된다.

그리고 무엇보다도 이 작품들이 세계 인식 경험과 비판적 태도 형성을 매개할 수 있는 텍스트라는 점에서 주목된다. 잘 알려진 바와 같이 이 작품은 1950년대 피폐한 사회상이 구체적으로 형상화되어 있다. 일자리를 구하지 못해 다방과 술집에 모여 신세 한탄으로 시간을 보내는 제대군인들, 일거리가 없어 낮잠 자는 지게꾼, 열악한 노동 조건에서 벗어나고자 파업하는 노동자들, 일자리가 없어 유흥업소나 미군 접대부가 되는 젊은 여성들이 등장함으로써 암울한 시대상을 직시할 수 있도록 해준다. 그리하여 수용자들은 작품에서 반영하고 있는 부정한 세계를 인식하게 되고 이를 개선하기 위한 전망을 모색하게 된다. 자신은 어떠한 사회를 꿈꾸며, 이를 위해 어떤 삶을 추구할 것인지를 사유하도록 할 뿐만 아니라 바람직한 삶을

---

25) 현행 제7차 교육과정의 18종 문학 교과서 중에 <오발탄>은 강황구 외(상문연구사), 권영민(지학사), 김상태 외(태성), 김윤식 외(디딤돌), 박갑수 외(지학사), 최웅 외(청문각), 한철우 외(문원각) 등 7종의 교과서에 학습 제재로 수록되어 있다.

위해 무엇이 가치 있고 어떻게 하는 것이 옳은 것인지를 고민하게 할 것이다. 따라서 이들 텍스트는 세계 인식 경험과 비판적 태도를 형성하도록 하는 데 유용할 것으로 기대된다.

(1) 소설과 영화 텍스트의 이야기 비교 활동

① 인물

소설과 영화 텍스트 <오발탄>에서 '인물'에 관한 교수·학습 활동 과제와 이를 해결하기 위한 교수·학습 내용을 예시하면 다음과 같다.

- 소설과 영화 텍스트의 인물 비교표를 작성해 보자.
- 소설에서 인물의 성격과 외모를 묘사하고 있는 부분을 찾아보자. 그리고 영화에서 그것을 어떻게 표현하고 있는지 말해 보자.
- 영화의 인물 묘사 중에서 소설과 다른 부분이 있다면 말해 보자.
- '오설희'는 영화에 새롭게 등장한 인물이다. 이처럼 소설에는 없지만 영화에 등장하는 인물을 찾아보고, 그 인물을 새로 등장시킨 이유를 추리해서 말해 보자.
- 소설을 읽으면서 상상했던 인물들의 외모, 버릇, 어조나 말투 등을 영화를 감상하면서 확인하여 보고, 배우들의 연기에 대해 평가해 보자.
- 소설을 읽을 때 인물과 관련해 미처 몰랐던 사실을 영화를 보면서 새롭게 알게 된 것이 있다면 말해 보자.
- 작품 속의 인물을 개인적 인물로 보지 않고 당대를 대표하는 인물로 파악한다면, 그 인물이 나타내는 사회적 의미(이데올로기)는 무엇인지 파악해 보자.

소설 텍스트의 인물은 계리사(회계사) 사무실에서 서기로 일하는 송철호와 그의 가족이다. 이들은 모두가 1950년대의 암울한 시대를 힘들게 살아가는 전형적 인물들이다. 가장인 송철호는 비교적 고급인력에 속하지만

'쥐꼬리만한 월급'을 받아 많은 가족을 부양하고 있어서 치통에 시달리면서도 병원 치료를 하지 못하고, 비싼 물가 때문에 딸아이의 신발도 살 엄두를 못내는 가난한 직장인이다. 그는 분단이 되자 부유하게 살았던 북녘 고향을 등지고 가족을 인솔해 자유를 찾아 월남해야 했다.

이념과 체제를 이해하지 못한 채 풍족했던 고향을 그리워하다가 실성한 어머니, 미모의 음대생이었지만 결혼한 뒤 가난에 시달려 웃음을 잃어버린 채 몽유병자같이 살다가 해산 끝에 숨지고 마는 철호의 아내, 영양실조로 노랗게 뜬 얼굴을 하고 있는 어린 딸, 미쳐버린 모친의 원수를 갚겠노라고 대학을 중퇴하고 자원입대했다가 부상으로 제대한 뒤 2년이 넘게 직장을 구하지 못하고 친구들과 어울려 술로 세월을 보내는 동생 영호, 궁핍한 생활에서 벗어나려고 양공주 생활을 하는 여동생 명숙. 이들 가족은 모두 생활의 질고(疾苦)에서 헤어 나오지 못한 채 병들고 타락하며 희생되고 마는 인물들이다. 이 같은 가족들의 비극적 상황은 당대 사회의 온갖 병리현상의 축소판이 아닐 수 없다. 그런 의미에서 이 소설은 암담한 당대 사회의 비극적 상황을 통렬히 고발하고 있는 작품이라 할 수 있다.

이 작품 역시 영화로 각색되면서 등장인물들의 수가 달라지고, 인물의 비중이 달라지는 등의 변용이 일어났다. <오발탄>의 경우, 소설과 영화의 등장인물을 비교해 보면 다음과 같다.

[표 7] 〈오발탄〉 소설과 영화의 인물 비교

소 설	영 화
송철호, 영호, 명숙, 노모, 철호의 아내, 딸, 계리사 사무실 사환, 과장, 형사, 치과의사, 택시 운전수와 조수	송철호, 영호, 명숙, 노모, 철호의 아내, 딸(혜옥), 계리사 사무실 사환, 과장, 형사, 치과의사, 택시 운전수와 조수 〈첨가된 인물〉 민호, 오설희, 고미리, 강경식, 박만수, 곽진원, 김성국, 미스 최, 조감독, 건물지기 노인, 시인 청년, 철호의 갓난아이 등

이 표에서 알 수 있듯이 소설에 비해 영화에는 새로 등장하는 인물이 많다. 소설에서는 명숙이 양공주가 되는 직접적인 계기나 이유에 대해 밝히지 않고 다만 궁핍한 경제적 어려움 때문인 것으로 암시하고 있지만, 영화에서는 애인이었던 경식으로부터 결혼을 거부당하고, 취직마저 여의치 않자 타락하게 되는 것으로 그려진다. 경식은 영호의 친구로서 군대에서 중대장을 지냈던 엘리트였지만 한쪽 다리를 잃는 부상을 입고 제대한 뒤로는 별 볼일 없이 지내고 있다. 그는 짐이 될까봐 애인인 명숙의 구혼을 받아들이지 못하고 있는데, 결국 명숙이 양공주가 된 사실을 알고는 종적을 감춰버린다. 이 같은 명숙과 경식의 파국은 결과적으로 이들과 가장 가까운 사이였던 영호가 세상을 비관하며 은행 강도를 결심하게 되는 계기가 된다.

경식과 더불어 박만수와 곽진원 역시 제대군인들로서 취직을 못하고 늘 다방이나 술집에 모여 신세 한탄을 하고 있는 젊은이들이다. 그중 곽진원은 영호의 후배이자 협조자로 나오다가 은행을 터는 마지막 장면에서는 혼자 먼저 도주하여 결국은 영호에게 방해자가 되고 만다.

이들 상이군인이나 제대군인들은 영화의 시작 장면에서 값을 다 치르지 않고 술집에서 나오다 유리문을 깨면서 종업원과 실랑이를 벌이는 등 행패를 부리는 모습으로 등장하면서 우리에게 강한 인상을 남긴다. 하지만 원작 소설에서는 이들에 대해 단지 영호의 발화 중에 잠깐 언급되어 있는 것이 전부다.[26] 이처럼 영화에서는 구체적인 인물과 장면으로 실체화하여 당시 사회의 어두운 모습을 더욱 강렬하게 드러내 주었다.

설희와 미리 역시 소설에 나오지 않는 인물로 둘 다 영호와 사랑을 나누는 여인들이다. 설희는 영호가 군대에서 부상을 입고 국군병원에서 치료를

---

[26] "(…전략) 그게 시시한 친구들이라 해도, 정말이지 그놈들마저 없었더라면 어떻게 살 뻔했나 하고 생각할 때가 많아요. 외팔이, 절름발이, 그런 놈들. 무식한 놈들. 참 시시한 놈들이지요. 죽다 남은 놈들. 그렇지만 형님, 그 놈들 다 착한 놈들이야요. 최소한 남을 속이지는 않거든요. 공갈을 때릴망정. 하하하하. 전우, 전우."(124쪽) 인용문 끝의 쪽수는 이범선(2005)을 따랐다.

받을 때 그를 돌봐주었던 간호 장교다. 그녀는 제대 후 복학하여 일과 학업을 병행하던 차에 우연히 길에서 영호를 만나 서로에게 급속히 끌리게 되지만 그녀를 짝사랑하며 집착하던 시인 청년에게 떠밀려 추락사하고 마는 불행한 인물이다. 영화는 설희라는 인물을 통해 젊고 유능한 여성이 자신의 능력을 발휘하지 못하고 애인과 행복한 삶을 꾸려보지도 못한 채 비참하게 생을 마감해야 하는 어두운 현실을 보여준다. 그리고 이것이 영호가 극단적인 범죄 행위를 일으키게 되는 또 하나의 원인이 되도록 설정하였다. 또한 설희가 오빠로부터 물려받은 권총이 영호의 손에 들어가면서 이후 은행 강도의 범행 도구가 마련되는 과정을 보여주었다.

한편, 명숙의 친구이자 영화배우인 미리는 이 영화에서 개인적 욕망과 출세를 위해 자신의 미모와 처세를 적극적으로 활용하는 현대적 인물로 나온다. 영호를 좋아했지만 직업도 없이 허송세월만 하는 영호를 멀리하기 시작하며, 돈을 벌 수 있다면 영호의 상처마저도 이용할 수 있다고 생각하여 그를 상이용사역의 배우로 추천하는 세속적인 인물이다. 따라서 미리역시 영호의 마지막 남은 자존심과 긍지를 짓밟아 버림으로써 극단적인 행위를 불러오게 되는 원인을 제공하며, 출세와 이익을 위해서는 무슨 일이든 서슴지 않는 부정적인 현대인의 모습을 보여주는 역할을 하고 있다.

계리사 사무실의 타자수 미스 최 역시 늙은 상사의 점심 제안에 얼른 따라 나서는 모습이나 월급날 철호에게 데이트를 제의하거나 가게에서 비싼 장신구를 고르는 모습에서 미리와 비슷하게 세속적이며 영악한 현대 여성의 일면을 보여주는 인물로 제시되고 있다.

이상이 현대의 암울하고 부정적인 모습을 보여주는 인물들이었다면, 민호와 갓난아이 같은 경우는 그런 상황 속에서도 새로운 희망과 가능성을 암시하는 인물들이다. 민호는 철호의 막내 동생으로 어려운 살림 때문에 학업을 포기하고 신문팔이로 자신의 몫을 다하려고 애쓰는 청소년이다. 한창 학업에 매진해야 할 나이에 생계를 위해 일을 해야 하는 청소년을 설정하여 1950년대 당시의 궁핍한 현실을 더욱 부각시키고 있는 것이다. 또한 그와 동시에 그런 민호를 가장 안타깝게 여기는 영호가 사회에 불만을 가지고 범죄를 도모하게 되는 하나의 원인이 된다. 하지만 민호는 이 작품에서 철호와 영호가 제시하지 못하는 긍정적 전망을 보여주고 있다는 점에서 의미 있는 인물 설정이라 할 수 있다. 다만 영화에서 십대 초반의 어린 배우가 그 배역을 맡아서 작품 속의 노모나 형들과 나이 차가 너무 나서 다소 어색한 점이 있었다.

영화에서 철호의 아내는 비록 출산 중에 죽지만, 다행히 아이는 태어나는 것으로 처리하였는데, 이처럼 힘차게 우는 아이의 모습을 화면상에 등장시켜 미래에 대한 희망의 여지를 남겨 놓은 것도 눈여겨볼 대목이었다.

영화에서 새롭게 등장하는 인물 가운데 설희를 짝사랑하는 시인 청년의 등장은 오히려 사건을 산만하게 만들기 때문에 불필요한 설정이라 생각된다. 원래 시나리오에서는 설희가 폐결핵으로 사망하는 것으로 되어 있는데 영화로 제작하면서 염세적인 청년을 등장시켜, 영호에게 질투를 느낀 청년이 설희와 동반 자살하는 것으로 사건 전개상의 변화를 꾀했던 것이다. 이는 영화의 흥행을 염두에 두고 멜로드라마적 요소를 부각시키려는 의도로 추정되는데, 결과적으로는 이야기의 밀도 있는 구성을 저해하는 요인이 되고 말았다.

요컨대 영화는 소극적이고 내성적이었던 철호 중심의 소설에서 적극적이고 활동적인 영호를 중심으로 여러 인물들이 연결되고 확대되는 변형을 가져왔다. 이러한 인물 설정의 변화는 소설이 철호의 회상과 심리적 추이를 중심으로 구성되고 서술되는 것과 달리 영화에서는 영호의 은행 강도 사건이 중심이 되어 그 사건의 직·간접적인 영향 관계에 있는 여러 사건과 그에 얽힌 인물들이 필요했기 때문인 것으로 이해된다. 이와 함께 소설에서 철호와 영호가 선명히 보여주지 못했던 미래에 대한 전망을 영화에서는 민호와 갓난아이를 통해 좀 더 확연히 드러내고자 했던 것도 새로운 인물 등장의 원인으로 꼽을 수 있다.

② 시공간

소설과 영화 텍스트 <오발탄>에서 '시공간'에 관한 교수・학습 활동 과제와 이를 해결하기 위한 교수・학습 내용을 예시하면 아래와 같다.

- 소설을 읽으며 시공간적 배경을 알 수 있는 부분을 찾아보고, 영화에 서 그 배경을 어떻게 표현하고 있는지 말해 보자.
- 영화 속에서 시공간적 배경을 알게 해 주는 장면 제시와 소품을 열거 해 보고, 그것이 의미하는 바를 생각해 보자.
- 소설을 읽으면서 상상했던 배경과 영화에서 보여주는 배경을 비교해 보자.
- 소설을 읽을 때 배경과 관련해 미처 몰랐던 것을 영화를 보면서 새롭 게 알게 된 것이 있다면 말해 보자.
- 영화의 화면 구성과 공간 구성이 갖는 상징적 의미를 생각해 보자.

소설은 민족상잔의 비극인 한국전쟁이 끝난 지 몇 년 지나지 않은 1950 년대 중반의 서울을 시공간적 배경으로 삼고 있다. 특히 월남한 피난민들 이 정착하여 마을을 이룬 해방촌의 모습과 송철호의 집은 소설 텍스트에서 다음과 같이 묘사되고 있다.

산비탈을 도려내고 무질서하게 주워 붙인 판잣집들이었다. (···중략···) 레 이션 갑을 뜯어 덮은 처마가 어깨를 스칠 만치 비좁은 골목이었다. 부엌에 서들 아무 데나 마구 버린 뜨물이 미끄러운 길에는 구공탄재가 군데군데 헌데 더뎅이 모양 깔렸다.
저만큼 골목 막다른 곳에, 누런 시멘트 부대 종이를 흰 실로 얼기설기 문 살에 얽어맨 철호네 집 방문이 보였다. 철호는 때에 절어서 마치 가죽끈처 럼 된 헝겊이 달린 문걸쇠를 잡아당겼다. 손가락이라도 드나들 만치 엉성 한 문이면서 찌걱찌걱 집혀서 잘 열리지를 않았다. (115~116쪽)

만약 1950년대를 살았던 독자라면 이 정도의 묘사로도 당시 해방촌과 판잣집의 궁핍한 모습을 떠올릴 수 있을지 모르지만 그런 모습을 직접 보지 못한 세대라면 이런 문자적 서술만으로는 이 작품의 시공간적 배경을 효과적으로 그려낼 수 없을 것이다. 하지만 1960년에 촬영된 영화 텍스트의 경우, 남루한 해방촌과 판잣집의 모습이 흑백의 화면 속에서도 실제와 같이 잘 드러나고 있다. 또한 영화 연출자의 치밀한 설정과 배치로 마련된 철호의 집은 기발한 화면 구성을 통해 인물과 사건의 상황에 더욱 효과적으로 어울리는 공간이 되었다.

영화는 전체적으로 수직선과 수평선을 활용하여 화면을 분리시키는 구성을 취하고 있다(조정래, 2004 : 535~536). 집이나 방의 기둥들, 청계천 지하의 콘크리트 기둥들, 가로수 나무나 빌딩들, 창살로 엮은 대문 등과 같이 수직선에 의해 분리되는 화면은 인물들 사이의 단절을 의미하거나 인물이 폐쇄적 상황에 처해 있다는 느낌을 전달한다. 한편 철호의 집 내부로 들어오면 수평선에 의해 화면이 분리되기 시작한다. 위쪽으로 노모가 가로로 누워 있으면 아래쪽으로 방 바깥을 나타내는 가로선이 놓인다. 그 아래쪽에는 주로 영호가 가로누워 있다. 화면의 위와 아래 사이에는 수직선의 갓등이나 빨랫감들이 배치되어 있어서 그 사이에 거리감을 느끼게 해준다. 이러한 공간 구성과 화면 구성은 음울한 노모의 '가자' 소리에 억눌려 지내는 가족들의 피폐한 내면을 효과적으로 나타내 주고 있다.

이 밖에도 영화에서 화면과 공간 구성의 치밀함을 느낄 수 있는 장면은 많다. 집 안에 누워 있는 영호의 모습은 종종 X자 모양의 침대 기둥에 가려져 보인다. 그리고 영호가 은행 강도 행위를 모의할 때는 어김없이 수직의 기둥이나 새장, 혹은 창문들 너머에서 초점화됨으로써 영호에게 닥칠 어두운 미래를 암시해 주고 있다. 또 설희의 방을 마치 연극 무대처럼 인위적으로 꾸며서 두 사람의 관계가 현실과 동떨어진 연극처럼 낯설게 느껴지도록 한 점도 인상적인 공간 설정이다.

한편, 이 영화에서 분할을 통하여 대조를 보이는 몇 가지 공간 구성은 상징성을 띠기도 한다(조정래, 2002 : 134~135). 일반적으로 상하(上下)로 분할된 공간 구조에서 위쪽이 하늘, 천국, 구원, 이상향의 의미를 갖는 반면, 아래쪽은 땅, 지옥, 죽음, 추락의 의미를 갖는다고 할 때, 이 영화 텍스트에는 간간히 이런 상징적 의미를 활용하거나 때로는 전도시킴으로써 역설의 의미를 창출하는 공간 구도가 보인다. 이를테면, 경식이 지름길로 가겠다며 언덕 아래로 내려가다가 미끄러지는 장면(S#24)이나 민호가 진통으로 신음하는 형수를 보고 도움을 구하러 집을 나서서 해방촌 가파른 언덕을 미끄러져 내려가는 장면(S#67)들은 위에서 아래로 미끄러짐으로써 좌절과 죽음의 상징적 의미를 전해 준다.

또한 설희의 아파트도 공간의 대조적 활용을 통해 상징적인 의미를 내포하고 있다. "천국에 가깝기 때문에" 건물의 꼭대기에 살고 있는 설희는 옥상에서 졸고 있는 건물지기 영감을 '천국의 문지기'라고 소개한다. 그리고 자신이 밤에 아르바이트하는 곳은 담배연기 자욱한 곳으로 지하에 있다고 하면서 지옥에 비유한다.

계단을 가슴 벅차게 올라야 도착할 수 있는 설희의 방은 영호와의 사랑이 이뤄지는 곳이라는 점에서 천국의 이미지를 갖고 있으나 그것은 오래가지 못하고 결국 그녀는 땅으로 떨어져 죽게 된다. 이런 점에서 이 영화에서 구축하고 있는 '위쪽'의 공간은 더 이상 천국과 구원과 이상향의 안정된 의미를 주지 못하고, 좌절과 고통으로 떨어질 수밖에 없는 죽음이 서린 불안한 공간이라는 역설적 의미를 주고 있다. 그래서 하늘과 가장 가까운 달동네 해방촌에서 구원을 바라는 찬송 소리가 들리지만 이를 듣는 우리들에게는 허망하고 안타깝게 느껴질 뿐이다.

이처럼 영화 <오발탄>은 치밀하게 계획된 공간 구성과 화면 구성으로 인물들 간의 관계나 상황을 더욱 효율적으로 부각시키고 있어 공간의 의미화를 성공적으로 이뤄내고 있다.

③ 플롯

소설과 영화 텍스트 <오발탄>에서 '플롯'에 관한 교수·학습 활동 과제와 이를 해결하기 위한 교수·학습 내용을 예시하면 아래와 같다.

- 소설과 영화의 플롯을 비교할 수 있도록 정리해 보자.
- 영화화 과정에서 여러 가지 사건들 가운데 생략된 부분이나 새로 첨가된 부분을 찾아 정리해 보고 그 이유를 생각해 보자.
- 사건의 전개 및 갈등 양상에 있어서 소설과 영화의 공통점과 차이점을 찾아보자.
- 소설에 있는 노모의 정신이상 과정이나 과거 북녘 고향에서 잘살던 때를 회상하는 부분이 영화에서는 생략되었다. 그 이유를 생각해 보자.
- 철호를 중심으로 사건이 진행되는 소설에 비해 영화는 영호를 중심으로 사건이 펼쳐진다. 그 이유와 효과에 대해 말해 보자.
- 소설과 영화의 복선이 되는 행동과 사건을 찾아보자.
- 순서, 빈도, 지속의 측면에서 소설과 영화를 분석해 보자.
- 영화에 주로 쓰인 편집법에 대해 알아보자. 그러한 편집법이 쓰인 이유와 효과에 대해 토의해 보자.

소설을 영화로 변용할 때는 소설의 서술자가 알고 있는 범위 안에 국한되던 이야기 요소 외에도 필요하다면 새로운 이야기 요소들을 첨가하게 된다. 소설에서 서술자에 의해 전달되던 정보를 대신 전달할 수 있는 새로운 인물을 설정하거나 기존 인물의 역할에 변화를 주기도 한다. 뿐만 아니라 영상언어의 구상적인 효과를 극대화할 수 있도록 강렬한 시각적 장면이나 역동적인 움직임을 드러낼 수 있는 이야기 요소를 덧붙이기도 한다.

또, 선조적인 문장의 서술만으로도 자유자재로 시간적인 변조를 표현할 수 있는 소설에 비해, 모든 것을 구체적인 장면으로 공간화하여 서술해야 하는 영화에서는 그 같은 시간 변조력을 발휘하기 어렵기 때문에 언어적 시간 표시에 상응하는 새로운 장면들이 만들어지게 마련이다. 그러면 여기

서는 소설 텍스트와 영화 텍스트의 플롯을 비교해봄으로써 작품을 분석해
보도록 하자. 먼저, 소설 「오발탄」의 플롯을 정리하면 다음과 같다.

발 단	① 퇴근 시간이 넘어서도 계리사 사무실에 남아 있는 송철호. 사환의 빗질에 밀려 자리에서 일어선다. ② 대야에 손을 씻으려다 잉크가 퍼져가는 것을 보고 피라고 생각한다. ③ 물에 비친 자신을 보고, 무능하여 아무 것도 잡지 못하는 원시인이라 생각한다.
전 개	④ 열악한 해방촌의 모습 ⑤ 미이라처럼 변해 버린 노모의 모습을 보고 답답함을 느끼며 울고 싶지만 애써 참는 철호 ⑥ 말이 없어진 아내와, 치마와 구두를 사주고 백화점 구경을 함께 가기로 삼촌과 약속했다고 자랑하는 딸을 보고 철호는 마음 아파한다. ⑦ 철호는 산등성이 바위에 앉아 도심과 별을 바라보다 북쪽의 고향 마을을 회상한다. ⑧ 한기를 느끼고 집으로 돌아오는 골목에서 노모의 '가자'라는 외침을 듣고, 분단 현실을 이해하지 못하고 귀향만을 고집하던 노모가 한국전쟁 때 정신이상이 되던 것을 회상한다. ⑨ 조카의 운동화를 사 온 영호, 술에 취해 철호와 논쟁을 벌인다. 　―영호는 한번 거들먹거리면서 살아보자고 말한다. 　―언제까지 친구들과 어울려 술만 마실 거냐고 철호는 영호를 질타한다. 　―철호가 값싼 국산 담배를 꺼내자 영호는 자신의 양담배를 권하지만 거절당한다. 　―철호는 제대한 지 2년이 넘게 무위도식하는 영호에게 취직을 독려하자, 구차한 월급쟁이는 하기 싫다며 남처럼 용기만 있으면 잘 살 수 있다고 영호가 말한다. 철호는 영호가 엉뚱한 계획을 꾸미고 있지 않은지 다그친다. 　―남들처럼 양심, 윤리, 관습, 법률을 벗어 던지고 살자고 주장하는 영호에게 철호는 그렇게 살자면 자신도 잘 살 수 있다고 말하며 흥분한다. 　―영호는 양심, 윤리, 관습, 법률을 지키며 사는 생활 태도 때문에 철호 자신과 가족이 희생을 당하고 있다고 비난하면서 그것들을 남들처럼 떨쳐버려야 한다고 주장한다. 　―철호는 말없이 구석에 앉아 이들의 대화를 듣고 있던 아내를 보고 E대학 졸업 음악회 무대에 섰던 아름다웠던 아내의 모습을 회상한다. 　―영호의 말은 마음이 비틀려서 나온 억지라고 철호가 나무라자, 영호는 가족이 어려움을 겪기 전에 비틀렸어야 한다고 한탄하며 울먹인다. 　―사람이 어떻게 살아야 하는 것인지 모르고 있다고 철호가 나무라자, 영호는 이제 물고 뜯고 하는 마당에서 생명만이라도 유지하자면 어떻게 해야 하는지 알 것 같다며 비웃는다. ⑩ 밤늦게 귀가한 명숙이 가족들을 외면한 채 자리에 눕는다. ⑪ 철호는 언젠가 퇴근길 전차에서 미군과 함께 지프차를 타고 있던 명숙을 목격하고 치욕과 울분에 떨던 때를 회상한다. ⑫ 가족이 모두 잠자리에 들자 명숙은 노모의 손을 잡고 흐느낀다. ⑬ 철호의 딸이 잠에서 깨어 영호가 사다준 구두를 만지작거리다 잠이 든다.

위 기	⑭ 점심을 거르고 보리차를 한 잔 더 마시려다 전화를 건네받는 철호
	⑮ 경찰서로부터 동생 영호의 건으로 호출을 받는다.
	⑯ 철호는 전에도 몇 번 경찰서의 호출을 받은 일이 있었다.
	—양공주 노릇을 하는 명숙이 경찰의 단속에 걸려들면 신원보증을 위해 경찰서를 출입
	해야 했다.
	—그때마다 철호는 명숙을 미워하고 원망하는 마음에 거들떠보지도 않고 사무실로 돌아
	와 버리곤 했다.
	⑰ 며칠 전 밤에 들었던 영호의 말이 떠올라 불안해하며 경찰서의 문을 들어섰다.
	⑱ 영호가 은행 앞에서 권총을 가지고 강도를 하려다 끝내 붙들리고 말았다는 사건 내용을
	형사로부터 듣는다.
	⑲ 수갑을 찬 동생이 나타나 법률선은 무난히 뛰어 넘었지만 인정선을 넘지 못해 걸렸다며
	자조하는 모습을 본다. 마지막으로 영호는 자기 대신 조카인 철호의 딸에게 백화점 구경
	을 시켜주라고 부탁한다.
절 정	⑳ 경찰서를 나와 아무 생각 없이 걷다가 집에 도착한 철호는 명숙으로부터 아내가 해산하
	다가 위독하게 되었다는 소식을 듣고 명숙이 준 돈을 가지고 병원으로 간다.
	㉑ 아내의 죽음을 전해 듣고 병원 현관에 한참 동안 우두커니 서 있다가 나와서 자기도 모
	르게 길을 걷는 철호
결 말	㉒ 사무실 앞에서 다시 경찰서로, 경찰서에서 다시 남대문 쪽으로 정처 없이 길을 걷다가
	치통을 느끼는 철호
	㉓ 치과에 들어가 어금니를 하나 빼고 나머지 어금니마저 다른 치과에서 사정하여 뽑아 버
	린다.
	㉔ 철호는 허기를 느끼고 설렁탕을 시켰으나 빈혈증을 느껴 먹지 못한다.
	㉕ 철호는 집으로 가려고 택시를 타고서 아내 생각에 병원으로, 다시 동생 생각에 경찰서로
	방향을 바꾸지만 결국 어디로 가야 하는지 모른 채 정신을 잃고 쓰러진다.

한편, 영화의 내용은 다음과 같이 정리할 수 있다.[27]

---

27) 뒤에서 자세히 언급하겠지만, 영화의 시나리오(영화진흥공사 편, 1990)는 영화 텍스트(씨
  네코리아, 2002)의 내용과는 많은 부분 차이가 있다. 현재 우리가 감상할 수 있는 필름은
  1961년 샌프란시스코 영화제에 출품되었던 필름의 보존품이다. 이 책에서 상정하는 텍스
  트는 시나리오가 아니라 영화이므로 여기서 제시하는 영화의 플롯 역시 연구자가 영화를
  보면서 장면(scene) 단위로 재구성한 것이다.

S#1 폐쇄 공간(밤)

로뎅의 '생각하는 사람' 조각상이 쇠창살에 갇둬져 있고, 유리창 너머로 자동차 불빛이 명멸되면서 지나감
시작 자막

S#2 술집 앞(밤)

영호와 경식을 비롯한 제대군인들이 행패를 부리며 술값을 치르지 않고 거리로 나와 군가를 부르며 객기를 부린다.
(시끌벅적한 술집 안의 모습 Pan)

S#3 거리(밤)

(멀리서 명숙이 걸어오다 경식 일행을 발견하고는 차 뒤로 숨음) 일행들이 뿔뿔이 헤어져 집으로 간 뒤 명숙이 경식과 만나 결혼을 요구한다.
Pan
반신불수가 된 자신의 처지를 비관한 경식은 이를 거절한다.
(기차 소리)

S#4 해방촌 입구(밤)

철호는 퇴근길에 술에 취해 앉아 있던 영호를 본다. 영호가 불러도 철호는 한심한 듯 쳐다보고는 말없이 가버린다.
jump cut
영호는 자조하며 뒤따라간다.

S#5 송철호의 집 앞(밤)

철호가 궁색한 판잣집 입구에서 들어서자 '가자' 하는 노모의 병적인 외침을 듣고 괴로워한다.

S#6 해방촌 입구

아침 출근길에 집을 나선 철호는 치통에 고통을 느낀다.
O.L

S#7 교차로

철호는 도심지 어느 빌딩 안으로 들어간다.
Pan.
김성국 계리사 사무실 간판

S#8 사무실 안

(사환이 청소하고 있음) 철호가 치통으로 괴로워하자 사환은 월급을 타면 치과 치료부터 받으라고 충고한다.

S#9 철호의 집안

(노모가 '가자'를 외침) 영호는 신문팔고 돌아온 민호를 나무라고, 혜옥에게 신발을 사주겠다고 약속하며 시내로 외출한다.

S#10 다방 안

(제대군인들이 모여 앉아 신세 한탄을 함) 명숙은 영화배우가 된 미리에게 취직을 부탁하지만 구직난으로 절망적이다.

S#11 다방 앞

영호와 우연히 만난 미리는 영호가 취직하기 전까지는 만나주지 않겠다 말하고 촬영장으로 차를 타고 가버린다.

S#12 다방 안

(영호는 다방에 들어서자 제대한 곽진원 하사를 만나 반갑게 인사를 나눔) 동생 명숙이 절망적인 상황에 차라리 미치고 싶다고 하는 말에 영호는 충격을 받는다.

S#13 계리사 사무실 안

(철호는 열심히 일을 하고, 미스 최는 쉬고 있음) 김성국이 함께 점심식사를 하러 가자고 하지만 철호는 치통으로 점심을 거르고, 미스 최만 따라 나간다.
(사환에게 보리차를 시켜 마심)

S#14 은행 앞

영호가 은행 주위를 살핀다.

S#15 사무실 앞

퇴근길, 월급날인데 함께 즐기자는 미스 최의 제안을 뿌리치고 철호는 길을 나선다.
O.L

S#16 거리

턱을 감싸고 거리를 걸어가는 철호

S#17 장식품 가게

미스 최가 화려한 목걸이들을 보고 만지작거린다.

S#18 거리

철호는 치과를 쳐다보고도 그냥 지나친다.
O.L

S#19 시장 신발가게

It's very good quality.

철호는 딸에게 어울릴 만한 신발을 골라 값을 물어보지만 사지 못한다.
O.L

S#20 해방촌 입구

산비탈에 무질서한 판잣집들을 지나 집으로 향하는 철호
O.L
찬송가 소리

S#21 철호의 집안

철호는 입구에서 노모의 헛소리를 듣고 한숨을 길게 내 쉰다. 혜옥의 '고향의 봄' 노래 소리와 노모의 실성한 '가자' 소리

S#22 철호의 집안

(혜옥이 노래에 맞춰 새끼줄을 뛰어 넘음) 철호는 노모에게 다가가지만 실성한 소리만 하는 어머니께 인사하지 못하고 돌아선다. 월급봉투를 아내에게 건네자 아내는 무심하게 받는다.
혜옥은 삼촌들과의 약속을 자랑하지만 철호는 노모의 헛소리에 피로울 뿐이다. (혜옥의 머리를 맞대고 피로운 듯 고개 젓는 철호)

S#23 술집 안

영호는 술집에서 동료들에게 사회 적응 실패담과 자구책을 우회적으로 얘기한다.
O.L

S#24 거리(밤)

명숙에게 짐이 되기 싫기 때문에 결혼할 수 없다는 경식의 하소연을 듣고 영호는 답답해한다.
O.L

S#25 해방촌 입구(밤)

영호는 통행금지 시간이 되도록 귀가하지 않는 명숙을 기다리고 있던 형수와 혜옥을 만나 집으로 올라간다.
(술에 취해 노래를 부르는 영호)

S#26 기차 건널목

(신호등) 영호와 설희가 우연히 만난다.
O.L

S#27 설희의 아파트 입구

계단을 함께 오르다가 설희를 짝사랑하던 시인 청년과 부딪친다. (청년이 시기 어린 표정으로 이들을 번갈아 봄) 옥상에 이르자 건물지기 영감이 졸고 있다.

S#28 설희의 방

과거 국군병원에서 만났던 때를 회상하며 서로의 근황을 얘기하고 반가워한다.

S#29 계리사 사무실 안

철호는 명숙의 문제로 경찰서에서 온 전화를 받고 호출을 당한다.
O.L

S#30 경찰서 안

경찰관에게 밤거리에 나서지 않도록 하겠다는 다짐을 하고 명숙을 인계받는다.

S#31 경찰서 앞

명숙이 먼저 나와 껌을 꺼내 씹고, 뒤이어 나온 철호는 이를 한심하게 쳐다보더니 말없이 길을 걷는다.
O.L

S#32 거리

철호와 명숙은 서로를 외면한 채 일정한 거리를 두고 길을 나란히 걷는다.
O.L
계리사 사무실 앞에 와서 철호가 말없이 혼자 들어가 버린다.

(제대군인들이 모여 앉아 장기를 두고 있음) 영호는 미리의 쪽지를 전해 받고 영화사로 간다.

영호는 조감독과 인사를 나누지만 자신의 상처를 이용하려는 데 분개하며 영화출연 제의를 거절한다.

영호가 문을 밀지만 열리지 않자 주먹으로 유리창을 깨버린다.

손에 붕대를 감고 돌아온 영호는 진원에게 돈벌이를 제안한다.

S#37 전차 안

(신호등) 철호는 전차를 타고 가다가 우연히 지프차에 미군과 함께 타고 있는 명숙을 발견한다. 전차 안의 청년 두 사람이 이를 보고 비아냥거린다.

S#38 전차 안 다른 편

(철호는 다른 편으로 자리를 옮김) 철호는 울분을 느끼며 눈물을 흘린다.
판소리와 재즈 음악이 뒤섞여 들림

S#39 은행 앞

영호는 셔터가 반쯤 내려간 은행 정문을 통해 재빠르게 안으로 들어간다.

S#40 은행 안

(시계는 네 시를 가리킴) 은행 내부를 살피는 영호

S#41 은행 앞

다시 은행 밖으로 나온 영호는 은행 주위를 면밀히 살핀다.

S#42 술집 안(밤)

영호는 명숙의 타락을 얘기하며 무책임한 경식을 비난한다.
(술잔을 던져 깨버림)

S#43 홍등가(밤)

명숙은 미군과 장난치다가 우연히 경식과 부딪치고는 도망
간다. 경식은 비통해 하며 울부짖는다.

S#44 거리(밤)

(영호가 어두운 표정으로 걸어감) 설희의 아파트 입구까지
와서 설희의 방을 쳐다본다.

S#45 설희의 아파트 계단(밤)

(맹인이 지팡이를 더듬으며 호루라기를 불고 지나감) 영호가 아파트 계단을 오른다.

S#46 설희의 안방

(설희는 인기척이 들리자 시인 청년인 줄 알고 권총을 꺼내 위협함) 뜻밖에 영호가 들어오자 반갑게 맞이한다. 갑자기 그 청년이 들어오더니 이들을 보고 질투에 휩싸여 괴로운 표정으로 나가버린다.
영호와 설희는 서로 입을 맞추면서 사랑을 나눈다. 그리고 설희는 내일 다시 와서 서랍을 열어 보라고 영호에게 말한다.

S#47 해방촌 입구

외팔이 만수가 영호네 집을 찾아 올라간다.

S#48 철호의 집안

(영호가 면도를 하고 있음) 혜옥에게 예쁜 치마와 신발을 사주고, 백화점 구경을 시켜주겠다고 약속하지만 혜옥은 '거짓말'이라며 반신반의한다.
집으로 들어온 만수가 경식의 실종 소식을 전한다. (명숙이 옆방에서 듣고 놀라 밖으로 뛰어나감)

S#49 설희의 아파트 옥상

(건물지기 영감이 새장의 새에게 먹이를 줌) 영호는 노인으로부터 설희가 시인 청년에 의해 살해당한 사실을 전해 듣고 설희의 방을 열어달라고 한다.

S#50 설희의 방

영호는 방안을 천천히 돌아보다가 갑자기 생각난 듯 서랍을 꺼내 설희가 남긴 사랑의 메모를 꺼내 보고 더욱 슬픔에 잠긴다. 영호가 권총을 손에 쥔 채 생각에 잠긴다.
(설희의 V.O)
뭔가 결심한 듯 영호는 돈과 권총을 챙겨 나온다.

S#51 다방 안

(전화 벨 소리) 마담이 진원에게 전화를 바꿔 준다.

S#52 어느 가게

(인체 모형이 있는 가게) 전화로 영호는 진원에게 승용차를 준비하라고 지시한다.

S#53 해방촌 입구

철호가 힘없이 걸어간다.
O.L

S#54 철호의 집 앞

철호는 노모의 헛소리에 진저리를 치며 발길을 돌린다.

S#55 삽입 화면

전투기가 굉음을 내면서 편대 비행을 한다.

S#56 철호의 집 안

(전투기의 굉음 소리에) 노모가 벌떡 일어나더니 모두 짐을
싸서 함께 가자고 헛소리를 한다.
Pan, 물끄러미 쳐다보는 철호의 아내

S#57 산비탈

철호는 산비탈에 올라가 멍하니 시가지를 내려다본다.
O.L

S#58 철호의 집 안(밤)

영호는 혜옥의 신발을 사가지고 들어온다. 철호는 영호가 취직
하지 못한 채 상이군인들과 어울려 술만 마신다고 야단친다.
(영호가 권하는 양담배를 외면하고 자기의 담배를 뽑아 입에 묾)

S#59 철호의 집 부엌(밤)

민호가 팔다 남은 신문을 끼고 들어와 배고프다고 말하고 부
엌으로 가서 늦은 저녁밥을 먹는다. 영호는 철호처럼 박봉으
로 고생하지는 않겠다고 말한다.

S#60 철호의 집 안(밤)

철호는 양심을 지키며 살아야 한다고 말하지만 영호는 우리
도 이제는 양심을 버리고 한번 잘살아 보자고 대응한다.

S#61 철호의 집 앞 골목(밤)

명숙은 오빠들이 자신의 타락을 얘기하는 소리를 듣고 피로워한다.

S#62 철호의 집 안(밤)

(노모의 헛소리) 명숙은 자신의 신세를 비관하며 흐느끼고, 철호는 답답한 마음에 쉽게 잠들지 못한다. 영호는 '겁내지 마라'고 잠꼬대를 한다.

S#63 철호의 집 안

철호의 아내가 진통을 느끼자 명숙에게 집에 있을 것을 당부하고 권총을 챙겨 외출하는 영호

S#64 해방촌 입구

영호는 신문을 파는 민호를 발견하고, 신문을 찢으며 다시 학교를 다니라고 하면서 돈을 주지만 민호는 울면서 반발한다. (기차의 굉음)

S#65 삽입 화면

거리에 차들이 빠르게 지나간다.

S#66 어느 가게

(새장이 즐비한 가게) 영호는 진원에게 빌린 차를 몰고 빨리 오라고 전화한다.

S#67 철호의 집 안

아내가 진통을 심하게 하자, 민호가 도움을 구하러 어디론가 뛰어 내려간다.

S#68 중국 음식점

영호는 권총을 장전한 채 진원을 기다리다 차 경적을 듣고 나간다.

S#69 승용차

음식점에서 나온 영호는 차를 타고 영화사로 향해 간다.
O.L

S#70 영화사 앞

영호는 진원에게 기다리라고 말하고 영화사로 들어간다.

S#71 영화사 안

영호는 미리에게 밤에 다시 만나자고 약속하고 나오는데, 이
를 이상히 여긴 미리가 미행을 시작한다.

S#72 영화사 앞

(대기하던 차에 올라 탐) 영호는 시간을 묻고 수표를 바꿔야
겠다며 은행으로 가자고 한다.

S#73 거리

(차가 달림, 진원의 휘파람 소리) 혼잡한 거리, 백미러에 잡힌 영호의 긴장한 얼굴
몽타주

S#74 택시 안

미리는 영호가 탄 차를 미행한다.

S#75 은행 앞

(은행의 셔터 문이 반 이상 내려 감) 영호는 진원에게 기다리라고 하고 차에서 내려 은행 안으로 뛰어 들어간다.

S#76 은행 안

영호가 권총을 꺼내서 내부를 둘러본다.

S#77 은행 앞

(미리가 택시에서 내려 영호를 찾아 사방을 둘러 봄) 진원은 차를 세워 놓고 기다리다 미리를 보고 아는 체를 하지만 가벼운 눈인사만 받자 심드렁해진다. (지게꾼이 쓰러져 낮잠을 자고 있는 모습, 비눗방울을 만들어 보이는 장난감 팔이, 교회 전도대의 행렬 몽타주) 소녀가 풍선을 들고 지나가는데 진원이 담뱃불로 풍선을 터트린다. (순간 '탕 탕' 하는 소리)

S#78 은행 안

'탕 탕' 하는 총소리와 동시에 천정의 전구가 깨진다.

S#79 은행 앞

총소리가 나자 진원은 놀라서 차를 몰아 도망가 버리고, 미리는 허둥대며 은행으로 들어가다가 돈주머니를 들고 뛰어나오는 영호와 마주친다.
영호는 담장을 넘어 달아난다.

S#80 삽입 화면

범죄 신고 전화를 하는 손

S#81 어느 건물

영호는 차가 보이지 않자 계단을 뛰어 내려간다.

S#82 은행 앞

구경꾼들이 몰려들고 경찰이 나타난다.

S#83 어느 건물

영호는 돈주머니를 들고 도망을 친다.

S#84 은행 앞

경찰들이 영호를 발견하고 급하게 뛰어가자 미리도 따라간다.

S#85 명동 성당 근처

영호는 순찰하는 경찰의 눈을 피한다.

S#86 은행 앞

미리는 경찰차에 동승하여 영호를 추적한다.

S#87 어느 길

영호가 돈주머니를 끼고 어딘가로 도망을 친다.

S#88 경찰서 중앙 통제실

경찰이 추격자들에게 범인의 위치를 알려 준다.

S#89 청계천 지하

영호가 도망을 치고 그 뒤를 따라 총을 쏘며 경찰이 추적한다.
(목을 매고 자살한 여자와 등에 업혀 울고 있는 아이)

S#90 경찰서 중앙 통제실

경찰이 추격자들에게 범인의 위치를 알려 준다.

S#91 어느 공장 근처

파업 시위대 사이를 지나 도망치는 영호

S#92 삽입 화면

도로를 따라 빠르게 달림
P.O.V

S#93 경찰서 중앙 통제실

경찰이 추격자들에게 범인의 위치를 알려 준다.

S#94 공장 마당

영호는 큰 하수도관이 쌓여 있는 공장 마당을 지나 공장 안
으로 들어간다.

S#95 공장 안

영호는 공장 입구에서 발을 헛디디고 쓰러진다.

S#96 공장 지대 입구

사이렌을 울리며 경찰차가 쫓아온다.

S#97 공장 안

영호가 허겁지겁 쏟아진 돈을 다시 가방에 챙겨 넣는다.

S#98 공장 앞

경찰차가 입구까지 온다.
사이렌 소리

S#99 공장 안

Give up, Yong Ho !

영호가 사이렌 소리를 듣고 권총을 꺼내 위협 사격을 하면서
도망을 치지만 쫓아 온 미리 때문에 멀리가지 못한다.
결국 경찰에게 포위되자 포기하고 체포된다.

S#100 삽입 화면

"Bank Robber Captured after
10 minutes of chase"

'백주 은행 권총 강도' 제하의 신문기사에 붉은 줄을 친다.
C.U

S#101 신문 보급소

민호를 비롯한 신문팔이들이 신문을 받아 들고 뛰어 나간다.

S#102 경찰서 안

철호는 경찰서에서 영호를 면회한다. 영호는 네거리 한복판에서 목을 매달아 주기를 바란다며, 형수가 해산기가 있더라고 말한다. 그리고 혜옥이 백화점 구경 좀 시켜주라고 부탁한다.
O.L

S#103 경찰서 앞

힘없이 걸어 나온 철호는 하늘을 쳐다보고 현기증을 느끼다가 허탈한 걸음을 옮긴다.
O.L

S#104 빌딩 앞

사무실 앞까지 걸어온 철호가 다시 발길을 돌린다.
Pan
Wipe 효과

S#105 해방촌 입구

철호가 힘없이 걷고 있다.
O.L

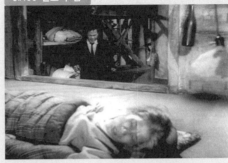

S#106 철호의 집

집에 들어서자 노모의 헛소리를 듣고 철호는 '갈 수 있으면 가라'고 소리친다.

S#107 철호의 방

명숙으로부터 아내가 위독하다는 소식을 듣고 병원으로 가기위해 명숙이가 주는 돈을 받아 나온다.
O.L

S#108 대학 병원 복도

복도를 걸어가 병실의 문을 열자 간호사가 아내의 사망 소식을 전해 준다.
(손잡이를 부여잡고 있는 손등에 눈물이 떨어짐)

S#109 시체 안치실 앞

넋이 빠진 철호, 시체 안치실 앞에서 멍하니 서 있다가 힘없이 돌아선다.

S#110 대학병원 정문

철호가 걸어 나오다 서서 어디로 갈까 망설이는데 뒤에서 응급차가 와서 다시 걸음을 옮긴다.
O.L

S#111 거리

망연자실 거리를 걸으며 영호와의 대화를 떠올린다.
영호의 V.O
O.L

S#112 경찰서 앞

철호는 멍하니 경찰서를 바라보다가 들어가지 못하고 다시 걸음을 옮긴다.
O.L

S#113 거리

사무실 앞에서 잠시 망설이다가 다시 걷는다.
(심한 치통을 느낌)
O.L

S#114 거리

(여러 가게의 진열장을 넋 놓고 바라보며 지나치는 철호) 정처 없이 걷다가 치과 간판을 보고 들어간다.
P.O.V

S#115 치과 안

한 쪽 어금니를 뽑는다. 다른 쪽 어금니도 뽑아 달라지만 거절당한다.
O.L

S#116 치과 앞 길

철호가 휴지를 꺼내 입안에 고인 피를 뱉어낸다.
(철조망 울타리)

S#117 거리

손으로 턱을 감싸고 걷던 철호는 또 다른 치과를 발견한다.
O.L

S#118 치과 앞(밤)

치과를 나와선 어디론가 걸어간다.

S#119 서울역 부근(밤)

차들이 어지럽게 다니고 그 사이를 위험하게 철호가 넋을 놓고 지나간다.
O.L

S#120 설렁탕 집(밤)

들어가서 설렁탕을 시키지만 구역질을 느껴 밖으로 나온다.

S#121 설렁탕 집 앞(밤)

비틀거리고 나와서 시궁창에 쭈그리고 앉아 피를 쏟는다.
(현기증으로 전신주가 흔들려 보임)
P.O.V. 기운 화면

S#122 거리(밤)

휘청거리며 지나가는 택시를 세워 탄다.

S#123 택시 안

해방촌으로 가자고 하다가 다시 행선지를 병원으로, 경찰서
로 자꾸 변경한다.
(거리를 이리 저리 방향을 바꾸며 달리는 택시와, 택시 안에
서 행선지를 바꾸는 철호의 모습 몽타주)

S#124 대학병원 영아실

아기를 보면서 철호를 기다리는 명숙, 희망을 이야기한다.
명숙의 V.O

S#125 경찰서 앞(밤)

택시가 와서 선다.

S#126 자동차 안

다시 어디론가 가자고 말하는 철호에게 운전수는 '오발탄'과 같은 손님이라고 말한다. 철호는 이 말을 듣고 자신의 신세를 생각한다.
철호의 V.O

S#127 삽입 화면

신호등, 벨소리와 함께 신호가 바뀌자 택시가 멈춰 선다.

S#128 자동차 안

다시 목적지를 묻자 철호는 그냥 '가자'고만 외치고 의식을 잃는다.

S#129 교차로(밤)

(민호가 '신문'을 외치며 지나감. 벨소리가 울리고 신호가 켜짐) 택시는 차량들 속에 섞여 어디론가 사라진다.
몽타주
끝 자막

소설과 영화의 이야기 전개를 비교해 보면 우선 눈에 띄는 것이 소설에서는 철호를 중심으로 사건이 전개되는 데 비해 영화에서는 영호가 주인공이 되어 사건이 펼쳐진다는 점이다. 이로 인해 영화에서는 원작 소설에 없던 인물들이 많이 등장하여 소설보다 사건이 풍부하게 구성되었다.

만약 영화가 소설처럼 철호를 중심으로 구성되었다면 어떻게 되었을까? 삶의 무게에 억눌린 철호의 내성적이고 소극적인 행동과 심리가 서술된 소설처럼 영화도 대단히 관념적인 내레이션과 재미없는 사건들이 얼마 동안 보이다가 조용히 끝나게 될 것이다. 이렇게 되면 구상적이고 역동적인 영화의 장점을 제대로 살리지 못한 채 매우 단조롭고 무료한 영화가 될지도 모른다. 아마도 이를 우려한 영화 창작자들은 그 대안으로 영호 중심의 사건 전개로 방향을 바꾸어 원작을 각색, 연출한 것으로 보인다. 이에 따라 화면으로 비춰지는 시각적 인지를 통해 작품의 메시지가 전달되는 영화의 특성을 감안해 보다 명시적인 사건, 즉 영호의 은행 강도 사건을 부각시킬 필요가 있었을 것이다. 이로써 그러한 사건이 일어나기까지 실향민 가족이 겪는 역경들을 실감나게 부각시킬 수 있으며 사회 현실을 날카롭게 조명할 수 있게 되었다. 다시 말해, 영호를 중심으로 사랑과 우정, 꿈과 현실, 희망과 좌절을 보여줄 수 있는 여러 인물과 사건들이 구성되어 보다 극적이며 가시적인 사건 전개가 가능할 수 있었던 것이다.

따라서 소설의 서술에 알맞은 철호의 소극적 행위와 내성적 발화는 영호의 적극적인 행위와 직설적 발화로 대치되어 외현화하였고, 아울러 소설에서 철호의 고뇌와 방황을 통해 간접적으로 드러났던 사회의 암울한 현실이 영화에서는 영호의 극단적 행동을 가져온 원인들로 구체화하여 직접적으로 제시되었다.[28]

---

28) 영화 <오발탄>의 시나리오를 연구한 임승용에 따르면, 총 122개 장면 중 원작 소설의 장면을 그대로 쓰거나 일부 바꾸어 수용한 장면이 합쳐서 모두 40개 정도이고, 나머지 82개 장면은 각색자가 새로이 창작한 장면이라고 분석하였다(임승용,

소설에서 영화로 변용되면서 플롯 면에서 변화된 사항을 정리하면 다음과 같다.

[표 8] 〈오발탄〉 소설과 영화의 플롯 변화

애인 관계의 파국으로 인한 명숙의 타락과 경식의 실종	첨가
신문팔이를 하는 막내 동생 민호	첨가
새로 태어난 철호의 아이	첨가
명숙이 미리에게 취직을 부탁함.	첨가
곽진원에게 지프차를 준비시켜 은행 강도에 이용함.	첨가
설희(시인 청년, 건물지기 노인)의 등장	첨가
대야에 손을 씻으며 퍼져 가는 잉크를 피라고 생각하는 부분	생략
중학생 때 박물관에서 미이라를 봤을 때 회상	생략
딸이 자다가 일어나 신발을 보고 좋아하는 모습	생략
노모의 정신이상 과정이나 과거 북녘 고향에서 잘살던 때의 회상	생략
과거에 삼팔선과 자유를 이해하지 못하던 어머니와의 대화 회상	생략
두 달 전까지 귀가해서 노모께 인사하던 철호의 모습	생략
아내의 대학 시절 모습 회상	생략
무능한 원시인의 모습에 대한 얘기, 철호의 내적 발화→영호의 외적 발화	변동
영호가 취직하려는 노력을 보이는 내용이 없음. →미리가 영호에게 영화 출연을 소개해 줌.	변동
은행에서 돈을 찾아 나오는 사람에게 강도 행위를 함. →은행에 들어가 강도 행위를 함.	변동
피해자의 차를 빼앗아 탐. →지프차 빌려 타고 오지만 차는 먼저 도망감.	변동
차를 탄 채 미아리 근처에서 붙잡힘. →여러 곳을 뛰어 도망 다니다가 공장 안에서 체포됨.	변동

이를 보면 앞서 언급한 바와 같이 사건 전개의 중심이 철호에서 영호로 바뀌면서 새로이 등장한 인물과 모티프에 의해 세부적인 사건들이 새로 첨가되거나 변동되는 변화가 일어났음을 알 수 있다. 특히 철호의 회상이나 내면적 발화가 영상화 과정에서 대부분 생략되었으며, 영화의 역동적 효과를 극대화하기 위해 영호의 은행 강도 사건과 도주 장면이 많이 부각된 것을 확인할 수 있다.

1998 : 63~65).

한편, 이 작품은 주인공 철호가 안고 있는 양심과 가족 부양의 의무감을 '치통'으로 상징화하여 그 고통이 심화되어 가는 과정을 철호의 외면적, 내면적 갈등의 증폭과 연결시킴으로써 남다른 미학적 효과를 거두고 있다.

송철호의 갈등 양상은 그를 둘러싼 여러 가지 환경적 요인에서 확연히 드러난다. 소설 「오발탄」은 그중에서도 철호, 영호 형제의 현실 대응 자세의 차이에서 오는 갈등이 가장 부각된다. 소설에서 두 사람의 대화 장면이 가장 많은 분량을 차지하는 것도 이 때문이다. 양심과 도덕을 지키며 성실히 살아가는 철호가 피해의식과 도덕적 결함으로 비뚤어진 욕망을 가진 영호에 비해 겉으로는 우월한 위치에 있는 듯하지만, 문제는 그러한 철호가 가중되는 역경 속에서 신음하다가 결국은 방향감을 상실하고 만다는 점에 있다. 이로써 소설은 독자에게 '과연 이러한 사회가 정상적인가' 반문하면서 역으로 전망을 획득하게 한다. 다시 말해, 희망이 없는 부조리한 사회 속에서 양심과 윤리를 지키며 살아가려 발버둥치는 철호의 갈등과 고뇌를 소설의 양식적 특성에 맞춰 독자의 내면에 던짐으로써 정상적인 삶과 바람직한 세계에 대한 전망을 모색할 수 있도록 잔잔하지만 파장이 큰 파문을 일으키고 있다.[29]

이에 비해 영화 <오발탄>은 보다 폭넓은 갈등 관계를 담아내려고 한다. 물론 소설에서 보여주는 철호, 영호 형제의 세계 인식과 가치관의 갈등을 비롯하여, 영호를 중심으로 더욱 확대된 갈등 관계를 보여주고 있다. 즉, 영호의 범죄 행위의 원인이 되는 일련의 갈등들, 이를테면 영호가 동생 명숙의 문제로 경식과 갈등을 빚게 되고, 학업을 중단하고 신문팔이를 하는 동생 민호와도 갈등을 일으키게 된다. 또 취직 전에는 만나주지 않겠다는 애인 미리와의 갈등과 자신의 상처까지 이용하려는 영화사와의 갈등이 새

---

[29] 일부의 문학 연구자들은 미해결의 상태 속에서 비극적으로 끝나는 소설 「오발탄」의 결말 구조를 두고, 작가가 실존주의적 회의론에 빠져있는 것으로 해석하기도 한다(조정래, 2002 : 142~143).

롭게 첨가되면서 영호가 저지르게 될 범죄의 원인이 되는 갈등 양상들을 철호의 방황과 함께 가시적으로 드러내주고 있다. 이로써 갈등의 외연을 확대하여 당대 사회를 더욱 노골적으로 비판하고자 하는 영화 창작자의 의도는 부각될 수 있었지만 구성이 산만하게 되는 결과를 피할 수 없게 되었다. 하지만 영화 텍스트는 소설보다는 선명하게 전망을 제시하려고 노력한 흔적이 보인다. 이것은 바로 새로 태어난 철호의 아이와 민호를 등장시켜 밝은 미래와 희망을 얘기하고 있기 때문이다.

> S#124. 대학 병원 영아실
> (명숙이 간호사가 안고 있는 아기를 창 너머로 보고 있다.)
> **명숙** (V.O) 오빠, 돌아오세요 오빠는 늘 애기들의 웃는 얼굴이 세상에서
> 제일 좋으시다고 하셨죠? 애는 곧 웃을 거예요. 방긋 방긋 웃어야죠.
> 웃어야 하구 말구요 또 웃도록 우리가 만들어 줘야 하지 않겠어요?

이 장면을 보면 명숙이 갓난아이를 보면서 이 아이가 웃을 수 있도록 우리가 만들어 주자고 다짐하고 있다. 이와 함께, 힘든 상황에도 굴하지 않고 신문을 팔아 가계를 돕고 있는 막내 동생 민호도 밝은 미래에 대한 희망을 잃지 않으려는 긍정적인 인물로 보인다. 그래서 영화 텍스트의 마지막에 의식 잃은 철호를 태운 택시가 사라지는 장면(S#129)에서도 '신문'을 외치는 민호를 잠시 등장시킨 것으로 이해된다.

다음으로, 소설과 영화 <오발탄>의 담론적 전략을 좀 더 구체적으로 살펴보기 위해 서사 텍스트를 순서, 빈도, 지속의 측면에서 탐구한 제라르 주네트의 입론을 참고하여 두 텍스트를 분석해 보자. 먼저, 소설 「오발탄」에서는 다음과 같이 예시가 한 번 쓰인다.

> 영호의 입가에는 좀 전에 파랑새 꽁초에다 불을 댕기는 철호를 바라보던
> 때와 같은 야릇한 웃음이 또 소리 없이 감돌고 있었다.

"너 설마 무슨 엉뚱한 계획을 세우고 있는 것은 아니겠지?"
철호는 약간 긴장한 얼굴을 하고 영호를 바라보며 꿀꺽 하고 침을 삼켰
다. (128쪽)

철호와 영호의 대화 장면에서 나온 이 예시는 앞으로 영호에게 일어날
사건을 암시하며 긴장을 조성하는 기능을 하고 있다. 이 소설에서 예시가
비교적 적게 활용된 것은 작품이 단편인데다 철호의 내·외적 갈등을 중심
으로 이야기를 전개해 나가려는 내포 작가의 의도 때문으로 생각된다.

이에 비해 회상은 소설에서 여러 번 사용되는데 주로 철호의 의식 속에
서 과거에 일어난 사건들을 떠올릴 때 나타난다. 가령, 노모의 피폐한 모습
을 보고 중학교 시절 박물관에서 본 미이라를 떠올리는 대목, 뒷동산에 올
라 밤하늘을 보며 고향 마을을 회상하는 대목, 노모에게 자유와 삼팔선의
의미를 설명했지만 이해하지 못하던 과거를 회상하는 대목, 아내의 젊은
시절 아름다웠던 모습을 떠올리는 대목, 명숙이 미군과 지프차에 함께 타
고 있는 것을 목격한 때를 기억하는 대목, 명숙을 경찰서에서 데려오던 일
을 떠올리는 대목이 그것이다. 이들은 대부분 소설의 이야기 내용을 보충
해 주는 구실을 한다.

소설에 드러난 이 같은 예시나 회상의 기법은 영화로 변용될 때, 그 의
미가 크게 변모되지 않는 한에서 수용자가 알아야 할 정보를 보충하거나
극적인 효과를 위해 변화를 주기도 한다. 실제로 영화 <오발탄>에서는 소
설보다 예시의 기법이 더욱 확대되는 반면, 회상은 사용되지 않는다.[30] 영
화에서는 영호의 은행 강도 사건이 중심이 되기 때문에 이에 앞서서 은행
주변을 염탐하거나 권총을 습득하게 되는 장면을 미리 제시하여 극적 긴장
감을 조성하고, 나중에 벌어지는 중심 사건과의 긴밀한 구성을 이끌어 내

---

30) 이종기와 나소운이 각색한 시나리오(영화진흥공사 편, 1990)에는 설희와 영호가 국군병원
에서 만난 장면, 영호가 의사로부터 병을 진단받는 장면, 젊은 시절 아내를 회상하는 장면
등이 나오는데, 실제 영화 텍스트에는 이 장면들이 생략되었다.

기 위해 소설보다 예시의 기법을 많이 사용하였다.

소설에서 서술자는 자신의 담론적 전략에 따라 객관적 사실의 연속인 플롯을 재배열하면서 특별한 경우에는 반복하기도 한다. 이범선의 「오발탄」에는 실향민인 노모가 '가자!' 하고 외치는 장면이 여러 번 반복된다. 그리고 마지막에 가서는 주인공 철호가 혼수상태에 빠지면서 다시 한 번 더 반복한다. 이렇게 되풀이되는 '가자!'라는 외침은 가야 된다는 것과 갈 수 없다는 것을 동시에 일깨워 준다. 서술자는 의도적으로 이를 반복해서 배치함으로써 통일에 대한 소망과 분단 현실, 그리고 자유의 갈망과 부자유스러운 삶이 교차하는 순간들을 포착한다(나병철, 1998 : 210). 이 점은 영화에도 그대로 적용되어 원작에서처럼 철호에게 현실의 고통과 압력을 더욱 강박적으로 느끼게 하는 효과를 잘 살려주고 있다.

소설 「오발탄」은 전반적으로 이야기 시간과 담론 시간의 길이가 일치하는 장면 제시가 많다. 서술자는 주인공 송철호의 일상을 따라 가며 그가 생각하고 행동하는 바를 중심으로 서술하고 있다. 한편, 발단 부분에서 철호가 손을 씻으며 대야에 퍼지는 잉크를 피라고 생각하고 자신을 사냥 못하는 무능한 원시인으로 여기며 심리적으로 갈등을 일으키는 대목에서는 오히려 의식 속에서 순간적으로 지나간 이야기 시간보다 이를 서술하는 시간이 길어지는 감속의 기법이 나타난다. 전개 부분이나 위기 부분에서도 이 같은 감속은 철호의 회상 대목에서 나타난다. 특히 지속과 관련하여 우리의 주목을 끄는 대목은 바로 철호와 영호의 긴 대화 장면이다. 소설에서 가장 긴 분량을 차지하는, 다시 말해 담론 시간이 가장 긴 이 대목은 이야기 시간과 담론 시간이 거의 일치하는 장면을 제시하고 있다. 이것은 이들의 외면적 갈등을 독자들이 명확하게 인식하도록 하기 위한 의도 때문이다.

영화의 경우는 주로 장면 제시에 바탕을 둔다. 각각의 장면은 현재형이며 이야기 시간과 담론 시간이 일치한다. 그러나 이들 장면들이 연결되면서 생략이 이뤄지게 되고, 쇼트와 쇼트의 접합과 장면과 장면의 연결이 인간의 지각의 도움을 받아 의미가 전달되는 것이다.

영화의 이러한 지속상의 특징 때문에 소설을 영상화할 때는 특수한 구성과 시간의 선택 및 배열을 취해야 한다. 즉, 각색자는 소설의 장면들 중에서 무엇을 선택하고 무엇을 생략해야 할지 결정해야 한다. 또 필요하면 새로운 인물과 사건을 첨가하여 이들 보강된 인물들이 취할 행동들 중에서 구성에 필요한 일부분만을 선택해야 한다. 이러한 선택과 배열이 바로 장면들의 연결에서 생략을 가져오며, 장면 안에서는 현재형의 제시를 통해 극화된 장면 제시가 사용된다.

이상을 종합해 볼 때, 영화 <오발탄>은 소설에서 문자언어를 통해 전달되는 정보를 영상언어를 통해 충실하게 재현하고 있다. 문자적 설명을 효과적인 영상적 장면으로 제시하는 과정에서 때로는 이야기의 개연성을 강화하기 위해서 새로운 인물을 창조하기도 하고 때로는 사건과 플롯을 보강하기도 하였다. 그리고 그러한 변용은 효과적이어서 작품의 현실감과 작가의 주제의식이 적절하게 드러날 수 있었다.

(2) 소설과 영화 텍스트의 담론 대조 활동

① 서술 매체

소설과 영화 텍스트 <오발탄>에서 '서술 매체'에 관한 교수·학습 활동 과제와 이를 해결하기 위한 교수·학습 내용을 예시하면 다음과 같다.

- 서술 매체의 차이를 중심으로 소설의 인물 시점―서술이 영화에서는 어떻게 표현되고 있는지 예를 들며 말해 보자.
- 소설에서 "피! 이건 분명 피다~"라고 하는 철호의 독백 부분을 영화에서는 어떻게 표현하고 있는지 알아보고, 소설과 느낌을 비교해 보자.

영화 <오발탄>이 원작 소설을 각색한 영화임에도 불구하고 원작의 주제를 영화적 양식에 맞춰 훌륭한 영상 미학적 성과를 거둔 예술 영화라는 평가를 받고 있다는 점을 상기하면, 소설과 영화 텍스트의 담론적 측면에 주목해 그 양식적 특성에 따른 미학적 장치와 효과를 견주어보는 활동이 서사 텍스트에 대한 이해에 큰 도움이 될 것으로 기대된다.

영화 <오발탄>에서 주목할 만한 표현 기법이 바로 몽타주(montage)다. 몽타주는 쇼트들을 조립하여 새로운 이미지와 의미를 만들어 낸다. 어떤 대상을 객관적으로 제시하기보다는, 다양한 대상들이나 한 대상의 여러 측면을 보여주는 쇼트들을 조립하여 단순한 객관적 제시만으로는 얻을 수 없는 이미지나 인상, 의미를 만들어 내는 것이다.

영화에서 영호의 도주 시퀀스나, 철호의 방황 시퀀스는 몽타주를 통해 소설에서는 볼 수 없는 인상적인 장면을 효과적으로 표현하고 있다(조현일, 2004).

먼저, 영호의 도주 시퀀스는 동시적으로 일어나는 사건, 즉 영호의 도주 모습과 이를 쫓는 경찰의 모습을 교대로 보여주다가 마지막에 가서 한 화면 안에 만나게 하는 전형적인 교차 편집(cross cutting)으로 구성되어 있다. 도주 시퀀스에서 관객들이 느끼는 긴장감은, 서로 다른 공간에서 동시에 일어나는 사건들 간의 충돌에서 발생하는 몽타주의 효과라고 할 수 있는데, 이런 교차 편집은 할리우드 영화의 추격 장면에서 흔히 사용되어 온 고전적인 편집 기법이다. 그런데 여기서 우리가 주목해야 할 점은 이러한 교차 편집보다도 영호의 도주 과정에서 제시되는 도시의 이질적인 모습들이다. 은행을 털어 돈주머니를 든 채 뛰쳐나온 영호가 은행 옆의 담장을 넘어 도주하는 순간부터 펼쳐지는 도시의 풍경들은 번화하고 활기찬 도시의 외형에 감춰진 어둡고 우울한 장면들이 병치된다. 우람하게 솟은 빌딩 옆 구질구질한 골목, 명동 성당 근처 길가의 점(占)집, 청계천 복개 도로 지하에서 아이를 업은 채 목을 맨 여인, 공장 앞에서 파업 농성 중인 노동자

들, 텅 빈 채 연기만 자욱한 공장 등 화려한 도시의 이면에서 동시에 벌어
지고 있는 이질적인 장면의 몽타주를 통해 당시 사회의 혼란과 절망감을
극명하게 보여주고 있다.

반면, 영화의 도주 시퀀스에 해당되는 소설 부분을 전부 인용해 보면 다
음과 같다.

> 어느 회사에서 월급을 줄 돈 천오백만 환을 찾아서 은행 앞에 대기시켰
> 던 지프차에 싣고 마악 떠나려고 하는데 중절모를 깊숙이 눌러쓰고 색안경
> 을 낀 괴한 두 명이 차 속으로 올라오며 권총을 내어들더라는 것이었다.
> "겁내지 말라! 차를 우이동으로 돌리라."
> 운전수와 또 한 명 회사원은 차가운 권총 구멍을 등에 느끼며 우이동까지
> 갔다고 한다. 어느 으슥한 숲 속에서 차를 세웠다고 한다. 그러고는 둘이 다
> 차 밖으로 나가라고 한 다음, 괴한들이 대신 운전대로 옮아 앉더라고 한다.
> 운전수와 회사원은 거기 버려둔 채 차는 전속력으로 다시 시내로 향해 달렸
> 단다. 그러나 지프차는 미아리도 채 못 와서 경찰에 붙들리고 말았다는 것
> 이었다. 그런데 차 안에는 괴한이 한 사람밖에 없었다고 한다. (144쪽)

이처럼 소설은 서술자가 형사로부터 영호의 사건에 대해 전해들은 내용
을 인용하여 간략하게 전달하고 있는 데 비해 영화에서는 무려 7분이 넘는
25개 장면(S#75~99)으로 변용되었다. 따라서 이 대목은 선조적인 문장으로
간접적이고 추상적인 의미 작용을 하는 소설과, 핍진한 영상의 편집으로
직접적이고 구상적인 의미 작용을 하는 영화의 서술 매체적 차이를 대조해
볼 수 있는 부분이라 생각된다.

한 가지 더, 철호의 방황과 관련된 부분을 소설에서 인용해 보자.

> 서울역이 보이는 데까지 왔을 때 으스스 몸이 한 번 떨렸다. 머리가 횅하
> 니 비어버린 것 같다고 생각했다. 바로 그때에 번쩍 거리에 전등이 들어왔
> 다. 눈앞이 한 번 환해졌다. 그런데 다음 순간에는 어찌 된 셈인지 좀 전에
> 전등이 켜지기 전보다 더 거리가 어두워졌다. 철호는 눈을 한 번 꾹 감았다

다시 떴다. 그래도 매한가지였다. (…중략…) 그는 어느 전주 밑에 가서 쭈그리고 앉아서 침을 뱉었다. 그런데 그것은 침이 아니라 진한 피였다. 그는 다시 일어섰다. 또 한 번 오한이 전신을 간질이고 지나갔다. 다리가 약간 떨리는 것 같았다. (151쪽)

이 부분을 읽는 순간, 아마도 현기증과 오한을 체험해 본 대부분의 독자들은 고통스런 감각의 환기를 통해 철호의 고통을 상상하고 공감하며 이 상황을 수용하게 될 것이다. 그러나 영화의 경우, 아무리 배우가 세밀한 연기를 하더라도 이 글처럼 실감나는 감각적 환기를 가져다주기에는 어려움이 있다. 다만 기운 화면(oblique shot)과 불안정한 철호의 눈으로 바라보는 (P.O.V) 화면을 통해 우람하게 솟은 빌딩들이 비스듬히 기울고, 전주가 빙글빙글 도는 장면을 보여줌으로써 철호가 느끼는 고통을 관객들이 짐작하고 이해할 수 있게 된다. 이러한 대비를 통해서도 문자 매체와 영상 매체의 서술상의 장단점을 파악할 수 있다.

서술 매체와 관련하여 한 가지 더 생각해 볼 것은, 소설 텍스트에서 주요하게 다뤄진 '피'와 '원시인'의 상징성이 영화 텍스트에서는 어떻게 표현되었는가 하는 점이다. 소설에서는 송철호가 퇴근 무렵 대야에 물을 받아 놓고 손을 씻는 도중에 손에 묻은 잉크가 물에 풀리는 것을 보고, 피라고 느끼는 그의 심리가 다음과 같이 서술되어 있다.

펜대에 시달린 오른손 장지 첫 마디에 콩알만한 못이 박였다. 그 못에서 파란 명주실 같은 것이 사르르 물속으로 풀려났다. 잉크. 그것은 잠시 대야 밑바닥을 기다 말고 사뿐히 위로 떠올라 안개처럼 연하게 피어서 사방으로 번져나갔다. 손가락 끝을 중심으로 하고 그 색의 농도가 점점 연해져나갔다. 맑게 갠 가을 하늘색으로 대야 가장자리까지 번져나간 그것은 다시 중심의 손끝을 향해 접어들며 약간 진한 파랑색으로 달무리 모양 둥그런 원을 그렸다.

피! 이건 분명히 피다! (114쪽)

여기서 '피'는 "전차값도 안되는 월급"에 매달려 있는 직장인의 심리적 고통의 상징적 표현이다. 그리고 이 '피'의 상징성은 작품의 후반부에서 양쪽 어금니를 뽑고 난 뒤 계속해서 흘리는 피로 다시 나타남으로써 그 의미가 극대화된다. 하지만 영화 텍스트에서는 이 부분이 생략되어 있어 이러한 상징성을 제대로 살리지 못하고 있다. 오늘날과 같은 기계 장치나 컴퓨터 그래픽 기술이 없었던 당시로서는 기술상의 어려움으로 인해 이를 영상으로 표현하기가 곤란했던 것으로 이해되지만 아쉬운 부분이 아닐 수 없다.

소설에서 위에 인용한 부분에 이어지는 '원시인'의 상징성은 치열한 삶의 현장 속에서 무능력한 가장으로서 송철호의 자의식이 가져온 환상인데, 이 부분은 영화에서 영호의 발화(S#23)로 바뀌어 나타난다. 그것도 원시인은 빠져버리고 다만 사회 적응의 어려움을 우화적으로 비유하면서 인용된다. 이 역시 영상화하려면 원시인 분장이나 사냥하는 장면을 연출해야 하는 어려움 때문에 생략된 것으로 추정된다.

② 시점과 서술

소설과 영화 텍스트 <오발탄>에서 '시점과 서술'에 관한 교수·학습 활동 과제와 이를 해결하기 위한 교수·학습 내용을 예시하면 아래와 같다.

- 소설과 영화에서 누가(무엇이) 우리에게 이야기를 전해 주는지 말해 보자.
- 소설에서 서술자가 묘사한 부분이 영화에서는 어떻게 표현되고 있는지 말해 보자.
- 특정 장면에서 각 쇼트는 누구의 시점인지 말해 보자.
- 소설과 영화의 시점은 어떤 차이가 있으며, 그 느낌이 어떻게 다른지 말해 보자.
- 영화의 각 장면에서 보인 카메라 기법의 의미와 효과를 말해 보자.
- 짧은 쇼트들로 연결된 영호의 도주 장면을 보고, 왜 그렇게 편집했는지 말해 보자.
- 영화의 조명에 따른 분위기를 말해 보자.

- 영화의 시작 부분에서 장중한 음악과 함께 어두운 조명 속에서 로댕의 '생각하는 사람' 조각상과 쇠창살이 보인다. 이는 작품의 주제와 어떤 관련이 있는지 말해 보자.
- 영화에서 음악이나 음향의 사용이 장면의 상황과 어떤 관련이 있는지 말해 보자.
- 소설에서는 철호가 옛날을 회상하는 부분이 많이 나오지만, 영화에서는 회상하는 부분이 나오지 않고 주로 현재형으로 진행되고 있다. 그 이유와 효과를 말해 보자.

소설 「오발탄」의 서술자는 등장인물이 아니며 이야기 외부에서 모든 상황을 지켜보는 외적 초점화자이다. 하지만 이 소설은 송철호가 거의 모든 장면에 등장하며, 주로 그의 내면이 중심이 되어 이야기가 서술되고 있다. 따라서 서술자는 송철호의 내부에 틈입하여 사건을 인식하고 이야기를 서술해 나가고 있으므로 인물시점에 가깝다. 물론 이 소설에는 이야기 외부에서 사건들을 총괄적인 시점으로 바라보는 부분이 일부 있기도 하지만 전지적 특권을 가진 서술자가 자신의 목소리로 주석적인 서술을 이어가지는 않으며, 많은 장면에서 서술자는 특정 인물, 즉 송철호의 내면에 접근하여 그를 통해 제시하고 있다. 이처럼 서술자가 특정한 장면 내부의 가상적 시점 제공자나 어떤 인물 속에 틈입하는 경우 그 부분은 흔히 장면 제시로 나타난다. 그러므로 이 소설은 화자 자신의 시점으로 서술하는 요약 서술과 인물시점을 이용하는 장면 제시를 반복적으로 드러내게 된다. 이 소설에서 서술자는 철호에 감정이입하는 경향이 있으며, 소설을 읽는 독자 역시 쉽게 철호에 동화되어 그가 세계를 바라보고 인식하며 상호작용하는 모습에 감정이입하게 된다. 궁핍하게 생활하는 실향민 가족의 가장인 송철호가 전후 남한 사회에서 겪는 고통과 역경에 대하여 서술자는 철호의 곁에서, 혹은 그의 내부에서 지켜본 것을 우리에게 전달해주는 것이다. 소설의 시작 부분은 이러한 시점과 서술 방식을 잘 보여준다.

계리사 사무실 서기 송철호는 여섯시가 넘도록 사무실 한구석 자기 자리
에 멍청하니 앉아 있었다. 무슨 미진한 사무가 있는 것도 아니었다. 장부는
벌써 접어치운 지 오래고 그야말로 멍청하니 그저 앉아 있는 것이었다. 딴
친구들은 눈으로 시곗바늘을 밀어 올리다시피 다섯시를 기다려 휘딱 나가
버렸다. 그런데 점심도 못 먹은 철호는 허기가 나서만이 아니라 갈 데도 없
었다. (113쪽)

위 인용에서 서술자는 철호의 행위와 처지에 대해서 자세히 언급하면서
심지어 철호의 태도를 '멍청하니'라는 말로 평가하고 있다. 이러한 평가는
외부의 서술자가 철호를 초점화 대상으로 삼았을 때 가능한 것으로 서술자
의 입장을 표명하는 동시에 독자로 하여금 대상 인물에 관심을 갖도록 한다.
  하지만 이 소설에서는 다음과 같이 서술자가 인물의 내부에 틈입하여
인물이 생각하고 경험하는 내용을 그의 언어를 빌려 말하기도 한다.

  피! 이건 분명히 피다!
  철호는 엉뚱한 생각을 하고 있었다. 슬그머니 물속에서 손을 빼내었다.
그러자 이번엔 대야 밑바닥에 한 사나이의 얼굴을 보았다. (…생략…) 그것
은 까마득한 원시인의 한 사나이였다. 몽둥이 끝에, 모난 돌을 하나 칡넝쿨
로 아무렇게나 잡아매서 들고, 동굴 속에 남겨두고 나온 식구들을 위하여
온종일 숲 속을 맨발로 헤매고 다니던 사나이.
  곰? 그건 용기가 부족하다.
  멧돼지? 힘이 모자란다.
  노루? 너무 날쌔어서.
  꿩? 그놈은 하늘을 난다.
  토끼? 토끼. 그래, 고놈쯤은 꽤 때려잡음직하다. 그런데 그것마저 요즈음
은 몫에 잘 들어오지 않는다. 사냥꾼이 너무 많다. 토끼보다도 더 많다.
(114~115쪽, 인용자 밑줄)

손가락에 묻은 잉크가 퍼져나가는 것을 보고 피라고 생각하는 이는 철

호다. 서술자는 밑줄 그은 철호의 생각을 그대로 옮기고 있다. 이것은 여전히 외적 초점화의 일부이지만, 서술된 독백을 사용해 거의 내적 초점화에 접근하고 있다.[31] 이는 인물 스스로가 자신의 내면을 반성하는 것이다. 이러한 내적 초점화로 인해 앞의 외적 초점화와 달리 인물에 대한 평가나 사건과 환경을 바라보는 거시적 서술자가 아니라 사물과 사건을 판단하고 행동하는 인물에 대해 느끼는 경험자의 모습이 드러난다. 서술자가 자신의 판단을 멈추고 인물과 같은 입장에서 세계를 경험하는 것이다. 철호는 자신의 처지를 바라보며 자신은 용기와 능력이 없어 사냥도 제대로 할 줄 몰라 생존 경쟁에서 밀리고 있다고 생각한다. 즉, 세상을 바라보는 철호의 시선에 서술자도 공감하고 있으며 철호의 방식대로 세계를 경험하고 있는 것이다.

한편, 영화 <오발탄>은 영상 매체 자체의 시청각적 직접성에 의존해 관객이 인물에 감정이입(동일시)할 수 있기 때문에 이와 같은 인물시점이 불필요하다. 또 영화에서는 인물의 내면경험이 소설처럼 명시적으로 제시될 수 없으므로 인물시점이 성공하기도 어렵다. 따라서 영화에서 관객은 서술자인 카메라의 존재를 의식하지 않고 인물들의 발화와 행위를 직접적으로 본다고 생각하며 인물들에 의해 표현되는 것만으로 정보를 받아들이게 된다. 이런 점을 잘 보여주는 것이 앞에서 인용한 철호의 내면적 독백이 영호의 발화로 바뀌게 된 부분이다.

  S#23. 술집 안
  진원 중대장님 같은 분도 자릴 못 잡으시고 쩔쩔 매시는 판에 제대한 게

---

31) 도릿 코온(Dorrit Cohn)은 서술자가 등장인물의 심리를 어떻게 서술하는지를 연구를 하면서 서술자와 인물의 관계를 통하여 서술이 이루어지는 상황을 서술자가 인물의 심리를 설명해 주는 심리 서술, 서술자가 인물을 포용하여 그의 언어를 택하면서 서술해 주는 서술된 독백, 서술자의 도움 없이 인물이 제 스스로 마음을 드러내는 인용된 독백으로 나누어 설명하였다(권택영, 1995 : 255~291).

후회 막심한데요. (진원이 영호의 잔에 술을 붓는다)

영호 군대 생활같이 생각하다간 큰 코 다쳐. 내가 제대해서 2년. 삽살개 처럼 안 돌아다닌 곳이 있었겠나? 하이틴에서 남은 기백과 군대에서 세련된 용맹, 이 두 가지를 믿고 용감무쌍하게 곰을 잡으러 사회에 첫출발을 했단 말이야. 하지만 곰같이 센 놈하고 맞겨루기에는 너무도 자신이 불쌍해서 눈물을 머금고 돌아왔지.

진원 그래서요?

영호 다음은 곰보다는 멧돼지쯤이야 하고 나서 봤으나 역시 힘이 모자라더군. 노루하고 겨루기엔 자식이 너무 재빠르단 말이야. 내게 나는 재주라도 있었더라면 하다못해 꿩쯤은 하나 잡았을 게 아닌가? 그래서 있는 꾀를 다 짜 봤지! 옳지, 토끼다 토끼! 그 흔해 빠진 토끼, 그놈쯤은 꽤 때려잡음직해서 나가봤으나 토끼보다도 사냥꾼이 더 많더군 그래.

진원 하하하…. 현대 아라비안나이트군요.

영호 그게 그 조그마한 토끼란 놈이 20세기의 맘모스란 말이야. 하하하… 그러니 우리들도 허수아비를 무서워할 줄 모르는 까마귀만한 용기라도 있어야 한단 말이야.

이처럼 영화는 인물의 의식을 표현하는 데 제약이 있다. 따라서 명확한 의미 전달을 위해서는 구체적인 장면으로 시각화해야 하므로 소설의 시점과 서술 방식의 변화는 불가피하다.

물론 영화에서도 그 나름의 방식으로 심리 묘사를 한다. 화면 밖의 목소리로 직접 설명하기도 하고, 인물의 표정과 연기, 혹은 환상이나 추억 장면, 주위 풍경, 소품, 음향 등을 통해서 인물 내면의 심리를 간접적으로 드러낼 수 있다. 하지만 영화는 소설처럼 그렇게 풍부하고 자세하게 인물의 심리 상태를 표현하기는 어렵다. 소설 텍스트가 철호의 회상과 심리적 추이에 따라 서술된 데 비해, 영화 텍스트에서는 영호의 행동과 은행 강도 사건이 중심이 된 것도 이러한 차이에서 비롯된 것이다.

영화 <오발탄>은 서술자인 카메라가 인물 내면으로 들어가지 않는다.

카메라는 적당한 간격을 두고 사건이나 인물을 목격하고 서술한다. 자신의 존재를 드러내는 해설(내레이션)을 하지 않으며 대체로 대상을 있는 그대로 제시하고 있다. 두 사람이 마주 앉아 대화를 나누는 장면에서도 카메라는 인물의 등 뒤에서 어깨 너머로 두 사람을 모두 보여주도록 하고 있다. 가끔씩 등장인물이 쳐다보는 장면 뒤에 이어져 인물의 눈에 비친 주관적 시점(P.O.V) 쇼트가 나오는데 이것이 이를테면 인물시점이다.

이 영화에서 인물 내면의 미묘한 심리와 정서는 가까운 화면(close up)보다는 주로 세밀한 화면 구성(미장센)과 배우의 연기를 통하여 제시하거나 때때로 몽타주와 같은 편집이나 배경 음악을 통하여 표현하고 있다. 이 영화에서 가까운 화면을 많이 활용하지 않은 것은 사회 현실과 인물의 고뇌를 보다 냉정하고 객관적인 시점을 통해 바라보도록 하기 위해서다. 이처럼 영화 텍스트는 인물 내면에 대한 정보는 제공하지 않고 외형적 행위와 대화로 서술되고 있으며 작중인물의 외부에서 인물을 포함한 주변 상황과 사건의 정보를 수용자에게 객관적으로 전달하고 있다.

한편, 영화 <오발탄>의 조명은 인물의 왜소함과 복잡하고 우울한 심리를 표현하기 위해서 어두운 조명으로 처리된 장면이 많다. 그리고 철호와 영호를 한 화면에 비출 때 철호를 밝은 조명으로 비춘 반면, 영호는 그늘 속에서 어둡게 처리함으로써 명암의 대비를 강조하였다.

편집과 관련하여 영화 <오발탄>에서 주목할 만한 부분으로 오버 랩(over lap)이 되면서 처리된 장면이 많다는 점을 들 수 있다. 이들은 편집 기법을 통한 요약 서술로서 영화의 특징을 잘 보여주는 장면이라 할 수 있다.

그럼 이제 이 영화 텍스트에서 영상 매체의 서술 기법과 장치를 효과적으로 사용한 부분들을 자세히 살펴보도록 하자. 우선, 시작 자막이 나오는 첫 배경 화면부터 보자. 장중한 음악과 함께 어두운 조명 속에서 로댕의 '생각하는 사람' 조각상과 쇠창살이 보이면서 이 영화가 고뇌에 찬 인간의 내면을 다루게 될 것임을 암시한다. 그리고는 저 멀리 두꺼운 유리창 뒤에서 자동차 전조등 같은 불빛이 계속해서 조각상을 가로 지르며 지나간다. 마치 얼어붙은 시간 속의 추상적인 공간을 형상화한 것 같은 이 화면은 암울한 시대를 살아가는 인간의 자아 상실과 고립감을 상징하며 영화의 방향과 분위기를 설정한다.

또한 밤길에서 호객 행위를 하다가 경찰서로 잡혀온 명숙을 오빠인 철호가 신원보증을 하고 데려나오는 장면의 구성도 눈여겨 볼만하다. 여기서는 화면 구도를 그대로 둔 채 인물들의 배치와 카메라 초점의 변화를 적극적으로 활용하여 화면을 의미 있게 재구축하고 있다. 깊은 공간을 배경으로 하여 서 있는 철호를 카메라가 가까운 화면(close up)으로 크게 보여주었다가 경찰관이 제시한 서류를 작성하려고 철호가 고개를 숙이며 화면 아래로 사라지는 순간, 저 멀리서 쭈뼛거리며 어색하게 기다리고 서 있는 명숙에게 초점이 옮겨진다. 그러다가 잠시 후 철호가 고개를 들자 화면 가까이 그의 얼굴에 다시 초점이 잡히고, 한 화면 속에는 두 사람이 모두 보이지만 그 거리는 매우 멀게 느껴져 이들의 단절된 심리 상태를 그대로 표현하고 있다. 이어서 보여주는 경찰서 밖 장면 역시 단지 세 쇼트만으로 두 사람의 단절 상태를 더욱 극명하게 표현해 내고 있다. 먼저 경찰서에서 나온 명숙은 껌을 꺼내 씹고, 뒤따라 나온 오빠는 이를 한심하게 쳐다보더니 이내 말을 잊은 채 걸음을 옮긴다. 다음 쇼트는 철호와 명숙이 나란히 걷는 장면이 보인다. 하지만 이들은 도로 경계 쇠사슬을 사이에 두고 일정한 간격으로 떨어져 말없이 걷는다. 그 다음 철호의 사무실 앞에 와서는 다시 한번 멸시의 시선을 잠시 보내는가 싶더니 아무 말 없이 철호가 사무실로 들어가 버리자 어색하게 외면하던 명숙이 마치 아무 일 없었다는 듯이 제 갈 길을 가는 장면이 펼쳐진다. 이러한 배우들의 연기와 동선, 그리고 치밀한 카메라 위치와 이동은 철호와 명숙의 절망적인 심리와 단절된 관계를 시각적으로 훌륭하게 표현해 주었다.

이 밖에도 영화 <오발탄>은 상징적인 의미를 띄는 갖가지 화면 구성으로 창의적인 영상 미학을 구축하였다. 어렵게 소개받은 일자리에서 자신의 마지막 자존심에 상처를 받고 암울해 하던 영호가 설희의 아파트로 찾아가는 장면(S#45)에서는 맹인이 지나가는 장면이 나온다. 이것은 마치 어디로 가야할지 모르는 영호의 상태를 상징적으로 보여주기 위한 설정으로 보인다. 또 설희가 스토커 시인 청년에게 떠밀려 죽임을 당한 사실을 건물지기 노인으로부터 전해 듣는 장면(S#49)에서는 실수로 들고 있던 새 모이 그릇을 떨어뜨려 아파트 옥상에서부터 지면까지 낙하되면서 흩어지는 장면을 연출함으로써 끔찍한 추락의 현실감과 함께 공중에서 산산이 부서져 흩날리는 뼛가루를 연상하게 만든다. 또한 은행 주변을 영호가 염탐하는 장면(S#41)에서도 수레에 장난감을 싣고 은행 앞을 지나가는 소년의 모습을 설정하여 자기가 파는 그 장난감을 가지고 놀아야 할 어린 나이에 생계를 위해 물건을 팔아야 하는 동심 잃은 아이들의 모습을 보여주며 당대 사회를 날카롭게 비판하고 있다.

이와 함께 영호가 은행 안에서 강도 행위를 하는 모습을 직접 제시하는 대신 은행 밖에서 그를 기다리는 사람들의 행동이나 그들의 눈에 비친 주변 모습을 통해 극적 긴장감을 유지하고 관객의 상상력을 극대화시킬 수 있도록 연출한 점도 인상 깊은 부분이다. 즉, 은행 안의 긴박한 상황과 반대로 영문도 모른 채 여유 있게 행동하는 진원의 모습, 그리고 이와는 달리 어디론가 사라진 애인을 애타게 찾는 미리를 보여주더니 이내 그들의 눈에 비친 장면, 즉 한 아이가 날리는 비눗방울과 지게꾼의 한가로운 낮잠, 그리고 선교 활동을 하며 지나가는 교회 신자들의 대열을 몽타주를 통해 보여줌으로써 관객들에게 여러 가지 의미를 전해주고 있다. 덧없이 하늘로 비눗방울을 날리는 소년과 구직난으로 일자리가 없어 한낮에도 졸고 있는 젊은 지게꾼을 통해 암울하고 불안한 상황을 묘사하면서, 선교대 일행의 찬송과 구호로 영호와 같은 비극적 인물에 대한 구원의 메시지를 전달하고 있다. 또, 마지막에 소녀가 들고 가는 풍선을 진원이 장난삼아 담뱃불로 건

드려 터지는 풍선 소리와 은행 내부의 총소리가 연결되면서 은행 천장의
전구가 깨지는 몽타주가 삽입되어 극적 긴장감이 최고조에 이르게 한 점도
기발한 연출 기법이라 할 수 있다. 뿐만 아니라, 갈 곳을 모르고 번화한 상
점이 늘어선 길을 무작정 걷고 있는 철호의 옆으로 비눗방울이 날리는 장
면(S#114)도 언제 터질지 모른 채 공중으로 날아가는 비눗방울처럼 덧없고
불안한 철호의 신세를 상징적으로 보여주기 위해 설정한 장면으로 보인다.

이러한 탁월한 영상 기법과 함께 영화 <오발탄>은 음향과 음악도 치밀
하게 배치하여 영상을 통하여 얻게 되는 시각적인 체험의 깊이를 증폭시켜
주고 있다(이충직, 1992). 예컨대 철호가 퇴근하여 집으로 가는 장면에서 여
러 가지의 음향이 들리는데, 먼저, 월급을 받은 철호가 상점들이 즐비한 시
내 거리를 걸을 때에는 재즈가 들리며, 이어서 해방촌의 산비탈을 걸어 집
으로 가는 길에선 어디선가 여럿이 찬송가를 부르는 소리가 들린다. 그리
고 마침내 집으로 들어설 때엔 아이가 부르는 '고향의 봄'이 들리다가 끝
에 가서는 노모의 "가자, 가자"라는 기괴하고 음울한 외침이 들리는 것이
다. 이미 자본주의 상거래가 일상화된 상점과 거리를 걸을 때는 재즈 음악
을 통해 서구 문화의 유입으로 인한 사회의 변모를 상징적으로 드러내 주
었고, 빈민촌인 해방촌의 궁색한 판잣집을 가로질러 걸을 때는 찬송가를
통해 이들을 구원해 주기 바라는 희망을 암시하였으며, 집안으로 들어 설
때 아이가 부르는 '고향의 봄'을 통해서는 고향에 대한 그리움을 안고 살
아가는 집안 분위기를 효과적으로 표현해 주었다. 그러나 곧이어 들리는
노모의 헛소리는 찬송가와 동요를 통해 형성된 구원과 희망, 고향에 대한
그리움의 분위기를 일거에 없애 버리면서 관객들에게 가난과 고통 속에서
신음하는 철호의 현실을 일깨워준다. 이처럼 영화에서 노모가 내지르는
'가자'라는 외침은 대사라기보다는 차라리 현실의 고통을 일깨우는 음향과
같은 구실로, 소설에 비해 훨씬 감각적으로 기능하고 있다.32)

이 밖에 이따금씩 들리는 기차소리는 등장인물의 대화를 가로막거나 극

한 감정의 상승을 제어하기도 한다. 또한 상이군인이 실족하는 장면에서 들리는 아기 울음소리나 사람들의 행위를 통제하는 사이렌 소리, 술집에서 들리는 여자의 과장된 웃음소리, 명숙이 미군과 함께 있는 장면에서 나오는 재즈와 판소리가 섞인 기괴한 소리, 은행으로 가면서 상황도 모른 채 희망을 노래하는 진원의 휘파람 소리 등도 화면에서 보여주는 장면의 분위기와 상황을 효과적으로 표현해 주기 위해 음향이 적절히 활용되고 있는 예가 된다.

(3) 소설과 영화 텍스트의 맥락 탐구 활동

① 소통 · 상황적 맥락

소설과 영화 텍스트 <오발탄>에서 '소통 · 상황적 맥락'에 관한 교수 · 학습 활동 과제와 이를 해결하기 위한 교수 · 학습 내용을 예시하면 다음과 같다.

- 소설과 영화 텍스트의 창작 배경을 알아보자.
- 두 텍스트의 창작 시기의 간격으로 인한 내용상의 차이를 말해 보자.
- 소설 작가와 영화 연출자의 창작 의도를 비교해 보자.
- 소설 작가와 영화 연출자의 생애와 작품세계를 알아보자.
- 애초의 시나리오와 제작된 영화 텍스트를 비교해 보고, 차이를 말해 보자.
- 작품이 거둔 가시적인 성과나 수용자의 반응을 조사해 보자.

먼저, 소설과 영화가 제작된 당시의 시간 차가 작품의 형성과 소통에 영

---

32) 소설 「오발탄」을 연구한 유임하는 "가자"라는 외침을 "삶의 근거 상실과 절망적 상황을 증폭시키는 하나의 장치"로 보며, 마치 운율을 가지듯이 반복적으로 나타남으로써, 사건 전개의 동기화에 기여할 뿐만 아니라 인물의 심리적 파장도 전달하고 있다고 보았다(유임하, 1998).

향을 미치고 있다는 점에 주목할 필요가 있다. 이 작품의 시대적 배경이 되는 1950년대 중반은 한국전쟁으로 인해 사회와 경제가 극도로 혼란했던 시기였다. 전쟁의 와중에서 월남한 사람들과 농촌의 많은 인구가 직업을 구하기 위해 도시로 몰려들기 시작했지만 미국의 원조에 의존한 열악한 산업 구조와 관료 독점의 자본주의 체제는 서민 계층을 더욱 궁핍하게 만들었다. 여기다 집권하고 있던 자유당 정권은 민생을 안정시킬 능력이 없었기 때문에 기초적인 생활조차 유지되기 힘들었던 때였다. 소설 「오발탄」은 이러한 부패하고 혼란한 사회 현실을 날카롭게 비판한 작품이다. 작가 이범선은 그 자신이 실향민이었기 때문에 자신이 체험한 6·25동란과 실향의 상처를 바탕으로 전후의 암울한 현실에서 겪는 갈등과 고통을 진지하게 그려낼 수 있었다. 이와 마찬가지로 영화를 연출한 유현목 감독 역시 같은 실향민으로서 원작자와 비슷한 경험과 태도를 공유하고 있었기에 원작 소설을 읽고 느낀 바가 많았으리라 예상할 수 있다. 따라서 그는 서둘러 이 작품을 영화로 만들기 위해 노력했을 것이다. 뿐만 아니라 원작 소설이 철호의 의식을 통해 드러난 현실 비판이기 때문에 추상적이고 간접적일 수밖에 없다고 인식한 영화 창작자는 원작의 현실 인식과 비판을 바탕으로 영상 매체 특유의 장점을 살려 보다 현실성 있게 그려낸다면 더욱 강렬하고 직접적인 호소력을 발휘할 수 있다고 확신했던 것 같다. 또한 이를 위해 자신이 그동안 공부한 영상 기법과 장치를 적용하기에는 더없이 좋은 원작 텍스트라 여겼을 것으로 짐작된다.

또, 소설이 창작된 1950년대 후반에는 아직까지 자유당 정권의 아래에 있었기 때문에 작가가 노골적으로 사회를 비판할 수 없었던 반면, 영화는 4·19 이후의 자유로운 분위기 속에서 제작되었기 때문에 소설보다 직접적으로 사회의 문제를 드러내고 비판할 수 있었던 것도 주요한 창작의 배경이자 변화의 요인이 되었다.

하지만 영화 <오발탄>은 개봉된 지 얼마 안 있어 5·16쿠데타가 발발하게 되자 군사 정권에 의해 "가자"라는 외침이 월북을 의미한다는 점, 상이군인들을 부정적으로 묘사한 점, 사회 비판이 심하다는 점 등을 이유로 상영 보류 처분을 받았다. 그러나 영화인들의 반발이 거센데다가 마침 제7회 샌프란시스코 영화제 본선에 출품하게 되는 것을 계기로 1963년에 다시 재개봉하는 우여곡절을 겪게 된다.

한편, 이 작품은 애초의 시나리오와 실제 제작된 영화 텍스트 사이에는 다음과 같은 차이가 발견된다.

S#1 직접적인 작가의 설명
S#6 택시 안
S#7 울분에 찬 영호와 만수의 사회 비판
S#20~22 도박용 사격장 장면과 경희 오빠와 만나 드라이브 가는 명숙. 명숙의 방황 장면
S#29 취직을 위해 노력하는 영호의 모습 몽타주(신문사 앞에서 취직 합격자 발표 기다리고, 도로 보수 공사 현장과 동대문 시장 안의 상인들 몽타주)
S#31 해방촌 입구에서 비를 맞으며 신문을 파는 민호를 목격한 철호
S#35 미리가 다방 마담에게 영호에게 주는 쪽지를 남김.
S#44~45 영호, 은행 지점 안을 자세히 살핌.
S#48 경식을 거리에서 발견하여 술집으로 데려감.
S#50~52 술집 앞에서 통증을 느끼는 장면, 의사로부터 간장에 큰 병이 있다는 진단을 받던 모습 회상, 대포집에서 술로 통증을 무마시킴.
S#55 유전성 폐결핵에 관한 책을 보던 설희, 군대에서 위험한 놀이를 하던 오 대위로부터 빼앗아 맡아둔 권총, 영호가 당국에 신고를 대신 해주겠다며 빼앗음.
S#58 명숙이 사교장에서 춤을 춤.
S#59 미리의 기자 회견
S#60 설희가 객혈을 하고 죽음.
S#65~66 정신병원 진료실에서 노모의 상태를 두고 의사와 철호가 얘기 나눈 것 회상

S#68 피난민 수용소 안과 결혼식 피로연의 아내 모습 회상
S#70 해방촌 입구까지 택시를 타고 오는 영호
S#89 은행 안에서 영호가 은행원들을 협박해서 돈자루를 챙겨 나옴.
S#92~93 오토바이를 멈춰 세워 타고 도주함.
S#98 경찰서에 체포된 영호를 명숙과 미리가 면회함.
S#120 하늘에서 유성이 떨어지는 장면[33]

　아내의 젊고 예뻤던 과거의 모습이나 비를 맞으며 신문을 팔고 있는 민호를 목격하고 마음 아파하는 철호의 모습은 궁핍한 생활상을 더욱 극명하게 부각시키는 데 필요한 장면이었으나 실제 영화에서 생략되어 아쉽다. 감독은 어느 인터뷰에서 영화 제작 당시 제작비의 부족으로 필름을 구입할 자금이 없어 많은 장면을 생략해야 했으며, 마음에 들지 않는 장면도 재촬영이 불가능했다고 회고하면서 아쉬움을 토로한 적이 있다. 이러한 장면이 생략된 것도 그 같은 이유 때문이었던 같다.[34] 또 이 영화는 군사 정권에 의해 상영이 중단되었다가 샌프란시스코 출품을 계기로 재상영을 어렵게 허락받으면서 일부분이 검열에 의해 잘려 나갔는데, 그 때 어두운 사회를 묘사하는 장면이 훼손되었을 것으로 짐작된다.

　소설 「오발탄」은 전후 우리 사회의 고통과 좌절을 한 개인의 심리를 정밀하고도 예리하게 묘사, 형상화한 작품이다. 그리하여 작가는 이 작품으로 1961년 제5회 동인문학상을 수상하였고, 그 이듬해에는 제1회 5월문예상을 수상하였다. 그리고 이를 각색한 영화 역시 극심한 가난과 혼란이라는 전후의 사회 모습과 그 속에서 겪는 인간의 내면적 고통과 고립감을 표출하기 위해서 영화 특유의 미학적 장치를 매우 치밀하고 효과적으로 동원하여 완성도 높은 작품이 되었다. 이 영화는 제7회 샌프란시스코영화제에 출품되어 호평을 받았으며, 이후 영화 전문가를 대상으로 조사한 각종 자

---

33) 이 인용에서 제시한 장면 번호(S#)는 영화진흥공사 편(1990)의 것이다.
34) 여기서 인용한 인터뷰는 이 글에서 자료로 삼은 씨네코리아 제작의 DVD에 수록되어 있다.

료에서 우리나라를 대표하는 영화로 지목되는 영광을 누리고 있다.35)

소설과 영화 텍스트 <오발탄>은 둘 다 수용자들에게 삶의 방식에 대한 탐색을 요구하고 있다. 즉, 이들 텍스트는 우리에게 철호와 같이 양심을 지키며 이상적인 원칙을 가지고 살아갈 것인가, 아니면 영호처럼 실리를 추구하는 현실적인 원칙을 따를 것인가 하는 문제를 생각하게 만든다. 이로써 수용자는 세계를 바로 인식하게 되는 경험을 하고, 나아가 삶과 세계에 대한 비판적 사고를 통한 전망을 모색하는 능동적인 태도를 형성하게 될 것이다.

② 사회 · 문화적 맥락

소설과 영화 텍스트 <오발탄>에서 '사회 · 문화적 맥락'에 관한 교수 · 학습 활동 과제와 이를 해결하기 위한 교수 · 학습 내용을 예시하면 아래와 같다.

- 작품에 드러난 시대 상황을 말해 보자.
- 작품에 드러난 사회 · 문화적 맥락이 오늘의 수용자에게 주는 의미를 말해 보자.
- 소설과 영화에 반영되어 있는 사회 · 문화적 맥락의 차이는 무엇이며, 그 이유는 무엇인지 생각해 보자.

1959년에 발표된 원작 소설은 이른바 한국의 전후문학에 속하는 작품이다. 흔히 우리의 전후문학은 전쟁이라는 극한 상황에서 인간의 존재론적 본질을 투시하고 전후의 황량한 인심과 그 비참한 생활을 부각하여 삶의 의미를 조명하는 문학으로 6 · 25전쟁으로 야기된 사회질서의 혼란과 가치

---

35) 영화 <오발탄>은 1995년 한겨레신문이 선정한 '영화탄생 100주년 기념 세계 100대 영화'에 선정되었으며, 1998년 조선일보가 선정한 '대한민국 50년 영화, 영화인 50선'에서 1위에, 1999년 한국일보가 선정한 '21세기에 남을 한국영화의 명장면' 1위에 선정되는 등 영화 연구가와 비평가들 사이에 명작으로 공인되었다고 볼 수 있다.

관의 전도, 그리고 희망이 보이지 않는 암담한 현실 속에서 처참하게 살아가는 인간의 존재 양상을 그렸으며 이들 작품 속에 형상화된 인간의 모습은 허무, 퇴폐, 자조의 사회 현상이나 부정, 비리, 위선, 기회주의가 만연된 현실 속에서 실의와 좌절을 겪는 모습이었다(조건상, 2001 : 360).

「오발탄」 역시 이러한 전후 한국사회의 궁핍과 혼란의 절망적인 상황 속에서 삶의 방향을 잃어버린 한 월남가족의 삶을 그리고 있다는 점에서 우리나라 전후소설의 전형적인 작품으로 볼 수 있다.

그러면 <오발탄>에 반영된 당대 사회와 문화는 어떠한지 살펴보자. 먼저, 영화보다 소설 텍스트에서 강조되었던 분단 상황의 문제를 지적할 수 있다. 자유와 이데올로기가 무엇인지를 납득할 수 없었던 노모는 풍요롭고 행복했던 북녘 고향에서의 생활을 그리워하며 고향으로 갈 것을 줄기차게 요구하였다. 이후 정신을 잃은 뒤에도 이따금 음울한 "가자" 소리로 왜곡된 역사적 현실인 분단과 실향의 고통을 상기시키고 있다.

다음으로, 미군을 따라 들어온 무분별한 서구 문화의 유입과 물질 만능의식이 만연되던 시기였다. 명숙, 미리, 미스 최와 같은 젊은 여성들이 돈벌이가 된다면 상이군인의 상처마저도 이용하려 하고, 결혼을 위해서는 정신적 조건보다 경제적 조건을 더 중시하는 시대로 변해 버렸음을 보여준다. 그나마 정신적 사랑을 추구했던 설희마저 정신적 사랑을 지나치게 갈구하던 청년에게 죽임을 당함으로써 이제는 그런 정신적 사랑의 추구가 현실적으로 불가능한 시대가 되었다는 것을 역설적으로 보여주었다.

또한 실업자가 넘쳐나고 열악한 임금 수준과 치솟는 물가도 당대의 경제 환경을 알 수 있게 해 주는 부분이었다. 영호와 같은 젊은 인력들이 2년이 넘게 취직을 하지 못할 만큼 일자리가 부족했던 열악한 경제 체제, 계리사 사무소의 서기 정도 되는 인재도 월급만으로 가족 생계가 곤란할 만큼 박봉이었던 사실, 치솟은 물가 때문에 아이의 신발도 마음대로 못 사는 실정 등이 이 작품에서 그려지고 있다. 특히 영화 텍스트에는 이러한 부분들이 다방과 술집에 모여서 장기와 술로 시간을 보내는 제대군인들이나 낮잠 자는 젊은 지게꾼, 어린 나이에 장난감을 파는 소년, 파업으로 쟁의를 하고 있는 노동자들, 아이를 등에 업은 채 목매 자살한 여인 등의 실제 장면으로 보여줌으로써 더욱 실감나게 전달되고 있다.

이와 함께 아직까지 사회복지 정책이 미흡하여 비싼 치료비 걱정에 오래된 치통까지 참으며 병원을 가지 않는 것이나 치매 노인에 대해 아무런 손을 쓰지 못하는 것, 그리고 보훈 정책의 미비로 상이군인들이 자활할 수 있도록 도와주지 못해 이들이 사회와 국가에 큰 배신감과 불만을 가지고 있었던 점들이 당시의 어려운 시대상을 알려 주는 모습들이었다.

3. 문화 소통 경험과 유희적 태도 형성-〈서편제〉

영화 〈서편제〉는 이청준36)의 '남도사람' 연작 중 1부 「서편제」와 2부 「소리의 빛」을 원작으로 하여 김명곤 각색, 임권택37) 감독, 정일성 촬영으로 1993년 태흥영화사가 제작하였다. 이 영화는 개봉 당시 우리나라 최초

---

36) 1939년 전남 장흥 출생. 서울대학교 독문과 졸업. 1965년 『사상계』 신인문학상에 「퇴원」이 당선되어 등단함. 「병신과 머저리」(1966), 「과녁」(1967), 「석화촌」(1968), 「소문의 벽」(1971), 「이어도」(1974), 『당신들의 천국』(1974~5), 「잔인한 도시」(1978) 등을 발표함. 소설집으로 『별을 보여 드립니다』(1971), 『가면의 꿈』(1975), 『예언자』(1977), 『낮은 데로 임하소서』(1981), 『자유의 문』(1989) 등 다수가 있음. 동인문학상(1967), 대한민국문화예술상(1969), 한국일보창작문학상(1975), 이상문학상(1978), 중앙문예대상(1979), 대한민국문학상(1986), 이산문학상(1990), 대산문학상(1994), 21세기문학상(1998) 등을 수상함.
37) 1936년 전남 장성 출생. 광주 숭일고등학교 졸업. 정창화 감독의 연출부에서 영화 수업을 받음. 1962년 〈두만강아 잘 있거라〉로 감독에 데뷔함. 〈청사초롱〉(1967), 〈십오야〉(1969), 〈비내리는 고모령〉(1969) 등 통속 영화들을 만들며 습작 시기를 거친 뒤, 〈증언〉(1973), 〈족보〉(1978), 〈만다라〉(1981), 〈안개마을〉(1982), 〈길소뜸〉(1985), 〈씨받이〉(1987) 등의 작품에서 더 진전된 미학을 보여줌. 〈장군의 아들〉 시리즈로 흥행에 성공했으며, 1993년에 〈서편제〉로 높은 예술성을 인정받음. 2002년 제55회 칸느국제영화제에서 〈취화선〉으로 감독상을 수상함.

로 백만 관객(서울)을 넘어서는 흥행 기록을 남겼으며, 상해국제영화제, 청룡영화상, 대종상영화제, 한국백상예술대상, 영평상, 춘사예술영화상 등에서 많은 부문에 걸쳐 상을 받아 상품성과 예술성 면에서 큰 성공을 거둔 작품으로 평가된다.

특히, 이 작품은 그동안 소홀히 여겨졌던 우리 전통 음악인 판소리에 새로운 관심을 불러일으켰다는 점에서 의의가 크다.[38] 소중한 문화유산이지만 서양 음악에 밀려 멸시받는 지경에까지 이른 판소리를 재조명하려는 의도에서 영화 창작자는 서편제를 단순한 영화의 소재 이상으로 작품의 곳곳에 영화 음악으로 배치하여 우리의 삶과 정서에 절묘하게 어울리게 함으로써 수용자로 하여금 문화적 소통과 유희적 경험을 맛볼 수 있도록 하였다. 이처럼 우리의 전통 음악과 아름다운 영상과 그 속에 담긴 정신을 경험함으로써 수용자들은 문화 예술품에 대한 건전한 유희적 태도를 기를 수 있을 것으로 기대된다.

<서편제>는 소설과 영화의 담론적 차이에 따라, 떠돌이 소리꾼 가족을 통해 우리의 '소리'가 가진 운명적인 예술적 존재방식을 관념적으로 표현했던 원작 소설이 영화로 변용되면서 '소리를 향한 집념과 열정'이라는 전통적인 예술적 가치를 중심으로 한 '가족 간의 갈등과 화해의 드라마'로 변모되었다(문학과영화연구회, 2003 : 83). 따라서 서술 매체나 시점과 서술 측면에서 소설과 영화 텍스트를 대조하는 활동을 통해 소설과 영화 특유의 담론 형식에 관해 폭넓고 깊이 있는 학습을 도모하기에도 적절한 교재라 할 수 있다.

---

38) 이 영화가 개봉될 당시는 무분별하게 서양 문화를 추종하는 분위기에서 벗어나고자 하는 움직임이 일던 때였다. 또 마침 1993년 '문민정부'를 표방했던 김영삼 정권은 대통령에 취임한 직후 이 작품을 청와대에서 직접 관람하는 행사를 가졌다. 이는 우리 전통 문화와 예술을 소중히 생각하는 통치자의 면모를 국민들에게 보여주는 상징적인 행사였다는 평가를 받았다.

(1) 소설과 영화 텍스트의 이야기 비교 활동

① 인물

소설과 영화 텍스트 <서편제>에서 '인물'에 관한 교수·학습 활동 과제와 이를 해결하기 위한 교수·학습 내용을 예시하면 다음과 같다.

- 소설과 영화 텍스트의 인물 비교표를 작성해 보자.
- 소설에서 인물의 성격과 외모를 묘사하고 있는 부분을 찾아보자. 그리고 영화에서 그것을 어떻게 표현하고 있는지 말해 보자.
- 영화화 과정에서 인물의 성격이나 인물 간의 관계가 달라진 점이 있다면 무엇이 어떻게 달라졌는지, 그리고 그 이유는 무엇인지 말해 보자.
- '낙산거사'와 같이 소설에는 없지만 영화에 등장하는 인물을 찾아보고, 그 인물을 새로 등장시킨 이유를 추리해서 말해 보자.
- 소설을 읽으면서 상상했던 인물들의 외모, 버릇, 어조나 말투 등을 영화를 감상하면서 확인하여 보고, 배우의 선정과 연기에 대해 평가해 보자.
- 소설을 읽을 때 인물과 관련해 미처 몰랐던 사실을 영화를 보면서 새롭게 알게 된 것이 있다면 말해 보자.
- 작품 속의 인물을 개인적 인물로 보지 않고 당대를 대표하는 인물로 파악한다면, 그 인물이 나타내는 사회적 의미(이데올로기)는 무엇인지 파악해 보자.

소설을 영화로 각색할 때 등장인물들의 수가 달라지고, 사라진 인물과 새로 등장하는 인물이 있으며, 기존 인물의 중요성이 달라지는 등의 변용이 일어난다. <서편제>의 경우, 소설과 영화의 등장인물을 비교해 보면 다음과 같다.

[표 9] 〈서편제〉 소설과 영화의 인물 비교

소 설	영 화
사내, 소리꾼 아비, 장님 누이, 소릿재 주막 여인, 사내의 어미, 최부자, 천씨	사내(동호), 소리꾼 아비(유봉), 장님 누이(송화), 주막 여인(세월네), 사내의 어미(금산댁), 윤초시, 천씨
	〈첨가된 인물〉 낙산거사, 송도상, 도상의 처, 창극단원, 계꾼들, 약장수, 웨이터, 한량들, 산파, 주모, 건재상 주인, 작부들, 기생들, 닭주인

이를 보면 소설에 비해 영화에 새롭게 등장한 인물이 매우 많다는 사실을 확인할 수 있다. 이들 가운데 송도상과 창극단원 친구들, 작부들, 기생들 등은 유봉의 이력과 함께 소리에 대한 집념과 한(恨)을 알려주는 역할을 하며, 계꾼들이나 약장수, 웨이터, 한량들 등은 유랑하면서 겪는 가난과 궁핍을 드러내기 위해 등장한다. 원작 소설에는 없는 이들을 통해 영화는 소리꾼 아비(유봉)의 소리에 대한 집념과 한, 그리고 이를 딸을 통해 이루려고 하는 이유가 강조되고, 사내(동호)가 아비와 송화를 떠나게 되는 원인이 가난과 궁핍에 있는 것으로 변모된다. 이 밖에 영화는 현실을 실제처럼 재현해야 한다는 점과 다양한 사건과 일화를 통해 볼거리를 많이 제시해야 흥미를 끌 수 있다는 점도 소설에 비해 등장인물의 수가 많아지게 된 원인으로 꼽을 수 있다.

영화에는 소설에 없는 '낙산거사'가 등장하여 비교적 비중 있는 역할을 담당하고 있다. 이것은 영화에서 카메라가 대부분 동호의 곁에서 이야기를 풀어 가는데, 막상 동호가 알 수 없는 부분, 즉 자신이 가출한 이후 유봉과 송화의 생활에 대해서 누군가 알려줄 사람이 필요했기 때문이다.

소리꾼 아비의 성격도 소설과 영화가 좀 다르게 설정하고 있다. 소설에서는 소리꾼 아비의 소리에 대한 집념과 한이 구체적으로 묘사되지 않고 목표와 꿈도 추상적으로 제시되고 있다. 다만 그의 소리는 어린 사내에게 숙명으로 느껴졌으며 사내가 도망친 뒤에도 떨쳐 버리지 못하는 마력을 지녔다는 정도만 언급되어 있다. 그는 가난이 극심해도 소리의 대가로 돈을

받지 않는 예술가였으며, 소리를 통해 그가 이루려는 것은 세속적인 성공
이 아니라 소리가 하늘에 닿아 학이 나는 것을 보는 이상적인 예술혼의 세
계에 도달하는 것이었다. 반면에 영화에서 유봉은 현실적인 인물이다. 비
록 스승에게 파문을 당했지만 촉망받는 소리꾼이었으며, 떠돌이 생활을 하
면서도 소리에 대한 열정으로 열심히 소리 공부에 매진한다. 생계를 위해
서 때와 장소를 가리지 않고 소리를 파는 생활인으로 그려지고 있다. 이것
은 모든 것을 실제의 모습으로 보여줘야 하는 영화의 속성 때문인 것으로
이해할 수 있다. 다시 말해, 영화 속의 인물은 실존하는 인물로서 먹고 마
시며 잠자고 움직이는 행동을 숨김없이 보여줘야 했던 것이다.

한편, 장님 누이와 사내의 관계도 소설과 영화가 다르게 설정되어 있다.
소설에서는 누이가 사내와 혈연관계의 여동생으로 설정되어 있지만 영화
에서는 전혀 피가 섞이지 않은 누나뻘로 바뀌었다. 이것은 영화의 흥행성
을 의식하여 멜로드라마적 흥미를 부과하기 위해 동호와 송화를 서로 연정
(戀情)을 느끼는 사이로 만든 것으로 이해할 수 있다. 이는 영화에서 동호가
그토록 소리를 찾아 헤매는 이유와도 관련된다. 즉, 각색 과정에서 두 인물
사이의 연모의 정을 부각시키고 누이에 대한 그리움의 당위성을 강조하기
위하여 이같이 바꾸게 되었다고 볼 수 있다.

그런데 이러한 변화로 인해 영화에서 가족 간의 갈등이 새로운 의미를
띠게 된다. 소설에서는 의붓아비를 향한 사내의 심리적 갈등이 중심이었다
면, 영화에서는 송화와 동호 사이에 미묘한 심리적 흐름이 생기고 이 관계
를 받아들일 수 없는 유봉이 끼어들면서 갈등은 더욱 복잡해진다. 사랑에
실패하여 명창이 되는 길에서 중도 탈락한 유봉으로서는 자신의 꿈을 실현
시켜 줄 송화에게 큰 기대를 걸게 되는데, 혈연관계가 아닌 송화와 동호
사이에 사랑의 가능성이 엿보이자 이를 원천적으로 봉쇄하지 않을 수 없었
던 것이다.

소설 속에는 등장인물의 이름들이 언급되지 않는다. 이런 경우 각색 과

정에서 인물들의 이름이 붙여지게 된다. 영상화되었을 때 인물들은 소설처럼 삼인칭으로만 존재하는 것이 아니라 그 배역을 맡는 배우가 있게 마련이고, 따라서 그 인물의 실체성을 규정하는 이름이 필요하기 때문이다. 이때 각색자는 등장인물의 성격을 고려하여 작명하게 되는데 <서편제>의 경우 원작자에게 자문을 구해 인물들의 이름을 붙였다고 한다(임권택, 1993 : 150).

각색 영화에서 인물과 관련하여 배우의 선발(casting)과 연기에 대해 언급하지 않을 수 없다. 영화 <서편제>의 경우에는 대체로 주연 배우들의 연기는 호평을 받았지만, 한 가지 아쉬운 점으로 청소년 시기의 동호(김규철 분)가 영화에서 누나로 나오는 송화(오정해 분)보다 나이가 오히려 많아 보였다는 점을 지적할 수 있겠다.

② 시공간

소설과 영화 텍스트 <서편제>에서 '시공간'에 관한 교수·학습 활동 과제와 이를 해결하기 위한 교수·학습 내용을 예시하면 다음과 같다.

- 시공간을 알 수 있는 부분을 소설과 영화에서 각각 찾아보고 그렇게 시공간을 설정한 이유를 말해 보자.
- 영화화 과정에서 시공간과 관련하여 달라진 점이 있다면 무엇이 어떻게 달라졌는지, 그리고 그 이유는 무엇인지 말해 보자.
- 이 작품에서 '길'의 상징적 의미를 말해 보자.
- 소설을 읽으면서 상상했던 시공간과 영화에서 보여주는 시공간의 차이는 무엇인지 말해 보자.
- 소설을 읽을 때 시공간에 대해 미처 몰랐던 부분을 영화를 보면서 새롭게 깨달은 것이 있다면 무엇인지 말해 보자.
- 소설에서 시공간을 묘사하고 있는 대목을 찾아보고 영화에서 그것이 잘 나타나고 있는지 말해 보자. 이와 관련하여 소품 및 촬영지 선정에 대해 평가해 보자.

소설 「서편제」와 「소리의 빛」은 보성이나 장흥과 같은 전라남도 지역을 무대로, 사람들의 정서와 가치를 담고 있다는 점에서 작가는 '南道사람'이라는 연작의 부제를 붙였다. '남도 땅'은 오래전부터 예술과 문화의 고장으로 우리에게 인식되어 왔다. 이 작품이 '소리'라는 전통 예술을 통한 한의 극복과 승화를 보여주고자 했다는 점에서 남도 땅을 공간적 배경으로 삼은 것은 매우 적절하다고 생각된다.

소설은 소릿재 주막의 내력을 설명하면서 시작된다. 주막 여인을 통해 소리꾼 부녀와 자신의 관계를 회고하여 전해준다. 그 과정에서 소릿재 무덤에 관한 내력이 자세히 소개되면서 소리꾼 아비의 소리에 대한 애착이 그 딸과 주막 여인에게로 고집스럽게 이어져 오고 있음을 보여주고 있다. 사내는 소리무덤의 내력을 들으면서 단지 그리워하던 누이와 아비의 소식을 듣는 것이 아니라 거부할 수 없는 숙명과도 같은 의붓아비와 소리에 대한 한을 실감하게 되는 것이다. 소설에서 무려 여섯 쪽 이상의 분량을 소릿재와 소리무덤에 관한 얘기에 할애하고 있는 것은 이 부분이 작품의 주제와 깊은 관련이 있기 때문이다.

반면, 영화에서는 소릿재 주막과 무덤이 소설과 같이 중요하게 부각되지 않는다. 오직 주인공인 동호가 세월네라는 주막 여인을 만나서 누이와 아비의 후일담을 듣는 공간 정도의 의미만 부여된다. 그래서 소릿재와 소리무덤에 대한 부분은 과감히 생략됐다. 단지 길을 따라 내려오는 산판 트럭과 주막 앞에 이르러 트럭에서 내리는 동호의 모습 정도를 보여줌으로써 본격적인 이야기 전개를 위한 도입부 역할만 하도록 처리하였다. 이 역시 영화의 배경은 관념 속의 공간이 아니라 실제로 보이는 공간이므로 인물이 움직이고 생활하는 공간으로 현실 재현되어야 하기 때문에 소설에서 갖는 풍부한 의미를 그대로 담아낼 수 없었던 것으로 이해할 수 있다.

또, 소설에서는 오누이가 만나서 밤새워 소리를 하는 곳이 산골 주막집으로 되어 있는 데 비해 영화에서는 마지막 장면이 염전의 주막으로 설정

되어 있다. 이처럼 공간을 바꾼 이유를 우선 영화 제작상의 용이성 측면에
서 생각해 보면, 오늘날 거의 찾아보기 힘든 산골 주막을 어설프게 재현하
기보다는 지금도 접해 볼 수 있는 염전 근처의 허름한 술집을 배경으로 하
는 것이 더욱 수월했을 것으로 짐작된다. 한편, 내용적인 측면과 관련지어
추정해 본다면, 다시 유랑의 길을 떠나야 하는 인물들의 운명을 부각시키
기에는 산골이라는 닫힌 공간보다는 염전과 같은 열린 공간이 더 잘 어울
린다고 할 수 있다.

　이 작품의 주인공들은 일평생을 길 위에서 떠도는 운명을 가진 사람들
이다. 따라서 작품 속에 자주 등장하는 '길'이라는 공간이 주는 의미가 특
별하다. 이 점은 소설에 비해 영화에서 뚜렷이 부각된다. 영화는 시종 길을
떠도는 주인공들의 모습을 보여주며, 인물들의 만남과 이별, 회한과 안타
까움과 그리움을 길 위에서 펼쳐지는 장면으로 담아내고 있다. 유봉과 금
산댁이 어린 아이들을 데리고 마을을 떠나는 모습, 어린 동호와 송화가 어
른으로 성장하는 과정, 유봉과 송화와 동호가 힘들고 어렵게 생활하며 유
랑하는 모습, 장님이 된 송화가 유봉에 의지하여 사시사철 소리 품을 팔러
떠돌아다니는 모습, 마지막에 어린 소녀에게 이끌려 천씨 주막을 떠나는
송화의 모습 등이 모두 바로 길 위에서 펼쳐진다. 이렇게 영화에서는 길을
의도적으로 안배하여 현실의 막혀 있고 긴장된 부분이나 한이 쌓이는 과정
을 길을 통해 그려내고 있다.

　특히, 중반부에서 유랑하는 가족이 진도 아리랑을 부르며 길을 걷는 장
면(S#41)은 한국 영화사에 길이 남을 명장면으로, 이 작품에서 갖는 길의
상징적 의미를 잘 보여주고 있다. 남도의 들판과 그 사이로 나 있는 길고
도 구불구불한 길이 화면에 고정된 채 보이는데, 저 멀리서 떠돌이 소리꾼
가족 세 사람이 진도 아리랑을 부르며 길을 따라 걸어 와서는 화면 중앙에
서 신명나게 춤추며 노래를 부르다가 다시 길을 따라 화면 오른쪽으로 사
라진다. 그들이 화면에서 사라진 뒤에도 이들이 부르고 있는 진도 아리랑

노래는 처음 화면과 같이 텅 빈 들판을 비추는 화면 너머로 계속해서 들리며 멀어져 간다.

무려 5분이 넘는 '길게 찍기'(long take)를 통해 보여준 이 장면은 유봉 가족으로 대표되는 우리네 인생이 마치 진도 아리랑의 노래 가락처럼 담담하기도 하고 기쁘기도 하고 슬프기도 하면서 희로애락(喜怒哀樂)을 겪으며 그렇게 살아간다는 것을 말해 주고 있다. 특히 이 장면은 밀폐된 여관방에서 돌팔이 약장수 내외와 크게 싸워 일자리를 잃게 되는 장면 바로 뒤에 이어져, 앞 장면을 보면서 슬픔과 한탄을 목격하며 답답하고 우울함을 느끼고 있던 관객들에게 확 펼쳐진 넓은 공간에서 한을 이겨내려는 유봉 가족의 흥겨운 노랫가락과 춤사위를 통해 극적인 감동을 안겨주고 있다. 사실 이 장면은 원작 소설에는 없는 부분이며 시나리오에서도 매우 짧은 지문과 대사로 표현되어 있지만, 영화로 만들어지는 과정에서 연출자의 특별한 의도에 따라 부각된 것으로 알려져 있다. 따라서 이 장면은 소설이나 시나리오와는 달리 영화의 형상화 방법이 갖는 장점을 여실히 보여주는 대목이라 할 수 있다.

③ 플롯

소설과 영화 텍스트 <서편제>에서 '플롯'에 관한 교수·학습 활동 과제와 이를 해결하기 위한 교수·학습 내용을 예시하면 아래와 같다.

- 소설과 영화의 플롯을 비교할 수 있도록 정리해 보자.
- 영화화 과정에서 여러 가지 사건들 가운데 생략된 부분이나 새로 첨가된 부분을 찾아 정리해 보고 그 이유를 생각해 보자.
- 사건의 전개 및 갈등 양상에 있어서 소설과 영화의 공통점과 차이점을 찾아보자.
- 소설과 영화의 복선이 되는 행동과 사건을 찾아보자.
- 소리꾼 아비의 내력을 알 수 있는 부분을 소설과 영화에서 각각 찾아

보고 어느 텍스트가 더 자세하게 드러내고 있는지, 그리고 그 이유는
무엇인지 말해 보자.

• 사내가 아비와 누이 곁을 떠나는 이유가 소설과 영화에서 각각 다르게
  표현된다. 어떤 차이가 있는지, 그리고 그 이유는 무엇인지 말해 보자.

• 소설에서의 '햇덩이'가 갖는 상징적 의미는 무엇인지 말해 보자.

• 소리꾼 가족이 유랑하는 모습들이 영화에서는 어떤 장면들로 구체화되
  었는지 말해 보자.

• 누이가 장님이 되는 과정이 소설과 영화가 각각 다른데, 그 차이와 이
  유를 말해 보자.

• 영화에 주로 쓰인 편집법에 대해 알아보자. 그러한 편집법이 쓰인 이
  유와 효과에 대해 토의해 보자.

소설 「서편제」와 「소리의 빛」의 플롯을 정리해 보면 다음과 같다.

1부 「서편제」	① 한 사내가 전라도 보성 땅의 소릿재 주막을 찾아들어 주막 여인에게 남도소리를 청해 듣는다.
	② 사내는 여인에게서 주막에 얽힌 소리꾼 부녀에 대한 이야기를 듣는다.
	③ 이야기를 들으며 사내는 이상스런 열기를 느끼며 자신의 어린 시절을 회상한다.
	─무덤가 잔디밭에 허리고삐가 매여 있는 어린 사내아이와 밭에서 일하는 그의 어미. 어느 날 마을을 찾아온 젊은 떠돌이 소리꾼. 청상과부인 사내의 어미는 그 소리꾼과 정분이 나게 되고 그때부터 사내는 그 소리꾼의 소리를 들으며 자라게 된다.
	─사내에게 그 소리는 언제나 자신의 머리 위에 걸려 있는 뜨거운 햇덩이로 기억된다. 그러나 사내의 어미는 소리꾼의 여자 아이를 낳자마자 죽고 만다.
	─소리꾼은 어린 사내와 갓 태어난 여자 아이를 안고 소리를 하며 구걸을 다닌다.
	④ 사내는 주막 여인을 통해 소릿재에 살던 소리꾼 여자가 장님이 된 내력을 듣게 된다.
	⑤ 사내는 이글거리는 햇덩이를 느끼며 또다시 과거를 회상한다.
	─소리꾼 의붓아비에게 소리를 배우는데 여자 아이는 잘하지만 사내는 소질이 없어 북 장단을 배우게 된다.
	─사내는 제 어미를 죽인 것이 의붓아비의 소리라 생각하며 복수를 꿈꾼다. 의붓아비의 소리만 들으면 살기(殺氣)가 치솟는데 그 살기는 거역할 수도 없는 숙명과도 같은 것이었다.
	─어느 날 의붓아비에 대한 복수심을 들킨 사내는 그 길로 도망을 쳐서 두 사람 곁을 떠난다. 그 날 이후 사내는 어디서나 길게 메아리치던 의붓아비의 소리를 듣곤 한다.
	⑥ 사내는 주막 여인에게서 눈을 멀게 한 아비를 용서한 누이의 얘기를 듣고, 그녀가 원한을 한으로 승화시켜 득음을 하게 되었음을 깨닫는다.

2부 「소리의 빛」	⑦ 장흥의 한 주막에서 사내는 장님이 된 누이와 해후한다. ⑧ 사내는 신분을 밝히지 않은 채, 소경 누이에게 소리를 청해 듣는다. ⑨ 누이에게 자신의 어린 시절과 그 숙명 같은 햇덩이에 대해 회한 어린 내력을 말한 다. 소경 누이는 이야기를 들으며 자신의 오라비임을 눈치 채지만 내색하지 않는다. ⑩ 사내와 누이는 밤새도록 소리를 하고 북 장단을 맞춘다. 그것은 서로 몸을 대지 않 고도 상대를 즐기는 희롱, 포옹, 요술과도 같은 것이었다. 사내는 소경 누이의 소리 에서 어릴 적 그의 뜨거운 햇덩이를 만난다. ⑪ 이튿날 아침, 사내는 끝내 자신이 오라비임을 밝히지 않고 주막을 떠난다. ⑫ 소경 누이는 주막집 주인 천씨에게 어젯밤 사내가 자신의 오라비였음을 밝힌다. 천 씨는 사내가 자신을 끝내 밝히지 않고 떠난 이유는 소리가 열리고 세상사는 힘이 되는 한을 다치지 않으려는 생각 때문이었을 거라고 말한다. ⑬ 소경 누이는 오라비의 한도 지켜 주겠다는 생각에 십 년 동안 있었던 그 주막을 떠 날 결심을 한다.

한편, 영화 <서편제>의 내용은 다음과 같이 정리할 수 있다.

S#1 소릿재

(산판 트럭이 소릿재 길을 따라 가다 주막 앞에서 멈추고 동호가 내림) 세월네에게 하룻밤 묵자고 청한다.

S#2 소릿재(밤)

동호는 소릿재 주막을 일부러 찾아 왔다고 말한다.

S#3 소릿재 주막 방

(동호와 세월네가 마주보고 앉음) 세월네는 소리의 내력을 묻는 동호에게 그분의 딸한테 배웠다고 대답한다.
소리를 청하자 춘향가의 '갈까부다' 대목을 부르는데, 동호는 회상에 잠긴다.
(세월네 소리와 유봉의 소리, O.L)

S#4 바닷가 콩밭

(어린 동호가 태양을 바라보고, 끈에 묶인 채 엄마 쪽으로 걸어감. 금산댁은 유봉이 소리하는 쪽으로 걸어감)
나무꾼들이 유봉에 대해 얘기하는 소리를 금산댁이 듣는다.
(유봉이 금산댁에게 다가감)

S#5 대갓집 사랑

(옷을 입는 유봉) 유봉이 고수에게 여기서 며칠 더 묵겠다고 말한다.

S#6 대갓집

(윤초시를 비롯하여 많은 하객이 모인 자리에서 유봉이 춘향가의 '어사출도' 대목을 신명나게 부름. 금산댁이 사람들 사이로 들어와 쳐다봄)

S#7 마을 골목(밤)

유봉이 금산댁의 집으로 들어간다.

S#8 금산댁 방(밤)

(유봉이 들어가자 금산댁은 신발을 방안으로 가져오고 이불을 폄) 유봉과 금산댁의 정사(情事). 금산댁이 친척들의 눈치가 험악하다고 하자 유봉이 같이 마을을 뜨자고 한다. 금산댁이 송화를 걱정하자 유봉은 송화가 친딸이 아니라고 말한다.

S#9 개펄

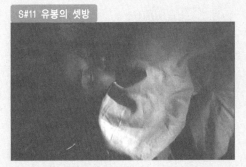

폭풍우 속에서 유봉과 금산댁은 아이들을 데리고 길을 떠난다.

S#10 고갯마루

숲길을 헤치고 가는 유봉과 금산댁 가족

S#11 유봉의 셋방

(산고에 몸부림치는 금산댁) 유봉은 금산댁이 아이를 낳다 죽게 되자 울부짖는다.

S#12 소릿재 주막 방(밤)

(동호가 회상에서 깨어나 술을 마심) 소리꾼 부녀의 이름을 확인한 동호는 송화가 장님이 되었다는 사실을 듣고 놀란다.

S#13 삽입 화면

소복 입은 채 눈먼 송화가 지팡이를 두드리며 길을 가는 환상

S#14 소릿재 주막 방(밤)

악몽에서 깨어난 동호가 멍하니 앉아 세월네의 말을 떠올린다.
세월네 V.O

S#15 유봉집 마루

유봉은 동호와 송화에게 '진도 아리랑'을 가르친다. 동호는 못해서 야단맞고 결국 송화만 배운다.

S#16 유봉집 방안

유봉은 부엌에서 아침 준비를 하고 송화와 동호는 방안에서 발성 연습을 한다.

유봉이 동호에게 북을 가르친다.

유봉이 송화에게 소리를 가르친다.

동호의 북장단에 맞춰 송화가 춘향가 '보고지고' 대목을 부른다.

(낙산거사가 혁필화를 그리고 있음)
유봉이 낙산거사와 반갑게 만난다.

S#21 장터 주막

(유봉과 낙산거사가 들어오자 송화와 동호가 인사를 함. 자리를 잡고 앉자 술과 안주가 나옴) 낙산거사는 한물 간 소리 가르치지 말고 아이들을 자신에게 넘기라고 한다. 유봉은 판소리가 판을 치는 날이 올 거라고 호기를 부린다.

S#22 장터 거리

(창극단이 거리를 지나가자 많은 사람이 구경나옴) 이몽룡 역의 배우(송도상)가 구경꾼 중 유봉을 알아보지만 유봉은 급히 술집으로 들어가 버린다.

S#23 가설무대 앞

이몽룡과 성춘향이 공연의 맛보기만 보여준다. 춘향가 포스터 C.U

S#24 가설무대 안

(창극 춘향가가 펼쳐짐) 관람객 중간에 유봉 일행이 관람하고 있다. (송화와 동호는 감동을 받아 눈물을 흘림)

S#25 가설무대 앞

공연이 끝나 관람객들이 쏟아져 나오는데 출연자 중 한 사람
이 유봉을 보고 불러 세운다.

S#26 술집(밤)

(송도상과 창극단원 두 사람이 유봉을 데리고 들어감)
아이들을 집으로 보내고 작부들을 부른다.

S#27 술집 안

스승의 애첩과 정분이 난 이유로 유봉이 파문당한 지난 일을
얘기하며 술을 마시다가 결국 말다툼 끝에 술자리를 망친다.

S#28 밤길

유봉이 눈물을 흘리며 쓸쓸히 여관으로 돌아간다.

S#29 단풍든 숲길

유봉 일행이 단풍든 아름다운 숲길을 걸어간다.
동호의 얼굴 O.L

S#30 단풍든 숲길

청소년이 된 동호와 송화의 얼굴, 중늙은이가 된 유봉이 단
풍든 산길을 걸어간다.

S#31 가을 산속

(동호와 송화가 춘향가의 '사랑가' 대목을 맞추어 봄) 동호가
노랫말 중 '작은 이도령'이 뭔지 묻자 송화가 부끄러워한다.

S#32 한량 술자리

(동호의 북장단에 맞춰 송화가 춘향가의 '사랑가'를 부름)
한량들이 송화에게 짓궂게 굴자 유봉은 손님들과 싸운다.

S#33 길

유봉은 화가 나서 앞서 걷고, 송화와 동호가 허겁지겁 뒤를
쫓아간다.

S#34 유봉의 집

유봉이 송화에게 술을 따랐다고 뺨을 때리고 나가버리자, 동
호는 유봉을 욕한다.

S#35 길

세 사람이 풀숲을 헤치며 길을 간다.

S#36 장터 약장수판

(동호의 장단에 송화가 춘향가의 '이별가'를 부름)
약장수가 손님들을 불러 모은다.

S#37 장터 주막 안

술을 마시던 유봉이 동호의 북 장단에 불만을 가진다.

S#38 장터 약장수판

(동호의 장단에 송화가 춘향가의 '이별가'를 부름)
많은 구경꾼들을 헤치고 들어가 유봉이 동호를 야단친다.

S#39 장터 약장수판

약장수가 약에 대해 설명을 하고, 송화는 약을 구경꾼들에게
보여준다.

S#40 장터 여인숙

(술 취한 유봉이 동호와 송화를 앉혀 놓고 얘기를 함) 북 장
단에 대해 시범을 보이며 설명을 하다가 옆방에서 자고 있던
약장수 부부와 싸우게 된다.

S#41 길

유봉, 송화, 동호 세 사람이 멀리서 '진도 아리랑'을 부르며 걸어오다가 흥이 나자 함께 어울려 신나게 춤추며 노래 부른다.

S#42 겨울 길

추위에 떨며 길을 걷는 세 사람

S#43 장터 약장수판

(장터 한 귀퉁이에서 아이들을 모아 놓고 초라하게 유봉과 송화가 흥보가의 '돈타령'을 부름)
갑자기 악극단 가두 선전대 소리에 아이들이 흩어지자 유봉은 소리가 홀대받는 세상을 한탄한다.

S#44 마을 골목

유봉이 송도상의 집을 찾아간다.

S#45 송도상 방안

(송도상이 아편을 말아 피우고, 그의 부인이 차를 가져옴)
송도상에게 돈을 주고 춘향가의 '옥중가' 중 귀곡성 대목을
배운다.

S#46 폐가 움막(밤)

유봉이 송화에게 춘향가의 '옥중가' 중 귀곡성 대목을 가르친다.

S#47 폐가 움막

동호는 송화가 힘겹게 연습하는 모습을 불만스럽게 바라보
다가 소리를 배워서 뭐하느냐며 유봉과 싸우고 집을 뛰쳐나
간다.

S#48 마을 고개

송화가 뒤따라가며 동호를 부르지만 그는 누나도 빨리 떠나
라며 가버린다.

S#49 약재상 안

(수심에 찬 얼굴로 읍내 길을 걷고 있는 동호) 약재상에 들어가 서울로 전화를 한다. 동호는 전국을 다니며 약재를 모으는 일을 하고 있다.

S#50 시골 역

동호는 시골 기차역 앞에서 행인에게 길을 묻는다.

S#51 거리

동호가 어느 동네의 거리를 두리번거리며 걷는다.

S#52 술집

동호가 작부에게 누이에 대해 물어보니 3년 전에 그 곳을 떠났다고 한다.

S#53 도로

버스가 길을 따라 달린다.

S#54 장터 주막

주모는 송화가 몇 달 동안 자기 집에 있었는데 남자들이 장님인 송화가 소리 잘하고 얼굴 반반하니까 노리개 삼아 놀다가 떨어져 나가곤 했다고 말한다.

S#55 장터 거리(밤)

동호가 주막에서 나와 막막한 심정으로 내리는 눈을 바라본다.

S#56 강변 터미널

(버스에서 동호가 내림) 지나가는 여인에게 술집을 물어보니 장사를 그만둔 지 오래 되었다고 한다.

S#57 한약방

(동호가 전화를 함. 사장의 전화 목소리 V.O)
동호의 애가 폐렴이 걸려 입원했다며 누이 찾는 일은 그만
두고 대충 일을 정리하고 귀경하라고 한다.

S#58 선창 거리

(낙산거사가 장터에서 그림을 그리고 있음)
동호는 무심코 지나치다가 낙산거사와 해후를 한다.

S#59 선창 술집

(동호와 낙산이 술을 마심) 낙산이 동호가 가출한 이후 송화
가 식음을 전폐하고 소리까지 작파해서 유봉의 애를 태웠다
는 얘기를 동호에게 한다.

S#60 폐가 움막

유봉이 누워 있는 송화에게 미음을 떠먹인다.

S#61 폐가 움막

송화의 약을 지어 온 유봉이 송화가 없어진 것을 보고 찾는다.

S#62 고목 아래

(송화가 고목 아래 앉아 있음) 유봉이 동호는 돌아오지 않을 거라고 말한다.

S#63 계꾼 모임

(유봉이 부인들 계모임에서 흥보가의 '박타령'을 함) 목이 잠겨 소리가 나오지 않자 딸을 시키지만 송화가 입을 열지 않아 망신만 당하게 된다.

S#64 읍내 주막

(수심에 차서 길을 걷는 유봉을 술집 안에 있던 낙산이 발견함) 유봉은 낙산거사에게 한약 지을 때 부자를 많이 넣으면 눈이 먼다는 것이 정말인지 묻는다.

S#65 폐가 움막

(약탕기에 약과 부자를 넣어 달여 짜내는 유봉)
송화에게 약을 먹인다.

S#66 길

유봉과 송화가 둑길 위를 걷는다.

S#67 대숲길

송화는 유봉을 쫓아가다가 발을 헛디디며 눈이 침침하다고
한다.

S#68 고가 방

(유봉이 송화의 머리를 빗겨줌)
아무 것도 보이지 않자 해가 떴는지 물어보는 송화

(노인은 거문고를 뜯고, 마주 앉은 유봉은 구음을 하고 있음) 송화는 이들의 소리를 들으며 멍하니 앉아 있다.

해가 졌는지 노을이 있는지 물어보는 송화, 심청가를 배우고 싶다고 한다.

(송화가 심청가의 '밥 빌러가는' 대목을 함) 유봉이 송화에게 소리를 가르친다.

유봉이 눈먼 송화를 데리고 길을 가며 단가 '이산저산'의 봄 대목을 부른다.

S#73 가을 길

유봉이 눈먼 송화를 데리고 길을 가며 단가 '이산저산'의 여름과 가을 대목을 부른다.

S#74 겨울 길

유봉이 눈먼 송화를 데리고 길을 가며 단가 '이산저산'의 겨울 대목을 부른다.

S#75 소릿재 폐가

유봉은 이 곳이 소리 공부하기에는 안성맞춤인 곳이라며 짐을 푼다.

S#76 폐가 방안

유봉은 송화에게 시래기죽을 먹이며 소리에 한을 쌓아보라고 말한다.

S#77 폐가 근처

송화는 눈꽃이 핀 산을 내려다보며 심청가의 '마른 땅의 새우 뛰듯' 대목을 연습하지만 잘되지 않자 주저앉아 운다.

S#78 폐가 방안

양말을 꿰매고 있던 유봉이 목을 살살 달래라고 말한다.

S#79 폐가 근처

송화는 눈이 녹기 시작하는 산을 내려다보며 심청가의 '마른 땅의 새우 뛰듯' 대목을 연습하지만 잘되지 않는다.

S#80 폐가 방안

(유봉이 닭백숙 상을 차려 들고 옴)
유봉이 송화를 격려하며 닭백숙을 먹인다.

S#81 폐가 앞

닭주인이 닭털을 발견하고는 유봉을 때리며 욕을 한다.

S#82 폐가 방안

(송화가 유봉을 부축하여 들어옴) 유봉은 닭주인의 목소리를 칭찬하며 심 봉사가 뱃사람에게 화를 낼 때의 소리는 저렇게 나와야 한다고 말한다.

S#83 폐가 근처

송화는 눈이 다 녹은 산을 내려다보며 심청가의 '마른 땅의 새우 뛰듯' 대목을 잘 부른다.

S#84 폐가 방안

유봉이 송화에게 눈을 멀게 한 사실을 고백하고 한을 넘어서는 소리를 하라고 부탁한다.

S#85 선창가

낙산은 5~6년 전 소릿재 폐가에 찾아갔더니 이미 유봉은 죽고 송화도 이태 전에 거길 떠났다는 얘기만 들었는데, 그 후 몇 해 뒤에 우연히 보성읍 주막에서 귀에 익은 소리를 듣게 되었다고 한다.
(심청가의 '범피중류' 대목이 들림)

S#86 주막

(방안에서 심청가의 '범피중류' 대목이 이어짐) 낙산이 주막 안으로 들어가 주모에게 술을 시키고 나서 소리하는 여자가 장님이 아닌지 물어본다.

S#87 주막 방안

(송화가 절을 하고 앉아 이름을 말함) 낙산과 해후한 송화가 혁필화를 주문하자, 낙산은 송화의 이름으로 오래 살면서 좋은 배필을 만나라는 의미가 담긴 그림을 그려준다.

S#88 염전 길

(버스가 와서 서자 동호가 내림)
동호가 염전 주막을 발견한다.

동호는 천가에게 하룻밤 묵고 싶다고 얘기하고, 소리하는 아
낙에게 소리를 청해 달라고 한다.

어스름에 잠긴 염전 전경

(천가가 문을 열어주자 송화가 방으로 들어가 앉음)
동호는 내색하지 않고 소리를 청하며 북채를 잡는다.
송화는 심청가의 '그때의 심청이는' 대목을 부른다.

밤 깊은 염전 전경

S#93 주막 방안

(송화와 동호가 마주 앉아 눈물과 땀을 흘리며 소리를 함)
송화는 심청가의 '심황후와 심봉사의 해후' 대목을 부른다.

S#94 주막 안(아침)

문을 열고 천가가 밖을 내다보고, 그 뒤로 송화가 앉아 있다.

S#95 염전 길

(동호는 버스를 기다리며 서 있음) 천가가 송화에게 저 사람
이 늘 기다리던 동생이 아닌지 묻자, 송화는 북장단을 듣고
대번에 알아차렸다고 말한다.

S#96 주막 안

천가가 왜 서로 모른 체하고 헤어지냐고 묻자, 송화는 한을 다
치고 싶지 않아서라고 하며 간밤에 한을 풀어냈다고 말한다.

S#97 염전 길

(버스가 와서 서자 동호가 올라타고 떠남) 천가는 간밤의 소리가 서로 운우지정을 나누는 것 같이 들렸다고 말한다.

S#98 주막 안

송화가 천가에게 다시 길을 떠나겠다고 말한다.

S#99 갈대 밭

송화는 눈을 맞으며 여자 아이의 뒤를 따라 길을 걸어간다.

전체적으로 소설과 영화의 줄거리는 비슷하게 전개된다. 다만 소설에 비해 영화에서는 소리꾼 아비의 내력이 자세히 소개되고 있으며, 사내가 가출하게 되는 동기와 누이가 장님이 되는 과정이 다르게 설정되어 있다.

먼저, 소리꾼 아비의 내력 부분을 보면, 소설에서는 소리꾼 아비가 왜 그토록 소리에 대해 집착하면서 자신의 인생을 걸고 있는지, 그리고 자신이 못다 이룬 꿈을 딸을 통해서라도 실현하려고 애쓰는지 자세히 언급하지 않는다. 반면 영화에서는 유봉의 내력을 짐작할 수 있게 하는 장면들이 제시된다. 장터거리에서 만난 창극단 배우 중에 과거 동문수학하던 친구들과 만나 술집에서 얘기 나누는 장면(S#27)을 통해 유봉은 한때 촉망받던 소리꾼이었으나 스승의 애첩과 연분이 났다는 이유로 파문을 당하게 되었고, 그로 인해 유랑하며 지내게 되었다는 사실을 알 수 있다. 또한 이 장면을 통해 유봉은 소리에 관한 한 그 누구보다도 강한 열정과 자신감을 갖고 있으며, 유랑하는 처지에 있으면서도 여전히 명창에 대한 꿈을 버리지 않았다는 것을 보여준다. 소설에서는 소리꾼 아비의 소상한 이력을 생략한 채 다소 막연하게 소리에 대한 집념과 한을 가진 소리꾼이라고 소개하고 있지만, 영화는 보다 구체적이며 현실적인 인물 형성에 주력해야 하므로 인물의 과거 이력을 자세히 밝힐 필요가 있었다.

또한 소설 「서편제」에서는 소리꾼 아비와 거역할 수 없는 숙명을 가진 사내의 관계가, 「소리의 빛」에서는 사내와 장님 누이의 관계가 각각 중요하게 다뤄지는 데 비해 영화에서는 유봉과 동호와 송화의 관계가 서로 비슷한 비중으로 골고루 다뤄지고 있다. 이것은 소설의 서술자가 사내를 주된 초점화 대상으로 삼아 제한된 서술을 하는 데 비하여, 영화에서는 외적 초점화자로서의 서술자가 동호는 물론이고, 주막 여인과 낙산거사의 회상을 통하여 유봉과 동호와 송화를 골고루 비춰줌으로써 그들 세 사람 각각의 삶과 한을 모두 드러내고자 했기 때문이다.

한편, 소설과 영화는 사내가 아비와 누이를 떠나는 사건에서 그렇게 행

동한 동기가 각각 다르게 설정되어 있다. 즉, 소설에서는 늘 아비에게 살의
와 두려움을 갖고 있던 사내가 어느 날 소리를 하다가 지쳐 곤히 잠든 아
비를 큰 돌로 죽이려 하다가 들켜 버린 뒤 도망을 치는 것으로 되어 있다.
그러나 이후 사내는 평생 그 아비와 소리에 대해 거역할 수 없을 것 같은
숙명에 시달리며 그들을 찾아 헤매게 된다.

> 언제부턴가 그는 자기의 손으로 그 나이 먹은 사내와 사내의 소리를 죽
> 이고 말 은밀한 계획을 꾸미고 있었다. 어미를 죽인 것이 바로 사내의 소리
> 였다. 언젠가는 또 사내가 자기를 죽이게 될지도 모른다는 두려움이 항상
> 녀석을 떨리게 했다. (23쪽)[39]

> 사내가 소리를 하고 있을 때, 그 하염없고 유장한 노랫가락 소리를 듣고
> 있노라면 녀석은 번번이 그 잊고 있던 살기가 불현듯 되살아 나오곤 했다.
> 그는 무엇보다도 그 사내의 소리를 견딜 수가 없었다. 그리고 그 소리를 타
> 고 이글이글 떠오르는 뜨거운 햇덩이를 참을 수가 없었다. (24쪽)

> 녀석이 마침내 계집아이조차 모르게 커다란 돌멩이 하나를 가슴에 안고
> 가만가만 사내의 뒤쪽으로 다가서 갔을 때였다. 그리고는 제 겁에 제가 질
> 려 어찌할 줄을 모르고 한참 동안이나 그냥 몸을 떨고 서있을 때였다. (…
> 중략…) "왜 그러고 있는 거냐?" / 그리고 그는 무엇인가 기다리다 못한 사
> 람처럼 조금은 짜증이 섞인 듯한 목소리로 녀석을 슬쩍 나무라는 것이었다.
> 한데도 그는 더 이상 녀석을 나무라지도 않았고 돌멩이의 사연을 물어 오
> 지도 않았다. 그는 다만 그 조용한 한마디뿐 녀석의 심중을 유인하듯 다시
> 또 고개를 돌려 잠이 든 시늉이 되고 마는 것이었다. (…중략…) 그는 마침
> 내 끌어안은 돌멩이를 버리고 나서 용변이라도 보러 가듯 스적스적 산길가
> 숲 속으로 들어가선 그 길로 영영 두 사람 앞에 모습을 감춰버리고 만 것
> 이었다. (26~27쪽)

---

39) 인용문 끝의 쪽수는 이청준(1998)을 따랐다.

반면, 영화에서는 동호가 유봉과 송화를 떠나게 되는 동기가 다음과 같이 다르게 그려진다.

S#34. 유봉의 집

(…전략)

동호　누님이 잘못한 것이 무엇이여? 누님은 언제까지 이러고 살거여. 그까짓 천대받는 소리 해봤자 앞날이 뻔한디 언제까지 저 사람 따라 댕길거여.

송화　그래도 나는 소리가 좋아. 소리를 하면 만사를 다 잊고 행복해지거든.

동호　그래서 번 돈 저 사람이 술 먹고 다 없애는디도?

송화　얼마나 괴로우시면 그러시겠냐. 아버지도 불쌍한 분이여.

동호　(송화를 보며) 아버지는 뭐가 아버지여? 암 것도 아니제.

송화　(동호를 보며) 동호야 그러면 못써. 오갈 데 없는 우리를 길러주시느라고 얼마나 고생하셨어.

동호　흥! (먼 곳을 본다.)

S#47. 폐가 움막

(…전략)

동호　(소리) 흥, 기운이 없으니 비틀기라도 해서 쥐어짜야지.

유봉　뭐여?

동호　(소리) 허구헌날 죽으로 때우고 사는디 뭔 힘이 있다고 소리가 나오겠소?

유봉　니놈이 뭘 안다고 떠들어? 주둥아리 닥쳐 이놈아. (…중략…)

동호　(소리) 누님, 이젠 소리로는 먹고 살기 힘든 세상이여. 괜히 쓸데없는 짓하다가 골병들지 말고 관두란 말이여. (동호의 불만스런 모습)

동호　그 까짓 소리 하면 쌀이 나와 밥이 나와.

유봉　(밖으로 뛰어 나오며) 뭐여 야 이놈아! 쌀 나오고 밥 나와야 소리하냐? 이놈아, 지 소리에 지가 미쳐가지고 득음을 하면 부귀공명보다도 좋고 황금보다도 좋은 것이 이 소리판이여, 이놈아. 이놈의 자식이 대가리가 컸다고 함부로 주둥아리를 나불대.

(유봉, 북채로 동호를 친다.)

동호 내가 뭐 틀린 말 했어?

유봉 아니 이 자식이. 어디서 애비한테 대들어! (유봉, 또 때린다.)

동호 이런 니미럴, 왜 때려?

유봉 뭐야? 이 천하의 배은망덕한 놈 같으니, 이놈의 자식. 이놈의 새끼.

(유봉, 마구 팬다.)

동호 (유봉을 밀치며) 이따위 광대노릇 안하면 그만 아니여, 니미럴.

(동호, 가방 들고 뛰어 나간다.)

이 장면을 보면 영화에서는 동호가 궁핍한 생활 속에서 전망 없는 소리에 매달리는 폭압적인 의붓아비에 대한 환멸 때문에 유봉과 송화의 곁을 떠나는 것으로 되어 있음을 알 수 있다. 그러나 원작 소설에는 동호의 가출이 다소 추상적이며 심리적인 동기, 즉 자신의 어미를 죽게 만든 소리꾼 아비와 그의 소리에 대한 숙명적인 거부감 때문이다. 하지만 영화 연출자는 이를 영상으로 구체화하여 표현하기 위해서는 폭압적인 아비와 경제적 궁핍, 전망 없는 소리에 대한 환멸과 같이 보다 분명하고 현실적인 이유를 내세우는 것이 적절하다고 판단했을 것이다. 마찬가지로 소설에서 중요한 상징으로 여러 번 언급된 '햇덩이'의 이미지가 영화에서는 S#4에서 매우 짧은 하나의 쇼트로 처리된 것도 같은 맥락으로 이해할 수 있다.

또한 소설에서는 소리꾼 가족이 유랑하는 사건들이 자세히 서술되지 않는 반면, 영화에서는 이들이 유랑하면서 겪는 갖가지 어려움이 작은 사건들로 구체화되어 벌어진다. 한량패의 술자리에서 송화가 소리를 하다가 희롱을 당하는 모습, 장터 약장수판에서 약을 팔다 쫓겨나는 모습, 거리에서 양악대에 밀려나는 모습, 폐가에서 추위에 떨며 시래기죽으로 연명하는 모습, 닭서리를 했다가 들켜서 혼나는 모습 등을 영화는 구체적인 장면을 통해 보여준다. 이 역시 동호가 가출하게 된 직접적인 동기가 현실적인 이유에 있었음을 더욱 설득력 있게 드러내기 위한 것으로 이해할 수 있다. 이와 함께 이러한 플롯의 변화 원인을 제작 당시의 사회 문화적 배경, 즉 서구 문화의 과도한 유입과 그에 대한 무분별한 추종으로 인해 밀려난 우리 문화와 예술을 옹호하려는 움직임에서 찾아 볼 수도 있다.

이 밖에 누이가 장님이 되는 과정도 소설과 영화가 다른 부분이다. 소설에서는 소리꾼 아비가 잠자는 딸의 눈에 청강수(염산)를 몰래 찍어 넣었기 때문이라고 했던 반면, 영화에서는 낙산거사에게 유봉이 부자(바꽃의 알뿌리)의 쓰임에 대해 물어보더니 실제로 송화에게 부자를 달여 먹이는 모습을 보여준다. 이것은 청강수를 눈에 찍어 바르는 직접적이고 무모한 행위보다는 송화가 자신도 모르게 눈이 멀게 됨으로써 관객과 인물의 거리를 좀 더 가깝게 하여 송화를 동정하며 측은하게 여기게 하는 극적 효과를 더욱 증대시키려는 의도가 내포된 것으로 해석된다.

(2) 소설과 영화 텍스트의 담론 대조 활동

① 서술 매체

소설과 영화 텍스트 <서편제>에서 '서술 매체'에 관한 교수·학습 활동 과제와 이를 해결하기 위한 교수·학습 내용을 예시하면 아래와 같다.

- 배경이나 상황이 동일한 부분에 대하여 소설과 영화의 매체 차이로 인한 서술 방식의 차이를 예시해 보자.
- 소설을 읽으면서 떠올릴 수 없었지만 영화에서 보여주는 장면이 있다면 말해 보자.
- 영화에서 보여주지 않았지만 소설을 읽으면서 떠올릴 수 있었던 대목이 있다면 말해 보자.
- 서술 매체의 차이를 중심으로 소설의 화자 시점-서술이 영화에서는 어떻게 표현되고 있는지 예를 들며 말해 보자.

소설과 영화의 매체적 차이로 인한 서사 전달 방식의 차이를 알아보기
위해 다음을 비교해 보기로 하자.[40]

마침내 산봉우리 너머로 뉘엿뉘엿 햇덩이가 떨어지고, 거뭇한 저녁 어스
름이 서서히 산기슭을 덮어 내려오기 시작하자, 진종일 녹음 속에만 숨어
있던 노랫소리가 비로소 뱀처럼 산 어스름을 타고 내려와선 그 뱀이 먹이
를 덮치듯이 아직도 가물가물 밭고랑 사이를 떠돌던 소년의 어미를 후다닥
덮쳐 버린 것이었다. (16쪽)

S#4. 바닷가 콩밭
(유봉이 밭으로 와서 선다.)
(금산댁, 유봉을 유혹하듯 뒷걸음질친다.)
(유봉, 금산댁에게 다가간다.)
(유봉, 수줍어하는 금산댁을 안는다.)

위에서 볼 수 있듯이 소설은 문자언어를 매체로 하나의 사물이나 동작
을 비유적으로 서술하면서 여러 가지 이미지를 환기시키는 반면, 영화는
실제 영상으로 직접 보여주면서 여러 가지 의미를 전달하고 있다.

소설의 문자언어와 변별되는 영화의 영상언어는 우리에게 강한 기억과
인지를 경험하게 한다. 이것은 문자 기호를 접하고 그 의미를 해독하면서
떠올리는 이미지와는 비교할 수 없을 정도로 강하고 사실적인 것이다. 또
다른 예가 될 수 있는 것이 영화 <서편제>의 아름다운 장면들이다. 소설
을 읽을 때에는 선명하게 떠올릴 수 없었던 한국의 전통적인 자연 풍경과
건축물 그리고 인물들의 자태나 움직임 등을 영화는 아름다운 영상을 통해
사실적으로 보여주고 있다.

---

40) 영화의 서술 매체는 영상이기 때문에 소설과 대조할 부분은 영화의 실제 장면이다. 하지
만 여기서는 지면을 통해 영화의 장면을 보여줄 수 없는 한계로 어쩔 수 없이 해당 시나
리오를 제시한다.

영상을 통해 메시지를 전달하고자 하는 것은 영화의 본질적 특성에 충실한 것으로 영상 미학적 완성도는 결국 영화의 예술적 성과를 가늠하는 잣대라 할 수 있다. 이런 점에서 영화 <서편제>는 평생 기억에 남을 만큼 아름답고 인상 깊은 장면들을 보여주어 매우 좋은 평가를 받았다. 이를테면, 단풍든 숲길과 산길(S#29~31), 유봉과 송화와 동호가 진도 아리랑을 부르며 굴곡진 능선 길을 걸어오면서 흥에 겨워 춤을 추는 장면(S#41), 노인이 정자에 앉아 거문고를 연주하는 장면(S#69), 황혼녘 노을과 송화가 기대앉은 난간의 전통 문양(S#70), 까치밥으로 남긴 감나무와 초가가 보이는 늦가을의 풍경(S#71), 봄부터 겨울까지 우리나라 사계절의 아름다운 풍광(S#72~74) 등을 화면 가득 담아 보여주며 한국의 전통 문화에 대한 애정과 자긍심을 환기할 수 있도록 하였다. 그러므로 이 작품의 수용을 통해 우리는 문화적 소통 경험을 하게 되고, 그로 인해 유희적인 태도를 형성할 수 있게 된다.

② 시점과 서술

소설과 영화 텍스트 <서편제>에서 '시점과 서술'에 관한 교수·학습 활동 과제와 이를 해결하기 위한 교수·학습 내용을 예시하면 아래와 같다.

- 소설과 영화에서 누가(무엇이) 우리에게 이야기를 전해 주는지 말해 보자.
- 소설과 영화의 서술자가 작중인물의 내부에 들어가 내면의식, 감정적 변화, 관념 등을 반영하고 있는지, 아니면 적당한 간격을 두고 사건이나 인물을 목격하고 있는 그대로 제시하고 있는지 분석해 보자.
- 특정 장면에서 각 쇼트는 누구의 시점인지 말해 보자.
- 소설에서 서술자가 묘사한 부분이 영화에서는 어떻게 표현되고 있는지 말해 보자.
- 소설의 서술에서 '…같았다', '마치~듯'과 같은 표현들이 빈번하게 사용됨으로써 유발되는 효과가 무엇인지 말해 보자.
- 소설의 서술에서 간접 인용에 의한 간접 화법이 자주 사용되는데, 이

러한 표현들이 유발하는 효과가 무엇인지 말해 보자.
- 영화에서 인물 내면의 미묘한 심리와 정서를 주로 어떻게 표현하고 있는지 살펴보자.
- 영화의 각 장면에서 보인 카메라 기법의 의미와 효과를 말해 보자.
- S#27, 45, 51, 70에서 조명의 효과를 말해 보자.
- S#29~30, 72~74의 편집 효과에 대해 말해 보자.
- S#93을 몽타주로 처리함으로써 얻게 되는 효과에 대해 말해 보자.
- 영화의 각 장면에서 사용된 판소리의 내용과 그 장면 상황과의 관련성에 대해 말해 보자.

소설 「서편제」와 「소리의 빛」의 경우, 서술자는 작중인물이 아니며 자신의 존재를 숨기고 인물들의 대화나 행동을 그대로 전달하기도 하고, 때에 따라서는 깊이 개입하여 서술자의 존재를 명확히 드러내기도 하므로 화자 시점—서술에 해당된다.

소리를 쉬지 않는 여인이나, 묵묵히 장단 가락만 잡고 있는 사내나 양쪽 다 이마에 힘든 땀방울이 솟고 있었다. (7쪽)

언덕밭 한 모퉁이에는 누군가 주인을 알 수 없는 해묵은 무덤이 하나 누워 있었고 소년은 언제나 그 무덤가 잔디밭에 허리고삐가 매어져 지내고 있었다. (15쪽)

흔히 남도사람들이 즐겨 부르는 호남가라는 단가(短歌)였다. 북통을 지긋이 끌어안은 여인은 그 차분하고 태연한 중머리 장단의 북자락을 함께 곁들여 가며 장중하고 끓어오를 듯한 남정네의 질긴 목청으로 첫마디부터 힘차고 도도하게 소리를 뽑아나가고 있었다. (36쪽)

위의 인용 부분을 보면, 작중인물의 경험이나 의식은 드러나 있지 않고, 오직 보고 들은 이야기를 전달하는 현재 서술자의 음성만이 전면에 부각될 뿐이다. 이처럼 이 소설은 완전한 전지적 서술자라기보다는 인물의 이야기를 전하는 방식을 취한다. 이럴 경우, 수용자 역시 인물과는 일정한 거리를 두게 되고, 인물의 외부에 위치하여 그의 외형이나 사건과 상황을 관찰하게 된다. 그런데 이 작품을 전체적으로 보면 서술자가 인물의 체험이나 과거 회상에 상당히 의존하고 있다는 것을 알 수 있다. 서술자의 서술 내용 대부분은 인물의 체험 내용을 전달하고 있으며 때로는 다음과 같이 내부시점에 가까운 경우도 있다.

> 사내는 그때 과연 몸을 불태울 듯이 뜨거운 어떤 태양의 불볕을 견디고 있었다. 소리를 들을 때마다 그의 머리 위에서 이글이글 불타오르는 뜨거운 여름 햇덩이가 하나 있었다. 어렸을 적부터의 한 숙명의 태양이었다. (14쪽)

> 괴롭고 고통스런 얼굴이었다. 하지만 어떻게 된 심산인지 사내는 그 고통스런 소리의 얼굴을 버리고는 살 수가 없었다. 머리 위에 햇덩이가 뜨겁게 불타고 있지 않으면 그의 육신과 영혼이 속절없이 맥을 놓고 늘어졌다. 그는 그의 햇덩이를 만나기 위해 끊임없는 소리를 찾아다니지 않으면 안 되었다. 그런 식으로 이날 이때까지 반생을 지녀온 숙명의 태양이요 소리의 얼굴이었다. 사내는 여인의 소리에서 또다시 그 자기의 햇덩이를 만나고 있었다. 그리고 언제나처럼 무서운 인내 속에서 그 뜨겁고 고통스런 숙명의 태양볕을 끈질기게 견뎌내고 있었다. (18쪽)

위의 경우 서술자가 마치 작중인물의 내부에 들어가 인물의 내면의식, 감정적 변화, 관념 등을 반영하는 것처럼 서술되고 있다. 이처럼 이 소설의 서술자는 이야기 내부에 투사된 서술, 즉 인물의 내면에 완전히 접근하지는 않지만 인물에 공감하는 서술을 통해 인물시점과 흡사한 느낌을 주고 있다.

이 소설 텍스트가 이야기 내부에 투사되어 있는 화자 시점-서술인 것은 추측하는 어투에서도 드러난다. 이 소설의 서술자는 이야기에 대해 전지적인 면모를 드러내기보다는 부분적으로만 자신이 알고 있는 것을 전달하며, 어떤 때는 마치 알고 있으면서도 일부러 시치미를 떼며 이야기 속 정보를 조절하는 듯하다. 즉, 이 소설의 서술자는 초점화 대상을 외부에서 지각한 것을 표현하기도 하고, 내부의 심리를 드러내기도 하는데, 초점화 대상의 사고와 감정과 같은 내적 상태를 외적 행동 속에 함축된 '… 같았다.', '마치 ~듯'과 같은 표현들을 사용함으로써 대상에 대한 정보에 확신을 주지 않은 채 독자들의 추측을 불러일으켜 궁금증을 유발시키는 효과를 거둔다.[41)

> 사내는 아직도 뭔가 자꾸 이야기의 뒤끝이 미진한 얼굴이었다. 여자의 소리보다 아직은 이야기를 좀 더 캐고 싶은 표정이 역력했다. 하지만 사내의 기색 따위는 아랑곳도 하지 않은 채 여자의 소리가 점점 열기를 더해 가기 시작하자, 사내 쪽도 마침내는 북채를 꼬아 쥔 손바닥 안에 서서히 다시 땀이 배기 시작했다. 그리고 마치 가슴이 끓어오르는 어떤 뜨거운 회상의 골짜기를 <u>헤매어 들기 시작한 듯</u> 두 눈길엔 이상스런 열기가 어리기 시작했다. (14쪽)

> 하지만 여인은 이내 사내의 소청을 물리칠 수가 없다는 것을 <u>알아차리게 된 것 같았다.</u> 두 번째 주문이 되풀이되었을 때 여인의 노기는 어떤 깊은 체념 속에서 서서히 스러져 들어가고 있었다. 그리고 그 보이지 않는 술손으로 하여 어떤 알 수 없는 예감에라도 <u>사로잡히기 시작한 듯</u> 이상스럽게 망연스런 얼굴로 술손 쪽을 멀거니 건너다보고 있었다. (35쪽)

이와 함께 이 소설에서는 '~하더라/ 이더라는 것이었다', '~이었다 했다', '~았/었다는 것이었다' 식의 간접 인용에 의한 간접 화법이 자주 사

---

41) 이러한 서술상의 특징은 박경리의 소설 『토지』의 서두 부분에서도 나타난다. 거기에서 서술자는 '있을 것이다', '있는지도 모른다' 등의 추측하는 듯한 말투로써 이야기 외부에 존재하는 전지적인 존재의 냉엄성 대신에 따뜻한 인격적 요소를 느끼게 해 주면서 마치 그가 평사리 마을의 일원인 듯한 느낌을 가져다준다. 즉, 서술자를 이야기 세계 내부로 끌어들이는 역할을 하는 것이다. 이처럼 이야기 내부에 투사된 화자 시점-서술을 통해 서술자는 이야기 속의 인물들에 공감하고 있음을 알 수 있다.

용되는데, 이 역시 서술자가 자신의 발화에 대한 완전한 책임에서 한걸음 비껴서는 서술기법이다. 물론 주막 여인으로부터 전해들은 이야기라 할지라도 이처럼 간접적인 중개로 전달함으로써 독자로 하여금 이야기되는 인물이나 사건에 대해 모호하면서도 객관적인 반응을 보이도록, 나아가서는 완전한 판단을 유보하도록 유도하는 효과를 거두게 된다.

> 한데 희한스런 일은 그 아비의 주검이 묻히고 나서도 계속 주막에서 들려 나오는 그 여인의 소리에 대한 아랫마을 사람들의 말투였다. 아비가 죽고 나선 그의 딸이 소리를 대신했고, 그 딸이 자취를 감추고 나선 여자가 다시 그것을 이어가고 있었지만, 아랫마을 사람들은 언제나 그 소리를 옛날에 죽은 그 늙은 사내의 그것으로만 말하고 있었다는 것이었다. 묘지에 묻힌 소리의 넋이 그의 딸과 여자에게 그것을 이어가게 하고 있다는 것이었다. 그의 딸이 하거나 여인이 대신하거나 사람들은 언제나 그것을 죽은 사내의 소리로만 들으려 했고, 그렇게 말하기를 좋아해 왔다는 것이었다.
> (13쪽)

이처럼 불완전한 정보를 바탕으로 추측과 추론에 의해 이야기를 이해해야 함으로써 독자는 줄곧 이야기의 완전한 이해에 대한 열망을 갖게 되는데, 서술에서 유발되는 그러한 안타까움과 열망은 그리움과 한을 품고서 누이와의 해후를 바라며 누이의 행적을 좇는 사내의 여정이 빚어내는 효과와 일치한다. 또한 모든 것을 확연히 드러내거나 직접적으로 제시하지 않는 이 소설의 서술상의 특징은 자신의 정체를 속 시원히 드러내지도, 가슴 속에 쌓인 한을 풀어내지도 못하고 여전히 한을 품은 채 한의 승화를 꿈꾸며 떠나가는 사내와 누이의 상황과도 어울린다고 할 수 있다.

영화 <서편제>는 서술자인 카메라가 인물 내면으로 들어가지 않는다. 카메라는 적당한 간격을 두고 사건이나 인물을 목격하고 서술한다. 자신의 존재를 드러내는 해설을 하지 않으며 대체로 대상을 있는 그대로 제시하고 있다. 두 사람이 마주 앉아 대화를 나누는 장면에서도 카메라는 주관적 시점을 사용하여 인물의 눈에 비친 상대방을 보여주는 것이 아니고, 등 뒤에서 어깨 너머로 두 사람을 모두 보여준다. 소설에서 많은 부분을 할애하여 '햇덩이'가 사내의 내면에 잠재되어 있는 어린 시절의 심리적인 억압을 설명하는 것과 달리 영화에서는 어린 동호가 실눈을 뜨고 쳐다보는 단 몇 초의 주관적 시점(P.O.V) 쇼트로 처리한 것이 거의 유일한 인물시점이다. 뒤에 자세히 언급하겠지만, 이 영화에서 인물 내면의 미묘한 심리와 정서는 가까운 화면(close up)을 통하여 배우의 표정과 연기를 포착하여 제시하거나 때때로 몽타주와 같은 편집이나 배경음악을 통하여 표현되고 있다. 그러므로 이 영화 텍스트는 인물 내면에 대한 정보는 제공하지 않고 외형적 행위와 대화로 서술되고 있으며 작중인물의 외부에서 인물을 포함한 주변 상황과 사건의 정보를 수용자에게 객관적으로 전달하고 있다고 볼 수 있다.

영화 <서편제>의 경우, 먼 화면(long shot)으로 처리된 장면으로는 카메라가 산의 능선을 훑어가다가 소릿재 고개의 주막에서 시선을 멈추는 첫 부분과 영화 중간 중간에 자주 보여주는, 인물들이 힘겹게 길을 걸어가는 장면들을 들 수 있다. 이들 장면에서 서술자인 카메라는 객관적 거리를 유지하며 멀리서 인물들의 힘겨운 삶의 과정을 냉정하게 보여주고 있다. 이것은 "살아가는 일이 한을 쌓는 일이고, 한을 쌓는 일이 살아가는 일이 된다"는 유봉의 말처럼 누구도 대신할 수 없는 자신의 삶을 숙명처럼 살아가는 모습을 관객들이 냉정하게 바라보도록 하기 위한 연출자의 의도로 해석된다. 그리고 화면에 자주 잡힌 구불구불한 길과 논두렁, 밭두렁은 떠돌이 소리꾼 가족의 굴곡진 삶의 여정을 암시한다. 한편, 이렇게 먼 화면으로 잡힌 우리나라 사계절의 자연 풍경은 사람들의 신산(辛酸)한 삶과 대비되어 아름답게 그려지고 있다.

영화의 카메라는 누이를 찾아다니는 현재에서는 주로 동호를 따라다니며 동호가 만나는 사람과의 대화 장면을 중간 화면(medium shot)으로 보여주는데, 상대방의 말에 주목할 때도 카메라는 인물의 주관적 시점을 쓰지 않고 어깨 너머로 바라봄으로써 두 사람이 모두 화면에 나오도록 하고 있다. 이것 역시 영화의 본래적인 특성인 외적 초점화의 효과를 살리려는 연출 의도로 이해된다.

한편, 이 영화에서 카메라는 인물의 모습을 가까운 화면(close up)으로 처리하여 인물 내면의 심리를 짐작할 수 있게 해주거나 인물에 좀 더 가까이 다가가서 그를 동정하고 동일시하는 효과를 거두도록 하는 장면도 있다. 예컨대 S#6에서 윤 초시 생일잔치에 모인 많은 청중들 앞에서 땀을 흘리며 열심히 소리를 하는 유봉의 모습을 가까이에서 보여줌으로써 소리에 대한 그의 열정과 자긍심을 알 수 있게 해 주었고, S#91에서 그토록 서로 그리워했던 오누이가 해후하여 소리와 북장단을 맞추는 장면에서 동호와 송화를 각각 확대하여 보여줌으로써 그들이 서로를 알아차리는 순간의 감정을 표현하고 있다. 또한 S#93에서 땀과 눈물을 흘리는 송화와 동호를 확대하여 번갈아 보여줌으로써 그동안 두 사람의 가슴 속에 응어리진 한과 정회를 풀어내는 과정을 감동적으로 보여주면서 보는 이의 심금을 울리도록 유도하고 있다.

영화 <서편제>의 조명은 명암의 대비를 특별히 강조하지 않고 대체로 일정한 톤(tone)을 유지하고 있는데, 이것은 영화의 주제가 가볍지 않고, 전체적으로 힘들고 한스러운 삶의 과정이 다뤄지기 때문에 무겁고 암울한 분위기를 일관되게 유지하려는 데서 비롯된 것이다. 특히 인물의 왜소함과 복잡하고 우울한 심리를 표현하기 위해서 어두운 조명으로 처리된 장면이 더러 눈에 띈다. 가령, S#27에서 동문수학했던 옛 친구들을 만났을 때의 유봉의 모습을 비춘 어두운 조명은 친구들로부터 소외되어 어렵게 살아가는 유봉의 초라한 모습을 나타내 주었다. 또 S#45에서 소리를 연습하는 유봉과 송화와는 대조적으로 어두운 조명을 사용하여 동호의 모습을 담아 냄으로써 동호의 암울한 심리와 불만을 잘 드러내 주었다. 그리고 S#51에서 송화가 동생을 기다리던 술집 툇마루는 마치 동굴처럼 어둡게 처리하여 송화의 고독감과 한을 암시하도록 하였다. 다만 S#70의 고가(古家) 장면은 유일하게 색채 필터를 사용한 장면인데 노을빛 물든 화면 색채를 통해 장님이 된 송화에게 동정하는 마음이 일어나도록 유도하는 동시에, 다시 소리를 시작하려는 송화의 심리 변화를 효과적으로 표현하는 기능을 하고 있다.

편집과 관련하여 영화 <서편제>에서 주목할 만한 부분으로 S#29~30에서 유봉과 동호와 송화가 단풍든 숲길과 산길을 걸을 때 오버 랩(over lap)이 되면서 세월이 흘러가 버린 것으로 처리된 장면을 들 수 있다. 또 S#72~74에서 소리를 연습하며 사계절의 시간이 흐른 것으로 표현된 장면도 빼놓을 수 없다. 이들은 편집 기법을 통한 요약 서술로 영화의 특징을 잘 보여주는 장면이다. 이 밖에 앞에서 여러 번 언급한 S#41은 서로 피 한 방울 섞이지 않은 채 구성된 가족이 소리를 통해 화합되는 모습과, 우리 자연 풍경이 이들의 춤과 노래와 어울려 아름답게 조화되는 장면을 충분히 전달하려는 의도에 따라 무려 5분 40초의 길게 찍기(long take)로 편집한 것이다.

한편, 마지막 부분의 S#93에서 동호와 송화가 만나 소리와 북 장단을 서로 맞추며 혼연일체가 되는 장면도 이 영화의 절정을 이루는 명장면인데, 여기서는 소리하는 송화와 북치는 동호의 몽타주를 통해 이들이 서로의 가슴 속에 응어리진 한을 풀어내고 "서로 몸을 대지 않고도 상대편을 희롱하고 어쩔 때는 서로 몸을 보듬고 운우지정을 나누는" 의미를 영상으로 표현하고자 한 것이다.

영화 <서편제>의 경우에는 소리꾼 가족의 삶을 중심으로 이야기가 전개되므로 영화음악의 중요성이 더욱 강조된다. 작품 전반에 걸쳐 배경음악이 영화의 분위기를 조성하고, 장면에 담긴 의미를 풍성하게 만들어 주며, 쇼트와 쇼트를 연결해 주기도 하였다. 우리는 영화 내내 등장인물들이 부르는 여러 가지 판소리를 들으며 그동안 잊고 지냈던 우리 전통 음악의 가치를 새삼스럽게 깨닫고, 그 소리에 담긴 우리 선조들의 예술혼을 생각하게 된다. 또한 대금과 소금과 같은 전통 악기에 의해 연주되는 배경음악은 소리꾼 가족의 애절한 사연과 어울려 화면의 정서를 부각시키고, 인물의 심리를 반영하는 구실을 효과적으로 수행한다.

그리고 이 영화에서는 소리와 등장인물들의 삶이 밀착되어 있다는 것을 나타내기 위하여 장면의 상황과 소리의 내용을 곳곳에서 의도적으로 일치시켜 놓았다. 이를테면, S#4에서는 청상과부인 금산댁의 외로움과 그리움을 <춘향가>의 '갈까부다' 대목을 부르는 것으로 설정해 놓았고, S#31에서 사춘기에 접어든 송화와 동호가 성(性)에 대해 알아가는 장면에서는 <춘향가>의 '사랑가'를, S#41에서 약장수에게 쫓겨나서 다시 유랑하게 된 가족이 산길을 넘으며 떠돌이 인생을 달관하는 장면에서는 <진도 아리랑>을, S#46~47에서 다 쓰러져 가는 폐가 움막에서 <춘향가>의 '옥중가'를 연습하는 것으로 연결해 놓았던 것이다. 특히 마지막에 그토록 서로 그리워했던 동호와 송화가 만나 밤새워 소리를 했던 장면(S#91~93)에서는 <심청가>에서 심청이 아비를 위해 몸을 팔아 인당수에 빠지는 대목과 심봉사가 눈을 뜨는 대목을 부름으로써 이들의 한 맺힌 삶과 예술적 소망이 더욱 절실히 드러나도록 하였다. 그리고 그 때까지 과거의 회상 속에서만 나왔던 소리가 이 장면에서는 현재의 상황 속에서 불려짐으로써 과거의 예술이었던 판소리가 현재에도 여전히 우리의 삶을 대변할 수 있는 가치 있는 예술로서 기능하고 있다는 메시지도 함께 전해 주었다.

(3) 소설과 영화 텍스트의 맥락 탐구 활동

① 소통 · 상황적 맥락

소설과 영화 텍스트 <서편제>에서 '소통 · 상황적 맥락'에 관한 교수 · 학습 활동 과제와 이를 해결하기 위한 교수 · 학습 내용을 예시하면 다음과 같다.

- 소설과 영화 텍스트의 창작 배경을 알아보자.
- 두 텍스트의 창작 시기의 간격으로 인한 내용상의 차이를 말해 보자.
- 소설 작가와 영화 연출자의 창작 의도를 비교해 보자.
- 소설 작가와 영화 연출자의 생애와 작품세계를 알아보자.
- 작품이 거둔 가시적인 성과나 수용자의 반응을 조사해 보자.
- 각색 영화 창작자의 입장에서 원작 소설 작가의 지적에 대해 답해 보자.

소설 「서편제」와 「소리의 빛」은 이청준의 연작소설 '남도사람' 총 5부작 중에 1, 2부에 해당된다. 1부인 「서편제」가 1976년 발표된 것을 시작으로 2부 「소리의 빛」이 1978년, 3부 「선학동 나그네」가 1979년, 4부 「새와 나무」가 1980년, 마지막 5부 「다시 태어나는 말」이 1981년에 발표되었다. 영화는 1993년에 개봉되었으니 소설과 영화 텍스트 사이의 시간적 간격은 10년이 넘는다. 하지만 전통 음악인 판소리를 소재로 삼아 1950년대를 배경으로 했다는 점에서 소설과 영화의 창작 시기의 간극으로 인한 두 텍스트 사이의 내용상의 차이는 미미하다고 할 수 있다.

영화 <서편제>는 상품으로서도 대단히 크게 성공한 작품이다. 제작과 배급과 상영의 모든 과정에서 영화사가 철저히 준비하고 기획한 결과 놀랄 만한 흥행을 이루게 되었다. 특히 기획 당시부터 칸느(Cannes) 국제영화제 출품작이라는 홍보와 함께 당시 관객들의 기대지평을 세심하게 고려한 광고로 여론의 관심을 얻는 데 성공하였다. 심지어 문민정부를 표방하던 대통령의 청와대 관람을 성사시킴으로써 더욱 화제의 중심에 설 수 있었다. 이처럼 이 영화는 영화사의 기획력과 홍보력이 빛을 발하여 예술성과 흥행성을 모두 갖추게 되었다. 또한 그 영향으로 이후 우리 영화계에서는 국악을 비롯하여 우리 전통 문화 예술을 소재로 하는 영화가 다수 창작되기에 이른다.[42]

42) 이일목 감독의 <휘모리>(1994), 임권택 감독의 <춘향뎐>(2000), <취화선>(2001), 이윤택 감독의 <오구>(2003), 이준익 감독의 <왕의 남자>(2005) 등.

이청준의 소설은 일찍부터 영화화되었다.[43] 그의 소설이 가진 예술성과
대중성에 감명받은 영화 창작자들이 이를 각색하여 영화로 재창작한 것이
겠지만, 나중에는 영화의 흥행과 더불어 다시 소설 작품의 인기가 올라가
는 동반 상승효과를 거두게 되었다. 이는 소설과 영화의 공존과 긍정적인
미래를 위해서도 고무적인 결과로 받아들여진다.

이청준과 임권택은 각각 우리나라를 대표하는 소설가와 영화감독이라
할 수 있다. 이제까지 이들의 창작활동 자체가 장안의 화제가 되었고, 작품
발표 때마다 커다란 인기를 모을 만큼 수용자들로부터 사랑을 받아왔다.
이들이 이렇게 유명하게 된 데에는 그동안 꾸준한 작품 활동으로 수준 높
은 작품을 계속해서 발표한 것이 주요한 이유겠지만 그중에서도 특히 <서
편제>의 성공이 가장 큰 기여를 하지 않았나 생각된다. 이 작품의 성공을
계기로 지난 제6차 때부터 현행 교육과정까지 이청준의 소설들이 고등학교
국정 국어 교과서를 비롯하여 검인정 문학 교과서에 다수가 수록되는 영광
을 얻게 되었다. 이와 더불어 임권택 역시 국내외 각종 영화제에서 많은 상
을 받으며 우리나라 최고 감독으로 칭송받는 위치에 이르게 되었다.

뿐만 아니라 이 영화를 통해 당시 무명 배우나 다름없던 이들이 스타로
발돋움하게 되며 이후 연극영화계에서 그 실력을 인정받게 되었다. 주연
배우이자 각색을 담당했던 김명곤은 이 영화를 발판으로 문화예술계에서
주목받는 활동을 하다가 국립중앙극장 극장장을 거쳐 문화관광부 장관으
로 일하는 등 문화행정가로서 큰 활약을 하고 있다. 오정해 역시 국악과
관련된 각종 프로그램을 진행하는 일을 하고 있고, 김규철은 TV 드라마와
영화 등에 출연하여 뛰어난 연기를 통해 꾸준한 인기를 얻고 있다. 그리고
2005년부터 2006년까지 이 작품의 후속편이라 할 수 있는 <천년학>이

43) 「병신과 머저리」를 원작으로 한 김수용 감독의 영화 <시발점>(1969)을 필두로, 정진우
감독의 <석화촌>(1972), 김기영 감독의 <이어도>(1977), 이장호 감독의 <낮은 데로 임
하소서>(1982), 임권택 감독의 <서편제>(1993)와 <축제>(1998) 등이 모두 이청준의 소
설을 영화화한 것이다.

제작되어 발표되기도 하였다.

한편, 원작자가 자신이 창작한 소설을 바탕으로 만들어진 <서편제>를 보고 감회를 밝힌 글이 있어 흥미롭다.

　　나는 이 영화를 보면서 몇 차례나 눈시울을 붉혔다. 그러면서도 무슨 슬픔 같은 걸 억지로 강요당한 것 같은 쑥스러움이 없었다. 그 눈물이 슬픔보다는 기쁨, 회한보다는 해한과 정화의 자연스런 공감물인 때문일 것이다. 이는 물론 원작자로서 제 소설의 값이나 영화에 대한 기여도를 내세우려고 하는 소리가 아니다. 매체가 달라지면 작품의 표현방식이나 감동의 질도 상당량 달라지게 마련이다. 따라서 나의 소설 「서편제」와 영화 <서편제>는 각기 별개의 작품이라 할 수 있고, 나는 될수록 한 무관한 관객으로 그 영화를 보려 하였다. 그러니 여기서 내가 그 눈물을 빌려 말하려는 바는, 영화 <서편제>에서도 우리 소리의 한풀이, 그 해한의 풀이 정서가 우리 삶을 얼마나 더 아름답게 고양시키고 빛내 주었던가 하는 것이다. 다만, 영화에서는 소리꾼 여자가 마침내 나름대로 득음(得音)의 경지에서 후련스런 해한과 절정의 해방감을 맛보지만, 소설에서는 언제까지나 끝없는 떠돎만이 계속되고 그 떠돎 자체가 우리 삶의 한 운명적 과정이요 비극적인 꿈의 짐이 아닌가 싶어, 나는 그 영화대본의 원작자 처지에서 마음이 새삼 아득해지는 것을 어쩔 수 없었지만. (58~59쪽)

여기서 원작자의 지적에 대해 영화 창작자의 입장에서 대신 변명을 하자면, 바로 그러한 끝없는 떠돎을 표현하기 위해 마지막 장면에서 소리꾼 여인이 주막에 정착하지 않고 다시 어린 아이의 손에 이끌려 길을 떠나는 모습을 보여주었다고 해명할 수 있겠다.

② 사회·문화적 맥락

소설과 영화 텍스트 <서편제>에서 '사회·문화적 맥락'에 관한 교수·학습 활동 과제와 이를 해결하기 위한 교수·학습 내용을 예시하면 아래와 같다.

- 작품에 드러난 시대 상황을 말해 보자.
- 작품에 드러난 사회·문화적 맥락이 오늘의 수용자에게 주는 의미를 말해 보자.
- 소설과 영화에 반영되어 있는 사회·문화적 맥락의 차이는 무엇이며, 그 이유는 무엇인지 생각해 보자.

원작 소설이 영화화되어 발표될 1990년대 초는 무분별한 서양 문화 추수를 반성하고, 우리 전통 문화와 문화적 자생력을 재인식하려는 분위기가 조성되던 무렵이었다. 1993년 국민들의 지지 속에 큰 기대를 안고 출범한 문민정부는 세계화를 표방하면서 각종 규제를 철폐하여 외국과 더욱 자유롭게 교류할 수 있도록 길을 터 주었다. 이러한 개방화에 맞춰 외국과의 교류가 확대되자 정작 우리 것에 대한 관심이 일기 시작하였다. 우리를 만나는 외국 사람들이 궁금히 여기는 것이 다름 아닌 한국의 전통적인 예술과 문화였기 때문이었다. 그리하여 문화 전반에 걸쳐 소중한 우리의 문화유산을 재발견하는 노력들이 일어났다. 특히 판소리, 풍물, 마당극 등 우리의 전통 음악에 관해 많은 사람들이 관심을 가지기 시작했다. 이와 같은 사회·문화적 배경 속에서 영화 <서편제>는 탄생되었다. 우리 전통 문화예술에 대한 국민들의 자각이 시작될 무렵, 우리 선조들의 예술적 집념과 한이 형상화된 한 편의 좋은 영화가 선을 보인 것이다.

이 작품을 통해 우리는 우리 음악이 가진 연행성, 집단성, 현장성, 유희성을 재발견하고 선조들의 예술혼과 예술적 감수성에 대해 다시금 깨닫게 되면서 우리 문화에 대해 무한한 자부심과 긍지를 갖게 되었다. 또한 자연과 인간이 분리되지 않고 혼연일체의 교감을 갖는 삶이야말로 우리 한국인들이 추구하는 바임을 이 영화의 곳곳에서 확인할 수 있었다. 아름다운 우리나라 사계절의 풍광을 담은 화면이, 인생의 희로애락을 담은 애절하고 신명나는 우리 소리와 함께 펼쳐질 때 우리는 한국의 전통적인 자연관과 예술관을 온몸으로 느끼고 깨닫는 경험을 할 수 있었던 것이다.

　이와 같이 영화 <서편제>는 우리의 문화·예술에 대해 재인식함으로써 그 소중함과 자부심을 일깨워 주었고, 대중문화인 영화가 고급문화인 소설을 부활시킬 수 있음을 입증해 주었으며, 대중 영상 매체의 시대에 잘 만든 영화 작품이 엄청난 부와 명예를 가져올 수 있다는 것을 보여주었다.

　이 작품을 통해 우리는 우리 민족이 근대사의 고통 속에서 홍수처럼 유입된 외국 문화에 주체적으로 대응하지 못해 사라져 갔던 우리의 소중한 문화와 예술들을 돌이켜 볼 수 있었고, 이를 지키기 위해 고군분투하며 예술혼을 불태웠던 예능인들 덕분에 다행히 명맥을 유지하고 있는 것에 안도하고 감사할 수 있었다. 그리고 무엇보다 우리의 자연과 역사와 성품을 바탕으로 이루어진 우리 문화와 예술에 대해 다시금 애착심을 가질 수 있게 되었다. 그리하여 우리의 소중한 문화유산을 멸시하고 홀대했던 지난날을 반성하고, 앞으로 이를 소중히 되살리는 노력을 경주할 수 있도록 하는 계기를 마련해 주었다.

제4부 ▌ 서사 창작 교육의 실제—영화 제작 수업 사례

1. 국어과 영화 제작 수업 방안

여기서는 서사 창작 교육을 학교 수업에서 실제화하기 위한 노력의 하나로, 대표적인 대중 영상 매체인 '영화'를 국어과에서 제작하는 수업 방안을 마련하여 예시해 보고자 한다.

그동안 영화의 교육적 활용 방안이나 그 효과에 관한 논의는 여러 분야에서 비교적 폭넓게 전개되어 왔다고 할 수 있다. 국어교육 분야 역시 최근 10여 년 동안 영화 수용의 필요성에서부터 활용 방안이나 실천 사례에 이르기까지 적지 않은 연구 성과를 축적해 왔다. 하지만 대부분의 논의들이 영화를 다른 영역의 학습을 위해 일종의 도구로 활용하는 차원에서 진행됨으로써 영화 텍스트 자체를 교육의 목적과 내용으로 삼지 못하는 한계를 보이고 있다. 이러한 불균형 상태는 학습자인 청소년들이 주체적이며 능동적으로 영화를 수용하고 생산하는 삶을 영위하는데 별 도움을 주지 못하고 있다.

하지만 이제는 이미 청소년들에게 대표적인 표현 수단이 된 영상 매체를 활용하여 그들의 예술적 창작 욕구를 마음껏 펼칠 수 있도록 교육적으

로 이끌어 줄 때가 되었다. 그러므로 영화 제작 수업 방안을 소개하는 이 글은 우리의 청소년들이 당당한 문화 주체가 될 수 있도록 도와줄 수 있다는 점에서 매우 의미 있는 교육적 필요성과 당위성을 획득한다. 따라서 이 부분은 그동안 대중 매체의 '수용'에 머물러 있던 데에서 한걸음 더 나아가 '생산'에 관한 교육 내용과 방법을 구안해 보았다는 데 가장 큰 의의가 있다.

2. 영화 제작 수업의 의의

(1) 매체언어 교육 차원에서의 의의

대중 매체가 현대인들에게 익숙한 의사소통의 수단이 된 상황에서 이를 자유롭게 활용하여 자신의 의사를 표현해낼 수 있는 능력을 갖추는 것은 교육적으로 매우 시급한 과제가 아닐 수 없다. 그와 같은 맥락에서 영국의 저명한 교육학자 데이비드 버킹엄은, 미디어 교육이 청소년들로 하여금 소비자로서 미디어를 해석하고 판단할 수 있게 할 뿐만 아니라, 그들 스스로 제작자가 될 수 있게 해야 한다고 하면서 미디어 교육이 궁극적으로 '비판적인' 능력과 함께 '창조적인' 능력을 키우는 것을 목표로 삼아야 한다고 강조한 바 있다(David Buckingham, 기선정 외 옮김, 2004 : 19).

그동안 영화에 관한 교육적 논의 중에 특히 초·중등교육과정에서 영화 제작 수업의 필요성과 효용성을 강조하고 있는 의견들이 있어 눈길을 끈다. 일례로 어떤 영화 전문가는 영화 제작이 갖는 여러 가지 교육적 의의를 다음과 같이 열거하기도 하였다(정재형, 2004 : 14~15).

인지능력 계발, 창의력과 상상력 계발, 가치관 확립, 협동심 배양, 책임감
과 소속감 배양, 대화능력과 타협을 통한 문제해결 능력 계발, 인간관계에
대한 폭넓은 이해, 인간과 환경에 대한 이해, 인간 보편성에 대한 인식, 직
업정신과 노동의식 배양, 사회에 대한 인식, 자아의 확립, 도덕성과 인간주
의에 대한 인식, 성차에 대한 편견 극복, 타자의 심리에 대한 이해, 예술적
감성과 미적 인식 습득, 비판의식 및 자기주관 확립, 호기심과 필요성에 따
른 지식습득에 대한 욕구 증가, 지식학습의 자율성 고조

이처럼 영화 제작 수업은 미디어 교육이나 영화 교육과 관련된 국어교
과의 매체언어 교육에서도 실제적이며 다양한 교육적 가치를 지니고 있다
고 할 수 있다.

(2) 문학교육 차원에서의 의의

문학교육은 일종의 문화적 실천 양상이라는 견해에 동의한다면 문학교
육이 단순히 고전 작품의 이해와 전수를 넘어서 당대 언어문화의 생산과
소통과 수용의 모든 측면까지 포괄할 수 있어야 한다는 데 이견이 없을 것
이다. 그렇다면 오늘날 가장 널리 향유되고 있는 영상 언어문화 텍스트인
영화의 생산과 소통과 수용을 교육 현장에서 다루는 것은 어쩌면 당연한
일인지도 모르겠다. 이것은 그동안 문학을 통해 얻었던 자아 발견, 세계 인
식, 심미적 체험을 영화를 통해서도 할 수 있게 되었기 때문이다. 그런 점
에서 최근 문학교육에서 강조되어 온 '창작' 수업의 중요성은 그대로 영화
제작 수업의 중요성과 일맥상통한다.[1]

---

[1] 제7차 문학 교육과정에서 이처럼 창작 교육이 강조되었지만 실정을 들여다보면 아쉬운 점
이 많다. 특히 교수 학습의 기본 자료로서 수업의 내용과 방법을 담고 있는 문학 교과서를
보면 영화와 관련한 창작 활동이 턱없이 부족해 교육과정의 기본 취지를 적극적으로 살리
지 못하고 있다는 것을 알 수 있다. 제7차 교육과정에 따른 문학 교과서에서 영화와 관련된
창작 활동에 관해 자세히 검토한 내용은 박기범(2007 : 35~36)을 참조할 것.

아래의 인용에서 알 수 있듯이 새 교육과정에서도 이전의 제7차 교육과정과 마찬가지로 문학 작품의 창작을 주요한 교육 내용으로 상정하고 있다.

> [8학년 – 문학 – (5)] 자신이 상상한 세계를 문학 작품으로 표현한다.
> • 익숙한 대상을 주의 깊게 관찰하여 새로운 점 발견하기
> • 가상의 인물을 설정하여 인물의 삶 상상하기
> • 문학의 갈래를 선택하여 상상한 세계를 작품으로 표현하기

국민공통기본교육과정에서 제시된 위의 내용은 창작 수업이 학습자를 문학 소통의 피동체로 볼 것이 아니라 수용자이자 생산자의 위치로 끌어올리기 위한 노력의 일환으로 강조된 것이다. 이뿐만 아니라 심화 선택과목인 ≪문학≫의 교육과정에도 다음과 같은 내용을 제시함으로써 문학교육에서 창작 수업이 여러 가지 매체를 사용하여 실시하도록 하고 있다.

> 3. 내용 – 나. 세부 내용 – (2) 문학 활동 – (다) 문학의 생산
> ① 내용과 형식, 맥락, 매체를 바꾸어 작품을 비판적·창조적으로 재구성한다.
> ② 다양한 시각과 방법으로 작품을 창작한다.

이처럼 새 교육과정에서는 창작 수업이 다양한 매체를 통해서 구현될 수 있다는 점을 전제함으로써 영화 제작 수업의 필요성과 가능성도 포함하고 있다. 그러므로 국어과 영화 제작 수업은 학습자들이 자신의 인식과 경험을 그들에게 익숙한 영상 언어로써 작품으로 표현할 수 있도록 하는 창작의 기회를 제공해 줄 수 있다는 점에서 큰 의의를 지닌다.

3. 국어과 영화 제작 수업 모형

(1) 국어과 영화 수업의 성격과 목표

영화 전문가 양성을 목적으로 설치된 대학의 (연극)영화학과에서는 일찍부터 영화 제작에 관한 수업에 비중을 두고 실질적인 기능을 익힐 수 있도록 제작 실습 및 워크숍을 실시하고 있다.2) 최근에는 영화 교육을 초·중등교육에 안정적이고 현실적으로 안착시키기 위해 교직이수를 설치해 교사를 양성하면서 교육과정과 교과서를 만들어 보급해 왔으며, 선택형 교육과정을 표방한 제7차 교육과정의 시작과 함께 ≪영화≫ 교과를 심화 선택교과로 지정하여 정규 교육과정 안에 편성할 수 있도록 하였다. 이에 힘입어 전국 100여 개의 초·중등학교에 선택교과, 재량활동, 특별활동, 특기적성 등 다양한 형태로 영화시범교육이 실시되고 있다. 따라서 앞으로 국어과에서 실시될 영화 관련 수업은 불가피하게 어느 정도는 ≪영화≫ 과목의 내용과 겹칠 수밖에 없다. 다만 국어과의 영화 관련 수업은 의사소통적 상황을 전제로 한 매체언어적 관점에서 영화의 언어적 특성과 기능에 관한 내용을 다루거나, 문학교육 영역에서 영화의 서사적 특성에 주목하여 서사능력 향상에 관한 내용을 다루는 방식으로 변별성을 유지할 것이다.3)

이러한 전제를 바탕으로 국어과 영화 수업의 성격을 정립하기 위해 이 글에서는 먼저 현재까지 나온 ≪영화≫ 과목의 교육과정과 교과서에서 제시한 영화 제작 수업의 구체적인 내용을 확인하여 그 차이점을 찾아보았

---

2) 각 대학 영화 관련 학과들은 영화제작실습, 촬영과 조명, 단편영화제작, 영화촬영기초, 영화편집실습, 영화졸업작품제작, 영화기술, 디지털영화제작실습 등의 영화 제작 수업 과목들을 개설하여 운영하고 있다.

3) 이 부분은 ≪영화≫ 과목의 독립성 확보 및 교육과정 편성과 관련하여 민감한 문제가 아닐 수 없다. 하지만 교과 이기적인 협소한 태도에서 벗어나 학제적이며 대승적인 차원에서 두 과목이 각자의 특성을 살릴 수 있도록 함께 논의한다면 좋은 해결점을 찾을 수 있다고 생각한다.

다. 우선 ≪영화≫ 과목의 교육과정에서 영화 제작 관련 부분을 정리하면
다음과 같다(한국영화학회 영화교육위원회, 2004 : 4~6).

[표 10] ≪영화≫ 과목의 교육과정에서 영화 제작 관련 내용

영역＼학년	초등학교(5~6학년)	중학교(7~9학년)	고등학교(10~11학년)
창 작	의미를 지닌 이미지 창작 : 영상을 자유롭게 만든다. ① 보고, 듣고, 느끼고, 상상한 것을 이미지로 만든다. ② 기호화된 이미지, 이야기화된 영상을 자유롭게 만든다.	의미를 구체화하는 영화작품을 창작 : 일상을 구체화할 수 있는 영상물을 다양하게 만든다. ① 보고, 듣고, 느끼고, 상상한 것을 완결된 이야기로 구성한다. ② 목적과 의도를 영상 속에 효과적으로 구성한다.	의미를 창조할 수 있는 영화작품을 창작 : 개인과 문화의 가치, 변화, 차이를 생산할 수 있는 영화작품을 창의적으로 만든다. ① 영화언어의 다양한 특성을 활용하여 창의적인 의미를 만든다. ② 주제가 있는 이야기를 창의적인 영화작품으로 만든다. ③ 개인과 사회·문화적 의미를 영화언어로 창작한다.

다음으로 지금까지 편찬된 ≪영화≫ 과목의 교과서에서 영화 제작과 관
련된 내용을 찾아보았다.

먼저, 영화진흥위원회의 교재편찬위원회에서 고등학생용으로 만든 『영
화-읽기』(커뮤니케이션북스, 2004)는 제목에서 알 수 있듯이 영화의 효과적
인 이해와 감상을 위한 수용적 측면만 다루고 있어서 제작과 관련된 내용
은 찾아볼 수 없다.

다행히 그 뒤를 이어 (사)한국영화학회 영화교육위원회에서 초등학교 및
중학교용 인정 교과서로 발행한 『영화』(월인, 2005)에는 영화 제작과 관련된
내용이 많이 수록되어 있어 주목할 만하다. 이들 교과서는 앞서 살펴본 영
화 교육과정을 개발한 주체가 직접 제작한 교과서이기 때문에 자신들이 개
발한 교육과정에 맞춰 구체적인 내용을 마련하여 교과서를 개발했다는 점

에서 의의가 크다. 특히 중학교용 교과서의 경우, 영화 제작에 필요한 기초
적이고 필수적인 내용과 방법들이 학생들의 수준에 맞게 제시되어 있다.

하지만 이들 교과서의 내용을 자세히 살펴보면 크게 영화 제작 과정을
중심으로 세부적인 기능의 이해와 습득이 중심이 되고 있음을 알 수 있다.
즉 영화를 통한 사람들 사이의 의사소통 맥락이나 문화적 맥락보다는 동영
상 매체의 특성, 영상 특유의 기법과 기능, 카메라, 편집, 음향의 운용법
등을 익히기 위한 활동에 초점이 맞춰져 있는 것이다. 이와 비교해 국어과
에서 수행할 영화 수업은 이야기의 소통, 인물의 창조와 언어의 특징, 사건
의 구성과 표현, 창의적인 표현 방법, 사회와 문화에 관한 이해와 관심 등
에 관하여 자세히 다뤄질 것이다. 이에 영화 교육과 변별되는 국어과 영화
수업의 목표를 새 교육과정의 ≪매체 언어≫를 참고로 하여 설정해 보면
다음과 같다.

> 영화에 대한 비판적 이해를 바탕으로 언어 문화 향유 능력을 신장하고
> 바람직한 국어 생활을 영위하는 주체적 태도를 기른다.
> 가. 영상 언어의 개념, 특성, 유형을 이해한다.
> 나. 영상 언어의 성격에 대한 이해를 바탕으로 하여 영화와 정보 사회,
>   대중문화, 인간관계를 파악한다.
> 다. 영화 작품을 비판적으로 수용하고 창의적으로 생산하며, 사회적 소통
>   과 문화 창조에 참여할 수 있는 능력을 기른다.

이와 함께 국어과 영화 제작 수업의 목표를 설정해 본다면, "영상 언어,
영화의 특성, 영화 제작 과정에 관한 이해를 바탕으로 자신의 창의적인 생
각을 영화를 통해 표현할 수 있는 능력과 태도를 기른다." 정도로 세워볼
수 있을 것이다.

(2) 국어과 영화 제작 수업의 교수·학습 내용 요소

다음으로, 앞서 설정한 국어과 영화 제작 수업의 목표를 달성하기 위하여 실제 수업을 통해 가르치고 배울 학습 내용 요소를 추출해 보았다. 내용 요소는 영화를 생산하는 데 필요한 '지식'과, 이 지식을 가지고 교수·학습 상황에서 수행해야 할 '활동'으로 구성할 수 있다.

영화 제작 수업에서 필요한 지식은 영화학이나 서사학의 이론에서 영화 제작과 관련하여 기초적이며 필수적인 최소한의 지식들로 구성해야 하는데, 이를 위해 시중의 영화교육용 교재와 권위 있는 영화이론서들을 섭렵하여 그 가운데 공통적이며 필수적인 개념과 명제를 추출하였다.

또한 활동 부분의 경우는 영화를 제작하고 소통하는 교수·학습 상황에서 수행될 수 있는 행동들을 폭넓게 동원하여 구성하되, 교육 목표를 달성하기에 유의미한 내용들을 선정하였다. 필자가 추출한 내용 요소 중 지식의 개념 목록과 활동의 일부를 예시하면 다음과 같다.[4)]

　-**지식** : 영상 언어의 특성과 문법, 영화의 서사적 성격, 이야기의 생산과 수용, 인물·사건·배경의 의미와 관계, 영화 제작 과정(기획, 섭외, 대본, 촬영, 편집/음향, 배급/상영 등), 시나리오/콘티 작성, 각색, 기자재 사용법, 영화 제작 참여자의 역할과 임무

　-**활동**
　　• 자신의 경험을 바탕으로 주제를 정해 보자. 그리고 그 주제에 대해 모둠원들과 토의해 보고, 관련 자료를 참고하여 생각을 정리해 보자.
　　• 이야기의 줄거리를 간단한 시놉시스로 작성해 보자.
　　• 구성한 이야기의 사회·문화적 의미를 생각해 보자.

---

4) 이 글은 본격적인 교육과정 차원의 논의가 아니라 하나의 수업 방안을 제시하는 것이므로 내용 체계에 대한 논리적 정합성을 갖추지 못했으며 범박한 수준에서 그 내용 요소를 예시한 것이다.

- 시놉시스를 구체화하기 위해 모둠원들이 모여 협의해 가면서 시나리오를 써보자.
- 예술성(창의성)면에서 작성한 시나리오의 가치를 평가해 보자.
- 시나리오를 바탕으로 촬영과 편집, 음향과 배경 음악 등을 고려해 자세한 대본(콘티뉴이티)을 작성해 보자.
- 각자 맡은 임무를 완성할 수 있도록 계획서를 꾸며보자. (촬영계획서, 의상계획서, 연기계획서 등)
- 촬영계획에 따라 촬영을 하고 적절한 장면과 삭제할 장면을 협의해서 정해 보자.
- 편집계획에 따라 편집을 하면서 강조할 점과 새로운 기법을 협의해 보자.
- 상영계획에 따라 시사회를 가진 뒤, 다양한 방법으로 평가를 하고 소감문을 작성해 보자.

(3) 국어과 영화 제작 수업의 교수·학습 모형

국어과의 영화 제작 수업에서 교사와 학생들이 구체적으로 해야 할 교수·학습 활동들을 단계별로 나누면 다음과 같다.

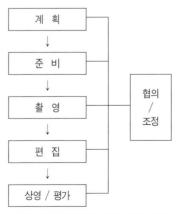

[그림 8] 국어과 영화 제작 수업 모형

① 계획 단계

　분명한 제작 동기와 목적을 가지고 수용자의 특성을 고려하여 제작 계획을 세우는 단계이다. 흥미롭거나 의미 있는 주제를 선정하고, 주제를 효과적으로 드러낼 수 있는 장르와 분량을 고려한 다음 시놉시스를 만든다. 제작에 참여할 사람과 일정 등을 생각하여 계획서를 작성한다.

② 준비 단계

　시나리오를 작성하고, 각자의 역할과 임무에 필요한 지식과 기술을 습득하고 연습한다. 그리고 제작 활동에 필요한 각종 자료를 수집하며 소품, 의상, 세트를 준비하고 적합한 장소를 물색한다. 또한 모든 구성원들의 협의를 통해 콘티뉴이티(스토리보드)를 작성한다.

③ 촬영 단계

　필요한 장비와 인력을 동원하여 촬영을 진행한다. 촬영 내용을 보면서 구성원들의 협의를 통해 삭제할 장면과 재촬영할 장면을 정한다. 이러한 선별 작업이 끝나면 최종 편집본을 완성한다.

④ 편집 단계

　영상을 편집하고 음향을 삽입한다. 타이틀과 자막을 만들고 각 장면의 색상을 보정하는 작업을 한다. 또한 필요할 경우 대사를 다시 녹음하기도 한다. 구성원들의 협의와 조정을 통해 편집이 끝나면 완성본 작품을 제출한다.

⑤ 상영 및 평가 단계

　상영 계획에 따라 홍보하고 시사회를 갖는다. 이 때 자기평가, 동료평가, 교사평가 등이 이루어지며 활동 소감문을 작성한다.

4. 국어과 영화 제작 수업 실제

이 글에서 보여주는 국어과 영화 제작 수업은 2004학년도와 2005학년도에 한국과학영재학교 2학년 ≪문학≫ 과목에서 실시한 사례이다.[5] 학년 총 정원 144명 중 ≪문학≫을 선택한 학생은 각각 69명(2004학년도)과 72명(2005학년도)이었다. 이처럼 ≪문학≫ 수업에서 이 연구가 적용된 이유는 ≪매체 언어≫가 설치되기 전인 당시로서는 국어과에서 영화에 관한 수업을 하기에 ≪문학≫이 가장 적합했기 때문이다.

사실 지금까지 문학교육에서 서사 장르에 대한 교육은 주로 소설을 중심으로 이루어졌다. 하지만 오늘날 변화된 매체 환경을 반영하여 앞으로는 서사 장르에 관한 교육을 할 때 영상 매체로 된 서사물인 영화를 수용할 필요가 있다.

이 글에서 상정하는 영화 제작 수업은 문학교육과 영화교육이 겹쳐지는 영역이며, 문학교육 안에서는 서사교육의 일부로서 전통적인 소설교육과는 구별되는 새로운 서사교육 방안이라는 위상을 갖는다. 이해를 돕기 위해 이 책의 2부 1장에서 제시한 [그림 1]을 다시 인용해 보자.

아래 그림에서 표상된 것처럼 소설과 영화를 통한 서사교육(①)이 잘 구성되어 교육 현장에서 충실하게 실천된다면 화살표처럼 향후 전통적인 소설교육(②)과 창작 시나리오 영화를 통한 서사교육(③)으로 그 교육적 전이가 이루어질 것이며, 나아가 신화, 전설, 민담, 판소리 등에 관한 서사교육(④)이나, 시와 영화, 연극과 영화에 관한 교육(⑤)에까지도 긍정적인 영향을

---

5) 한국과학영재학교는 영재교육진흥법에 의거, 기존의 부산과학고가 영재학교로 지정되어 2003학년도부터 전국을 대상으로 3단계의 입학 사정을 거쳐 매년 신입생 144명을 모집하여 영재교육을 실시하는 학교이다. 필자는 2004학년도에 이 학교에 부임하여 2년 동안 문학을 가르치면서 영화 제작 수업을 처음으로 도입하였는데 이 글은 그 결과를 정리한 것이다. 영화 제작 수업은 학생과 학부모, 교사들에게 매우 좋은 반응을 얻음으로써 이후에도 계속 실시되고 있어 이제 이 학교 문학 수업의 특징 중 하나가 되었다.

미칠 것으로 예상된다.

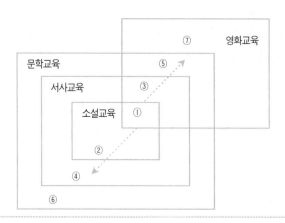

① 소설과 영화를 통한 서사교육
② 전통적인 소설교육
③ 창작 시나리오 영화를 통한 서사교육
④ 신화, 전설, 민담, 판소리 등에 관한 서사교육
⑤ 시와 영화, 연극과 영화에 관한 교육
⑥ 서정, 극, 교술 장르 등에 관한 문학교육
⑦ 연기, 연출, 영화사, 영상/음향 기기조작법 등에 관한 영화교육

　한편, 이 그림에서 ⑥의 영역은 서정, 극, 교술 장르를 통해 이루어지는 문학교육이며, ⑦은 본격적인 영화교육으로서 서사로서의 영화뿐만 아니라 영화의 역사, 세부적이고 구체적인 작가론 및 작품론, 연기 방법론, 연출법, 카메라와 조명 및 음향과 편집기기 조작법 등을 모두 다루는 교육을 말한다. 이와 같은 영화교육은 국어교육에서 담당하기에는 여러 가지 면에서 무리가 있다. 향후 《영화》 과목이 학교 현장에서 폭넓게 선택되어 진다면 그 과목에서 다뤄질 수 있을 것이다. 하지만 이 책은 앞서 밝힌 바와 같이 국어교과에서 문학교육 혹은 매체언어교육의 일환으로 이뤄지는 영화 제작 수업을 상정하고 있다.

　주당 3시간 수업으로 16주 동안 진행한 《문학》에서 영화에 관한 이론 수업은 1주 3시간 동안 실시하였으며, 영화 제작과 상영은 이론 수업과 동시에 시작하여 6주간에 걸쳐 모둠별 수행 과제로 진행하였다. 다음은 영화 제작 수행 과제에 관한 안내문이다.

[표 11] 영화 제작 수행 과제 안내문

- 과제 : 영화 제작하기
- 방법 : 모둠별로 단편 영화를 한 편씩 제작하여 CD로 제출
- 기한 : ○년 ○월 ○일까지
- 권장 형식 : 6mm 디지털, 10±5분
- 세부 사항

 1. 임무 분담
    ① 감독 ② 각본 ③ 촬영 ④ 조명 ⑤ 음악/녹음 ⑥ 분장/의상
    ⑦ 미술/소품 ⑧ 편집 ⑨ 기록 ⑩ 연기

 2. 과제 수행 순서 및 일정
    1주차 : 모둠 구성, 영화 이론 공부, 임무 분담
    2주차 : 기획안 작성 및 제출, 시나리오 작성
    3주차 : 콘티뉴이티 작성 및 제출
    4주차 : 촬영
    5주차 : 편집 및 완성작 제출
    6주차 : 상영 및 평가

 3. 일정별 세부 유의사항
    ① 모둠 구성
       모둠은 6~7명으로 구성하되, 영화, 연극, 방송 관련 동아리 활동을 하는 학생이 각 모둠에 골고루 포함될 수 있도록 한다.
    ② 영화 이론 공부 및 임무 분담
       모둠별, 개인별로 영화 이론의 기초를 제공해 주는 서적이나 자료를 구해서 공부한 뒤, 각자가 맡을 임무를 정한다.
    ③ 기획안 작성 및 제출
       모둠 조직 및 임무 분담, 제목, 주제, 기획의도, 형태, 길이, 줄거리(synopsis), 제작 일정 등에 관한 기획안을 작성하여 제출한다.
    ④ 시나리오 작성
       모둠원들의 충분한 협의를 통해 시나리오를 작성한다.
    ⑤ 콘티 작성 및 제출
       양식에 맞춰 콘티를 작성하여 제출한다.(※○월○일○시까지)
    ⑥ 촬영
       촬영 계획에 따라 촬영한다. (방과 후, 휴일, 축제기간 활용)

---

⑦ 편집
  동영상 편집 프로그램을 활용하여 편집하며, 음향과 배경 음악을 삽입한다.
⑧ 출품
  ※ ○월 ○일 ○시까지 완성작과 과제 수행 소감문을 제출한다.
⑨ 상영 및 평가
  수업 시간을 이용해 출품된 작품을 상영하고 평가한다.

4. 기타 유의사항
 • 임무는 분담하되, 영화 제작의 특성상 작품 구상에서 완성까지 모든 구성원들이 함께 협력해야 함. (※비협조자 감점)
 • 가능하면 모둠원이 모두 출연하여 연기할 수 있도록 할 것. 그리고 연기자가 부족할 경우, 모둠원이 아닌 사람이라도 섭외해서 출연시켜도 좋음.
 • 과제 수행을 핑계로 학교 규정을 어기지 않도록 유의할 것.

2004~2005학년도에 학생들이 수행한 과제물의 목록과 줄거리를 제시하면 다음과 같다.

[표 12] 영화 제작 수행 과제물

작품 명	모둠 명	길이	줄거리 요약
달리기	길수 ENT	11분	시험 스트레스에 시달리는 준호는 3시간 동안 수학시험을 치다가 갑자기 일어나 달리기 시작한다. 한참 달려 해변에 이르러 신나게 놀다가 갑자기 시험감독 선생님의 음성을 듣고 꿈에서 깬다.
24 seconds	FATO KSA	18분	규성은 학교 선배로부터 모교의 괴담을 듣게 된다. 그 후 괴담의 주인공 여학생의 환상을 보게 되고, 그녀의 자살에 관한 미스터리를 파헤친다.
주먹을 꽉 쥐어라	성호필름	12분	강한 남자가 되기 위해 좌충우돌하는 성호는 자신이 바라는 대로 거칠고 힘센 사람이 되지만 인간미를 상실해 친구들을 잃어버린다. 다행히 한 친구의 도움을 받아 정신적으로도 성숙해 진다.
덫	BJR Production	12분	평소 거친 행동으로 교사들에게 나쁜 학생으로 인식된 이한상은 딴 학생이 저지른 시험 부정행위의 누명을 쓰고 억울하게 퇴학당한다.

작품 명	모둠 명	길 이	줄거리 요약
망년 탐정 이찬형	YS Entertainment	13분	강원도 사투리를 쓰는 엉뚱한 탐정 이찬형은 시험기간에 여자 화장실에서 일어난 살인 사건을 파헤치지만 엉뚱하게도 다른 사람을 범인으로 내몰고 만다.
선생님이 사라진 학교	F.M. film	11분	어느 날 학교에서 선생님들이 사라지자 학생들은 자유를 만끽한다. 하지만 자율능력을 갖지 못한 채 무질서한 생활을 하다가 마침내 염증을 느낀 학생들이 하나 둘 학교를 떠나기 시작한다.
나쁜 아이들	봉주르 필름	16분	본준은 왕따인 친구를 도와주는 척하지만 오히려 그를 더욱 곤란하게 만든다. 사실 이 모든 것은 본준과 친구들이 치밀하게 계획한 일이었다.
이 땅에서 게임을 한다는 것	기숙사 프로덕션	11분	과학영재학교에 입학한 뒤 게임에 빠져 폐인이 된 구자현이 여자친구의 정성어린 도움으로 게임중독에서 벗어난다.
Moon River	박기 필름	20분	열악한 이공계 사정 때문에 진로변경을 심각하게 고민하던 과학도 정현석은 자신의 적성을 찾아 피아니스트가 되기로 결심하고 즐겁게 노력한 결과 마침내 유명한 피아니스트가 된다.
Your Own Way	HGH Film	15분	어려운 수학 공부에 자신감을 점점 잃어가던 임우철이 자신의 적성을 살려 대중 가수로 변신하게 되고 결국 멋지게 성공한다.
순살로의 추억	JHL 프로덕션	13분	외부 음식물의 반입이 금지된 학교에서 조석민과 한혜정이 학교 근처의 '순살로 치킨'을 배달시키지만 남몰래 먹기 위한 공간을 찾지 못해 헤매다가 우여곡절 끝에 비밀 공간을 찾아 맛있게 먹는다.
낮달	이야기를 만드는 사람들	24분	소심하고 내성적인 정모는 멋진 남자친구가 있는 소연을 짝사랑한다. 정모의 순정을 알게 된 소연은 정모와 사귀게 되지만 정모는 불의의 교통사고로 죽게 된다. 과거의 남자친구가 다시 사귀자고 제안하지만 소연은 거절하며 정모와의 다정했던 시절을 추억한다.
그 여자, 그 남자.	S.E.N.D.	12분	김기나와 한병민은 입학 때부터 친하게 지낸 커플이다. 하지만 다른 남자친구가 생긴 기나는 새 남자친구를 사주해 병민을 폭행하고, 병민이 다쳐서 약속을 지키지 못하게 되자 이를 빌미로 헤어질 것을 요구한다.

작품 명	모둠 명	길 이	줄거리 요약
낮잠	SK Entertainment	10분	기숙사 룸메이트인 황정빈과 심기성은 서로 다른 생활습관 때문에 사이가 좋지 않아 서로 미워하게 된다. 어느 날 낮잠을 자다가 몸이 서로 바뀌게 되고, 상대방이 되어 생활하면서 점차 서로를 이해하게 된다.
어린 왕자	쁘띠 엔터테인먼트	14분	교실에서 몇 명의 학생이 함께 공부하던 중에 뒤뜰에서 굉음이 들리더니 낯선 소년이 나타났는데 그는 자신이 어느 별의 왕자라고 한다. 학생들과 어린왕자는 비밀스런 동거를 하면서 점호, 식사, 수업, 자습 등 지구에서의 생활을 함께 경험한다. 며칠 뒤 서로의 우정과 꿈을 약속하며 어린왕자는 사라진다.
Love Story in KSA	BSA Film	12분	학교에서 가장 인기 많은 여학생의 애인이 되기 위해 모범생과 불량학생이 치열하게 경쟁하지만 결국 여학생이 전학을 가게 되자 서로 화해한다.
QED	POS Films	23분	수학에 뛰어난 재능을 가진 장준수는 천재 수학자로 이름난 강광일 교수의 눈에 띄어 수학 올림피아드를 제패한 동급생 최기찬과 함께 사사하게 된다. 하지만 기찬은 준수에게 열등감을 느껴 도중에 그만두게 되고 홀로 남아 피팍한 강 교수의 강도 높은 교육을 받던 준수는 외로움과 스트레스로 인해 끝내 정신이 상자가 된다.

　학생들이 만든 이들 영화 작품들은 다음과 같은 소재를 주로 다루고 있었다.

　　열악한 이공계를 가야할 학생들의 진로에 대한 고민, 기숙사 생활에서 오는 규제와 익숙지 않은 공동생활에 힘들어 하지만 적응하려고 노력하는 모습, 교사에게 잘못 인식될 경우 학생이 겪을 수 있는 불이익, 사춘기 십대 청소년들의 이성 교제, 과학영재학교의 심화된 수업 내용과 시험이나 과제가 주는 중압감과 스트레스, 게임 중독, 왕따 문제, 학교 괴담, 명물 학생의 개인기, 학생 자율에 대한 문제 제기, 청소년의 꿈과 희망, 우정과 도전 작품들이 담고 있는 내용을 보면, 학생들이 생활하면서 겪는 에피소드나 경험, 고민과 갈등, 그리고 성장 과정에서 느끼고 생각하고 바라는 것들이 고스란히 영상 매체를 통해 참신하고도 절실하게 표현되고 있음을 알 수 있다.

물론 학생들이 제작한 작품의 일부는 의욕이 지나치게 앞서 오히려 안정감이 떨어지는 경우도 있다. 또한 대부분의 작품이 가정용 소형 캠코더한 대로 촬영하다보니 다양한 장면 제시가 안 되어 단편적인 화면 구성을 보인다. 뿐만 아니라 특별한 음향기기가 없어 거의 동시 녹음을 하다보니 잡음이 많이 섞여 인물들의 대사가 작게 들린다거나 삽입한 음성이 어색한 점도 귀에 거슬린다. 하지만 이 모든 흠결은 초심자인 학생들이 열악한 제작 여건 속에서 겪는 기술적인 측면이기 때문에 본 수업에 대한 평가에서 크게 문제 삼지 않았다. 오히려 그보다는 이야기의 흥미와 창의적인 상상력이 돋보이는지, 주제가 의미 있는지를 중시하도록 하였다. 물론 최소한의 형식적 부분의 완결성을 위해서는 영화 형식 준수와 영상 표현 효과, 그리고 음향, 소품, 의상 등의 준비도 등을 평가 요소로 상정할 필요가 있었다.

대부분의 학생들은 영화를 제작하는 동안 시종일관 매우 재미있어 하고 즐거워하면서 작품의 완성과 발표를 위해 열정을 다하는 모습을 보였다. 학기말에 실시한 해당 과목의 강의 평가 결과를 보면, '가장 유익했던 과제'에 대해 수강생 중 약 80%의 학생이 영화 제작을 꼽았다. 또한 '가장 재미있었던 수업 장면'에 대해서도 약 85%의 학생이 자신들이 제작한 영화를 보면서 품평회를 갖던 장면을 들었다. 이에 반해 45% 정도의 학생들은 '가장 부담스런 과제'로 이를 꼽기도 하였다. 사실 아무리 짧은 분량의 영화라 할지라도 평소에 많은 교과목의 수업으로 말미암아 양적·질적으로 엄청나게 시달리고 있는 학생들로서는 영화 제작이 적지 않은 부담이 되었던 것이다. 그래서 필자는 다음 학기부터 이 과제의 점수 비중을 높이

고, 가능하면 연휴가 있거나 시험 이후의 비교적 여유 있는 시기에 실시하
도록 수업 계획을 조정하였다.

[표 13] 영화 제작 수행 과제 평가표

▶ 평가자 : 학번	성명				
제작 모둠 이 름	작 품 제 목	내 용 • 의미 있는 주제 • 흥미로운 이야기 • 창의적 상상력	형 식 • 영화 형식 준수 • 영상 표현 효과 • 음향, 소품, 의 상의 준비	종 합 ★ 5개 만점 (예)★★★☆	20자 평
		A B C D F	A B C D F		
		A B C D F	A B C D F		

♠ 자기 모둠 작품에 대한 스스로 평가하기

제작 모둠 이름	
작품 제목	
주 제	
잘된 점	
아쉬운 점	
비협조자	

이 연구에서 구안된 수업 방안에 대한 효과는 영화 제작 수업 각 단계마
다 학생들의 활동에 대한 관찰과 면담을 비롯하여 마지막 수업 단계에서
실시한 평가지와 소감문, 그리고 학기말에 실시한 강의 평가를 통해 검증
할 수 있었다. 이렇게 다양한 질적 평가를 한 이유는 학습자들의 언어 능

력 향상을 인지적, 정의적, 심동적 영역에서 종합적으로 측정, 분석하기 위해서는 계량화된 방식보다 다양하고 세밀한 변화를 찾아낼 수 있는 방식이 더욱 효과적이라 판단하였기 때문이다. 또한 애초에 계획되지 않고 예측 가능하지 않았던 변화에 대해서도 관심이 있었으며 연속적이고 전체적인 학습 과정 속의 변화를 모색하였기 때문이다.

학생들의 반응 중 공통된 사항을 몇 가지로 묶어서 정리하면 다음과 같다.

먼저, 학습자들은 이 수업을 통해 영화에 대한 이해도를 높이고, 더불어 영상 매체의 소통 방식에 관심을 가지게 되었다고 하였다.

- 영화 제작 과정을 경험해 보면서 영화의 각종 구성 요소 및 특징을 알게 되었다.
- 영화를 단순히 오락적인 것으로만 보던 습관을 고쳐, 장면이 주는 의미를 생각하면서 보게 되었다.
- 장면 하나, 영상 기법에 스며 있는 의도와 맥락을 고려하면서 영화를 보게 되었다.
- 우리가 대수롭지 않게 접하는 영화들이 사실은 수많은 사람들이 함께 모여 애쓴 노력의 결과물이라는 사실을 깨닫게 되었다.
- 우리가 경험하고 느끼는 문제에 관해 많은 사람들에게 효과적으로 표현할 수 있었다.

또 학습자들은 자발적인 탐구 활동을 통해 실제적으로 다양한 경험을 해 본 것에 보람을 느꼈다.

- 영화 제작에 관해 피상적으로 알고 있었던 것, 수업 시간에 배운 이론을 실제로 경험하고 적용할 수 있어 좋았다.
- 그동안 TV와 영화를 보면서 나도 모르게 알게 된 영상 기법들이 많았는데 이번 기회에 마음껏 발휘할 수 있었다.
- 자기 스스로 계획을 세우고, 그 계획대로 과제를 수행하는 것이 힘들고 여러 가지 시행착오도 있었지만 완성된 작품을 보니 보람이 컸다.

- 친구들이 만든 다양한 작품을 보면서 함께 웃고 공감하고 감동했던 소중한 경험을 할 수 있었다.

그리고 학습자들은 이 수업 방안이 문학 수업의 일환으로 진행된 것을 잘 알고 있어 문학 수업에서 필요로 하는 서사 갈래의 비판적 이해와 창의적 표현 능력의 향상을 가져왔다고 인정하였다.

- 많은 작품의 영화를 보며 재미있고 의미 있는 서사 작품과 그렇지 못한 서사 작품을 분별할 수 있게 되었다.
- 무엇보다 영화에서는 이야기가 재미있어야 하며 스토리보드가 잘 짜여져야 좋은 작품이 된다는 사실을 깨닫게 되었다.
- 명확한 주제 의식을 창의적인 영상 기법으로 표현하였는지를 평가할 수 있게 되었다.
- 영상 매체를 활용하여 메시지를 효과적으로 이해하거나 표현하는 연습을 할 수 있었다.

이와 함께 학습자들은 소집단 활동 과정에서 민주적인 의사결정 과정을 거치면서 긍정적인 사회성을 획득할 수 있었다고 하였다.

- 활동이 재미있어 의욕적으로 참여할 수 있었다.
- 모둠원들과 많은 토의를 했고, 싸울 때도 많았지만 서로 의견을 조율하고 협력하게 되었다.
- 자발적으로 참여하게 되었으며 구성원으로서의 역할을 다하기 위해 책임감을 갖고 임했다.
- 구성원들 사이에 신뢰가 있어야 어떤 일이라도 잘할 수 있다. 비협조적이고 나태한 사람을 잘 설득해서 능력을 발휘하도록 이끄는 것이 중요했다.

이와 관련하여 학습자들은 조직의 효율적 운영에 관한 인식도 가지게 되었다.

- 구성원들 간에 충분한 토의와 협력이 없이 엄격한 업무 분담만 강조하면 효율적인 과제 수행이 될 수 없다는 점을 깨닫게 되었다.
- 효율적으로 시간을 활용하고 집중적으로 과제를 추진하려고 하면 리더십 있는 팀장이 필요하다는 것을 알게 되었다.
- 관심과 흥미가 비슷한 사람들끼리 함께 일할 때 즐겁고 신난다는 사실을 새삼 경험할 수 있었다.

끝으로 학습자들은 이 수업의 특징으로 매체 활용 능력의 필요성과 중요성을 언급하였다.

- 아무리 재미있는 이야기나 시나리오를 가지고 있더라도 그것을 영상으로 담아내는 촬영 기술이나 편집 프로그램 활용 기술이 떨어지면 좋은 작품이 될 수 없었다.
- 동영상 편집과 카메라 활용에 관한 내용을 많이 배웠다.
- 음향과 배경음악의 효과적인 활용이 영화에서 얼마나 중요한지 새삼 깨닫게 되었다.

이상의 반응을 종합해 볼 때, 영화 제작 수업은 교육적으로 매우 유효한 교수 학습 방안이라 할 수 있다.

한편, 영화 제작 수업이 더욱 세련되고 일반화되기 위해서는 앞으로 다음과 같은 과제에 대해 교사와 학자들의 노력이 요구된다.

먼저, 영화 제작 수업 방안을 수행함에 있어 매체 활용 능력, 특히 카메라와 편집 프로그램 등의 영상 매체 활용 능력이 무시할 수 없는 요소가 된다. 이는 기술공학적 요소로서 과연 언어 활용 능력 신장을 주요 학습 내용으로 삼는 국어과에 타당한 것인가 하는 문제를 야기한다. 하지만 이러한 교과 간 경계 짓기에만 연연하다 보면 학문적, 교과적 경계를 초월하여 각 교과를 통합하는 학제적 내용 영역을 여전히 교육과정에 포함할 수 없는 한계를 극복하지 못한다. 그러므로 현재의 다양하고 폭넓은 언어 사용 매체 및 양상을 고려하여 앞으로는 언어 소통적 맥락을 중심으로 하되, 다양한 학문적, 교과적 내용을 통합적으로 수용하는 보다 폭넓은 시각과 태도로 학습 프로그램을 개발하고 적용해야 할 것으로 생각된다. 본 연구와 관련하여 구체적으로는 앞으로 국어(문학)교육과 영화교육의 학제적 연구가 필요할 것이다.

  다음으로 이 수업 방안이 학교 현장에서 일반화되기 위해서는 교육과정을 교사의 재량으로 탄력적으로 운영할 수 있는 자율권이 확보되어야 하며, 학생들의 과제 수행이 충분히 이뤄질 수 있는 시간적, 공간적 여건이 마련되어야 한다. 또한 수많은 학습자들이 동시에 이용할 수 있도록 카메라 및 컴퓨터 편집 장치가 충분히 구비되어야 한다. 이와 함께 영화 제작에 관한 전문 인력이 있어서 학생들이 부족한 기술적인 부분을 보조할 수 있다면 더욱 좋을 것이다. 현재 문화예술진흥위원회와 한국영화협회에서 추진하고 있는 영화 강사 인력풀 제도를 적극적으로 활용하는 것도 그 중에 한 가지 방안이 될 수 있다.

[부록 1] 학생 제작 영화의 기획안 사례

'Fato KSA'
Fantastically Animated Thriller Of KSA 영화 기획안

- 모둠 조직 : 강동훈, 김수현, 허세현, 김태수, 김대겸, 고병준, 박인경

- 임무 분담

- 감독 : 허세현　　-각본 : 허세현, 김태수, 고병준, 김대겸

- 조명 : 강동훈　　-음악/녹음 : 김태수, 고병준, 허세현, 김대겸

- 분장/의상/미술/소품 : 김수현, 박인경, 강동훈

- 편집 : 허세현　　-기록 : 김대겸　　-연기 : 전원　　-자료조사 : 고병준

제목 : 24 seconds

- 주제 : 부산과학고등학교의 괴담

- 기획의도 : 우리 학교의 유명하지만 확실한 것은 잘 알려지지 않은 괴담을 추적한다.

- 형태 : 주인공이 추적을 해나가는 형식

- 길이 : 25분 예정

- 시놉시스

　대면식 때 한 선배와 만나서 부산 과학고의 괴담을 듣게 되고, 그중 한 명이 그 괴담에 대해서 심각하게 받아들이고 더 캐보기로 결심하는데…

- 제작 일정

　11월 15일 ~ 11월 17일 시나리오 작업

　11월 17일 ~ 11월 20일 콘티 및 스토리보드 제작

　11월 20일 ~ 11월 22일 음향효과 연구

　11월 22일 ~ 11월 28일 촬영

　11월 28일 ~ 12월 5일 편집

　12월 6일   제출

[부록 2] 학생 제작 영화의 장면 일부

 참고문헌

강영희(1994), 『나는 그렇게 생각하지 않는다』, 사회평론.

강준만(1994), 『대중문화의 겉과 속』, 한샘출판.

고은옥(2000), 「매체 변용을 통한 소설교육 연구」, 연세대 석사논문.

교육부(2007), 『국어과 교육과정』, 세원문화사, 교육부고시 제2007-79호[별책05].

교육부(2008), 『중학교 교육과정 해설(II)』, 한솔사.

구인환·우한용·박인기·최병우(2001), 『문학교육론』 제4판, 삼지원.

권오현(1992), 「문학소통이론 연구-문학텍스트의 소통구조와 교수법적 기능」, 서울대 박사논문.

권택영(1995), 『소설을 어떻게 볼 것인가』, 문예출판사.

김경욱(1997), 「영상 언어와 소설 그리기」, 『한국문학』 여름호, 한국문학사.

김경욱(2003), 「영화와 문학교육」, 『국어교육학연구』 제17집, 국어교육학회.

김경화(2008), 『레디, 액션! 우리 같이 영화 찍자』, 창비.

김남석(2002), 「1960년대 문예영화 시나리오의 각색 과정과 영상 미학 연구」, 『민족문화연구』 제37호, 고려대 민족문화연구원.

김남석(2003), 「1960년대 후반 문예영화 시나리오의 회상 기법 연구-<안개>, <역마>, <독짓는 늙은이>를 중심으로」, 『민족문화연구』 제38호, 고려대 민족문화연구원.

김대행 외(2000), 『문학교육원론』, 서울대학교출판부.

김대행(1998), 「매체언어 교육론 서설」, 『국어교육』 제97호, 한국국어교육연구회.

김대행(2002), 「내용론을 위하여」, 『국어교육연구』 제10집, 서울대 국어교육연구소.

김동훈(2003), 『여간내기의 영화교실 1, 2』, 컬처라인.

김명석(2004), 「김승옥 소설 <무진기행>과 영화 <안개> 비교 연구」, 『현대소설연구』 제23집, 한국현대소설학회.

김명순(2005), 「국어과 교육에서 활동과 지식의 문제」, 『어문학교육』 제31집, 한국어문교육학회.

김미혜(2006), 「문학교육에서 지식의 재개념화를 위한 연구」, 『문학교육학』 제19호, 한국문학교육학회.

김병욱·최상규 편역(1986), 『현대소설의 이론』, 대방출판사.

김상욱(2001), 「서사교육의 교육과정」, 우한용 외, 『서사교육론』, 동아시아.

김선경(2003), 「중등교육과정에 있어서 영화교육 연구-고등학교 영화교과서 분석을 중심으로」, 동국대 석사논문.

김성곤(1994), 『영화 에세이』, 열음사.

김성곤(1997), 『문학과 영화』, 민음사.

김성원(1991), 「헤밍웨이 소설의 각색 영화에 대한 연구」, 한양대 석사논문.

김성진(2005), 「비평 활동 교육의 내용 연구」, 서울대 박사논문.

김윤식(1973), 『한국근대문학의 이해』, 일지사.

김정섭 외(2004), 『교사를 위한 교육 심리학』, 서현사.

김정우(2005), 「시 해석 교육 내용 연구」, 서울대 박사논문.

김정자(2007), 「'국어'교육과정의 매체 언어 교육 내용」, 『국어교육학연구』 제28집, 국어교육학회.

김종완(1992), 「<오발탄>의 서사 형식과 기능」, 전양준·장기철 편, 『닫힌 현실 열린 영화-유현목 감독 작품론집』, 제3문학사.

김중철(1999), 「소설의 영상화 과정에 관한 연구」, 한양대 박사논문.

김중철(2000), 『소설과 영화』, 푸른사상.

김중철(2004), 「소설의 영상화가 갖는 시대 반영성-<사랑손님과 어머니>를 중심으로」, 『현대소설연구』 제21집, 한국현대소설학회.

김천혜(1997), 『소설 구조의 이해』, 문학과지성사.

김태관(1990), 「소설의 영화화 과정에 관한 서사학적 요소의 연구」, 동국대 석사논문.

나병철(1998), 『소설의 이해』, 문예출판사.

나병철(2006), 『소설과 서사문화』, 소명출판.

남소영(2002), 「문학과 영화의 서사성 연구-이창동 문학과 영화의 '내러티브' 비교 분석」, 한남대 석사논문.

류수열(2006), 「문학지식과 교육적 구도」, 『국어교육학연구』 제25집, 국어교육학회.

문학과영상학회(2002), 『영화 속 문학 이야기』, 동인.

문학과영화연구회(2003), 『우리 영화 속 문학 읽기』, 월인.

문홍식(2001), 『청소년 영화 따라잡기』, 시공사.

민병기 외(1998), 『한국의 영상문학』, 문예마당.

민병욱(2006), 『영화축제의 현장』, 삼영사.

박기범(2001), 「영화의 문학교육적 수용 연구」, 한국교원대 석사논문.

박기범(2007), 「소설과 영화를 통한 서사교육 내용 연구」, 한국교원대 박사논문.

박미정(2001), 「서사텍스트에서의 감정이입을 통한 자아형성 연구」, 인천교대 석사논문.

박유희(2005), 『디지털 시대의 서사와 매체』, 동인.

박인기 외(2003), 『국어교육과 미디어 텍스트』 제2판, 삼지원.

박인기(1993), 「소설 교육의 목표 설정」, 『소설교육론』, 평민사.

박인기(2002), 「문화적 문식성의 국어교육적 재개념화」, 『국어교육학연구』 제15집, 국어교육학회.

박정미(2005), 「소설과 영화의 이야기와 담론 비교 연구―소설 <낯선 여름>과 영화 <돼지가 우물에 빠진 날>을 중심으로」, 한국교원대 석사논문.

박정숙(2001), 「소설 교육에 관한 연구」, 경성대 박사논문.

박정순(1995), 『대중매체의 기호학』, 나남출판.

박종원(1992), 장현수·박종원 각색, 대동흥업 제작, 『우리들의 일그러진 영웅』([비디오 테이프], 동성프로덕션, 120분, 12세 관람가, 1993).

박지은(2004), 「중등학교 영화교육과정 연구」, 동국대 석사논문.

박호영 외(2003), 『문학』 상·하 교과서 및 교사용 지도서, 형설출판사.

방재석(2003), 「소설과 영화의 관계양상 연구」, 중앙대 박사논문.

백연희(1994), 「영화의 서사화법 연구 및 분석」, 중앙대 석사논문.

서울대 국어교육연구소(1999), 『국어 교육학 사전』, 대교.

서인숙(2004), 「중등 영화교사 양성을 위한 교육 프로그램 연구」, 『영화교육연구』 제6집, 한국영화교육학회.

서인숙(2005), 「영화교육 및 교직과정 연구」, 『영화연구』 24호, 한국영화학회.

서정남(2004), 『영화 서사학』, 생각의나무.

선주원(2002), 「대화적 관점에서의 소설교육 연구」, 한국교원대 박사논문.

설연희(1997), 「소설과 영화의 표현 양식 비교 연구」, 한양대 석사논문.

송희복(2002), 『영상문학의 이해』, 두남.

신숙경(1998), 「소설과 영화의 서술방식 연구」, 홍익대 석사논문.

신종곤(2004), 「영상텍스트를 통한 비판적 사고 교육 연구」, 고려대 박사논문.

신헌재(2006), 「문학 교육과정 내용 선정을 위한 대안적 연구 방향」, 『문학교육학』 제19호, 한국문학교육학회.

심광현 외(2006), 『중·고등학교 영상제작수업교육교재 Ⅰ―기본 교육과정』, 한국예술종합학교 영상원 부설 영상제작센터.

심광현 외(2006), 『중·고등학교 영상제작수업교육교재 Ⅱ―영상제작의 기획에서 상영까지』, 한국예술종합학교 영상원 부설 영상제작센터.

심상미(2003), 「서사체험 심화를 위한 소설과 영화의 통합 지도 방법 연구」, 경인교대 석사논문.

심상민(2003), 「국어 교과 내 미디어 교육 수용 현황 및 수용 방향 연구」, 서강대 석사논문.

안영진 외(2007), 『한국 영화 제작 매뉴얼』, 커뮤니케이션북스.

양수종(2002), 「영상 매체를 활용한 소설 교수 학습 방법 연구」, 한국교원대 석사논문.

영화진흥공사(1990), 『한국 시나리오 선집』 제3권, 집문당.

영화진흥공사(1993), 『한국 시나리오 선집』 제10권, 집문당.

영화진흥공사(1994), 『한국 시나리오 선집』 제11권, 집문당.

영화진흥위원회 교재편찬위원회(2004), 『영화[읽기]』, 커뮤니케이션북스.

오탁번·이남호(2001), 『서사문학의 이해』, 고려대학교출판부.

우한용 외(1993), 『소설교육론』, 평민사.

우한용 외(2001), 『서사교육론』, 동아시아.

유성부(2002), 「영상매체를 통한 소설 감상 교육의 효과 분석 연구」, 서원대 석사논문.

유성호(2004), 「문학교육과 사회성 발달」, 『문학교육학』 제13호, 한국문학교육학회.

유임하(1998), 『분단현실과 서사적 상상력』, 태학사.

유현목(1961), 이종기·나소운 각본, 대한영화사 제작, 『오발탄』([DVD], 씨네코리아, 105분, 15세 관람가, 2002).

윤미순(2005), 「독서 교육으로서 '영화읽기'에 관한 연구—사례 분석과 성찰적 교육모형 개발을 중심으로」, 중앙대 석사논문.

윤정현(2003), 「<오발탄>을 통해 본 소설과 영화의 특성 연구」, 『한국현대문예비평연구』 제12집, 한국현대문예비평학회.

이광복(2002), 「문학교육의 대상으로서 문학작품의 영화화」, 『독어교육』 제23집, 한국독어독문학교육학회.

이남호(1995), 「'소설 위기설'의 뜻과 그 배경」, 『현대소설연구』 제3호, 한국현대소설학회.

이대규(1998), 『문학의 해석』, 신구문화사.

이대규(2001), 『국어교육론』, 교육과학사.

이문열(2005), 「우리들의 일그러진 영웅」, 『제11회 이상문학상 작품집』 제3판, 문학사상사.

이범선(2005), 「오발탄」, 『20세기 한국소설17 전광용·이범선·이호철』, 창작과비평사.

이상섭(2001), 『문학 비평 용어 사전』 개정판, 민음사.

이성영(2002), 「국어교육 내용 연구의 현황과 과제」, 『국어교육학연구』 제14집, 국어교육학회.

이소영(2005), 「영화를 활용한 소설 교육의 효과」, 연세대 석사논문.

이승구·이용관(2000), 『영화용어해설집』, 집문당.

이아람찬(2005), 『영화교육론』, 커뮤니케이션북스.

이어령(2005), 「도식성을 벗어난 높은 문학적 경지」, 『제11회 이상문학상 작품집』 제3판, 문학사상사.

이재기(2005), 「문식성 교육 담론과 주체 형성에 관한 연구」, 한국교원대 박사논문.

이진경 편(1997), 『맑스주의와 근대성—주체생산의 역사이론을 위하여』, 문화과학사.

이청준(1998), 『서편제』, 열림원.

이충직(1992), 「<오발탄>의 사운드 사용에 대해서」, 전양준·장기철 편, 『닫힌 현실 열린 영화—유현목 감독 작품론집』, 제3문학사.

이형식 외(2004), 『문학 텍스트에서 영화 텍스트로』, 동인.

이혜경(2004), 「소설과 영화의 이야기 소통」, 『현대문학이론연구』 제22집, 현대문학이론학회.

이효인(1995), 「한국영화의 근대성 연구 서설―1960년대 한국 영화 몇 편을 중심으로」, 경성대 석사논문.

임경순(2003a), 「경험의 서사화 방법과 그 문학교육적 의의 연구―유소년기소설을 중심으로」, 서울대 박사논문.

임경순(2003b), 『국어교육학과 서사교육론』, 한국문화사.

임권택(1993), 『서편제 : 영화이야기』, 하늘.

임권택(1993), 김명곤 각색, 태흥영화사 제작, 『서편제』([DVD], Spectrum, 113분, 12세 관람가, 2005).

임승용(1998), 「소설의 시나리오 각색 연구―「오발탄」을 중심으로」, 연세대 석사논문.

임창재(1999), 『교육심리학』, 학지사.

임훈아(1993), 「소설의 영화화 과정에 따른 멜로드라마적 요소 연구」, 연세대 석사논문.

장시기(2003), 「탈근대 영화들의 문학적 장르 확산」, 『문학과 영상』 2003 봄·여름호, 문학과 영상학회.

장진석(2002), 「영상 매체를 통한 문학 교육 방법 연구」, 공주대 석사논문.

전국국어교사모임 매체연구부(2005), 『국어시간에 매체읽기』, 나라말.

전국국어교사모임 매체연구부(2005), 『매체교육의 길찾기』, 나라말.

전흥남(2001), 「소설의 영화화 과정과 그 의미에 관한 고찰―소설 <남도사람>과 영화 <서편제>를 중심으로」, 『국어문학』 제36집, 국어문학회.

정근원(1993), 「영상세대의 출현과 인식론의 혁명」, 『세계의 문학』 여름호, 민음사.

정인성·나일주(1989), 『최신교수설계이론』, 교육과학사.

정재형(1998), 「영화 <오발탄>의 분석·비평」, 전양준·장기철 편, 『닫힌 현실 열린 영화―유현목 감독 작품론집』, 제3문학사.

정재형(2004), 「초중등학교 현장에서의 영화/영상교육」, 『N세대를 위한 새로운 영화/영상교육』, 집문당.

정현선(2004), 『다매체 시대의 국어교육과 문화교육』, 역락.

조건상(2001), 「이범선의 <오발탄>과 전후문학적 성격」, 『반교어문연구』 제13집, 반교어문학회.

조남현 외(2002), 『문학』 상·하 교과서 및 교사용 지도서, 중앙교육진흥연구소.

조남현(2004), 『소설신론』, 서울대학교출판부.

조정래·나병철(1991), 『소설이란 무엇인가』, 평민사.

조정래(2002), 「영화 <오발탄>과 회의적 세계관」, 『작가연구』 제13집, 깊은샘.

조정래(2004), 「소설과 영화의 서사론적 비교 연구―이미지와 서술」, 『현대문학의 연구』 제22집, 한국문학연구학회.

조현일(2004), 「소설의 영화화에 대한 미학적 고찰―60년대 문예영화 <오발탄>과 <안

개>를 중심으로」, 『현대소설연구』 제21집, 한국현대소설학회.

지은정(2007), 「영화 제작 활동의 국어교육적 방안 연구」, 한국외대 석사논문.

최명숙(2001), 「소설과 영화의 시점 비교 연구」, 충남대 박사논문.

최미숙(2007), 「매체 언어 교육을 위한 교육과정 개발 방향—선택과목을 중심으로—」, 『국어교육학연구』 제28집, 국어교육학회.

최병우(2003), 『다매체 시대의 한국문학 연구』, 푸른사상사.

최인자(2001), 『서사문화와 문학교육론』, 한국문화사.

최현경(1997), 「소설의 영상화에 관한 연구」, 중앙대 석사논문.

최혜실(2003), 『디지털 시대의 영상문화』, 소명출판.

한국교육과정평가원(2008), 「고등학교 국어과 교육과정 해설 연구 개발」, 연구보고 CRC 2008-8.

한국영화학회 영화교육위원회(2004), 『영화교과 교육과정 연구』

한국영화학회 영화교육위원회 편(2005), 『중학교 영화』, 월인.

한국영화학회 영화교육위원회 편(2005), 『초등학교 영화』, 월인.

한귀은(2003), 『현대소설교육론』, 삼지원.

한귀은(2006), 「국어교과서의 영상 제작 활동 도입 방안」, 『국어교육학연구』 제27집, 국어교육학회.

한귀은(2007), 「단편영화 교육의 의의와 방안」, 『국어교육』 124호, 한국어교육학회.

한명환(2001), 「소설 <우리들의 일그러진 영웅>과 각색 영화의 비교—작품 수용과 관련된 영향의도의 비평적 분석을 중심으로」, 『비교문학』 제26집, 한국비교문학회.

한명환(2005), 「각색영화와의 비교를 통해 본 소설의 의미 재고—<꿈>, <우리들의 일그러진 영웅>, <서편제>를 중심으로」, 『현대문학이론연구』 제24집, 현대문학이론학회.

한용환(2002), 『서사 이론과 그 쟁점들』, 문예출판사.

한자경(1997), 『자아의 연구』, 서광사.

홍정순(2005), 「영상서사의 소통구조 연구」, 제주대 박사논문.

황영미(2001), 「일인칭 소설의 영화화—<우리들의 일그러진 영웅>을 중심으로」, 『문학과 영상』 2001 봄호, 문학과 영상학회.

황혜진(2005), 「문화적 문식성 교육을 위한 고전소설과 영상변용물의 비교 연구—<장화홍련전>과 영화 <장화, 홍련>을 대상으로」, 『국어교육』 116호, 한국어교육학회.

황혜진(2006), 「가치경험을 위한 소설교육내용 연구—조선시대 애정소설을 대상으로」, 서울대 박사논문.

Allen, R. C., Channels of Discourse : Television and Contemporary Criticism, 김훈순 편역(1994), 『텔레비전과 현대비평』, 나남.

Aumont, J. & Marie, M.(1995), L'Analyse des Films, 전수일 옮김(1999), 『영화분석의 패러다임』, 현대미학사.

Baines, L.(1996), "From page to screen : When a novel is interpreted for film, what gets lost in the translation?", Journal of Adolescent & Adult Literacy Vol. 39/8, May, 612~622.

Bakhtin, M., The Dialogic Imagination, 전승희·서경희·박유미 역(1988), 『장편소설과 민중언어』, 창작과비평사.

Bal, M.(1980), Narratology : Introduction to the Theory of Narrative, 한용환·강덕화 옮김(1999), 『서사란 무엇인가』, 문예출판사.

Beja, M.(1979), Film and Literature, NY: Longman.

Benjamin, W., 반성완 편역(1983), 『발터 벤야민의 문예이론』, 민음사.

Bluestone, G.(1971), Novels into Film, Berkeley : University of California Press.

Boggs, J. M., The Art of Watching Films, 이용관 역(1991), 『영화보기와 영화읽기』, 제3문화사.

Booth, W. C.(1961), The Rhetoric of Fiction, 최상규 옮김(1999), 『소설의 수사학』, 예림기획.

Bordwell, D. & Thompson, K.(1990), Film Art : An Introduction(4th ed.), 주진숙·이용관 옮김(1993), 『영화예술』, 이론과실천.

Bouman, L.(1995), "Video, an extra dimension to the study of literature", Language Learning Journal No. 13, March, 29~31.

Buckingham David(2003), Media education-literacy, learning and contemporary culture, Blackwell Publishing Ltd, 기선정·김아미 옮김, 『미디어 교육−학습, 리터러시, 그리고 현대문화』, jNBOOK. 2004.

Chatman, S.(1978), Story and Discourse : Narrative Structure in Fiction and Film, 한용환 옮김(2003), 『이야기와 담론』, 푸른사상.

Chatman, S.(1990), The Rhetoric of Narrative in Fiction and Film, 한용환·강덕화 역(2001), 『영화와 소설의 수사학』, 동국대학교출판부.

Cohen S. & Shires, L.(1988), Telling Stories : a theoretical analysis of narrative fiction, 임병권·이호 옮김(1997), 『이야기하기의 이론 : 소설과 영화의 문화 기호학』, 한나래.

Considine, D. M. & Haley, G. E.(1999), Visual Messages : Integrating Imagery into Instruction, Englewood, CO : Teacher Ideas Press.

Corrigan, T.(1999), Film and Literature : An Introduction and Reader. Upper Saddle

River : Prentice Hall.

Eagleton, T.(1983), Literary theory : An Introduction, 김명환 외 역(1986), 『문학이론입문』, 창작과비평사.

Easthope, A.(1991), Literary into Cultural Studies, 임상훈 옮김(1994), 『문학에서 문화연구로』, 현대미학사.

Flood J. et al.(2003), Handbook of research on teaching the English language arts(2nd ed.) NJ : Lawrence Erlbaum Associates, Publishers.

Foster, E.(1963), Aspect of the Novels(1927년 초판), 이성호 역(1984), 『소설의 이해』, 문예출판사.

Frye, N.(1957), Anatomy of Criticism, 임철규 옮김(1982), 『비평의 해부』, 한길사.

Gaudreault, A. & Jost, F.(1990), Le Récit Cinématographique, 송지연 옮김(2001), 『영화서술학』, 동문선.

Genette, G.(1972), Discours du récit, Lewin, J.E. trans.(1980), Narrative discourse, 권택영 역(1992), 『서사담론』, 교보문고.

Goodwin, A.(1992), English Teaching and Media Education, Buckingham : Open University Press.

Hart, A. Ed.(1998), Teaching the Media, Mahwah, NJ : Lawrence Erlbaum Associates Publishers.

Houser, A.(1953), Sozialgeschichete der Kunst und Literatur, 백낙청·염무웅 옮김(1999), 『문학과 예술의 사회사 4』, 창작과비평사.

Huizinga, J.(1938), Homo Ludens, 김윤수 옮김(1993), 『호모 루덴스』, 까치.

Lanser S.(1981), The Narrative Act : Point of View in Prose Fiction, 김형민 옮김(1998), 『시점의 시학』, 좋은날.

Lotman, I.(1973), Semiotika kino i problemy kinoestetiki ; Eagle, H.(1981), Russian Formalist Film Theory, 오종우(2001), 『영화의 형식과 기호』, 열린책들.

Lund, D. J.(1998), "Video production in the English language arts classroom", English Journal Vol. 87/1, 78-82.

Maclean, M.(1988), Narrative as performance, 임병권(1997), 『텍스트의 역학 : 연행으로서 서사』, 한나래.

McDougal, S.(1985), Made into Movies : From Literature to Film, 윤여복 역(2002), 『문학과 영화』, 형설출판사.

Ong, W.(1982), Orality and Literacy, 이기우·임명진 옮김(1995), 『구술문화와 문자문화』, 한나래.

Paech, J.(1988), Literatur und Film, 임정택 역(1997), 『영화와 문학에 대하여』, 민음사.

Potter, W. J.(1998), Media Literacy, Thousand Oaks, CA : Sage Publications Inc.

Prince, G.(1982), Narratology : The Form and Function of Narrative, 최상규 역(1995), 『서사학』, 문학과지성사.

Richardson, R.(1969), Literature and Film, 이형식 옮김(2000), 『영화와 문학』, 동문선.

Ricoeur, P.(1983 ; 1984 ; 1985), Temps et Récit I ; II ; III, 김한식 외 옮김(1999; 200 0 ; 2004), 『시간과 이야기 1 ; 2 ; 3』, 문학과지성사.

Rimmon-Kenan, S.(1983), Narrative Fiction : Contemporary Poetics, 최상규 역(2003), 『소설의 현대 시학』, 예림기획.

Ross, N. J.(1991), "Literature and Film", ELT Journal Vol. 45/2 April, 147-155.

Schmidt, J. & Hauptmeier, H.(1983), Einführung in die Empirische Literaturwissenschaft, 차봉희 옮김(1995), 『구성주의 문예학』, 민음사.

Scholes, R. & Kellogg, R.(1966), The Nature of Narrative, 임병권 옮김(2001), 『서사의 본질』, 예림기획.

Stam, R.(1992), Reflexivity in Film and Literature : From Don Quixote to Jean-Luc Godard, 오세필 외 역(1998), 『자기반영성의 영화와 문학』, 한나래.

Stanton, R.(1965), An Introduction to Fiction, 최한용 옮김(2002), 『소설원론』, 조선대학교 출판부.

Stanzel, F.(1979), Theorie des Erzählens, Goedsche, C. trans.(1984), A Theory of Narrative, 김정신 역(1997), 『소설의 이론』, 탑출판사.

Stephenson, R. & Debrix, R.(1973), The Cinema as Art, 송도익 역(1987), 『예술로서의 영화』, 열화당.

Teasley B. Alan · Wilder Ann(1997). Reel Conversation : Reading Films with Young Adults, NH : Heinemann.

Todorov, T.(1977), The Poetics of Prose, 신동욱 역(1992), 『산문의 시학』, 문예출판사.

Toolan, M.(1988), Narrative : A Critical Linguistic : Introduction, 김병욱 · 오연희 옮김 (1993), 『서사론 : 비평언어학적 서설』, 형설출판사.

Uspensky, B.(1970), A Poetics of Composition, 김경수 역(1992), 『소설구성의 시학』, 현대소설사.

Vanoye, F.(1989), Récit écrit, récit filmique, 송지연 옮김(2003). 『영화와 문학의 서술학』, 동문선.

주네트, 리쾨르, 화이트, 채트먼 외, 석경징 외 엮음(1997), 『현대 서술 이론의 흐름』, 솔.

문화관광부 홈페이지 (www.mct.go.kr)
영화진흥위원회 홈페이지 (www.kofic.or.kr)
통계청 홈페이지 (www.nso.go.kr)

찾아보기

저자 소개

박 기 범

1970년 부산에서 태어나 부산대학교 국어교육과를 졸업했다. 1995년부터 12년간 주례여자중학교, 구덕고등학교, 한국과학영재학교에서 교사로 일했다. 1999년부터 한국교원대학교 대학원에서 공부하여 국어교육 전공으로 교육학박사 학위를 받았다. 그 사이 부산대학교와 신라대학교에 출강했다. 2007년부터 한국교육과정평가원에서 연구원으로 일하고 있다.

주요 논문으로는 「소설과 영화를 통한 서사교육 내용 연구」, 「시점-서술 교육의 반성과 개선 방향」, 「국어과 영화 제작 수업 방안」 등이 있다.

다중매체 시대의 서사교육

초판 인쇄 2009년 3월 20일
초판 발행 2009년 3월 30일

지은이 박기범
펴낸이 이대현
편 집 이소희
펴낸곳 도서출판 역락
　　　　서울 서초구 반포4동 577-25 문창빌딩 2층
　　　　전화 02-3409-2058(영업부), 2060(편집부)
　　　　팩시밀리 02-3409-2059
　　　　이메일 youkrack@hanmail.net
　　　　등록 1999년 4월 19일 제303-2002-000014호

ISBN 978-89-5556-661-1 93370
정 가 24,000원

* 잘못된 책은 교환해 드립니다.